二级建造师继续教育系列教材

建设工程新法律法规与案例分析

主　编　王东升　杨松森
副主编　李尚秦　姜大勇　赵　森

中国矿业大学出版社

内容提要

本书分为上下两篇：上篇从注册建造师管理制度与建筑市场信用体系建设、建设工程安全生产法律制度、建设工程招标投标与合同管理法律制度、建设工程质量管理法律制度、建设工程造价管理法律制度等五个方面系统地研究和梳理了我国最新建设工程法律、法规、规章、标准和规范；下篇从紧密联系建设工程管理实务的典型法院审判案例出发，从建设工程安全生产、合同、质量、价款和工期等五个方面阐述各类纠纷案件的基本案情，提出律师观点和解决纠纷、预防纠纷的方法与措施。

本书主要适合建设工程领域的注册建造师、注册造价师、注册监理工程师等建设执业师以及从事建设工程纠纷处理的律师、法务工作者等学习参考。

图书在版编目(CIP)数据

建设工程新法律法规与案例分析 / 王东升，杨松森主编. —徐州：中国矿业大学出版社，2019.9

ISBN 978-7-5646-0945-0

Ⅰ.①建… Ⅱ.①王… ②杨… Ⅲ.①建筑法—案例—中国 Ⅳ.①D922.297.5

中国版本图书馆 CIP 数据核字(2019)第 192203 号

书　　名　建设工程新法律法规与案例分析
主　　编　王东升　杨松森
责任编辑　周　丽
出版发行　中国矿业大学出版社有限责任公司
（江苏省徐州市解放南路　邮编 221008）
营销热线　(0516)83884103　83885105
出版服务　(0516)83995789　83884920
网　　址　http://www.cumtp.com　**E-mail**：cumtpvip@cumtp.com
印　　刷　日照报业印刷有限公司
开　　本　787 mm×1092 mm　1/16　**印张** 17.5　**字数** 436 千字
版次印次　2019 年 9 月第 1 版　2019 年 9 月第 1 次印刷
定　　价　60.00 元

出版说明

为了加强建设工程项目管理，提高工程项目总承包及施工管理专业技术人员素质，规范施工管理行为，保证工程质量和施工安全，根据《中华人民共和国建筑法》《建设工程质量管理条例》《建设工程安全生产管理条例》和国家有关执业资格考试制度的规定，2002 年中华人民共和国人事部和建设部联合颁发了《建造师执业资格制度暂行规定》(人发〔2002〕111号)，对从事建设工程项目总承包及施工管理的专业技术人员实行建造师执业资格制度。

注册建造师是以专业技术为依托、以工程项目管理为主业的注册执业人士。依据中华人民共和国住房和城乡建设部令第 32 号修订的《注册建造师管理规定》(自 2016 年 10 月 20 日起施行)，按规定参加继续教育是注册建造师应履行的义务，也是申请延续注册的必要条件。注册建造师应通过继续教育，掌握工程建设相关法律法规、标准规范，增强职业道德和诚信守法意识，熟悉工程建设项目管理新方法、新技术，总结工作中的经验教训，不断提高综合素质和执业能力。

根据《山东省二级建造师继续教育管理暂行办法》，受山东省建设执业资格注册中心委托，本编委会组织具有较高理论水平和丰富实践经验的专家、学者，编写了“二级建造师继续教育系列教材”。在编纂过程中，我们坚持“以提高综合素质和执业能力为基础，以工程实例内容为主导”的编写原则，突出系统性、针对性、实践性和前瞻性，体现建设行业发展的新常态、新法规、新技术、新工艺、新材料等内容。本套教材共 15 册，分别为《建设工程新法律法规与案例分析》《建设工程质量管理》《建设工程信息化技术实务》《建筑工程新技术概论》《建设工程项目管理理论与实务》《工程建设标准强制性条文选编》《装配式建筑技术与管理》《城市轨道交通建造技术与案例》《城市桥梁建造技术与案例》《城市管道工程》《城市道路工程施工质量与安全管理》《安装工程新技术》《建筑机电工程新技术及应用》《智慧工地与绿色施工技术》《信息化技术在建筑电气施工中的应用》。本套教材既可作为二级注册建造师继续教育用书，也可作为建设单位、施工单位和建设类大中专院校的教学及参考用书。

本套教材的编写得到了山东省住房和城乡建设厅、清华大学、中国海洋大学、山东大学、山东建筑大学、青岛理工大学、山东交通学院、山东中英国际工程图书有限公司、山东中英国际建筑工程技术有限公司、中国矿业大学出版社等单位的大力支持，在此表示衷心的感谢。

本套教材虽经反复推敲，仍难免有疏漏之处，恳请广大读者提出宝贵意见。

二级建造师继续教育系列教材编委会

2019 年 8 月

前　言

建筑业作为我国国民经济的支柱产业，为推动国民经济增长和社会全面发展作出了重要贡献。随着我国改革开放的进一步深入，建筑业继续呈现出快速发展态势，建设市场将更加成熟。在工程建设逐步规范化以及与国际接轨的过程中，建设法律法规的学习与应用尤为重要。

中国共产党第十八届中央委员会第四次会议提出，全面推进依法治国，总目标是建设中国特色社会主义法治体系，建设社会主义法治国家。要坚持依法治国、依法执政、依法行政共同推进，坚持法治国家、法治政府、法治社会一体建设，实现科学立法、严格执法、公正司法、全民守法，促进国家治理体系和治理能力现代化。注册建设执业师必须增强法律意识和法制观念，做到学法、懂法、守法和用法，依法从事工程建设管理。这也是新形势下对注册建设执业师从事执业活动的基本要求。

为了配合注册建设执业师继续教育，同时满足有关人员较为全面地学习建设工程相关法律法规和司法实践案例的需要，本书以现行国家法律法规，特别是近几年来最新制定、修订的法律法规、规章、司法解释、规范为依据，以工程建设程序为线索，简要梳理和解读了注册建造师管理制度与建筑市场信用体系建设、建设工程安全生产法律制度、建设工程招标投标与合同管理法律制度、建设工程质量管理法律制度、建设工程造价管理法律制度以及相关建设主体的权利、义务和责任。在研究梳理我国最新建设工程法律制度的基础上，本书从典型法院审判案例出发，概述案件基本案情、法院审理过程和结果，以及对案件争议焦点进行评析，同时也对许多建设工程法律实务问题提出了解决思路，以求建设工程法律制度理论与建设工程实务的相互结合、促进。

本书的编写得到了山东省住房和城乡建设厅、中国海洋大学、青岛理工大学、北京大成（青岛）律师事务所、山东正航律师事务所的大力支持和帮助，在此一并表示感谢。本书的部分案例来源于北大法律信息网和中国裁判文书网，在此也一并表示感谢。

囿于编者的水平和经验，书中难免有疏漏之处，诚挚希望广大读者提出宝贵意见，给予批评指正。

编者

2019 年 7 月

目　录

上篇　建设工程新法律法规及标准规范

上　篇

建设工程新法律
法规及标准规范

第一章　注册建造师管理制度与建筑市场信用体系建设

第一节　注册建造师管理制度

一、国内外建造师执业资格制度的形成和发展

注册建造师作为一种执业资格制度，最早于1834年起源于英国。英国皇家特许建造学会CIOB(Chartered Institute of Building)，迄今已有180余年的历史。在英国，职业资格的专业认证不是由政府机构进行的，而是由专业协会完成的。专业协会实行会员制。英国皇家特许建造师认证制度即是由世界领域内建筑管理方向最大的认证机构——英国皇家特许建造学会(CIOB)建立的。英国皇家特许建造学会(CIOB)设立建造师认证制度的目的，是要通过认证、教育来提高建筑从业管理人员的素质，提高建筑业专业经理人的水平，其重点是对管理者管理能力的考察和培养。

在项目管理理论、实践和制度的发源地——美国，注册建造师制度也已建立了近50年。美国的建造师资格认证制度，就其与项目管理的结合和与相应的高等教育相结合来说，就其对注册建造师的继续教育、持续培养和考核来说，都有其独到的特点。美国建造师学会AIC(The American Institute of Construction)成立于1971年，负责全美国建造师资格的认证和考核工作。该学会的资格认证委员会将建造师定义为：建造师是通过教育和实践获得技能和知识，从事建造工作的全过程或一部分工作过程的专业人员。建造师要具备一定的专业水平和职业道德，并不断提高自身的技能和继续教育水平，以持续适应建筑业不断发展的需要。建造师的执业工作范围包括：项目经理(Project Manager)、总指挥(General Superintendent)、项目执行者(Project Executive)、操作经理(Operation Manager)、施工经理(Construction Manager)、首席执行官(Chief Executive Officer)等。AIC对建造师资格的认证是一种非官方的行为，这一点与我国注册建造师的考试、认证、注册是统一由建设部、人事部组织的政府行为有很大的区别。在美国，由AIC的专业行业组织对从事建筑业的专业人员的知识水平、受教育的程度和水平、实践技能和经验进行评估和认证。专业人士申请建造师资格认证是一种自愿的个人行为。与我国一些从业岗位受制于建造师的资格和等级、企业的资质等级也与所拥有建造师的等级和数量挂钩不同，AIC不直接干预建造师的从业问题，而只是主持建立一个为社会、企业、专业人士以及政府等各方面广泛认可的建造师职业标准，并据此进行建造师的资格认证以及后续对建造师的继续教育和不断提高建造师自身素质提供服务，建立一种行业资格认证制度和社会信用制度。

我国工程建设领域最早建立的执业资格制度是注册建筑师制度。建设部早在1994年就开始研究建立注册建造师制度。1997年颁布的《中华人民共和国建筑法》明确规定："从事建筑活动的专业技术人员，应当依法取得相应的执业资格证书"。2002年12月中华人民

共和国人事部、建设部联合颁发《建造师职业资格制度暂行规定》，这标志着我国的建造师制度的建立和建造师工作的正式启动。由此可见，我国的建造师概念的引入也只是从2002年底才开始的，截至目前也只有17年的时间。从一级建造师考核的标准和侧重点也能看出建造师制度用人标准的改变，从原先的基础知识考核到近年来的考核题目与现场施工实际联系更加紧密，建造师的职业制度逐渐地由数量上的要求向质量上的要求靠近。

二、我国注册建造师的注册、执业和继续教育有关规定

（一）注册建造师的注册

2016年9月经修订后颁布的《注册建造师管理规定》所称注册建造师，是指通过考核认定或考试合格取得中华人民共和国建造师资格证书，并按照该规定注册，取得中华人民共和国建造师注册证书和执业印章，担任施工单位项目负责人及从事相关活动的专业技术人员。注册建造师实行注册执业管理制度，注册建造师分为一级注册建造师和二级注册建造师。

取得资格证书的人员，经过注册方能以注册建造师的名义执业。

1. 申请初始注册

申请初始注册应当具备以下条件：(1) 经考核认定或考试合格取得资格证书；(2) 受聘于一个相关单位；(3) 达到继续教育要求；(4) 没有该规定第十五条所列情形。

取得一级建造师资格证书并受聘于一个建设工程勘察、设计、施工、监理、招标代理、造价咨询等单位的人员，应当通过聘用单位提出注册申请，并可以向单位工商注册所在地的省、自治区、直辖市人民政府住房城乡建设主管部门提交申请材料。省、自治区、直辖市人民政府住房城乡建设主管部门收到申请材料后，应当在5日内将全部申请材料报国务院住房城乡建设主管部门审批。国务院住房城乡建设主管部门在收到申请材料后，应当依法作出是否受理的决定，并出具凭证；申请材料不齐全或者不符合法定形式的，应当在5日内一次性告知申请人需要补正的全部内容。逾期不告知的，自收到申请材料之日起即为受理。对申请初始注册的，国务院住房城乡建设主管部门应当自受理之日起20日内作出审批决定。自作出决定之日起10日内公告审批结果。国务院有关部门收到国务院住房城乡建设主管部门移送的申请材料后，应当在10日内审核完毕，并将审核意见送国务院住房城乡建设主管部门。

取得二级建造师资格证书的人员申请注册，由省、自治区、直辖市人民政府住房城乡建设主管部门负责受理和审批，具体审批程序由省、自治区、直辖市人民政府住房城乡建设主管部门依法确定。对批准注册的，核发由国务院住房城乡建设主管部门统一样式的《中华人民共和国二级建造师注册证书》和执业印章，并在核发证书后30日内送国务院住房城乡建设主管部门备案。

初始注册者，可自资格证书签发之日起3年内提出申请。逾期未申请者，须符合本专业继续教育的要求后方可申请初始注册。申请初始注册需要提交下列材料：(1) 注册建造师初始注册申请表；(2) 资格证书、学历证书和身份证明复印件；(3) 申请人与聘用单位签订的聘用劳动合同复印件或其他有效证明文件；(4) 逾期申请初始注册的，应当提供达到继续教育要求的证明材料。

注册证书和执业印章是注册建造师的执业凭证，由注册建造师本人保管、使用。

注册证书与执业印章有效期为3年。一级注册建造师的注册证书由国务院住房城乡建

设主管部门统一印制，执业印章由国务院住房城乡建设主管部门统一样式，省、自治区、直辖市人民政府住房城乡建设主管部门组织制作。

2. 延续注册、变更注册和增项注册

注册有效期满需继续执业的，应当在注册有效期届满30日前，按照规定申请延续注册。延续注册的，有效期为3年。申请延续注册的，应当提交下列材料：(1) 注册建造师延续注册申请表；(2) 原注册证书；(3) 申请人与聘用单位签订的聘用劳动合同复印件或其他有效证明文件；(4) 申请人注册有效期内达到继续教育要求的证明材料。

在注册有效期内，注册建造师变更执业单位，应当与原聘用单位解除劳动关系，并按照该规定第七条、第八条办理变更注册手续，变更注册后仍延续原注册有效期。申请变更注册的，应当提交下列材料：(1) 注册建造师变更注册申请表；(2) 注册证书和执业印章；(3) 申请人与新聘用单位签订的聘用合同复印件或有效证明文件；(4) 工作调动证明(与原聘用单位解除聘用合同或聘用合同到期的证明文件、退休人员的退休证明)。

对申请变更注册、延续注册的，国务院住房城乡建设主管部门应当自受理之日起10日内作出审批决定。自作出决定之日起10日内公告审批结果。国务院有关部门收到国务院住房城乡建设主管部门移送的申请材料后，应当在5日内审核完毕，并将审核意见送国务院住房城乡建设主管部门。

注册建造师需要增加执业专业的，应当按照规定申请专业增项注册，并提供相应的资格证明。

3. 不予注册和注册证书的失效、注销

《注册建造师管理规定》规定，申请人有下列情形之一的，不予注册：(1) 不具有完全民事行为能力的；(2) 申请在两个或者两个以上单位注册的；(3) 未达到注册建造师继续教育要求的；(4) 受到刑事处罚，刑事处罚尚未执行完毕的；(5) 因执业活动受到刑事处罚，自刑事处罚执行完毕之日起至申请注册之日止不满5年的；(6) 因前项规定以外的原因受到刑事处罚，自处罚决定之日起至申请注册之日止不满3年的；(7) 被吊销注册证书，自处罚决定之日起至申请注册之日止不满2年的；(8) 在申请注册之日前3年内担任项目经理期间，所负责项目发生过重大质量和安全事故的；(9) 申请人的聘用单位不符合注册单位要求的；(10) 年龄超过65周岁的；(11) 法律、法规规定不予注册的其他情形。

注册建造师有下列情形之一的，其注册证书和执业印章失效：(1) 聘用单位破产的；(2) 聘用单位被吊销营业执照的；(3) 聘用单位被吊销或者撤回资质证书的；(4) 已与聘用单位解除聘用合同关系的；(5) 注册有效期满且未延续注册的；(6) 年龄超过65周岁的；(7) 死亡或不具有完全民事行为能力的；(8) 其他导致注册失效的情形。

注册建造师有下列情形之一的，由注册机关办理注销手续，收回注册证书和执业印章或者公告注册证书和执业印章作废：(1) 有该规定第十六条所列情形发生的；(2) 依法被撤销注册的；(3) 依法被吊销注册证书的；(4) 受到刑事处罚的；(5) 法律、法规规定应当注销注册的其他情形。

(二) 注册建造师的执业

1. 注册建造师的受聘岗位

《注册建造师管理规定》规定，取得资格证书的人员应当受聘于一个具有建设工程勘察、设计、施工、监理、招标代理、造价咨询等一项或者多项资质的单位，经注册后方可从事相应的执业活动。担任施工单位项目负责人的，应当受聘并注册于一个具有施工资质的企业。

注册建造师可以从事建设工程项目总承包管理或施工管理，建设工程项目管理服务，建设工程技术经济咨询，以及法律、行政法规和国务院住房城乡建设主管部门规定的其他业务。

2. 建造师执业范围

《建造师执业资格制度暂行规定》规定，建造师的执业范围：(1) 担任建设工程项目施工的项目经理。(2) 从事其他施工活动的管理工作。(3) 法律、行政法规或国务院建设行政主管部门规定的其他业务。

《建筑业企业资质等级标准》规定，一级建造师可以担任特级、一级建筑业企业资质的建设工程项目施工的项目经理；二级建造师可以担任二级及以下建筑业企业资质的建设工程项目施工的项目经理。《注册建造师执业管理办法(试行)》规定，一级注册建造师可在全国范围内以一级注册建造师名义执业。通过二级建造师资格考核认定，或参加全国统考取得二级建造师资格证书并经注册人员，可在全国范围内以二级注册建造师名义执业。工程所在地各级建设主管部门和有关部门不得增设或者变相设置跨地区承揽工程项目执业准入条件。

大中型工程施工项目负责人必须由本专业注册建造师担任。一级注册建造师可担任大、中、小型工程施工项目负责人，二级注册建造师可以承担中、小型工程施工项目负责人。注册建造师不得同时担任两个及以上建设工程施工项目负责人。发生下列情形之一的除外：(1) 同一工程相邻分段发包或分期施工的；(2) 合同约定的工程验收合格的；(3) 因非承包方原因致使工程项目停工超过 120 天(含)，经建设单位同意的。

注册建造师担任施工项目负责人期间原则上不得更换。如发生下列情形之一的，应当办理书面交接手续后更换施工项目负责人：(1) 发包方与注册建造师受聘企业已解除承包合同的；(2) 发包方同意更换项目负责人的；(3) 因不可抗力等特殊情况必须更换项目负责人的。建设工程合同履行期间变更项目负责人的，企业应当于项目负责人变更 5 个工作日内报建设行政主管部门和有关部门及时进行网上变更。

(三) 注册建造师的继续教育

2010 年 11 月住房和城乡建设部发布的《注册建造师继续教育管理暂行办法》规定，完成规定学时并测试合格后取得的《注册建造师继续教育证书》是建造师申请注册的必要条件。

1. 继续教育的方式

注册建造师继续教育以集中面授为主。同时探索网络教育方式，拟采取网络教育的专业牵头部门或省级住房城乡建设主管部门，应将管理办法和工作方案报国务院住房城乡建设主管部门审核，并对网络教育的培训质量负责。

2. 必修课、选修课的学时和内容

注册一个专业的建造师在每一注册有效期内应参加继续教育不少于 120 学时，其中必修课 60 学时，选修课 60 学时。注册两个及以上专业的，每增加一个专业还应参加所增加专业 60 学时的继续教育，其中必修课 30 学时，选修课 30 学时。

注册建造师应通过继续教育，掌握工程建设有关法律法规、标准规范，增强职业道德和诚信守法意识，熟悉工程建设项目管理新方法、新技术，总结工作中的经验教训，不断提高综合素质和执业能力。

必修课包括以下内容：(1) 工程建设相关的法律法规和有关政策。(2) 注册建造师职业道德和诚信制度。(3) 建设工程项目管理的新理论、新方法、新技术和新工艺。(4) 建设工程项目管理案例分析。

选修课内容为：各专业牵头部门认为一级建造师需要补充的与建设工程项目管理有关的知识；各省级住房城乡建设主管部门认为二级建造师需要补充的与建设工程项目管理有关的知识。

3. 充抵继续教育选修课学时的规定

注册建造师在每一注册有效期内从事以下工作并取得相应证明的，可充抵继续教育选修课部分学时。每一注册有效期内，充抵继续教育选修课学时累计不得超过 60 学时。(1) 参加全国建造师执业资格考试大纲编写及命题工作，每次计 20 学时。(2) 从事注册建造师继续教育教材编写工作，每次计 20 学时。(3) 在公开发行的省部级期刊上发表有关建设工程项目管理的学术论文的，第一作者每篇计 10 学时；公开出版 5 万字以上专著、教材的，第一、二作者每人计 20 学时。(4) 参加建造师继续教育授课工作的按授课学时计算。

一级注册建造师继续教育学时的充抵认定，由各专业牵头部门负责；二级注册建造师继续教育学时的充抵认定，由各省级住房城乡建设主管部门负责。

4. 参加继续教育的保障

注册建造师在参加继续教育期间享有国家规定的工资、保险、福利待遇。建筑业企业及勘察、设计、监理、招标代理、造价咨询等用人单位应重视注册建造师继续教育工作，督促其按期接受继续教育。其中建筑业企业应为从事在建工程项目管理工作的注册建造师提供经费和时间支持。

5. 注册建造师管理规定(征求意见稿)的规定

2017 年 7 月中华人民共和国住房和城乡建设部办公厅对外发布的《注册建造师管理规定(征求意见稿)》(建办市函〔2017〕512 号文)，提到了建造师继续教育变化、初始注册具备的条件、主管部门审批时间要求、证书变更、注销手续、证书有效期改为 5 年，建造师年龄最大改为 65 周岁均可使用，注册需提交社保证明原件，注册建造师即将推行电子证书，注册建造师不得同时担任两个及以上建设工程施工项目负责人和项目技术负责人，最重要的对建造师涉及倒卖、出租、出借或以其他形式非法转让资格证书、注册证书将有新制裁。一级建造师全部由国务院建设行政主管部门进行审批，各地住房城乡建设主管部门不再提出初审意见。

三、注册建造师的执业行为管理

(一) 注册建造师的基本权利

《建造师执业资格制度暂行规定》规定，建造师经注册后，有权以建造师名义担任建设工程项目施工的项目经理及从事其他施工活动的管理。

《注册建造师管理规定》规定，注册建造师享有下列权利：(1) 使用注册建造师名称；(2) 在规定范围内从事执业活动；(3) 在本人执业活动中形成的文件上签字并加盖执业印章；(4) 保管和使用本人注册证书、执业印章；(5) 对本人执业活动进行解释和辩护；(6) 接受继续教育；(7) 获得相应的劳动报酬；(8) 对侵犯本人权利的行为进行申述。

建设工程施工活动中形成的有关工程管理文件，应当由注册建造师签字并加盖执业印章。施工单位签署质量合格的文件上，必须有注册建造师的签字盖章。

建设工程合同包含多个专业工程的，担任施工项目负责人的注册建造师，负责该工程施工管理文件签章。

专业工程独立发包时，注册建造师执业范围涵盖该专业工程的，可担任该专业工程施工项目负责人。分包工程施工管理文件应当由分包企业注册建造师签章。分包企业签署质量合格的文件上，必须由担任总包项目负责人的注册建造师签章。

因续期注册、企业名称变更或印章污损遗失不能及时盖章的，经注册建造师聘用企业出具书面证明后，可先在规定文件上签字后补盖执业印章，完成签章手续。修改注册建造师签字并加盖执业印章的工程施工管理文件，应当征得所在企业同意后，由注册建造师本人进行修改；注册建造师本人不能进行修改的，应当由企业指定同等资格条件的注册建造师修改，并由其签字并加盖执业印章。

（二）注册建造师的基本义务

《建造师执业资格制度暂行规定》规定，建造师在工作中，必须严格遵守法律、法规和行业管理的各项规定，恪守职业道德。

《注册建造师管理规定》进一步规定，注册建造师应当履行下列义务：(1) 遵守法律、法规和有关管理规定，恪守职业道德；(2) 执行技术标准、规范和规程；(3) 保证执业成果的质量，并承担相应责任；(4) 接受继续教育，努力提高执业水准；(5) 保守在执业中知悉的国家秘密和他人的商业、技术等秘密；(6) 与当事人有利害关系的，应当主动回避；(7) 协助注册管理机关完成相关工作。

注册建造师不得有下列行为：(1) 不履行注册建造师义务；(2) 在执业过程中，索贿、受贿或者谋取合同约定费用外的其他利益；(3) 在执业过程中实施商业贿赂；(4) 签署有虚假记载等不合格的文件；(5) 允许他人以自己的名义从事执业活动；(6) 同时在两个或者两个以上单位受聘或者执业；(7) 涂改、倒卖、出租、出借或以其他形式非法转让资格证书、注册证书和执业印章；(8) 超出执业范围和聘用单位业务范围内从事执业活动；(9) 法律、法规、规章禁止的其他行为。

《注册建造师执业管理办法》还规定，注册建造师不得有下列行为：(1) 不按设计图纸施工；(2) 使用不合格建筑材料；(3) 使用不合格设备、建筑构配件；(4) 违反工程质量、安全、环保和用工方面的规定；(5) 在执业过程中，索贿、行贿、受贿或者谋取合同约定费用外的其他不法利益；(6) 签署弄虚作假或在不合格文件上签章的；(7) 以他人名义或允许他人以自己的名义从事执业活动；(8) 同时在两个或者两个以上企业受聘并执业；(9) 超出执业范围和聘用企业业务范围从事执业活动；(10) 未变更注册单位，而在另一家企业从事执业活动；(11) 所负责工程未办理竣工验收或移交手续前，变更注册到另一企业；(12) 伪造、涂改、倒卖、出租、出借或以其他形式非法转让资格证书、注册证书和执业印章；(13) 不履行注册建造师义务和法律、法规、规章禁止的其他行为。

（三）注册机关的监督管理

《注册建造师管理规定》规定，县级以上人民政府建设主管部门和有关部门履行监督检查职责时，有权采取下列措施：(1) 要求被检查人员出示注册证书；(2) 要求被检查人员所在聘用单位提供有关人员签署的文件及相关业务文档；(3) 就有关问题询问签署文件的人员；(4) 纠正违反有关法律、法规、本规定及工程标准规范的行为。

有下列情形之一的，注册机关依据职权或者根据利害关系人的请求，可以撤销注册建造师的注册：(1) 注册机关工作人员滥用职权、玩忽职守作出准予注册许可的；(2) 超越法定职权作出准予注册许可的；(3) 违反法定程序作出准予注册许可的；(4) 对不符合法定条件的申请人颁发注册证书和执业印章的；(5) 依法可以撤销注册的其他情形。申请人以欺骗、贿赂等不正当手段获准注册的，应当予以撤销。

《注册建造师执业管理办法》还规定，注册建造师违法从事相关活动的，违法行为发生地县级以上地方人民政府建设主管部门或有关部门应当依法查处，并将违法事实、处理结果告知注册机关；依法应当撤销注册的，应当将违法事实、处理建议及有关材料报注册机关，注册机关或有关部门应当在 7 个工作日内作出处理，并告知行为发生地人民政府建设行政主管部门或有关部门。

注册建造师异地执业的，工程所在地省级人民政府建设主管部门应当将处理建议转交注册建造师注册所在地省级人民政府建设主管部门，注册所在地省级人民政府建设主管部门应当在 14 个工作日内作出处理，并告知工程所在地省级人民政府建设行政主管部门。

四、注册建造师的法律责任

(一) 建造师注册违法行为应承担的法律责任

《注册建造师管理规定》规定，隐瞒有关情况或者提供虚假材料申请注册的，建设主管部门不予受理或者不予注册，并给予警告，申请人 1 年内不得再次申请注册。

以欺骗、贿赂等不正当手段取得注册证书的，由注册机关撤销其注册，3 年内不得再次申请注册，并由县级以上地方人民政府住房城乡建设主管部门处以罚款。其中没有违法所得的，处以 1 万元以下的罚款；有违法所得的，处以违法所得 3 倍以下且不超过 3 万元的罚款。

聘用单位为申请人提供虚假注册材料的，由县级以上地方人民政府建设主管部门或者其他有关部门给予警告，责令限期改正；逾期未改正的，可处以 1 万元以上 3 万元以下的罚款。

(二) 建造师继续教育违法行为应承担的法律责任

《注册建造师继续教育管理暂行办法》规定，注册建造师应按规定参加继续教育，接受培训测试，不参加继续教育或继续教育不合格的不予注册。对于采取弄虚作假等手段取得《注册建造师继续教育证书》的，一经发现，立即取消其继续教育记录，并计入不良信用记录，对社会公布。

(三) 无证或未办理变更注册执业应承担的法律责任

《注册建造师管理规定》规定，未取得注册证书和执业印章，担任大中型建设工程项目施工单位项目负责人，或者以注册建造师的名义从事相关活动的，其所签署的工程文件无效，由县级以上地方人民政府住房城乡建设主管部门或者其他有关部门给予警告，责令停止违法活动，并可处以 1 万元以上 3 万元以下的罚款。

未办理变更注册而继续执业的，由县级以上地方人民政府住房城乡建设主管部门或者其他有关部门责令限期改正；逾期不改正的，可处以 5 000 元以下的罚款。

（四）建造师执业活动中违法行为应承担的法律责任

《注册建造师管理规定》规定，注册建造师在执业活动中有下列行为之一的，由县级以上地方人民政府建设主管部门或者其他有关部门给予警告，责令改正，没有违法所得的，处以1万元以下的罚款；有违法所得的，处以违法所得3倍以下且不超过3万元的罚款：(1) 不履行注册建造师义务；(2) 在执业过程中，索贿、受贿或者谋取合同约定费用外的其他利益；(3) 在执业过程中实施商业贿赂；(4) 签署有虚假记载等不合格的文件；(5) 允许他人以自己的名义从事执业活动；(6) 同时在两个或者两个以上单位受聘或者执业；(7) 涂改、倒卖、出租、出借或以其他形式非法转让资格证书、注册证书和执业印章；(8) 超出执业范围和聘用单位业务范围内从事执业活动；(9) 法律、法规、规章禁止的其他行为。

（五）未提供注册建造师信用档案信息应承担的法律责任

《注册建造师管理规定》规定，注册建造师或者其聘用单位未按照要求提供注册建造师信用档案信息的，由县级以上地方人民政府建设主管部门或者其他有关部门责令限期改正；逾期未改正的，可处以1 000元以上1万元以下的罚款。

注册执业人员未执行法律法规的法律责任

《建设工程安全生产管理条例》规定，注册执业人员未执行法律、法规和工程建设强制性标准的，责令停止执业3个月以上1年以下；情节严重的，吊销执业资格证书，5年内不予注册；造成重大安全事故的，终身不予注册；构成犯罪的，依照刑法有关规定追究刑事责任。

注册执业人员因过错造成质量事故应承担的法律责任

《建设工程质量管理条例》规定，注册建筑师、注册结构工程师、监理工程师等注册执业人员因过错造成质量事故的，责令停止执业1年；造成重大质量事故的，吊销执业资格证书，5年以内不予注册；情节特别恶劣的，终身不予注册。

（六）建造师职业道德国际准则与国内准则

职业道德，就是同人们的职业活动紧密联系的符合职业特点所要求的道德准则、道德情操与道德品质的总和。它既是对本职人员在职业活动中行为的要求，同时又是职业对社会所负的道德责任与义务。社会主义职业道德的主要规范有爱岗敬业、诚实守信、办事公道、服务群众、奉献社会。

1. 英国皇家特许测量师学会的职业道德准则

英国皇家特许测量师学会RICS(Royal Institution of Chartered Surveyors)有一套核心价值观，并且希望它的会员都能在工作中使这些价值观得到体现。这套价值观体现了所有特许测量师和技术测量师职业道德的关键特征。其会员必须根据这些核心价值采取行动及作出判断。RICS的专业道德信念和行为规范包括如下内容：

(1) 行为正直。绝不把你自己的所得建立在客户的福利之上，或是建立在你要对其履行职业职责的对象的福利之上。一直尊重客户的私密性。在你的判断力之内，总是考虑社会的更广泛利益。

(2) 永远诚实。做任何事都让人信任，绝不故意误导，不论是以保留信息还是以歪曲信息的方式。

(3) 在交易中要保持坦率和透明。与你的客户分享所有的实情，让事情尽可能地简单和易于理解。

(4) 为所有的行为负责任。承担所有的责任，如果事情搞砸了，不要责备他人。

(5) 在力所能及的范围内做事。知道你的能力限度,不要企图超越这个限度。绝不做超过你的能力范围之事。

(6) 一直保持客观。提出的建议要清晰、恰当,绝不能让你的情感或利益左右了你的判断。

(7) 总是尊重他人,绝不歧视他人。

(8) 树立一个好榜样。记住,你的公众行为及私人行为都会影响你个人、RICS以及其他会员的名誉。

(9) 勇于抵御不良行为。如果你认为安全受到了威胁或发现有任何形式的不端行为,要随时准备采取行动。

2. 国际咨询工程师联合会的职业道德准则

国际咨询工程师联合会 FIDIC(Fédération Internationale Des Ingénieurs Conseils)认为工程咨询业的工作对于取得社会和环境的可持续发展是至关重要的。为了充分有效地进行工作,咨询工程师要不断提高自身的学识和技能,而且社会也要尊重咨询工程师的诚实与正直,信任咨询工程师的判断并给予合理的报酬。所有FIDIC成员、协会都同意以下行为准则,并认为如果希望社会能对咨询工程师有这种必要的信任,这些原则对其成员的行为是极其重要的:

(1) 对社会和咨询业的责任:承担咨询业对社会所负有的责任;寻求符合可持续发展原则的解决方案;始终维护咨询业的尊严、地位和荣誉。

(2) 能力:保持其知识和技能水平与技术、法律和管理的发展一致,在为客户提供服务时运用应有的技能、谨慎和勤勉;只承担能够胜任的任务。

(3) 廉洁:始终维护客户的合法利益,并廉洁、忠实地提供服务。

(4) 公正:公正地提供专业建议、判断或决定。应告知客户为其服务过程中可能产生的一切潜在的利益冲突。不接受任何可能影响其独立判断的酬劳。

(5) 对他人公正:推动“基于质量选择咨询服务”的理念。不得故意、无意损害他人的名誉或生意;不得直接、间接地抢已委托给其他咨询工程师的生意。在通知该咨询工程师之前,并在未接到客户终止其工作的书面指令之前,不得接管该咨询工程师的工作。如被邀请评审其他咨询工程师的工作,应以恰当的行为和善意的态度进行。

(6) 反腐败:既不提供也不收受任何形式的酬劳。这种酬劳意在试图或设法影响对咨询工程师的选聘过程或对其的补偿,和(或)影响其客户,设法影响咨询工程师的公正判断。当任何合法组成的机构对服务或建筑合同的管理进行调查时,咨询工程师应充分予以合作。

3. 美国项目管理学会的职业道德准则

美国项目管理学会 PMI(Project Management Institute)的《项目管理专业人员行为守则》是以四大价值观为基础的道德规范和职业行为准则。

(1) 责任:所作的决策和采取的行动要符合社会、公众安全和环境的最大利益;只接受和其背景、经历、技能和资质相匹配的任务;只投标组织能胜任的工作并只安排能胜任的个人来承担任务;履行所担负的承诺,做所说过要做的;当犯错或疏忽时,立即承担责任并迅速改正;当发现别人的错误或疏忽时,立即和相应的主体沟通;将对任何所犯的错误和疏忽以及产生的后果负责;保护出于信任交付的专利或秘密信息;要将不道德或非法的行为报告相应的管理层,如果必要,还要知会受行为影响的有关各方。

(2) 尊重:倾听他人的观点,力求理解他们;和有冲突和异议的人士直接解决问题;要避免闲言碎语并避免对他人的声誉造成负面影响;谈判时遵循诚信善意原则;不能利用专家权力和法定权力影响他人的决策和行动,并以此为代价谋取自己的个人利益。

(3) 公平:决策程序要体现公开透明;在招标过程中,提供平等的获取信息的渠道;要主动和全面地向合适的利益相关者披露所有现实和潜在的利益冲突;当面临利益冲突时,执业人员所能采取的解决冲突的唯一方式是将冲突信息披露给受影响的各方,让他们作决定如何继续进行。

(4) 诚实:真诚地沟通和行动;及时正确地提供信息;当结果是负面的时,要避免隐藏消息或推卸责任;当结果是正面的时,要避免从他人的成果里为自己加分。不能涉及或容忍欺骗他人的行为;绝不涉及不诚实的行为,以达到获取自身利益或者牺牲他人利益的目的。

4. 中国造价工程师的职业道德行为准则

为规范造价工程师的职业道德行为,提高行业声誉,中国建设工程造价管理协会发布造价工程师职业道德行为准则。造价工程师在执业中应信守以下职业道德行为准则:

(1) 遵守国家法律、法规和政策,执行行业自律性规定,珍惜职业声誉,自觉维护国家和社会公共利益。

(2) 遵守“诚信、公正、精业、进取”的原则,以高质量的服务和优秀的业绩,赢得社会和客户对造价工程师职业的尊重。

(3) 勤奋工作,独立、客观、公正、正确地出具工程造价成果文件,使客户满意。

(4) 诚实守信,尽职尽责,不得有欺诈、伪造、作假等行为。

(5) 尊重同行,公平竞争,搞好同行之间的关系,不得采取不正当的手段损害、侵犯同行的权益。

(6) 廉洁自律,不得索取、收受委托合同约定以外的礼金和其他财物,不得利用职务之便谋取其他不正当的利益。

(7) 造价工程师与委托方有利害关系的应当回避,委托方有权要求其回避。

(8) 知悉客户的技术和商务秘密,负有保密义务。

(9) 接受国家和行业自律性组织对其职业道德行为的监督检查。

5. 中国工程咨询业的行业公约和职业道德行为准则

工程咨询单位和咨询工程师应有高度的职业责任感,在工程咨询业务活动中要以科学发展观为指导,诚实守信,公正廉洁,敬业进取,以高质量的咨询成果和优质的服务,赢得社会信任。为此,工程咨询单位和咨询工程师都应共同遵守如下工程咨询行业公约和职业道德行为准则:

(1) 遵守国家法律、法规和相关政策,执行行业自律性规定,依法执业,守法经营,自觉接受政府主管部门和行业管理机构的监督管理。履行行业的社会责任和义务,维护国家和社会公共利益,维护工程咨询行业的声誉,塑造“廉洁自律、诚信高效、社会信赖”的行业形象。

(2) 增强服务意识,竭诚为客户服务,坚定维护客户合法权益,忠实履行与客户签订的各项合约,保守客户秘密,寻求提高投资效益和符合可持续发展的解决方案。

(3) 在执业中,坚持“独立、公正、科学”的服务宗旨,坚持执业尊严。实事求是,客观、全面分析一切有利因素和不利因素,并向客户如实反馈。

(4) 按工程咨询单位资格证书规定的资格等级、专业、服务范围以及咨询工程师个人注册的专业范围开展业务，只承担能够胜任的业务，不夸大咨询等级、专业、服务范围和业绩，不违规经营。

(5) 以质量、服务、信誉公平竞争，执行国家规定的工程咨询服务收费标准，杜绝无序竞争和不正当的价格竞争。不采取不正当的手段排挤、损害和打击其他工程咨询单位或咨询工程师。防止有意、无意损害他人名誉和事业的行为。不直接或间接试图替代其他工程咨询单位或咨询工程师已经受托的咨询业务。

(6) 遵守国家或行业管理有关规定及国际惯例，按与中外客户签订的咨询服务合同提供服务，收取合理费用。不直接或间接接受任何有损客观、独立和公正判断的报酬。

(7) 工程咨询单位和咨询工程师应不断加强自身实力建设和能力建设，提高业务水平和经营管理水平。通过各种形式努力学习，更新知识，钻研业务，掌握先进的技术手段，积极推进工程咨询理论方法、技术和服务模式的创新，努力使工程咨询业成为学习型行业和创新型行业。

(8) 各工程咨询单位和各咨询工程师要团结合作，互相支持，互相尊重，协调配合，优势互补。与委托任务涉及的相关单位，建立良好的合作关系。

(9) 加快国际化步伐，积极推进国际交流与合作，吸收借鉴国外先进的工程咨询理念和经验。在开展国际工程咨询活动中，遵守所在国家及地区的法律法规，树立良好的国际信誉。

(10) 热心行业发展，支持协会工作，积极提出建议，共同推进工程咨询事业持续健康发展。

6. 中国注册建造师的职业道德行为准则

目前中国注册建造师协会正在抓紧制定《注册建造师职业道德行为准则》。我国注册建造师应遵循如下职业道德：(1) 遵纪守法；(2) 对社会和公众的责任；(3) 诚实信用；(4) 自身职业能力；(5) 廉洁自律；(6) 尊重他人；(7) 公平公正；(8) 勇于承担责任。

第二节　建筑市场信用体系建设

一、外国信用体系建设情况以及我国信用体系发展现状

在以信用经济为主要特征的现代市场经济时代，良好的信用关系已成为连接经济主体的重要纽带，完善、有效的社会信用体系成为经济良好运行的重要保证。目前，发达国家经过探索与实践，已经形成了较为完善的社会信用体系，其中美国、德国和日本的发展模式最具特点。了解发达国家的信用体系建设情况有助于促进我国社会信用体系建设的健康发展和完善。

美国是世界上社会信用体系发展最完善的国家之一，形成了主要依靠市场管理运作的信用模式，其中信用中介机构发挥了主导作用。美国有许多专门从事征信、资信评级、商账追收等业务的信用中介机构。美国还建立了专门从事个人信用评估和中小企业信用数据搜集的信用局。信用局主要通过公民从出生便一直拥有的社会安全号 SSN(Social Security Number)来收集记录保存公民的信用额度、房屋贷款还款、银行开户记录等信息。美国的社

会信用体系是以个人信用制度为基础，有完善的个人信用档案登记制度、规范的个人信用评估机制、严密的个人信用风险预警系统及其管理办法，还有健全的信用法律体系。资信评级行业有穆迪、惠誉、标准普尔世界三大评级公司。美国具有较为完备的信用法律法规体系：权益保护方面有《公平信用法》《平等信用机会法》；信息披露方面有《诚实借贷法》；中介服务方面有《公平债务催收作业法》；信用消费方面有《信用卡发行法》《公平信用结账法》；银行信用方面有《电子资金转账法》《银行平等竞争法》等法律。美国的信用交易已经普遍存在，社会主体的信用意识也强。信用记录有显著瑕疵的个人和企业，其生活和发展会受到明显的负面影响，失信者在经济中的失信行为会被扩大到整个社会生活中。在法律规定的时限内失信记录会被保存和传播，如有严重不良记录，将会在美国寸步难行。

德国的社会信用体系采取政府主导的模式，强制性向金融机构征集企业信贷信息和消费者个人贷款信息，使信息高效集中。目前德国四分之三以上人口的信用记录都可查询。在德国的外国人与本国人一样，每人都有信用记录。如果有借债不还、考试作弊、乘车逃票、交通肇事等个人信用问题，都会无一遗漏地记录在案，成为个人信用上的污点。在德国，没有好的信用记录，大到银行贷款、小到租房子都会困难重重。

日本不同于美国和德国，日本的社会信用体系的独特之处在于日本银行协会和其他会员制机构一起建立了非营利性银行个人信用信息中心，要求协会会员定期向信息中心提交要求的详细信息。建立了一个只在会员内部实现信息共享和信息交换的平台。在这种模式下，各银行可以自主选择是否加入成为会员，弹性较大。日本信用体系的基础是良好的教育。从幼儿园到大学，诚信教育一直在进行。从个人角度，一旦信用卡违约不还或者申请信用卡遭拒，由于银行信息联网，几年内都不会再申请到信用卡。从企业角度来说，弄虚作假成本太高，一旦被发现，要承担法律责任，企业可能因此失去客户进而破产。因此，企业会努力维持信用水平，使其在金融机构拥有一个好的信誉。

中国正处于建设社会信用体系的初级阶段，经济体制、法律体系、市场基础，及国情与西方发达国家相比有很大不同。中国的社会信用体系构建模式以市场为主，政府为辅，政府进行宏观调控，构建社会信用体系环境。在高度集中的计划经济时期，我国曾取消其他信用形式而将信用集中于银行，导致商业信用断层，加上社会信用环境欠佳等，我国现阶段的商业信用存在规模小、范围窄、规范性弱、失信欺诈严重、管理效率低下等问题。受国人消费习惯影响，信用和信托关系得不到较好发展。再者，我国现在的信用工具并不普及，信用卡等业务不能面向更加广泛的人群。我国缺乏较完善的信用中介体系，现阶段还没有建立全国的征信网，各种相关的信用评级机构、金融机构、担保中介机构等鉴证机构不够强大。各种相关法律制度、框架、失信惩戒制度不完善也拖累了我国信用体系建设的步伐。随着我国信用体系建设试点工作的不断深入进行、信用服务行业在中国服务行业中的立足、各种地方立法工作的推动以及颁布，我国信用体系建设正朝着正确的方向不断进步。

二、企业信用评价特点、方法和模型

企业信用评价特点具有综合性、时效性、复杂性、信息性、简洁性、公正性等特点。企业信用评级的内容比较广泛，它是对企业资信状况的一次全面评价，具有综合性的特点。企业信用评级等级评出以后，一般有效期为三年，三年以后要重新评级，它具有一定的时效性。由于企业的性质不同，有工业企业、商业企业、外贸企业、建筑安装企业等；不同的企业有不同的行业特点和资金结构，信用评级的重点和要求都不相同，因而企业信用评级具有复杂性。

企业信用评级将为国家宏观调控提供比较完整的有关企业资信状况的信息。信用评级以简洁的字母数字组合符号揭示企业的信用状况，是一种对企业进行价值判断的简明的工具。信用评级由独立的专业信用评级机构作出，评级机构秉持客观、独立的原则，较少受外来因素的干扰，能向社会提供客观、公正的信用信息。

三、建筑业企业信用评价办法

中国建筑业协会对《建筑业企业信用评价办法》(建协〔2015〕4 号)进行了修订，于 2018 年 10 月 9 日发布了最新《建筑业企业信用评价办法》(建协〔2018〕18 号)。建筑业企业信用评价工作采取企业自愿申请、行业协会或有关单位推荐、专家评审的办法。对通过评价的企业，将颁发全国建筑业 AAA 级信用企业证书。

《建筑业企业信用评价办法》的主要内容如下：

1. 总则

为贯彻落实中央关于健全社会信用体系的要求，增强行业信用意识，加强行业自律，规范建筑业企业信用评价工作，推动行业诚信体系建设，制定该办法。该办法适用于建筑业企业信用评价工作。

建筑业企业信用评价工作遵循为企业服务、不以营利为目的和自愿、客观、公开、公正的原则。

中国建筑业协会成立全国建筑业企业信用评价指导委员会(以下简称“指导委员会”)，其主要职责是：(1) 根据国家有关法律法规，在政府主管部门的指导下，研究制订建筑业企业信用体系建设的发展规划和工作方案；(2) 研究起草中国建筑业协会信用体系建设工作的有关文件，包括信用评价指标体系和评分标准；(3) 具体组织实施全国建筑业 AAA 级信用企业评价工作；(4) 指导分支机构开展专项信用评价工作；(5) 研究建筑业企业信用体系建设的其他事项。

2. 信用等级标准

建筑业企业信用评价包括企业基本素质、经营能力及财务指标、管理指标、竞争力指标、市场行为指标等内容，按照《建筑业企业信用评价指标》评分，其中市场行为指标按照《建筑业企业不良行为记分标准》进行评分。

不良行为是指建筑业企业在工程建设过程中，违反有关工程建设的法律、法规、规章或强制性标准和执业行为规范，经县级以上建设主管部门或其委托的执法监督机构查实并作出行政处罚的行为。

建筑业企业信用等级分为 AAA、AA、A、B、C 三等五级。

AAA 级：信用很好。表示受信单位诚信度很高，各项指标优秀，企业素质很高、诚信意识很强、经营状况很好、履约能力很强、社会信誉很好。

AA 级：信用良好。表示受信单位诚信度高，各项指标优良，企业素质高、诚信意识强、经营状况好、履约能力强、社会信誉好。

A 级：信用较好。表示受信单位诚信度较高，各项指标良好，企业素质较高、诚信意识较强、经营状况较好、履约能力较强、社会信誉较好。

B级:信用一般。表示受信单位诚信度一般,各项指标一般,企业素质一般、诚信意识一般、经营状况一般、履约能力一般、社会信誉一般。

C级:信用差。表示受信单位诚信度差,各项指标落后,企业素质低、诚信意识淡薄、经营状况不良、履约能力弱、社会信誉差。

建筑业企业信用等级划分标准为:

AAA级信用企业:企业综合得分在90分(含)以上,且评价期内不得发生《建筑业企业不良行为记分标准》中单项为10分的不良行为。

AA级信用企业:企业综合得分在80(含)～90分,且评价期内不得发生《建筑业企业不良行为记分标准》中单项为10分的不良行为。

A级信用企业:企业综合得分在70(含)～80分,且评价期内不得发生《建筑业企业不良行为记分标准》中单项为10分的不良行为。

B级信用企业:企业综合得分在60(含)～70分。

C级信用企业:企业综合得分在60分以下。

3. 评价实施

建筑业企业信用评价工作在中国建筑业协会团体会员和单位会员中组织实施。其中,A、AA、AAA级信用企业评价采取层级组织的方式。团体会员中的市(区、县)建筑业协会可作A级信用企业评价并发布评价结果。团体会员中的省、自治区、直辖市建筑业协会可作AA级信用企业评价并发布评价结果。团体会员中的有关行业建设协会、解放军工程建设协会和有关单位可作A、AA级信用企业评价并发布评价结果。有关单位是指没有成立建筑业(建设)协会,并与中国建筑业协会商妥的归口本系统申报企业的单位。中国建筑业协会负责全国建筑业AAA级信用企业评价并发布评价结果。

全国建筑业AAA级信用企业评价的程序是:

(1) 申报企业按照全国建筑业AAA级信用企业网上申报流程操作,填报相关数据,扫描上传相关证书,打印《建筑业企业信用评价申请表》。

(2) 申报企业将加盖本单位公章的《建筑业企业信用评价申请表》及电子材料(以光盘形式提供)报送所在省、自治区、直辖市建筑业协会或有关行业建设协会审核盖章。

(3) 申报企业将审核盖章后的《建筑业企业信用评价申请表》及电子材料报送指导委员会办公室。

(4) 指导委员会办公室对申报材料进行复核,计算出分数。

(5) 指导委员会办公室组织召开评审会,对分数为90分(含)以上的申报企业进行审定,并在中国建筑业协会官网公示,公示期为7天。

(6) 对于公示期满且没有异议的,由中国建筑业协会向社会公布参评企业信用等级,并颁发证书。

申请AAA级信用评价的建筑业企业应当提供以下电子材料:

(1) 建筑业企业信用评价申请表。

(2) 企业简介(历史沿革、经营范围、组织机构、企业诚信建设及成效等)。

(3) 企业法人营业执照、资质证书、安全生产许可证、相关认证证书、获奖证书等扫描件。

(4) 企业最新的质量、安全、文明施工、合同、设备、材料采购、劳资、信用管理等规章制度的目录及文号。

(5) 企业发展战略、技术创新规划或技术创新措施。

(6) 近3年资产负债表、利润表、现金流量表。

参评企业对提交材料的真实性、有效性负责，并应接受必要的现场调查和验证工作。建筑业企业信用评价工作原则上每年组织开展一次，考核期为申请年度的前3年。中国建筑业协会组织的全国建筑业AAA级信用企业评价结果有效期为3年。在有效期内如果企业发生重大不良行为的，中国建筑业协会可取消其信用等级，并在中国建筑业协会官网予以公布。

全国建筑业AAA级信用企业评价结果有效期满后，企业可申请复评，重新确定信用等级。

4. 监督管理

建筑业企业信用评价工作接受社会各界监督，任何单位和个人如对评价结果有异议的，均有权向中国建筑业协会投诉。

参评企业在申请信用评价过程中，不得有行贿、隐瞒事实、弄虚作假等行为。如发现有上述行为的，取消其参评资格；对已获得信用等级的，取消其信用等级并予以公告，且2年内不得重新申请。因虚假申报对社会公共利益造成损害或引发纠纷的，由参评企业及其有关责任人承担相关责任。

参与信用评价的人员，应遵守相关法律，秉公办事、廉洁自律。对于有影响评价结果公平、公正行为的人员，中国建筑业协会应当视其情节轻重和造成的后果，予以通报批评、取消其参加信用评价工作资格等处理。

四、山东省建设行业信用体系建设情况及特点

近年来，在山东省政府的坚强领导下，各地城乡建设委(建设局)扎实有序推进建筑市场信用体系建设，对建筑施工企业及工程监理企业进行全覆盖评价，并与业务承接、动态监管、扶优扶强挂钩，积极构建“守信者得彩、失信者受惩”的市场竞争机制，推动全省建筑市场监管从依靠传统行政监管手段向注重运用市场主体信用监管手段转变，进一步营造了统一开放、诚实守信、竞争有序的建筑市场环境。

1. 加快建立制度规范

根据建设部《关于印发〈建筑市场诚信行为信息管理办法〉的通知》(建市〔2007〕9号)，积极推进建筑市场诚信体系建设，注重规范信用评价管理工作，加快建立诚信激励、失信惩戒的建筑市场机制。

2. 完善企业信用评价体系

每年分为1月至6月、7月至12月两个评价期，对企业信用状况进行综合评价。评价实行百分制，基础分为60分。评价内容涉及建筑市场行为、施工现场质量安全行为、扬尘治理行为及农民工工资支付等。企业信用评价等级分为AAA(85分及以上)、AA(70～84分)、A(60～69分)、B(59分及以下)四个等级，其中企业信用评价得分由基础分与累计加分、累计扣分综合得出。

3. 规范企业信用信息评价行为

出台相关制度，加强和规范信用信息采集工作。坚持企业信用评价标准、程序、得分、排

名、等级“五公开”，逐渐建立评价结果公示、反馈和纠错制度，主动接受社会监督，确保信用评价公平、公正、公开，不断提升信用评价结果公信力。

4. 落实信用评价结果应用

(1) 实施差别化市场准入。使用国有资金投资等依法进行公开招标的建设工程项目，招标人应当将建筑施工企业信用评价结果列入资格审查条件。综合评估法采用商务标、技术标、信用标评标的，参评企业的信用评价分数折算后计入信用标得分。倡导建筑市场各主体在建筑市场活动中使用信用评价结果，非公开招标项目及直接发包项目可参照使用信用评价结果。

(2) 实施分类监管。一是对信用评价等级为 AAA 的企业采取激励措施。连续两个评价期信用评价等级为 AAA 的企业可优先推荐参加全国建筑业 AAA 级信用企业、工程建设企业社会信用评价 AAA 级信用企业、全国建筑业先进企业、全国优秀施工企业等评选活动。二是对信用评价等级为 AA 的企业采取扶持措施。对信用评价等级为 AA 及以上的企业以扶持发展、加强服务为主，帮助其资质升级、增项，鼓励其做大做强，实施简化检查监督。三是对信用评价等级为 A 的企业采取约束措施。加大日常监管力度，必要时将其列入专项检查的监管对象。四是对信用评价等级为 B 的企业采取惩戒措施。将信用评价等级为 B 的企业及其在建项目列为重点监管对象，加大执法检查频次；对信用评价等级为 B 的本地企业资质标准条件、安全生产条件进行动态核查，不符合标准条件且在规定时间内整改不到位的，按照有关法律法规予以严肃处理；对连续两个评价期信用评价等级为 B 的企业，建议山东省行政区域内项目建设单位慎重选用。

第二章　建设工程安全生产法律制度

第一节　《中华人民共和国建筑法》2019 年修改的内容

新修改的《中华人民共和国建筑法》于 2019 年 4 月 23 日施行。该次修改，《中华人民共和国建筑法》将第八条修改为：申请领取施工许可证，应当具备下列条件：(1) 已经办理该建筑工程用地批准手续；(2) 依法应当办理建设工程规划许可证的，已经取得建设工程规划许可证；(3) 需要拆迁的，其拆迁进度符合施工要求；(4) 已经确定建筑施工企业；(5) 有满足施工需要的资金安排、施工图纸及技术资料；(6) 有保证工程质量和安全的具体措施。建设行政主管部门应当自收到申请之日起 7 日内，对符合条件的申请颁发施工许可证。

第二节　《中华人民共和国安全生产法》2014 年修改的内容

2014 年 8 月 31 日第十二届全国人民代表大会常务委员会第十次会议决定对《中华人民共和国安全生产法》作了修改，其中与建筑业密切相关的修改内容为：

将第三条修改为："安全生产工作应当以人为本，坚持安全发展，坚持安全第一、预防为主、综合治理的方针，强化和落实生产经营单位的主体责任，建立生产经营单位负责、职工参与、政府监管、行业自律和社会监督的机制。"

将第四条修改为："生产经营单位必须遵守本法和其他有关安全生产的法律、法规，加强安全生产管理，建立、健全安全生产责任制和安全生产规章制度，改善安全生产条件，推进安全生产标准化建设，提高安全生产水平，确保安全生产。"

将第七条修改为："工会依法对安全生产工作进行监督。

"生产经营单位的工会依法组织职工参加本单位安全生产工作的民主管理和民主监督，维护职工在安全生产方面的合法权益。生产经营单位制定或者修改有关安全生产的规章制度，应当听取工会的意见。"

将第八条修改为："国务院和县级以上地方各级人民政府应当根据国民经济和社会发展规划制定安全生产规划，并组织实施。安全生产规划应当与城乡规划相衔接。"

增加一条，作为第十二条："有关协会组织依照法律、行政法规和章程，为生产经营单位提供安全生产方面的信息、培训等服务，发挥自律作用，促进生产经营单位加强安全生产管理。"

将第十二条改为第十三条，修改为："依法设立的为安全生产提供技术、管理服务的机构，依照法律、行政法规和执业准则，接受生产经营单位的委托为其安全生产工作提供技术、管理服务。

"生产经营单位委托前款规定的机构提供安全生产技术、管理服务的，保证安全生产的责任仍由本单位负责。”

将第十七条改为第十八条，增加一项，作为第三项：“组织制定并实施本单位安全生产教育和培训计划”。

增加一条，作为第十九条：“生产经营单位的安全生产责任制应当明确各岗位的责任人员、责任范围和考核标准等内容。

“生产经营单位应当建立相应的机制，加强对安全生产责任制落实情况的监督考核，保证安全生产责任制的落实。”

将第十八条改为第二十条，增加一款，作为第二款：“有关生产经营单位应当按照规定提取和使用安全生产费用，专门用于改善安全生产条件。安全生产费用在成本中据实列支。安全生产费用提取、使用和监督管理的具体办法由国务院财政部门会同国务院安全生产监督管理部门征求国务院有关部门意见后制定。”

将第十九条改为第二十一条，修改为：“矿山、金属冶炼、建筑施工、道路运输单位和危险物品的生产、经营、储存单位，应当设置安全生产管理机构或者配备专职安全生产管理人员。

“前款规定以外的其他生产经营单位，从业人员超过一百人的，应当设置安全生产管理机构或者配备专职安全生产管理人员；从业人员在一百人以下的，应当配备专职或者兼职的安全生产管理人员。”

增加一条，作为第二十二条：“生产经营单位的安全生产管理机构以及安全生产管理人员履行下列职责：

（1）组织或者参与拟订本单位安全生产规章制度、操作规程和生产安全事故应急救援预案；

（2）组织或者参与本单位安全生产教育和培训，如实记录安全生产教育和培训情况；

（3）督促落实本单位重大危险源的安全管理措施；

（4）组织或者参与本单位应急救援演练；

（5）检查本单位的安全生产状况，及时排查生产安全事故隐患，提出改进安全生产管理的建议；

（6）制止和纠正违章指挥、强令冒险作业、违反操作规程的行为；

（7）督促落实本单位安全生产整改措施。”

将第二十条改为第二十四条，第二款修改为：“危险物品的生产、经营、储存单位以及矿山、金属冶炼、建筑施工、道路运输单位的主要负责人和安全生产管理人员，应当由主管的负有安全生产监督管理职责的部门对其安全生产知识和管理能力考核合格。考核不得收费。”

增加一款，作为第三款：“危险物品的生产、储存单位以及矿山、金属冶炼单位应当有注册安全工程师从事安全生产管理工作。鼓励其他生产经营单位聘用注册安全工程师从事安全生产管理工作。注册安全工程师按专业分类管理，具体办法由国务院人力资源和社会保障部门、国务院安全生产监督管理部门会同国务院有关部门制定。”

将第二十一条改为第二十五条，修改为：“生产经营单位应当对从业人员进行安全生产教育和培训，保证从业人员具备必要的安全生产知识，熟悉有关的安全生产规章制度和安全操作规程，掌握本岗位的安全操作技能，了解事故应急处理措施，知悉自身在安全生产方面的权利和义务。未经安全生产教育和培训合格的从业人员，不得上岗作业。

“生产经营单位使用被派遣劳动者的，应当将被派遣劳动者纳入本单位从业人员统一管理,对被派遣劳动者进行岗位安全操作规程和安全操作技能的教育和培训。劳务派遣单位应当对被派遣劳动者进行必要的安全生产教育和培训。

“生产经营单位接收中等职业学校、高等学校学生实习的,应当对实习学生进行相应的安全生产教育和培训,提供必要的劳动防护用品。学校应当协助生产经营单位对实习学生进行安全生产教育和培训。”

将第三十条改为第三十四条,修改为:“生产经营单位使用的危险物品的容器、运输工具,以及涉及人身安全、危险性较大的海洋石油开采特种设备和矿山井下特种设备,必须按照国家有关规定,由专业生产单位生产,并经具有专业资质的检测、检验机构检测、检验合格,取得安全使用证或者安全标志,方可投入使用。检测、检验机构对检测、检验结果负责。”

将第三十一条改为第三十五条,修改为:“国家对严重危及生产安全的工艺、设备实行淘汰制度,具体目录由国务院安全生产监督管理部门会同国务院有关部门制定并公布。法律、行政法规对目录的制定另有规定的,适用其规定。

“省、自治区、直辖市人民政府可以根据本地区实际情况制定并公布具体目录,对前款规定以外的危及生产安全的工艺、设备予以淘汰。

“生产经营单位不得使用应当淘汰的危及生产安全的工艺、设备。”

将第三十五条改为第四十条,修改为:“生产经营单位进行爆破、吊装以及国务院安全生产监督管理部门会同国务院有关部门规定的其他危险作业,应当安排专门人员进行现场安全管理,确保操作规程的遵守和安全措施的落实。”

将第三十八条改为第四十三条,修改为:“生产经营单位的安全生产管理人员应当根据本单位的生产经营特点,对安全生产状况进行经常性检查;对检查中发现的安全问题,应当立即处理;不能处理的,应当及时报告本单位有关负责人,有关负责人应当及时处理。检查及处理情况应当如实记录在案。

“生产经营单位的安全生产管理人员在检查中发现重大事故隐患,依照前款规定向本单位有关负责人报告,有关负责人不及时处理的,安全生产管理人员可以向主管的负有安全生产监督管理职责的部门报告,接到报告的部门应当依法及时处理。”

将第四十一条改为第四十六条,第二款修改为:“生产经营项目、场所发包或者出租给其他单位的,生产经营单位应当与承包单位、承租单位签订专门的安全生产管理协议,或者在承包合同、租赁合同中约定各自的安全生产管理职责;生产经营单位对承包单位、承租单位的安全生产工作统一协调、管理,定期进行安全检查,发现安全问题的,应当及时督促整改。”

将第四十三条改为第四十八条,增加一款,作为第二款:“国家鼓励生产经营单位投保安全生产责任保险。”

增加一条,作为第七十五条:“负有安全生产监督管理职责的部门应当建立安全生产违法行为信息库,如实记录生产经营单位的安全生产违法行为信息;对违法行为情节严重的生产经营单位,应当向社会公告,并通报行业主管部门、投资主管部门、国土资源主管部门、证券监督管理机构以及有关金融机构。”

增加一条,作为第七十六条:“国家加强生产安全事故应急能力建设,在重点行业、领域建立应急救援基地和应急救援队伍,鼓励生产经营单位和其他社会力量建立应急救援队伍,配备相应的应急救援装备和物资,提高应急救援的专业化水平。

“国务院安全生产监督管理部门建立全国统一的生产安全事故应急救援信息系统,国务院有关部门建立健全相关行业、领域的生产安全事故应急救援信息系统。”

增加一条，作为第七十八条：“生产经营单位应当制定本单位生产安全事故应急救援预案，与所在地县级以上地方人民政府组织制定的生产安全事故应急救援预案相衔接，并定期组织演练。”

将第六十九条改为第七十九条，修改为：“危险物品的生产、经营、储存单位以及矿山、金属冶炼、城市轨道交通运营、建筑施工单位应当建立应急救援组织；生产经营规模较小的，可以不建立应急救援组织，但应当指定兼职的应急救援人员。”

第三节 建筑施工企业安全管理人员安全生产管理规定

为贯彻落实《建筑施工企业主要负责人、项目负责人和专职安全生产管理人员安全生产管理规定》(住房和城乡建设部令第17号)，制定《建筑施工企业主要负责人、项目负责人和专职安全生产管理人员安全生产管理规定实施意见》(建质〔2015〕206号)。

一、企业主要负责人的范围

企业主要负责人包括法定代表人、总经理(总裁)、分管安全生产的副总经理(副总裁)、分管生产经营的副总经理(副总裁)、技术负责人、安全总监等。

二、专职安全生产管理人员的分类

专职安全生产管理人员分为机械、土建、综合三类。机械类专职安全生产管理人员可以从事起重机械、土石方机械、桩工机械等安全生产管理工作。土建类专职安全生产管理人员可以从事除起重机械、土石方机械、桩工机械等安全生产管理工作以外的安全生产管理工作。综合类专职安全生产管理人员可以从事全部安全生产管理工作。

三、申请安全生产考核应具备的条件

(1) 申请建筑施工企业主要负责人安全生产考核，应当具备下列条件：

① 具有相应的文化程度、专业技术职称(法定代表人除外)；

② 与所在企业确立劳动关系；

③ 经所在企业年度安全生产教育培训合格。

(2) 申请建筑施工企业项目负责人安全生产考核，应当具备下列条件：

① 取得相应注册执业资格；

② 与所在企业确立劳动关系；

③ 经所在企业年度安全生产教育培训合格。

(3) 申请专职安全生产管理人员安全生产考核，应当具备下列条件：

① 年龄已满18周岁未满60周岁，身体健康；

② 具有中专(含高中、中技、职高)及以上文化程度或初级及以上技术职称；

③ 与所在企业确立劳动关系，从事施工管理工作两年以上；

④ 经所在企业年度安全生产教育培训合格。

四、安全生产考核的内容与方式

安全生产考核包括安全生产知识考核和安全生产管理能力考核。安全生产知识考核可采用书面或计算机答卷的方式;安全生产管理能力考核可采用现场实操考核或通过视频、图片等模拟现场考核方式。

机械类专职安全生产管理人员及综合类专职安全生产管理人员安全生产管理能力考核内容必须包括攀爬塔吊及起重机械隐患识别等。

五、安全生产考核合格证书的延续

建筑施工企业主要负责人、项目负责人和专职安全生产管理人员应当在安全生产考核合格证书有效期届满前 3 个月内,经所在企业向原考核机关申请证书延续。

符合下列条件的准予证书延续:

(1) 在证书有效期内未因生产安全事故或者安全生产违法违规行为受到行政处罚;

(2) 信用档案中无安全生产不良行为记录;

(3) 企业年度安全生产教育培训合格,且在证书有效期内参加县级以上住房城乡建设主管部门组织的安全生产教育培训时间满 24 学时。

不符合证书延续条件的应当申请重新考核。不办理证书延续的,证书自动失效。

第四节　危险性较大的分部分项工程安全管理规定

根据 2018 年 6 月 1 日起施行的《危险性较大的分部分项工程安全管理规定》,危险性较大的分部分项工程的安全管理规定如下。

一、危险性较大的分部分项工程的定义及范围

该规定所称危险性较大的分部分项工程(以下简称“危大工程”),是指房屋建筑和市政基础设施工程在施工过程中,容易导致人员群死群伤或者造成重大经济损失的分部分项工程。

危大工程及超过一定规模的危大工程范围由国务院住房城乡建设主管部门制定。省级住房城乡建设主管部门可以结合本地区实际情况,补充本地区危大工程范围。

根据中华人民共和国住房和城乡建设部《关于实施〈危险性较大的分部分项工程安全管理规定〉有关问题的通知》(建办质〔2018〕31 号)规定,危险性较大的分部分项工程范围包括:

1. 基坑工程

(1) 开挖深度超过 3 m(含 3 m)的基坑(槽)的土方开挖、支护、降水工程。

(2) 开挖深度虽未超过 3 m,但地质条件、周围环境和地下管线复杂,或影响毗邻建、构筑物安全的基坑(槽)的土方开挖、支护、降水工程。

2. 模板工程及支撑体系

(1) 各类工具式模板工程:包括滑模、爬模、飞模、隧道模等工程。

(2) 混凝土模板支撑工程:搭设高度 5 m 及以上,或搭设跨度 10 m 及以上,或施工总荷

载(荷载效应基本组合的设计值,以下简称设计值)10 kN/m 及以上,或集中线荷载(设计值)15 kN/m 及以上,或高度大于支撑水平投影宽度且相对独立无联系构件的混凝土模板支撑工程。

(3) 承重支撑体系:用于钢结构安装等满堂支撑体系。

3. 起重吊装及起重机械安装拆卸工程

(1) 采用非常规起重设备、方法,且单件起吊重量在 10 kN 及以上的起重吊装工程。

(2) 采用起重机械进行安装的工程。

(3) 起重机械安装和拆卸工程。

4. 脚手架工程

(1) 搭设高度 24 m 及以上的落地式钢管脚手架工程(包括采光井、电梯井脚手架)。

(2) 附着式升降脚手架工程。

(3) 悬挑式脚手架工程。

(4) 高处作业吊篮。

(5) 卸料平台、操作平台工程。

(6) 异型脚手架工程。

5. 拆除工程

可能影响行人、交通、电力设施、通信设施或其他建、构筑物安全的拆除工程。

6. 暗挖工程

采用矿山法、盾构法、顶管法施工的隧道、洞室工程。

7. 其他

(1) 建筑幕墙安装工程。

(2) 钢结构、网架和索膜结构安装工程。

(3) 人工挖孔桩工程。

(4) 水下作业工程。

(5) 装配式建筑混凝土预制构件安装工程。

(6) 采用新技术、新工艺、新材料、新设备可能影响工程施工安全,尚无国家、行业及地方技术标准的分部分项工程。

超过一定规模的危险性较大的分部分项工程范围:

1. 深基坑工程

开挖深度超过 5 m(含 5 m)的基坑(槽)的土方开挖、支护、降水工程。

2. 模板工程及支撑体系

(1) 各类工具式模板工程:包括滑模、爬模、飞模、隧道模等工程。

(2) 混凝土模板支撑工程:搭设高度 8 m 及以上,或搭设跨度 18 m 及以上,或施工总荷载(设计值)15 kN/m^2 及以上,或集中线荷载(设计值)20 kN/m 及以上。

(3) 承重支撑体系:用于钢结构安装等满堂支撑体系,承受单点集中荷载 7 kN 及以上。

3. 起重吊装及起重机械安装拆卸工程

(1) 采用非常规起重设备、方法,且单件起吊重量在 100 kN 及以上的起重吊装工程。

(2) 起重量 300 kN 及以上,或搭设总高度 200 m 及以上,或搭设基础标高在 200 m 及以上的起重机械安装和拆卸工程。

4. 脚手架工程

(1) 搭设高度 50 m 及以上的落地式钢管脚手架工程。

(2) 提升高度在 150 m 及以上的附着式升降脚手架工程或附着式升降操作平台工程。

(3) 分段架体搭设高度 20 m 及以上的悬挑式脚手架工程。

5. 拆除工程

(1) 码头、桥梁、高架、烟囱、水塔或拆除中容易引起有毒有害气(液)体或粉尘扩散、易燃易爆事故发生的特殊建、构筑物的拆除工程。

(2) 文物保护建筑、优秀历史建筑或历史文化风貌区影响范围内的拆除工程。

6. 暗挖工程

采用矿山法、盾构法、顶管法施工的隧道、洞室工程。

7. 其他

(1) 施工高度 50 m 及以上的建筑幕墙安装工程。

(2) 跨度 36 m 及以上的钢结构安装工程,或跨度 60 m 及以上的网架和索膜结构安装工程。

(3) 开挖深度 16 m 及以上的人工挖孔桩工程。

(4) 水下作业工程。

(5) 重量 1 000 kN 及以上的大型结构整体顶升、平移、转体等施工工艺。

(6) 采用新技术、新工艺、新材料、新设备可能影响工程施工安全,尚无国家、行业及地方技术标准的分部分项工程。

二、危大工程的前期保障

建设单位应当依法提供真实、准确、完整的工程地质、水文地质和工程周边环境等资料。勘察单位应当根据工程实际及工程周边环境资料,在勘察文件中说明地质条件可能造成的工程风险。设计单位应当在设计文件中注明涉及危大工程的重点部位和环节,提出保障工程周边环境安全和工程施工安全的意见,必要时进行专项设计。

建设单位应当组织勘察、设计等单位在施工招标文件中列出危大工程清单,要求施工单位在投标时补充完善危大工程清单并明确相应的安全管理措施。建设单位应当按照施工合同约定及时支付危大工程施工技术措施费以及相应的安全防护文明施工措施费,保障危大工程施工安全。建设单位在申请办理安全监督手续时,应当提交危大工程清单及其安全管理措施等资料。

三、危大工程的专项施工方案

施工单位应当在危大工程施工前组织工程技术人员编制专项施工方案。实行施工总承包的,专项施工方案应当由施工总承包单位组织编制。危大工程实行分包的,专项施工方案可以由相关专业分包单位组织编制。专项施工方案应当由施工单位技术负责人审核签字、加盖单位公章,并由总监理工程师审查签字、加盖执业印章后方可实施。危大工程实行分包并由分包单位编制专项施工方案的,专项施工方案应当由总承包单位技术负责人及分包单位技术负责人共同审核签字并加盖单位公章。

对于超过一定规模的危大工程,施工单位应当组织召开专家论证会对专项施工方案进行论证。实行施工总承包的，由施工总承包单位组织召开专家论证会。专家论证前专项施工方案应当通过施工单位审核和总监理工程师审查。专家应当从地方人民政府住房城乡建设主管部门建立的专家库中选取，符合专业要求且人数不得少于5名。与本工程有利害关系的人员不得以专家身份参加专家论证会。专家论证会后，应当形成论证报告，对专项施工方案提出通过、修改后通过或者不通过的一致意见。专家对论证报告负责并签字确认。专项施工方案经论证需修改后通过的，施工单位应当根据论证报告修改完善后，重新履行该规定第十一条的程序。

专项施工方案经论证不通过的，施工单位修改后应当按照该规定的要求重新组织专家论证。

四、危大工程的现场安全管理

施工单位应当在施工现场显著位置公告危大工程名称、施工时间和具体责任人员，并在危险区域设置安全警示标志。专项施工方案实施前，编制人员或者项目技术负责人应当向施工现场管理人员进行方案交底。施工现场管理人员应当向作业人员进行安全技术交底，并由双方和项目专职安全生产管理人员共同签字确认。施工单位应当严格按照专项施工方案组织施工，不得擅自修改专项施工方案。因规划调整、设计变更等原因确需调整的，修改后的专项施工方案应当按照该规定重新审核和论证。涉及资金或者工期调整的，建设单位应当按照约定予以调整。

施工单位应当对危大工程施工作业人员进行登记，项目负责人应当在施工现场履职。项目专职安全生产管理人员应当对专项施工方案实施情况进行现场监督，对未按照专项施工方案施工的，应当要求立即整改，并及时报告项目负责人，项目负责人应当及时组织限期整改。施工单位应当按照规定对危大工程进行施工监测和安全巡视，发现危及人身安全的紧急情况，应当立即组织作业人员撤离危险区域。

监理单位应当结合危大工程专项施工方案编制监理实施细则，并对危大工程施工实施专项巡视检查。监理单位发现施工单位未按照专项施工方案施工的，应当要求其进行整改；情节严重的，应当要求其暂停施工，并及时报告建设单位。施工单位拒不整改或者不停止施工的，监理单位应当及时报告建设单位和工程所在地住房城乡建设主管部门。

对于按照规定需要进行第三方监测的危大工程，建设单位应当委托具有相应勘察资质的单位进行监测。

监测单位应当编制监测方案。监测方案由监测单位技术负责人审核签字并加盖单位公章，报送监理单位后方可实施。

监测单位应当按照监测方案开展监测，及时向建设单位报送监测成果，并对监测成果负责；发现异常时，及时向建设、设计、施工、监理单位报告，建设单位应当立即组织相关单位采取处置措施。

对于按照规定需要验收的危大工程，施工单位、监理单位应当组织相关人员进行验收。验收合格的，经施工单位项目技术负责人及总监理工程师签字确认后，方可进入下一道工序。危大工程验收合格后，施工单位应当在施工现场明显位置设置验收标识牌，公示验收时间及责任人员。

危大工程发生险情或者事故时，施工单位应当立即采取应急处置措施，并报告工程所在地住房城乡建设主管部门。建设、勘察、设计、监理等单位应当配合施工单位开展应急抢险工作。危大工程应急抢险结束后，建设单位应当组织勘察、设计、施工、监理等单位制定工程恢复方案，并对应急抢险工作进行后评估。

施工、监理单位应当建立危大工程安全管理档案。施工单位应当将专项施工方案及审核、专家论证、交底、现场检查、验收及整改等相关资料纳入档案管理。

监理单位应当将监理实施细则、专项施工方案审查、专项巡视检查、验收及整改等相关资料纳入档案管理。

五、危大工程管理违法应承担的法律责任

（一）建设单位的法律责任

建设单位有下列行为之一的，责令限期改正，并处1万元以上3万元以下的罚款；对直接负责的主管人员和其他直接责任人员处1 000元以上5 000元以下的罚款：

（1）未按照该规定提供工程周边环境等资料的；

（2）未按照该规定在招标文件中列出危大工程清单的；

（3）未按照施工合同约定及时支付危大工程施工技术措施费或者相应的安全防护文明施工措施费的；

（4）未按照该规定委托具有相应勘察资质的单位进行第三方监测的；

（5）未对第三方监测单位报告的异常情况组织采取处置措施的。

（二）施工单位的法律责任

施工单位未按照该规定编制并审核危大工程专项施工方案的，依照《建设工程安全生产管理条例》对单位进行处罚，并暂扣安全生产许可证30日；对直接负责的主管人员和其他直接责任人员处1 000元以上5 000元以下的罚款。

施工单位有下列行为之一的，依照《中华人民共和国安全生产法》《建设工程安全生产管理条例》对单位和相关责任人员进行处罚：

（1）未向施工现场管理人员和作业人员进行方案交底和安全技术交底的；

（2）未在施工现场显著位置公告危大工程，并在危险区域设置安全警示标志的；

（3）项目专职安全生产管理人员未对专项施工方案实施情况进行现场监督的。

施工单位有下列行为之一的，责令限期改正，处1万元以上3万元以下的罚款，并暂扣安全生产许可证30日；对直接负责的主管人员和其他直接责任人员处1 000元以上5 000元以下的罚款：

（1）未对超过一定规模的危大工程专项施工方案进行专家论证的；

（2）未根据专家论证报告对超过一定规模的危大工程专项施工方案进行修改，或者未按照该规定重新组织专家论证的；

（3）未严格按照专项施工方案组织施工，或者擅自修改专项施工方案的。

（三）监理单位的法律责任

监理单位有下列行为之一的，依照《中华人民共和国安全生产法》《建设工程安全生产管理条例》对单位进行处罚；对直接负责的主管人员和其他直接责任人员处1 000元以上5 000元以下的罚款：

（1）总监理工程师未按照该规定审查危大工程专项施工方案的；

(2) 发现施工单位未按照专项施工方案实施,未要求其整改或者停工的;

(3) 施工单位拒不整改或者不停止施工时,未向建设单位和工程所在地住房城乡建设主管部门报告的。

第五节 建设工程消防监督管理规定

一、基本规定

为了加强建设工程消防监督管理,落实建设工程消防设计、施工质量和安全责任,规范消防监督管理行为,依据《中华人民共和国消防法》《建设工程质量管理条例》,制定《建设工程消防监督管理规定》(中华人民共和国公安部令第119号)。该规定适用于新建、扩建、改建(含室内外装修、建筑保温、用途变更)等建设工程的消防监督管理。该规定不适用住宅室内装修、村民自建住宅、救灾和其他非人员密集场所的临时性建筑的建设活动。

建设、设计、施工、工程监理等单位应当遵守消防法规、建设工程质量管理法规和国家消防技术标准,对建设工程消防设计、施工质量和安全负责。公安机关消防机构依法实施建设工程消防设计审核、消防验收和备案、抽查,对建设工程进行消防监督。

除省、自治区人民政府公安机关消防机构外,县级以上地方人民政府公安机关消防机构承担辖区建设工程的消防设计审核、消防验收和备案抽查工作。具体分工由省级公安机关消防机构确定,并报公安部消防局备案。跨行政区域的建设工程消防设计审核、消防验收和备案抽查工作,由其共同的上一级公安机关消防机构指定管辖。公安机关消防机构实施建设工程消防监督管理,应当遵循公正、严格、文明、高效的原则。公安机关消防机构对建设工程进行消防设计审核、消防验收和备案抽查,应当由两名以上执法人员实施。

建设工程的消防设计、施工必须符合国家工程建设消防技术标准。新颁布的国家工程建设消防技术标准实施之前,建设工程的消防设计已经公安机关消防机构审核合格或者备案的,分别按原审核意见或者备案时的标准执行。

二、消防设计、施工的质量责任

(一) 建设单位的质量责任

建设单位不得要求设计、施工、工程监理等有关单位和人员违反消防法规和国家工程建设消防技术标准,降低建设工程消防设计、施工质量,并承担下列消防设计、施工的质量责任:

(1) 依法申请建设工程消防设计审核、消防验收,依法办理消防设计和竣工验收消防备案手续并接受抽查;建设工程内设置的公众聚集场所未经消防安全检查或者经检查不符合消防安全要求的,不得投入使用、营业;

(2) 实行工程监理的建设工程,应当将消防施工质量一并委托监理;

(3) 选用具有国家规定资质等级的消防设计、施工单位;

(4) 选用合格的消防产品和满足防火性能要求的建筑构件、建筑材料及装修材料;

(5) 依法应当经消防设计审核、消防验收的建设工程,未经审核或者审核不合格的,不得组织施工,未经验收或者验收不合格的,不得交付使用。

（二）设计单位的质量责任

设计单位应当承担下列消防设计的质量责任：

（1）根据消防法规和国家工程建设消防技术标准进行消防设计，编制符合要求的消防设计文件，不得违反国家工程建设消防技术标准强制性要求进行设计；

（2）在设计中选用的消防产品和具有防火性能要求的建筑构件、建筑材料、装修材料，应当注明规格、性能等技术指标，其质量要求必须符合国家标准或者行业标准；

（3）参加建设单位组织的建设工程竣工验收，对建设工程消防设计实施情况签字确认。

（三）施工单位的质量责任

施工单位应当承担下列消防施工的质量和安全责任：

（1）按照国家工程建设消防技术标准和经消防设计审核合格或者备案的消防设计文件组织施工，不得擅自改变消防设计进行施工，降低消防施工质量；

（2）查验消防产品和具有防火性能要求的建筑构件、建筑材料及装修材料的质量，使用合格产品，保证消防施工质量；

（3）建立施工现场消防安全责任制度，确定消防安全负责人。加强对施工人员的消防教育培训，落实动火、用电、易燃可燃材料等消防管理制度和操作规程。保证在建工程竣工验收前消防通道、消防水源、消防设施和器材、消防安全标志等完好有效。

（四）监理单位的质量责任

工程监理单位应当承担下列消防施工的质量监理责任：

（1）按照国家工程建设消防技术标准和经消防设计审核合格或者备案的消防设计文件实施工程监理；

（2）在消防产品和具有防火性能要求的建筑构件、建筑材料、装修材料施工、安装前，核查产品质量证明文件，不得同意使用或者安装不合格的消防产品和防火性能不符合要求的建筑构件、建筑材料、装修材料；

（3）参加建设单位组织的建设工程竣工验收，对建设工程消防施工质量签字确认。

（五）消防技术服务机构的质量责任

社会消防技术服务机构应当依法设立，社会消防技术服务工作应当依法开展。为建设工程消防设计、竣工验收提供图纸审查、安全评估、检测等消防技术服务的机构和人员，应当依法取得相应的资质、资格，按照法律、行政法规、国家标准、行业标准和执业准则提供消防技术服务，并对出具的审查、评估、检验、检测意见负责。

三、消防设计审核和消防验收

对具有下列情形之一的人员密集场所，建设单位应当向公安机关消防机构申请消防设计审核，并在建设工程竣工后向出具消防设计审核意见的公安机关消防机构申请消防验收：

（1）建筑总面积大于 20 000 m^2 的体育场馆、会堂，公共展览馆、博物馆的展示厅；

（2）建筑总面积大于 15 000 m^2 的民用机场航站楼、客运车站候车室、客运码头候船厅；

（3）建筑总面积大于 10 000 m^2 的宾馆、饭店、商场、市场；

（4）建筑总面积大于 2 500 m^2 的影剧院，公共图书馆的阅览室，营业性室内健身、休闲场馆，医院的门诊楼，大学的教学楼、图书馆、食堂，劳动密集型企业的生产加工车间，寺庙、教堂；

(5) 建筑总面积大于1 000 m^2 的托儿所、幼儿园的儿童用房，儿童游乐厅等室内儿童活动场所，养老院、福利院，医院、疗养院的病房楼，中小学校的教学楼、图书馆、食堂，学校的集体宿舍，劳动密集型企业的员工集体宿舍；

(6) 建筑总面积大于500 m^2 的歌舞厅、录像厅、放映厅、卡拉OK厅、夜总会、游艺厅、桑拿浴室、网吧、酒吧，具有娱乐功能的餐馆、茶馆、咖啡厅。

对具有下列情形之一的特殊建设工程，建设单位应当向公安机关消防机构申请消防设计审核，并在建设工程竣工后向出具消防设计审核意见的公安机关消防机构申请消防验收：

(1) 设有该规定第十三条所列的人员密集场所的建设工程；

(2) 国家机关办公楼、电力调度楼、电信楼、邮政楼、防灾指挥调度楼、广播电视楼、档案楼；

(3) 该条第(1)项、第(2)项规定以外的单体建筑面积大于40 000 m^2 或者建筑高度超过50 m的公共建筑；

(4) 国家标准规定的一类高层住宅建筑；

(5) 城市轨道交通、隧道工程，大型发电、变配电工程；

(6) 生产、储存、装卸易燃易爆危险物品的工厂、仓库和专用车站、码头，易燃易爆气体和液体的充装站、供应站、调压站。

建设单位申请消防设计审核应当提供下列材料：

(1) 建设工程消防设计审核申报表；

(2) 建设单位的工商营业执照等合法身份证明文件；

(3) 设计单位资质证明文件；

(4) 消防设计文件；

(5) 法律、行政法规规定的其他材料。

依法需要办理建设工程规划许可的，应当提供建设工程规划许可证明文件；依法需要城乡规划主管部门批准的临时性建筑，属于人员密集场所的，应当提供城乡规划主管部门批准的证明文件。

具有下列情形之一的，建设单位除提供上述所列材料外，应当同时提供特殊消防设计文件，或者设计采用的国际标准、境外消防技术标准的中文文本，以及其他有关消防设计的应用实例、产品说明等技术资料：

(1) 国家工程建设消防技术标准没有规定的；

(2) 消防设计文件拟采用的新技术、新工艺、新材料可能影响建设工程消防安全，不符合国家标准规定的；

(3) 拟采用国际标准或者境外消防技术标准的。

公安机关消防机构应当自受理消防设计审核申请之日起20日内出具书面审核意见。但是依照该规定需要组织专家评审的，专家评审时间不计算在审核时间内。公安机关消防机构应当依照消防法规和国家工程建设消防技术标准对申报的消防设计文件进行审核。对符合下列条件的，公安机关消防机构应当出具消防设计审核合格意见；对不符合条件的，应当出具消防设计审核不合格意见，并说明理由：

(1) 设计单位具备相应的资质；

(2) 消防设计文件的编制符合公安部规定的消防设计文件申报要求；

(3) 建筑的总平面布局和平面布置、耐火等级、建筑构造、安全疏散、消防给水、消防电源及配电、消防设施等的消防设计符合国家工程建设消防技术标准；

(4) 选用的消防产品和具有防火性能要求的建筑材料符合国家工程建设消防技术标准和有关管理规定。

建设单位申请消防验收应当提供下列材料：

(1) 建设工程消防验收申报表；

(2) 工程竣工验收报告和有关消防设施的工程竣工图纸；

(3) 消防产品质量合格证明文件；

(4) 具有防火性能要求的建筑构件、建筑材料、装修材料符合国家标准或者行业标准的证明文件、出厂合格证；

(5) 消防设施检测合格证明文件；

(6) 施工、工程监理、检测单位的合法身份证明和资质等级证明文件；

(7) 建设单位的工商营业执照等合法身份证明文件；

(8) 法律、行政法规规定的其他材料。

公安机关消防机构应当自受理消防验收申请之日起 20 日内组织消防验收，并出具消防验收意见。公安机关消防机构对申报消防验收的建设工程，应当依照建设工程消防验收评定标准对已经消防设计审核合格的内容组织消防验收。对综合评定结论为合格的建设工程，公安机关消防机构应当出具消防验收合格意见；对综合评定结论为不合格的，应当出具消防验收不合格意见，并说明理由。

四、消防设计和竣工验收的备案抽查

公安机关消防机构收到消防设计、竣工验收消防备案申报后，对备案材料齐全的，应当出具备案凭证；备案材料不齐全或者不符合法定形式的，应当当场或者在 5 日内一次告知需要补正的全部内容。公安机关消防机构应当在已经备案的消防设计、竣工验收工程中，随机确定检查对象并向社会公告。对确定为检查对象的，公安机关消防机构应当在 20 日内按照消防法规和国家工程建设消防技术标准完成图纸检查，或者按照建设工程消防验收评定标准完成工程检查，制作检查记录。检查结果应当向社会公告，检查不合格的，还应当书面通知建设单位。

建设单位收到通知后，应当停止施工或者停止使用，组织整改后向公安机关消防机构申请复查。公安机关消防机构应当在收到书面申请之日起 20 日内进行复查并出具书面复查意见。建设、设计、施工单位不得擅自修改已经依法备案的建设工程消防设计。确需修改的，建设单位应当重新申报消防设计备案。

建设工程的消防设计、竣工验收未依法报公安机关消防机构备案的，公安机关消防机构应当依法处罚，责令建设单位在 5 日内备案，并确定为检查对象；对逾期不备案的，公安机关消防机构应当在备案期限届满之日起 5 日内通知建设单位停止施工或者停止使用。

五、建设工程消防管理执法监督

上级公安机关消防机构对下级公安机关消防机构建设工程消防监督管理情况进行监督、检查和指导。公安机关消防机构办理建设工程消防设计审核、消防验收，实行主责承办、技术复核、审验分离和集体会审等制度。公安机关消防机构实施消防设计审核、消防验收的主责承办人、技术复核人和行政审批人应当依照职责对消防执法质量负责。

建设工程消防设计与竣工验收消防备案的抽查比例由省级公安机关消防机构结合辖区内施工图审查机构的审查质量、消防设计和施工质量情况确定并向社会公告。对设有人员密集场所的建设工程的抽查比例不应低于50%。公安机关消防机构及其工作人员应当依照该规定对建设工程消防设计和竣工验收实施备案抽查,不得擅自确定检查对象。办理消防设计审核、消防验收、备案抽查的公安机关消防机构工作人员是申请人、利害关系人的近亲属,或者与申请人、利害关系人有其他关系可能影响办理公正的,应当回避。

公安机关消防机构接到公民、法人和其他组织有关建设工程违反消防法律法规和国家工程建设消防技术标准的举报,应当在3日内组织人员核查,核查处理情况应当及时告知举报人。

公安机关消防机构实施建设工程消防监督管理时,不得对消防技术服务机构、消防产品设定法律法规规定以外的地区性准入条件。公安机关消防机构及其工作人员不得指定或者变相指定建设工程的消防设计、施工、工程监理单位和消防技术服务机构;不得指定消防产品和建筑材料的品牌、销售单位;不得参与或者干预建设工程消防设施施工、消防产品和建筑材料采购的招投标活动。

公安机关消防机构实施消防设计审核、消防验收和备案、抽查,不得收取任何费用。公安机关消防机构实施建设工程消防监督管理的依据、范围、条件、程序、期限及其需要提交的全部材料的目录和申请书示范文本应当在互联网网站、受理场所、办公场所公示。

消防设计审核、消防验收、备案抽查的结果,除涉及国家秘密、商业秘密和个人隐私的以外,应当予以公开,公众有权查阅。

消防设计审核合格意见、消防验收合格意见具有下列情形之一的,出具许可意见的公安机关消防机构或者其上级公安机关消防机构,根据利害关系人的请求或者依据职权,可以依法撤销许可意见:

(1) 对不具备申请资格或者不符合法定条件的申请人作出的;

(2) 建设单位以欺骗、贿赂等不正当手段取得的;

(3) 公安机关消防机构超出法定职责和权限作出的;

(4) 公安机关消防机构违反法定程序作出的;

(5) 公安机关消防机构工作人员滥用职权、玩忽职守作出的。

依照前款规定撤销消防设计审核合格意见、消防验收合格意见,可能对公共利益造成重大损害的,不予撤销。

公民、法人和其他组织对公安机关消防机构建设工程消防监督管理中作出的具体行政行为不服的,可以向本级人民政府公安机关申请行政复议。

六、法律责任

违反该规定的,依照《中华人民共和国消防法》第五十八条、第五十九条、第六十五条第二款、第六十六条、第六十九条规定给予处罚;构成犯罪的,依法追究刑事责任。建设、设计、施工、工程监理单位、消防技术服务机构及其从业人员违反有关消防法规、国家工程建设消防技术标准,造成危害后果的,除依法给予行政处罚或者追究刑事责任外,还应当依法承担民事赔偿责任。

建设单位在申请消防设计审核、消防验收时，提供虚假材料的，公安机关消防机构不予受理或者不予许可并处警告。违反该规定并及时纠正，未造成危害后果的，可以从轻、减轻或者免予处罚。依法应当经公安机关消防机构进行消防设计审核的建设工程未经消防设计审核和消防验收，擅自投入使用的，分别处罚，合并执行。

有下列情形之一的，应当依法从重处罚：

(1) 已经通过消防设计审核，擅自改变消防设计，降低消防安全标准的；

(2) 建设工程未依法进行备案，且不符合国家工程建设消防技术标准强制性要求的；

(3) 经责令限期备案逾期不备案的；

(4) 工程监理单位与建设单位或者施工单位串通，弄虚作假，降低消防施工质量的。

有下列情形之一的，公安机关消防机构应当函告同级住房和城乡建设行政主管部门：

(1) 建设工程被公安机关消防机构责令停止施工、停止使用的；

(2) 建设工程经消防设计、竣工验收抽查不合格的；

(3) 其他需要函告的。

公安机关消防机构的人员玩忽职守、滥用职权、徇私舞弊，构成犯罪的，依法追究刑事责任。有下列行为之一，尚未构成犯罪的，依照有关规定给予处分：

(1) 对不符合法定条件的建设工程出具消防设计审核合格意见、消防验收合格意见或者通过消防设计、竣工验收消防备案抽查的；

(2) 对符合法定条件的建设工程消防设计、消防验收的申请或者消防设计、竣工验收的备案、抽查，不予受理、审核、验收或者拖延办理的；

(3) 指定或者变相指定设计单位、施工单位、工程监理单位的；

(4) 指定或者变相指定消防产品品牌、销售单位或者技术服务机构、消防设施施工单位的；

(5) 利用职务接受有关单位或者个人财物的。

第六节　建筑施工高处作业安全技术规范

中华人民共和国住房和城乡建设部于 2016 年 7 月 9 日发布行业标准《建筑施工高处作业安全技术规范》(JGJ 80—2016)，自 2016 年 12 月 1 日起实施。其中，第 4.1.1、4.2.1、5.2.3、6.4.1、8.1.2 条为强制性条文，必须严格执行。以下为该规范的强制性条文。

4.1.1　坠落高度基准面 2 m 及以上进行临边作业时，应在临空一侧设置防护栏杆，并应采用密目式安全立网或工具式栏板封闭。

4.2.1　洞口作业时，应采取防坠落措施，并应符合下列规定：

1 当竖向洞口短边边长小于 500 mm 时，应采取封堵措施；当垂直洞口短边边长大于或等于 500 mm 时，应在临空一侧设置高度不小于 1.2 m 的防护栏杆，并应采用密目式安全立网或工具式栏板封闭，设置挡脚板；

2 当非竖向洞口短边边长为 25～500 mm 时，应采用承载力满足使用要求的盖板覆盖，盖板四周搁置应均衡，且应防止盖板移位；

3 当非竖向洞口短边边长为 500～1 500 mm 时，应采用盖板覆盖或防护栏杆等措施，并应固定牢固；

4 当非竖向洞口短边边长大于或等于 1 500 mm 时，应在洞口作业侧设置高度不小于 1.2 m 的防护栏杆，洞口应采用安全平网封闭。

5.2.3 严禁在未固定、无防护设施的构件及管道上作业或通行。

6.4.1 悬挑式操作平台设置应符合下列规定：

1 操作平台的搁置点、拉结点、支撑点应设置在稳定的主体结构上，且应可靠连接；

2 严禁将操作平台设置在临时设施上；

3 操作平台的结构应稳定可靠，承载力应符合设计要求。

8.1.2 采用平网防护时，严禁使用密目式安全立网代替平网使用。

第七节 山东省建筑安全生产管理规定

根据《中共中央、国务院关于印发〈法治政府建设实施纲要(2015—2020 年)〉的通知》(中发〔2015〕32 号)、《国务院办公厅关于进一步做好“放管服”改革涉及的政府规章、规范性文件清理工作的通知》(国办发〔2017〕40 号)以及中央关于做好生态文明建设和环境保护规章清理工作的要求，经过对现行有效的省政府规章进行清理，山东省政府决定对《山东省建筑安全生产管理规定》(山东省人民政府令第 132 号)作修改。

一、建设单位的安全责任和义务

(1) 建设单位必须执行工程建设程序和国家强制性标准，制定合理工期，确保安全生产。建设单位应当依法发包工程，不得肢解工程。

(2) 建设单位应当为工程项目的安全生产提供作业环境，按照工程建设标准定额确定建筑工程安全措施和施工现场临时设施的费用，并将其列入工程概算。对于有特殊安全防护要求的工程，建设单位和施工单位应当根据工程实际需要，在合同中约定安全措施所需费用。

(3) 建设单位应当向勘察、设计和施工单位提供与建筑工程相关的供水、排水、供电、供气、供热和邮电通信等地下管线资料，勘察、设计和施工单位应当采取措施对各类管线加以保护。

(4) 建设单位不得购买或者明示、暗示施工单位使用不合格的建筑材料、建筑构配件、设备及安全防护用具。按照合同约定，建筑材料、建筑构配件和设备由施工单位采购的，建设单位不得指定施工单位购入用于工程的建筑材料、建筑构配件和设备或者指定生产厂、供应商。

(5) 涉及建筑主体和承重结构变动的装修工程，建设单位应当在施工前委托原设计单位或者具有相应资质条件的设计单位提出设计方案；没有设计方案的，不得施工。拆除房屋及其他建筑物和构筑物的，建设单位应当委托具备保证安全条件的施工单位承担。

(6) 建设单位在申请施工许可证时，应当提供建设工程有关安全施工措施的资料。安全施工措施的资料应包括下列内容：施工现场总平面布置图；工程概算确定的安全作业环境及安全施工措施费用及拨付计划；施工组织设计和专项施工方案；拟使用的施工起重机械设备；工程项目负责人、技术负责人、专职安全管理人员、特种作业人员和监理单位总监理工程师有效证件的复印件；法律、法规规定的其他资料。

二、勘察、设计单位的安全责任和义务

（1）勘察单位应当按照工程建设强制性标准进行勘察，加强对现场踏勘、勘察纲要编制、原始资料收集和成果资料审核等环节的管理。

（2）勘察单位应当向建设单位提供全面、准确的地质勘查报告和相关资料。

（3）设计单位应当按照工程建设强制性标准进行设计，保证设计工程的安全性能。设计单位应当考虑施工安全操作和防护的需要，对涉及施工安全的重点部位和环节，应当在设计文件中注明。

（4）设计单位应当就审查合格的施工图设计文件向建设、施工、工程监理单位作出详细说明。按照施工图设计文件施工不能保证建筑结构和作业人员的安全的，施工单位应当向建设、工程监理单位报告，由原设计单位或者其他具备相应资质条件的设计单位修改设计；遇有重大修改的，由建设单位报经原审批部门批准。

（5）施工单位对工程设计有异议的，勘察、设计单位应当及时作出处理，防范安全事故的发生。发生事故时，勘察、设计单位应当积极配合事故调查，并在勘察、设计方案中提出防范、补救措施。

三、施工单位的安全责任和义务

（1）施工单位应当建立健全安全生产责任制。施工单位的法定代表人是本单位安全生产的第一责任人，对本单位的安全生产负全面责任；直接分管安全生产工作的负责人对本单位的安全生产负具体的领导责任；项目经理是项目安全生产的第一责任人，对本项目的安全生产负全面责任。施工单位法定代表人应当定期向职工代表大会或者职工大会报告安全生产情况。

（2）施工单位应当依法取得相应等级的资质证书，并在其资质等级范围内承揽工程。施工单位应依法取得安全生产许可证，未取得安全生产许可证的，不得从事建筑施工活动。

（3）施工单位应当配备与其生产规模相适应的、具有工程系列技术职称的专职安全管理人员。专职安全管理人员负责安全生产的具体管理工作。

（4）施工单位应当建立健全建筑安全生产教育培训制度；未经安全生产教育培训或者考核不合格的，不得上岗作业。职工的教育培训情况应当记入个人业绩档案。

垂直运输机械作业人员、安装拆卸工、爆破作业人员、起重信号工、登高架设作业人员等特种作业人员，必须按照国家有关规定经过专门的安全作业培训，并取得特种作业操作资格证书后，方可上岗作业。

（5）施工单位应当按照有关法律、法规和标准、规范组织施工，根据工程项目特点制定有针对性的安全技术措施或者方案，经本单位安全和技术部门审核、技术负责人批准后实施。

（6）施工现场的安全生产管理由施工单位负责。施工单位不得转包或者违法分包工程。建筑工程施工实行总承包的，总承包单位应当对全部建筑工程施工现场的安全生产管理负责；总承包单位依法将建筑工程分包给其他单位的，分包单位应当按照分包合同的约定对其分包工程施工现场的安全生产管理向总承包单位负责，总承包单位与分包单位对分包

工程施工现场的安全生产管理承担连带责任。

(7) 施工单位应当对施工现场实行封闭式管理。对城市规划区内的施工现场,施工单位应当设置围挡,对临街施工现场,应当设置硬质围挡;对在建房屋和构筑物工程,应当采用密目式安全网进行全封闭。

(8) 施工现场的道路应当平整、硬化、畅通,并有交通指示标志。通行危险的地段应当悬挂警示标志,夜间设有红灯示警。

(9) 施工单位应当按照国家有关规定,在施工现场设置消防设施;在容易发生火灾的部位进行施工或者储存、使用易燃、易爆器材的,应当采取特殊的消防安全措施。

(10) 施工单位应当为施工人员提供符合安全、卫生标准的生产环境、生活设施、作业条件、机械设备和安全防护用具等。施工现场应当设置必要的医疗和急救设施,并配备相应的急救人员。

(11) 对用于施工的机械设备及安全防护用具,施工单位必须在进入施工现场前进行检查,并在使用中进行定期检查;检查不合格的,不得使用。施工单位应当定期对机械设备及安全防护用具等进行维修保养,保证各类机械设备及安全防护用具的完好、有效。

(12) 施工单位应当建立健全安全检查制度,加强对施工现场的安全巡查,并对违反施工安全技术标准、规范和操作规程的行为及时制止或者纠正;对发现的安全事故隐患,及时采取措施予以消除。

(13) 施工单位必须按照规定使用安全措施和施工现场临时设施费用,不得挪作他用。

(14) 施工单位应当对施工现场的安全技术资料建立档案,并确定专人管理;安全技术资料应当真实、完整、齐全。

(15) 施工现场发生安全事故时,施工单位应当立即报告有关部门,保护事故现场,并采取有效措施抢救人员和财产。因抢救人员、疏导交通等原因需要移动现场物件的,应当作出标志,绘制现场简图并作出书面记录,妥善保护现场重要痕迹、物证,有条件的应当拍照或者录像。

(16) 建筑施工企业应当依法为职工参加工伤保险缴纳工伤保险费。鼓励企业为从事危险作业的职工办理意外伤害保险,支付保险费。

四、监理单位的安全责任和义务

(1) 监理单位应当依法对建筑工程实施安全监理,并承担相应的安全监理责任。

总监理工程师对工程项目的安全监理负总责;工程项目监理人员按照规定,对所承担的安全监理工作负责。

(2) 监理工程师应当按照工程监理规范的要求,采取旁站、巡视和平行检验等形式,对施工单位执行安全生产的法律、法规和标准、规范及落实安全生产责任制、施工安全措施等情况进行监理,并对施工现场易发事故的危险源和薄弱环节进行重点监控。

(3) 监理工程师在实施监理过程中,发现存在重大事故隐患的,应当要求施工单位停工整改;对重大事故隐患不及时整改的,应当立即向建设行政主管部门报告。

五、法律责任

(1) 违反该规定,建设单位未提供建设工程安全生产作业环境及安全施工措施所需费用的，责令限期整改；逾期未整改的，责令该建设工程停止施工。

建设单位未将保证安全施工的措施或者拆除工程的有关资料送有关部门备案的，责令限期改正，给予警告。

(2) 违反该规定，施工单位对建筑安全事故隐患不采取措施予以消除的，由建设行政主管部门责令改正，可以处以 3 万元以下的罚款；情节严重的，由颁发资质证书的机关责令停业整顿、降低资质等级或者吊销资质证书；构成犯罪的，依法追究刑事责任。

(3) 违反该规定，施工单位在施工中发生建筑安全事故以及发生建筑安全事故未及时采取措施或者未按照规定如实报告事故情况的，由建设行政主管部门或者其他有关部门责令改正，给予警告，并处以 1 万元以上 5 万元以下的罚款；情节严重的，由颁发资质证书的机关责令其停业整顿。

(4) 违反该规定，建设单位或者施工单位有下列行为之一的，由建设行政主管部门责令改正，并依照有关法律、法规的规定给予处罚：

① 未按照工程建设标准定额确定建筑工程安全措施和施工现场临时设施的费用，并将其列入工程概算的；

② 未取得安全生产许可证的；

③ 未按照规定配备相应的专职安全管理人员的；

④ 将安全措施和施工现场临时设施费用挪作他用的。

第三章 建设工程招标投标与合同管理法律制度

第一节 《中华人民共和国招标投标法》的修改内容

《中华人民共和国招标投标法》1999 年 8 月 30 日第九届全国人民代表大会常务委员会第十一次会议通过，2017 年 12 月 27 日第十二届全国人民代表大会常务委员会第三十一次会议修改，自 2017 年 12 月 28 日起施行。

(1) 删去第十三条第二款第三项。删除了《招标投标法》中，招标代理机构应当具备“有符合本法第三十七条第三款规定条件、可以作为评标委员会成员人选的技术、经济等方面的专家库”的内容。招标代理机构无须自建专家库。从目前各地实际情况来看，专家库已由相关部门统一建设、统一管理，以确保专家评审的客观公正性。

(2) 删去第十四条第一款。删除了“从事工程建设项目招标代理业务的招标代理机构，其资格由国务院或者省、自治区、直辖市人民政府的建设行政主管部门认定。具体办法由国务院建设行政主管部门会同国务院有关部门制定。从事其他招标代理业务的招标代理机构，其资格认定的主管部门由国务院规定。”招标方自主选择代理机构属于市场行为，代理机构可以通过自由市场竞争、行业自律作用予以规范。

(3) 将第五十条第一款中的“情节严重的，暂停直至取消招标代理资格”修改为“情节严重的，禁止其一年至二年内代理依法必须进行招标的项目并予以公告，直至由工商行政管理机关吊销营业执照”。

改后的第五十条第一款：“招标代理机构违反本法规定，泄露应当保密的与招标投标活动有关的情况和资料的，或者与招标人、投标人串通损害国家利益、社会公共利益或者他人合法权益的，处五万元以上二十五万元以下的罚款，对单位直接负责的主管人员和其他直接责任人员处单位罚款数额百分之五以上百分之十以下的罚款；有违法所得的，并处没收违法所得；情节严重的，禁止其一年至二年内代理依法必须进行招标的项目并予以公告，直至由工商行政管理机关吊销营业执照；构成犯罪的，依法追究刑事责任。给他人造成损失的，依法承担赔偿责任。”以上加大了对招标代理机构的处罚力度，有利于代理机构进一步规范代理行为。

第二节 《中华人民共和国招标投标法实施条例》的修订内容

2017 年 3 月 1 日，国务院令第 676 号将《中华人民共和国招标投标法实施条例》第十二条修改为：“招标代理机构应当拥有一定数量的具备编制招标文件、组织评标等相应能力的专业人员。”删去第七十八条。2018 年 3 月 19 日，国务院令第 698 号删去《中华人民共和国招标投标法实施条例》第十一条第一款。删去第十三条第一款中的“其资格许可和”，删去第三款。此外，对相关行政法规中的条文序号作相应调整。

第三节　工程建设项目招标范围和规模标准规定

《中华人民共和国招标投标法》第三条规定："在中华人民共和国境内进行下列工程建设项目包括项目的勘察、设计、施工、监理以及与工程建设有关的重要设备、材料等的采购，必须进行招标：

（一）大型基础设施、公用事业等关系社会公共利益、公众安全的项目；

（二）全部或者部分使用国有资金投资或者国家融资的项目；

（三）使用国际组织或者外国政府贷款、援助资金的项目。

"前款所列项目的具体范围和规模标准，由国务院发展计划部门会同国务院有关部门制订，报国务院批准。法律或者国务院对必须进行招标的其他项目的范围有规定的，依照其规定。"

2018 年 6 月 1 日起施行的《必须招标的工程项目规定》（发展和改革委员会令第 16 号）第一条规定："为了确定必须招标的工程项目，规范招标投标活动，提高工作效率、降低企业成本、预防腐败，根据《中华人民共和国招标投标法》第三条的规定，国家发改委制定本规定。"

第二条规定："全部或者部分使用国有资金投资或者国家融资的项目包括：

（一）使用预算资金 200 万元人民币以上，并且该资金占投资额 10%以上的项目；

（二）使用国有企业事业单位资金，并且该资金占控股或者主导地位的项目。"

第三条规定："使用国际组织或者外国政府贷款、援助资金的项目包括：

（一）使用世界银行、亚洲开发银行等国际组织贷款、援助资金的项目；

（二）使用外国政府及其机构贷款、援助资金的项目。"

第四条规定："不属于本规定第二条、第三条规定情形的大型基础设施、公用事业等关系社会公共利益、公众安全的项目，必须招标的具体范围由国务院发展改革部门会同国务院有关部门按照确有必要、严格限定的原则制订，报国务院批准。"

第五条规定："本规定第二条至第四条依法必须招标规定范围内的项目，其勘察、设计、施工、监理以及与工程建设有关的重要设备、材料等的采购达到下列标准之一的，必须招标：

（一）施工单项合同估算价在 400 万元人民币以上；

（二）重要设备、材料等货物的采购，单项合同估算价在 200 万元人民币以上；

（三）勘察、设计、监理等服务的采购，单项合同估算价在 100 万元人民币以上。

"同一项目中可以合并进行的勘察、设计、施工、监理以及与工程建设有关的重要设备、材料等的采购，合同估算价合计达到前款规定标准的，必须招标。"

为明确必须招标的大型基础设施和公用事业项目范围，根据《中华人民共和国招标投标法》和《必须招标的工程项目规定》，制定《必须招标的基础设施和公用事业项目范围规定》（发改法规规〔2018〕843 号），自 2018 年 6 月 6 日起实施。

第二条规定："不属于《必须招标的工程项目规定》第二条、第三条规定情形的大型基础设施、公用事业等关系社会公共利益、公众安全的项目，必须招标的具体范围包括：

（一）煤炭、石油、天然气、电力、新能源等能源基础设施项目；

（二）铁路、公路、管道、水运，以及公共航空和 A1 级通用机场等交通运输基础设施项目；

（三）电信枢纽、通信信息网络等通信基础设施项目；

（四）防洪、灌溉、排涝、引（供）水等水利基础设施项目；

（五）城市轨道交通等城建项目。”

第四节 《建筑工程施工发包与承包违法行为认定查处管理办法》的主要内容

为规范建筑工程施工发包与承包活动中违法行为的认定、查处和管理，保证工程质量和施工安全，有效遏制发包与承包活动中的违法行为，维护建筑市场秩序和建筑工程主要参与方的合法权益，根据《中华人民共和国建筑法》《中华人民共和国招标投标法》《中华人民共和国合同法》《建设工程质量管理条例》《建设工程安全生产管理条例》《中华人民共和国招标投标法实施条例》等法律法规，以及《全国人大法工委关于对建筑施工企业母公司承接工程后交由子公司实施是否属于转包以及行政处罚两年追诉期认定法律适用问题的意见》（法工办发〔2017〕223 号），结合建筑活动实践，制定《建筑工程施工发包与承包违法行为认定查处管理办法》（以下简称《办法》），自 2019 年 1 月 1 日起施行。

一、违法发包

《办法》第六条规定：“存在下列情形之一的，属于违法发包：

（一）建设单位将工程发包给个人的；

（二）建设单位将工程发包给不具有相应资质的单位的；

（三）依法应当招标未招标或未按照法定招标程序发包的；

（四）建设单位设置不合理的招标投标条件，限制、排斥潜在投标人或者投标人的；

（五）建设单位将一个单位工程的施工分解成若干部分发包给不同的施工总承包或专业承包单位的。”

二、转包

《办法》第八条规定：“存在下列情形之一的，应当认定为转包，但有证据证明属于挂靠或者其他违法行为的除外：

（一）承包单位将其承包的全部工程转给其他单位（包括母公司承接建筑工程后将所承接工程交由具有独立法人资格的子公司施工的情形）或个人施工的；

（二）承包单位将其承包的全部工程肢解以后，以分包的名义分别转给其他单位或个人施工的；

（三）施工总承包单位或专业承包单位未派驻项目负责人、技术负责人、质量管理负责人、安全管理负责人等主要管理人员，或派驻的项目负责人、技术负责人、质量管理负责人、安全管理负责人中一人及以上与施工单位没有订立劳动合同且没有建立劳动工资和社会养老保险关系，或派驻的项目负责人未对该工程的施工活动进行组织管理，又不能进行合理解释并提供相应证明的；

（四）合同约定由承包单位负责采购的主要建筑材料、构配件及工程设备或租赁的施工机械设备，由其他单位或个人采购、租赁，或施工单位不能提供有关采购、租赁合同及发票等证明，又不能进行合理解释并提供相应证明的；

（五）专业作业承包人承包的范围是承包单位承包的全部工程，专业作业承包人计取的是除上缴给承包单位“管理费”之外的全部工程价款的；

（六）承包单位通过采取合作、联营、个人承包等形式或名义，直接或变相将其承包的全部工程转给其他单位或个人施工的；

（七）专业工程的发包单位不是该工程的施工总承包或专业承包单位的，但建设单位依约作为发包单位的除外；

（八）专业作业的发包单位不是该工程承包单位的；

（九）施工合同主体之间没有工程款收付关系，或者承包单位收到款项后又将款项转拨给其他单位和个人，又不能进行合理解释并提供材料证明的。

“两个以上的单位组成联合体承包工程，在联合体分工协议中约定或者在项目实际实施过程中，联合体一方不进行施工也未对施工活动进行组织管理的，并且向联合体其他方收取管理费或者其他类似费用的，视为联合体一方将承包的工程转包给联合体其他方。”

三、挂靠

《办法》第十条规定：“存在下列情形之一的，属于挂靠：

（一）没有资质的单位或个人借用其他施工单位的资质承揽工程的；

（二）有资质的施工单位相互借用资质承揽工程的，包括资质等级低的借用资质等级高的，资质等级高的借用资质等级低的，相同资质等级相互借用的；

（三）本办法第八条第一款第（三）至（九）项规定的情形，有证据证明属于挂靠的。”

四、违法分包

《办法》第十二条规定：“存在下列情形之一的，属于违法分包：

（一）承包单位将其承包的工程分包给个人的；

（二）施工总承包单位或专业承包单位将工程分包给不具备相应资质单位的；

（三）施工总承包单位将施工总承包合同范围内工程主体结构的施工分包给其他单位的，钢结构工程除外；

（四）专业分包单位将其承包的专业工程中非劳务作业部分再分包的；

（五）专业作业承包人将其承包的劳务再分包的；

（六）专业作业承包人除计取劳务作业费用外，还计取主要建筑材料款和大中型施工机械设备、主要周转材料费用的。”

第五节　《最高人民法院关于审理建设工程施工合同纠纷案件适用法律问题的解释（二）》的主要内容

2019 年 1 月 3 日，《最高人民法院关于审理建设工程施工合同纠纷案件适用法律问题的解释（二）》（法释〔2018〕20 号）（以下简称《解释》）发布。《解释》经最高人民法院审判委员会第 1751 次会议讨论通过,自 2019 年 2 月 1 日起施行。针对近年来建筑市场的新变化、司法实践的新问题、管理政策的新突破,《解释》就建设工程施工合同效力、建设工程价款结算、建设工程鉴定、建设工程价款优先受偿权和实际施工人权利保护等问题作了规定。

关于建设工程施工合同无效损失赔偿数额的认定,《解释》坚持以赔偿实际损失为原则,但是建设工程施工合同纠纷具有特殊性、复杂性,司法实践中,当事人往往很难证明实际损失的具体数额,导致其难以获得权利救济。因此,在实际损失难以确定的情况下,《解释》规定当事人可以请求参照合同约定的质量标准、建设工期、工程价款的支付时间等内容确定损失大小。

关于借用资质签订建设工程施工合同的民事责任,《解释》在吸收《中华人民共和国建筑法》第六十六条规定的基础上规定,缺乏资质的单位或者个人借用有资质的建筑施工企业名义签订建设工程施工合同的,发包人请求出借方与借用方对建设工程质量不合格等因出借资质造成的损失承担连带赔偿责任。实践中,建筑施工企业出借资质造成的损失主要包括建设工程质量不合格、工期延误等损失。只要损失是由出借资质造成的,发包人就有权请求借用资质的单位或者个人与出借资质的建筑施工企业承担连带责任。

关于非必须招标工程进行招标后的工程价款结算依据,《解释》规定:发包人将依法不属于必须招标的建设工程进行招标后,与承包人另行订立的建设工程施工合同背离中标合同的实质性内容的,应以中标合同作为结算建设工程价款的依据。这一规定的目的是维护招投标市场秩序和其他投标人权益。同时,充分考虑到建设工程施工合同履行期间长、影响因素多的特点,《解释》还规定:发包人与承包人因客观情况发生了在招标投标时难以预见的变化而另行订立的建设工程施工合同,可以作为结算建设工程价款的依据,从而兼顾了招标投标市场秩序和契约自由原则。

关于承包人行使建设工程价款优先受偿权的条件,《解释》以保障建设工程质量为首要价值选择,规定承包人行使建设工程价款优先受偿权必须以建设工程质量合格为条件。同时,鉴于建设工程领域特有的资质与招标投标管理要求,实践中建设工程施工合同无效的情况较为常见。《解释》并未将建设工程施工合同有效作为承包人行使建设工程价款优先受偿权的条件,以保护建筑工人的合法利益。

关于建设工程价款优先受偿的范围,《最高人民法院关于建设工程价款优先受偿权问题的批复》(法释〔2002〕16 号)限定为承包人在建设工程施工中实际支出的费用。这一规定缺乏可操作性,在实践中适用的效果并不理想。《解释》规定:应依照国务院有关行政主管部门关于建设工程价款范围的规定确定承包人建设工程价款优先受偿的范围,将承包人应获得的利润也包括在内。一是便于操作,减少当事人因过度鉴定引起的诉累;二是有利于促进建筑业持续健康发展。同时,为平衡各方当事人利益,《解释》规定,发包人逾期支付工程价款产生的利息,不能优先受偿。为加强对建筑工人合法权益的保护,《解释》还对承包人处分建设工程价款优先受偿权作了限制,规定发包人与承包人约定放弃或者限制建设工程价款优先受偿权,不得损害建筑工人利益。

关于实际施工人权利保护,《解释》对《最高人民法院关于审理建设工程施工合同纠纷案件适用法律问题的解释》(法释〔2014〕14 号)第二十六条第二款规定进行了完善。一是明确规定人民法院应当追加转包人或者违法分包人为本案第三人;二是规定要在查明发包人欠付转包人或者违法分包人建设工程价款的数额后,判决发包人在欠付建设工程价款范围内对实际施工人承担责任。这既有利于实际施工人权利的实现，也有利于防止发包人陷入过多的诉讼和纠纷之中。《解释》还规定：实际施工人有权对发包人提起代位权诉讼，以期进一步加强对建筑工人权益的保护。

《最高人民法院关于审理建设工程施工合同纠纷案件适用法律问题的解释（二）》具体条款见本书附录。

第六节 《建设工程施工合同（示范文本）》的主要内容

为了指导建设工程施工合同当事人的签约行为，维护合同当事人的合法权益，依据《中华人民共和国合同法》《中华人民共和国建筑法》《中华人民共和国招标投标法》以及相关法律法规，中华人民共和国住房城乡建设部、国家工商行政管理总局对《建设工程施工合同（示范文本）》（GF—2013—0201）进行了修订，制定了《建设工程施工合同（示范文本）》（GF—2017—0201）（以下简称《示范文本》）。文本概括和重要的条款如下。

一、文本概况

（一）《示范文本》的组成

《示范文本》由合同协议书、通用合同条款和专用合同条款三部分组成。

《示范文本》合同协议书共计 13 条，主要包括：工程概况、合同工期、质量标准、签约合同价和合同价格形式、项目经理、合同文件构成、承诺以及合同生效条件等重要内容，集中约定了合同当事人基本的合同权利义务。

通用合同条款是合同当事人根据《中华人民共和国建筑法》《中华人民共和国合同法》等法律法规的规定，就工程建设的实施及相关事项，对合同当事人的权利义务作出的原则性约定。通用合同条款共计 20 条，具体条款分别为：一般约定、发包人、承包人、监理人、工程质量、安全文明施工与环境保护、工期和进度、材料与设备、试验与检验、变更、价格调整、合同价格、计量与支付、验收和工程试车、竣工结算、缺陷责任与保修、违约、不可抗力、保险、索赔和争议解决。前述条款安排既考虑了现行法律法规对工程建设的有关要求，也考虑了建设工程施工管理的特殊需要。

专用合同条款是对通用合同条款原则性约定的细化、完善、补充、修改或另行约定的条款。合同当事人可以根据不同建设工程的特点及具体情况，通过双方的谈判、协商对相应的专用合同条款进行修改补充。在使用专用合同条款时，应注意以下事项：

（1）专用合同条款的编号应与相应的通用合同条款的编号一致；

（2）合同当事人可以通过对专用合同条款的修改，满足具体建设工程的特殊要求，避免直接修改通用合同条款；

（3）在专用合同条款中有横道线的地方，合同当事人可针对相应的通用合同条款进行细化、完善、补充、修改或另行约定；如无细化、完善、补充、修改或另行约定，则填写“无”或划“/”。

（二）《示范文本》的性质和适用范围

《示范文本》为非强制性使用文本。《示范文本》适用于房屋建筑工程、土木工程、线路管道和设备安装工程、装修工程等建设工程的施工承发包活动，合同当事人可结合建设工程具体情况，根据《示范文本》订立合同，并按照法律法规规定和合同约定承担相应的法律责任及合同权利义务。

（三）合同文件构成

合同协议书与下列文件一起构成合同文件：

（1）中标通知书(如果有)；

（2）投标函及其附录(如果有)；

（3）专用合同条款及其附件；

（4）通用合同条款；

（5）技术标准和要求；

（6）图纸；

（7）已标价工程量清单或预算书；

（8）其他合同文件。

在合同订立及履行过程中形成的与合同有关的文件均构成合同文件组成部分。

上述各项合同文件包括合同当事人就该项合同文件所作出的补充和修改，属于同一类内容的文件，应以最新签署的为准。专用合同条款及其附件须经合同当事人签字或盖章。

二、质量条款

（一）质量要求

工程质量标准必须符合现行国家有关工程施工质量验收规范和标准的要求。有关工程质量的特殊标准或要求由合同当事人在专用合同条款中约定。因发包人原因造成工程质量未达到合同约定标准的，由发包人承担由此增加的费用和(或)延误的工期，并支付承包人合理的利润。因承包人原因造成工程质量未达到合同约定标准的，发包人有权要求承包人返工直至工程质量达到合同约定的标准为止，并由承包人承担由此增加的费用和(或)延误的工期。

（二）监理人的质量检查和检验

监理人按照法律规定和发包人授权对工程的所有部位及其施工工艺、材料和工程设备进行检查和检验。承包人应为监理人的检查和检验提供方便，包括监理人到施工现场，或制造、加工地点，或合同约定的其他地方进行察看和查阅施工原始记录。监理人为此进行的检查和检验，不免除或减轻承包人按照合同约定应当承担的责任。

监理人的检查和检验不应影响施工正常进行。监理人的检查和检验影响施工正常进行的，且经检查检验不合格的，影响正常施工的费用由承包人承担，工期不予顺延；经检查检验合格的，由此增加的费用和(或)延误的工期由发包人承担。

（三）隐蔽工程检查

承包人应当对工程隐蔽部位进行自检，并经自检确认是否具备覆盖条件。除专用合同条款另有约定外，工程隐蔽部位经承包人自检确认具备覆盖条件的，承包人应在共同检查前48小时书面通知监理人检查，通知中应载明隐蔽检查的内容、时间和地点，并应附有自检记录和必要的检查资料。

监理人应按时到场并对隐蔽工程及其施工工艺、材料和工程设备进行检查。经监理人检查确认质量符合隐蔽要求，并在验收记录上签字后，承包人才能进行覆盖。经监理人检查质量不合格的，承包人应在监理人指示的时间内完成修复，并由监理人重新检查，由此增加的费用和(或)延误的工期由承包人承担。

除专用合同条款另有约定外,监理人不能按时进行检查的,应在检查前 24 小时向承包人提交书面延期要求,但延期不能超过 48 小时,由此导致工期延误的,工期应予以顺延。监理人未按时进行检查,也未提出延期要求的,视为隐蔽工程检查合格,承包人可自行完成覆盖工作,并作相应记录报送监理人,监理人应签字确认。监理人事后对检查记录有疑问的,可按《示范文本》第 5.3.3 项〔重新检查〕的约定重新检查。

承包人覆盖工程隐蔽部位后,发包人或监理人对质量有疑问的,可要求承包人对已覆盖的部位进行钻孔探测或揭开重新检查,承包人应遵照执行,并在检查后重新覆盖恢复原状。经检查证明工程质量符合合同要求的,由发包人承担由此增加的费用和(或)延误的工期,并支付承包人合理的利润;经检查证明工程质量不符合合同要求的,由此增加的费用和(或)延误的工期由承包人承担。

承包人未通知监理人到场检查,私自将工程隐蔽部位覆盖的,监理人有权指示承包人钻孔探测或揭开检查,无论工程隐蔽部位质量是否合格,由此增加的费用和(或)延误的工期均由承包人承担。

(四) 质量争议检测

合同当事人对工程质量有争议的,由双方协商确定的工程质量检测机构鉴定,由此产生的费用及因此造成的损失,由责任方承担。

合同当事人均有责任的,由双方根据其责任分别承担。合同当事人无法达成一致的,按照第 4.4 款〔商定或确定〕执行。

三、工期和进度条款

(一) 施工组织设计

施工组织设计应包含以下内容:(1) 施工方案;(2) 施工现场平面布置图;(3) 施工进度计划和保证措施;(4) 劳动力及材料供应计划;(5) 施工机械设备的选用;(6) 质量保证体系及措施;(7) 安全生产、文明施工措施;(8) 环境保护、成本控制措施;(9) 合同当事人约定的其他内容。

除专用合同条款另有约定外,承包人应在合同签订后 14 天内,但至迟不得晚于《示范文本》第 7.3.2 项〔开工通知〕载明的开工日期前 7 天,向监理人提交详细的施工组织设计,并由监理人报送发包人。除专用合同条款另有约定外,发包人和监理人应在监理人收到施工组织设计后 7 天内确认或提出修改意见。对发包人和监理人提出的合理意见和要求,承包人应自费修改完善。根据工程实际情况需要修改施工组织设计的,承包人应向发包人和监理人提交修改后的施工组织设计。

(二) 施工进度计划

承包人应按照《示范文本》第 7.1 款〔施工组织设计〕约定提交详细的施工进度计划,施工进度计划的编制应当符合国家法律规定和一般工程实践惯例,施工进度计划经发包人批准后实施。施工进度计划是控制工程进度的依据,发包人和监理人有权按照施工进度计划检查工程进度情况。

施工进度计划不符合合同要求或与工程的实际进度不一致的,承包人应向监理人提交修订的施工进度计划,并附具有关措施和相关资料,由监理人报送发包人。除专用合同条款另有约定外，发包人和监理人应在收到修订的施工进度计划后7天内完成审核和批准或提出修改意见。发包人和监理人对承包人提交的施工进度计划的确认，不能减轻或免除承包人根据法律规定和合同约定应承担的任何责任或义务。

（三）开工

除专用合同条款另有约定外，承包人应按照《示范文本》第7.1款〔施工组织设计〕约定的期限，向监理人提交工程开工报审表，经监理人报发包人批准后执行。开工报审表应详细说明按施工进度计划正常施工所需的施工道路、临时设施、材料、工程设备、施工设备、施工人员等落实情况以及工程的进度安排。除专用合同条款另有约定外，合同当事人应按约定完成开工准备工作。

发包人应按照法律规定获得工程施工所需的许可。经发包人同意后，监理人发出的开工通知应符合法律规定。监理人应在计划开工日期7天前向承包人发出开工通知，工期自开工通知中载明的开工日期起算。

除专用合同条款另有约定外，因发包人原因造成监理人未能在计划开工日期之日起90天内发出开工通知的，承包人有权提出价格调整要求，或者解除合同。发包人应当承担由此增加的费用和(或)延误的工期，并向承包人支付合理利润。

（四）工期延误

1. 因发包人原因导致工期延误

在合同履行过程中，因下列情况导致工期延误和(或)费用增加的，由发包人承担由此延误的工期和(或)增加的费用，且发包人应支付承包人合理的利润：

(1) 发包人未能按合同约定提供图纸或所提供图纸不符合合同约定的；

(2) 发包人未能按合同约定提供施工现场、施工条件、基础资料、许可、批准等开工条件的；

(3) 发包人提供的测量基准点、基准线和水准点及其书面资料存在错误或疏漏的；

(4) 发包人未能在计划开工日期之日起7天内同意下达开工通知的；

(5) 发包人未能按合同约定日期支付工程预付款、进度款或竣工结算款的；

(6) 监理人未按合同约定发出指示、批准等文件的；

(7) 专用合同条款中约定的其他情形。

因发包人原因未按计划开工日期开工的，发包人应按实际开工日期顺延竣工日期，确保实际工期不低于合同约定的工期总日历天数。因发包人原因导致工期延误需要修订施工进度计划的，按照《示范文本》第7.2.2项〔施工进度计划的修订〕执行。

2. 因承包人原因导致工期延误

因承包人原因造成工期延误的，可以在专用合同条款中约定逾期竣工违约金的计算方法和逾期竣工违约金的上限。承包人支付逾期竣工违约金后，不免除承包人继续完成工程及修补缺陷的义务。

（五）不利物质条件

不利物质条件是指有经验的承包人在施工现场遇到的不可预见的自然物质条件、非自然的物质障碍和污染物，包括地表以下物质条件和水文条件以及专用合同条款约定的其他情形，但不包括气候条件。

承包人遇到不利物质条件时，应采取克服不利物质条件的合理措施继续施工，并及时通知发包人和监理人。通知应载明不利物质条件的内容以及承包人认为不可预见的理由。监理人经发包人同意后应当及时发出指示，指示构成变更的，按《示范文本》第10条〔变更〕约定执行。承包人因采取合理措施而增加的费用和(或)延误的工期由发包人承担。

(六) 异常恶劣的气候条件

异常恶劣的气候条件是指在施工过程中遇到的，有经验的承包人在签订合同时不可预见的，对合同履行造成实质性影响的，但尚未构成不可抗力事件的恶劣气候条件。合同当事人可以在专用合同条款中约定异常恶劣的气候条件的具体情形。

承包人应采取克服异常恶劣的气候条件的合理措施继续施工，并及时通知发包人和监理人。监理人经发包人同意后应当及时发出指示，指示构成变更的，按《示范文本》第10条〔变更〕约定办理。承包人因采取合理措施而增加的费用和(或)延误的工期由发包人承担。

(七) 暂停施工

1. 发包人原因引起的暂停施工

因发包人原因引起暂停施工的，监理人经发包人同意后，应及时下达暂停施工指示。情况紧急且监理人未及时下达暂停施工指示的，按照《示范文本》第7.8.4项〔紧急情况下的暂停施工〕执行。

因发包人原因引起的暂停施工，发包人应承担由此增加的费用和(或)延误的工期，并支付承包人合理的利润。

2. 承包人原因引起的暂停施工

因承包人原因引起的暂停施工，承包人应承担由此增加的费用和(或)延误的工期，且承包人在收到监理人复工指示后84天内仍未复工的，视为《示范文本》第16.2.1项〔承包人违约的情形〕第(7)目约定的承包人无法继续履行合同的情形。

3. 指示暂停施工

监理人认为有必要时，并经发包人批准后，可向承包人作出暂停施工的指示，承包人应按监理人指示暂停施工。

4. 紧急情况下的暂停施工

因紧急情况需暂停施工，且监理人未及时下达暂停施工指示的，承包人可先暂停施工，并及时通知监理人。监理人应在接到通知后24小时内发出指示，逾期未发出指示，视为同意承包人暂停施工。监理人不同意承包人暂停施工的，应说明理由，承包人对监理人的答复有异议，按照《示范文本》第20条〔争议解决〕约定处理。

5. 暂停施工后的复工

暂停施工后，发包人和承包人应采取有效措施积极消除暂停施工的影响。在工程复工前，监理人会同发包人和承包人确定因暂停施工造成的损失，并确定工程复工条件。当工程具备复工条件时，监理人应经发包人批准后向承包人发出复工通知，承包人应按照复工通知要求复工。

承包人无故拖延和拒绝复工的，承包人承担由此增加的费用和(或)延误的工期；因发包人原因无法按时复工的，按照《示范文本》第7.5.1项〔因发包人原因导致工期延误〕约定办理。

6. 暂停施工持续56天以上

监理人发出暂停施工指示后56天内未向承包人发出复工通知，除该项停工属于《示范文本》第7.8.2项〔承包人原因引起的暂停施工〕及第17条〔不可抗力〕约定的情形外，承包人可向发包人提交书面通知，要求发包人在收到书面通知后28天内准许已暂停施工的部分或全部工程继续施工。发包人逾期不予批准的，则承包人可以通知发包人，将工程受影响的部分视为按《示范文本》第10.1款〔变更的范围〕第(2)项的可取消工作。

暂停施工持续84天以上不复工的，且不属于《示范文本》第7.8.2项〔承包人原因引起的暂停施工〕及第17条〔不可抗力〕约定的情形，并影响到整个工程以及合同目的实现的，承包人有权提出价格调整要求，或者解除合同。解除合同的，按照《示范文本》第16.1.3项〔因发包人违约解除合同〕执行。

7. 暂停施工期间的工程照管

暂停施工期间，承包人应负责妥善照管工程并提供安全保障，由此增加的费用由责任方承担。

8. 暂停施工的措施

暂停施工期间，发包人和承包人均应采取必要的措施确保工程质量及安全，防止因暂停施工扩大损失。

四、合同价格形式

发包人和承包人应在合同协议书中选择下列一种合同价格形式：

(一) 单价合同

单价合同是指合同当事人约定以工程量清单及其综合单价进行合同价格计算、调整和确认的建设工程施工合同，在约定的范围内合同单价不作调整。合同当事人应在专用合同条款中约定综合单价包含的风险范围和风险费用的计算方法，并约定风险范围以外的合同价格的调整方法，其中因市场价格波动引起的调整按《示范文本》第11.1款〔市场价格波动引起的调整〕约定执行。

(二) 总价合同

总价合同是指合同当事人约定以施工图、已标价工程量清单或预算书及有关条件进行合同价格计算、调整和确认的建设工程施工合同，在约定的范围内合同总价不作调整。合同当事人应在专用合同条款中约定总价包含的风险范围和风险费用的计算方法，并约定风险范围以外的合同价格的调整方法，其中因市场价格波动引起的调整按《示范文本》第11.1款〔市场价格波动引起的调整〕、因法律变化引起的调整按《示范文本》第11.2款〔法律变化引起的调整〕约定执行。

(三) 其他价格形式

合同当事人可在专用合同条款中约定其他合同价格形式。

五、缺陷责任与保修条款

(一) 工程保修的原则

在工程移交发包人后，因承包人原因产生的质量缺陷，承包人应承担质量缺陷责任和保修义务。缺陷责任期届满，承包人仍应按合同约定的工程各部位保修年限承担保修义务。

(二) 缺陷责任期

缺陷责任期从工程通过竣工验收之日起计算，合同当事人应在专用合同条款约定缺陷责任期的具体期限,但该期限最长不超过24个月。单位工程先于全部工程进行验收,经验收合格并交付使用的,该单位工程缺陷责任期自单位工程验收合格之日起算。因承包人原因导致工程无法按合同约定期限进行竣工验收的,缺陷责任期从实际通过竣工验收之日起计算。因发包人原因导致工程无法按合同约定期限进行竣工验收的,在承包人提交竣工验收报告90天后,工程自动进入缺陷责任期;发包人未经竣工验收擅自使用工程的,缺陷责任期自工程转移占有之日起开始计算。

缺陷责任期内,由承包人原因造成的缺陷,承包人应负责维修,并承担鉴定及维修费用。如承包人不维修也不承担费用,发包人可按合同约定从保证金或银行保函中扣除,费用超出保证金额的,发包人可按合同约定向承包人进行索赔。承包人维修并承担相应费用后,不免除对工程的损失赔偿责任。发包人有权要求承包人延长缺陷责任期,并应在原缺陷责任期届满前发出延长通知。但缺陷责任期(含延长部分)最长不能超过24个月。由他人原因造成的缺陷,发包人负责组织维修,承包人不承担费用,且发包人不得从保证金中扣除费用。

除专用合同条款另有约定外,承包人应于缺陷责任期届满后7天内向发包人发出缺陷责任期届满通知,发包人应在收到缺陷责任期满通知后14天内核实承包人是否履行缺陷修复义务,承包人未能履行缺陷修复义务的,发包人有权扣除相应金额的维修费用。发包人应在收到缺陷责任期届满通知后14天内,向承包人颁发缺陷责任期终止证书。

(三)质量保证金

经合同当事人协商一致扣留质量保证金的,应在专用合同条款中予以明确。在工程项目竣工前,承包人已经提供履约担保的,发包人不得同时预留工程质量保证金。

承包人提供质量保证金有以下三种方式:(1)质量保证金保函;(2)相应比例的工程款;(3)双方约定的其他方式。

除专用合同条款另有约定外,质量保证金原则上采用上述第(1)种方式。

质量保证金的扣留有以下三种方式:

(1)在支付工程进度款时逐次扣留,在此情形下,质量保证金的计算基数不包括预付款的支付、扣回以及价格调整的金额;

(2)工程竣工结算时一次性扣留质量保证金;

(3)双方约定的其他扣留方式。

除专用合同条款另有约定外,质量保证金的扣留原则上采用上述第(1)种方式。

发包人累计扣留的质量保证金不得超过工程价款结算总额的3%。如承包人在发包人签发竣工付款证书后28天内提交质量保证金保函,发包人应同时退还扣留的作为质量保证金的工程价款;保函金额不得超过工程价款结算总额的3%。

发包人在退还质量保证金的同时按照中国人民银行发布的同期同类贷款基准利率支付利息。

缺陷责任期内,承包人认真履行合同约定的责任,到期后,承包人可向发包人申请返还保证金。发包人在接到承包人返还保证金申请后,应于14天内会同承包人按照合同约定的内容进行核实。如无异议,发包人应当按照约定将保证金返还给承包人。对返还期限没有约定或者约定不明确的,发包人应当在核实后14天内将保证金返还承包人,逾期未返还的,依法承担违约责任。发包人在接到承包人返还保证金申请后14天内不予答复,经催告后14天内仍不予答复,视同认可承包人的返还保证金申请。

发包人和承包人对保证金预留、返还以及工程维修质量、费用有争议的，按《示范文本》第 20 条约定的争议和纠纷解决程序处理。

(四) 保修

工程保修期从工程竣工验收合格之日起算，具体分部分项工程的保修期由合同当事人在专用合同条款中约定，但不得低于法定最低保修年限。在工程保修期内，承包人应当根据有关法律规定以及合同约定承担保修责任。发包人未经竣工验收擅自使用工程的，保修期自转移占有之日起算。

保修期内，修复的费用按照以下约定处理：

(1) 保修期内，因承包人原因造成工程的缺陷、损坏，承包人应负责修复，并承担修复的费用以及因工程的缺陷、损坏造成的人身伤害和财产损失；

(2) 保修期内，因发包人使用不当造成工程的缺陷、损坏，可以委托承包人修复，但发包人应承担修复的费用，并支付承包人合理利润；

(3) 因其他原因造成工程的缺陷、损坏，可以委托承包人修复，发包人应承担修复的费用，并支付承包人合理的利润，因工程的缺陷、损坏造成的人身伤害和财产损失由责任方承担。

在保修期内，发包人在使用过程中，发现已接收的工程存在缺陷或损坏的，应书面通知承包人予以修复，但情况紧急必须立即修复缺陷或损坏的，发包人可以口头通知承包人并在口头通知后 48 小时内书面确认，承包人应在专用合同条款约定的合理期限内到达工程现场并修复缺陷或损坏。

因承包人原因造成工程的缺陷或损坏，承包人拒绝维修或未能在合理期限内修复缺陷或损坏，且经发包人书面催告后仍未修复的，发包人有权自行修复或委托第三方修复，所需费用由承包人承担。但修复范围超出缺陷或损坏范围的，超出范围部分的修复费用由发包人承担。

六、不可抗力

(一) 不可抗力的确认

不可抗力是指合同当事人在签订合同时不可预见，在合同履行过程中不可避免且不能克服的自然灾害和社会性突发事件，如地震、海啸、瘟疫、骚乱、戒严、暴动、战争和专用合同条款中约定的其他情形。

不可抗力发生后，发包人和承包人应收集证明不可抗力发生及不可抗力造成损失的证据，并及时认真统计所造成的损失。合同当事人对是否属于不可抗力或其损失的意见不一致的，由监理人按《示范文本》第 4.4 款〔商定或确定〕的约定处理。发生争议时，按《示范文本》第 20 条〔争议解决〕的约定处理。

(二) 不可抗力的通知

合同一方当事人遇到不可抗力事件，使其履行合同义务受到阻碍时，应立即通知合同另一方当事人和监理人，书面说明不可抗力和受阻碍的详细情况，并提供必要的证明。

不可抗力持续发生的，合同一方当事人应及时向合同另一方当事人和监理人提交中间报告，说明不可抗力和履行合同受阻的情况，并于不可抗力事件结束后 28 天内提交最终报告及有关资料。

（三）不可抗力后果的承担

不可抗力引起的后果及造成的损失由合同当事人按照法律规定及合同约定各自承担。不可抗力发生前已完成的工程应当按照合同约定进行计量支付。

不可抗力导致的人员伤亡、财产损失、费用增加和(或)工期延误等后果，由合同当事人按以下原则承担：

(1) 永久工程、已运至施工现场的材料和工程设备的损坏，以及因工程损坏造成的第三人人员伤亡和财产损失由发包人承担；

(2) 承包人施工设备的损坏由承包人承担；

(3) 发包人和承包人承担各自人员伤亡和财产的损失；

(4) 因不可抗力影响承包人履行合同约定的义务，已经引起或将引起工期延误的，应当顺延工期，由此导致承包人停工的费用损失由发包人和承包人合理分担，停工期间必须支付的工人工资由发包人承担；

(5) 因不可抗力引起或将引起工期延误，发包人要求赶工的，由此增加的赶工费用由发包人承担；

(6) 承包人在停工期间按照发包人要求照管、清理和修复工程的费用由发包人承担。

不可抗力发生后，合同当事人均应采取措施尽量避免和减少损失的扩大，任何一方当事人没有采取有效措施导致损失扩大的，应对扩大的损失承担责任。

因合同一方迟延履行合同义务，在迟延履行期间遭遇不可抗力的，不免除其违约责任。

（四）因不可抗力解除合同

因不可抗力导致合同无法履行连续超过 84 天或累计超过 140 天的，发包人和承包人均有权解除合同。合同解除后，由双方当事人按照《示范文本》第 4.4 款〔商定或确定〕商定或确定发包人应支付的款项，该款项包括：

(1) 合同解除前承包人已完成工作的价款；

(2) 承包人为工程订购的并已交付给承包人，或承包人有责任接受交付的材料、工程设备和其他物品的价款；

(3) 发包人要求承包人退货或解除订货合同而产生的费用，或因不能退货或解除合同而产生的损失；

(4) 承包人撤离施工现场以及遣散承包人人员的费用；

(5) 按照合同约定在合同解除前应支付给承包人的其他款项；

(6) 扣减承包人按照合同约定应向发包人支付的款项；

(7) 双方商定或确定的其他款项。

除专用合同条款另有约定外，合同解除后，发包人应在商定或确定上述款项后 28 天内完成上述款项的支付。

第四章　建设工程质量管理法律制度

第一节　《房屋建筑和市政基础设施工程竣工验收规定》的主要内容

为规范房屋建筑和市政基础设施工程的竣工验收，保证工程质量，根据《中华人民共和国建筑法》和《建设工程质量管理条例》，制定《房屋建筑和市政基础设施工程竣工验收规定》（建质〔2013〕171号）。凡在中华人民共和国境内新建、扩建、改建的各类房屋建筑和市政基础设施工程的竣工验收（以下简称工程竣工验收），应当遵守该规定。抢险救灾工程、临时性房屋建筑工程和农民自建低层住宅工程，不适用该规定。军事建设工程的管理，按照中央军事委员会的有关规定执行。国务院住房和城乡建设主管部门负责全国工程竣工验收的监督管理。县级以上地方人民政府建设主管部门负责本行政区域内工程竣工验收的监督管理，具体工作可以委托所属的工程质量监督机构实施。

一、竣工验收的条件

工程竣工验收由建设单位负责组织实施。工程符合下列要求方可进行竣工验收：

(1) 完成工程设计和合同约定的各项内容。

(2) 施工单位在工程完工后对工程质量进行了检查，确认工程质量符合有关法律、法规和工程建设强制性标准，符合设计文件及合同要求，并提出工程竣工报告。工程竣工报告应经项目经理和施工单位有关负责人审核签字。

(3) 对于委托监理的工程项目，监理单位对工程进行了质量评估，具有完整的监理资料，并提出工程质量评估报告。工程质量评估报告应经总监理工程师和监理单位有关负责人审核签字。

(4) 勘察、设计单位对勘察、设计文件及施工过程中由设计单位签署的设计变更通知书进行了检查，并提出质量检查报告。质量检查报告应经该项目勘察、设计负责人和勘察、设计单位有关负责人审核签字。

(5) 有完整的技术档案和施工管理资料。

(6) 有工程使用的主要建筑材料、建筑构配件和设备的进场试验报告，以及工程质量检测和功能性试验资料。

(7) 建设单位已按合同约定支付工程款。

(8) 有施工单位签署的工程质量保修书。

(9) 对于住宅工程，进行分户验收并验收合格，建设单位按户出具《住宅工程质量分户验收表》。

(10) 建设主管部门及工程质量监督机构责令整改的问题全部整改完毕。

（11）法律、法规规定的其他条件。

二、工程竣工验收程序

工程竣工验收应当按以下程序进行：

（1）工程完工后，施工单位向建设单位提交工程竣工报告，申请工程竣工验收。实行监理的工程，工程竣工报告须经总监理工程师签署意见。

（2）建设单位收到工程竣工报告后，对符合竣工验收要求的工程，组织勘察、设计、施工、监理等单位组成验收组，制定验收方案。对于重大工程和技术复杂工程，根据需要可邀请有关专家参加验收组。

（3）建设单位应当在工程竣工验收 7 个工作日前将验收的时间、地点及验收组名单书面通知负责监督该工程的工程质量监督机构。

（4）建设单位组织工程竣工验收。

① 建设、勘察、设计、施工、监理单位分别汇报工程合同履约情况和在工程建设各个环节执行法律、法规和工程建设强制性标准的情况；

② 审阅建设、勘察、设计、施工、监理单位的工程档案资料；

③ 实地查验工程质量；

④ 对工程勘察、设计、施工、设备安装质量和各管理环节等方面作出全面评价，形成经验收组人员签署的工程竣工验收意见。

参与工程竣工验收的建设、勘察、设计、施工、监理等各方不能形成一致意见时，应当协商提出解决的方法，待意见一致后，重新组织工程竣工验收。

三、工程竣工验收报告与竣工验收备案

工程竣工验收合格后，建设单位应当及时提出工程竣工验收报告。工程竣工验收报告主要包括工程概况，建设单位执行基本建设程序情况，对工程勘察、设计、施工、监理等方面的评价，工程竣工验收时间、程序、内容和组织形式，工程竣工验收意见等内容。

工程竣工验收报告还应附有下列文件：

（1）施工许可证。

（2）施工图设计文件审查意见。

（3）该规定第五条（二）、（三）、（四）、（八）项规定的文件。

（4）验收组人员签署的工程竣工验收意见。

（5）法规、规章规定的其他有关文件。

建设单位应当自工程竣工验收合格之日起 15 日内，依照《房屋建筑和市政基础设施工程竣工验收备案管理办法》（住房和城乡建设部令第 2 号）的规定，向工程所在地的县级以上地方人民政府建设主管部门备案。

负责监督该工程的工程质量监督机构应当对工程竣工验收的组织形式、验收程序、执行验收标准等情况进行现场监督，发现有违反建设工程质量管理规定行为的，责令改正，并将对工程竣工验收的监督情况作为工程质量监督报告的重要内容。

第二节 《建筑工程五方责任主体项目负责人质量终身责任追究暂行办法》的主要内容

为加强房屋建筑和市政基础设施工程（以下简称建筑工程）质量管理，提高质量责任意识，强化质量责任追究，保证工程建设质量，根据《中华人民共和国建筑法》《建设工程质量管理条例》等法律法规，制定《建筑工程五方责任主体项目负责人质量终身责任追究暂行办法》（建质〔2014〕124 号）。

一、建筑工程五方责任主体项目负责人

建筑工程五方责任主体项目负责人是指承担建筑工程项目建设的建设单位项目负责人、勘察单位项目负责人、设计单位项目负责人、施工单位项目经理、监理单位总监理工程师。建筑工程开工建设前，建设、勘察、设计、施工、监理单位法定代表人应当签署授权书，明确本单位项目负责人。

二、五方责任主体项目负责人质量终身责任

建筑工程五方责任主体项目负责人质量终身责任，是指参与新建、扩建、改建的建筑工程项目负责人按照国家法律法规和有关规定，在工程设计使用年限内对工程质量承担相应责任。

国务院住房城乡建设主管部门负责对全国建筑工程项目负责人质量终身责任追究工作进行指导和监督管理。县级以上地方人民政府住房城乡建设主管部门负责对本行政区域内的建筑工程项目负责人质量终身责任追究工作实施监督管理。

建设单位项目负责人对工程质量承担全面责任，不得违法发包、肢解发包，不得以任何理由要求勘察、设计、施工、监理单位违反法律法规和工程建设标准，降低工程质量，其违法违规或不当行为造成工程质量事故或质量问题应当承担责任。

勘察、设计单位项目负责人应当保证勘察设计文件符合法律法规和工程建设强制性标准的要求，对因勘察、设计导致的工程质量事故或质量问题承担责任。

施工单位项目经理应当按照经审查合格的施工图设计文件和施工技术标准进行施工，对因施工导致的工程质量事故或质量问题承担责任。

监理单位总监理工程师应当按照法律法规、有关技术标准、设计文件和工程承包合同进行监理，对施工质量承担监理责任。

项目负责人应当在办理工程质量监督手续前签署工程质量终身责任承诺书，连同法定代表人授权书，报工程质量监督机构备案。项目负责人如有更换的，应当按规定办理变更程序，重新签署工程质量终身责任承诺书，连同法定代表人授权书，报工程质量监督机构备案。工程质量终身责任实行书面承诺和竣工后永久性标牌等制度。建筑工程竣工验收合格后，建设单位应当在建筑物明显部位设置永久性标牌，载明建设、勘察、设计、施工、监理单位名称和项目负责人姓名。

建设单位应当建立建筑工程各方主体项目负责人质量终身责任信息档案，工程竣工验收合格后移交城建档案管理部门。项目负责人质量终身责任信息档案包括下列内容：

(1) 建设、勘察、设计、施工、监理单位项目负责人姓名，身份证号码，执业资格，所在单位，变更情况等；

(2) 建设、勘察、设计、施工、监理单位项目负责人签署的工程质量终身责任承诺书；

(3) 法定代表人授权书。

三、违法责任

(1) 符合下列情形之一的，县级以上地方人民政府住房城乡建设主管部门应当依法追究项目负责人的质量终身责任：

① 发生工程质量事故；

② 发生投诉、举报、群体性事件、媒体报道并造成恶劣社会影响的严重工程质量问题；

③ 由于勘察、设计或施工原因造成尚在设计使用年限内的建筑工程不能正常使用；

④ 存在其他需追究责任的违法违规行为。

(2) 发生上述所列情形之一的，对建设单位项目负责人按以下方式进行责任追究：

① 项目负责人为国家公职人员的，将其违法违规行为告知其上级主管部门及纪检监察部门，并建议对项目负责人给予相应的行政、纪律处分；

② 构成犯罪的，移送司法机关依法追究刑事责任；

③ 处单位罚款数额5%以上10%以下的罚款；

④ 向社会公布曝光。

(3) 发生上述所列情形之一的，对勘察单位项目负责人、设计单位项目负责人按以下方式进行责任追究：

① 项目负责人为注册建筑师、勘察设计注册工程师的，责令停止执业1年；造成重大质量事故的，吊销执业资格证书，5年以内不予注册；情节特别恶劣的，终身不艇注册；

② 构成犯罪的，移送司法机关依法追究刑事责任；

③ 处单位罚款数额5%以上10%以下的罚款；

④ 向社会公布曝光。

(4) 发生上述所列情形之一的，对施工单位项目经理按以下方式进行责任追究：

① 项目经理为相关注册执业人员的，责令停止执业1年；造成重大质量事故的，吊销执业资格证书，5年以内不予注册；情节特别恶劣的，终身不予注册；

② 构成犯罪的，移送司法机关依法追究刑事责任；

③ 处单位罚款数额5%以上10%以下的罚款；

④ 向社会公布曝光。

(5) 发生上述所列情形之一的，对监理单位总监理工程师按以下方式进行责任追究：

① 责令停止注册监理工程师执业1年；造成重大质量事故的，吊销执业资格证书，5年以内不予注册；情节特别恶劣的，终身不予注册；

② 构成犯罪的，移送司法机关依法追究刑事责任；

③ 处单位罚款数额5%以上10%以下的罚款；

④ 向社会公布曝光。

住房城乡建设主管部门应当及时公布项目负责人质量责任追究情况，将其违法违规等不良行为及处罚结果记入个人信用档案，给予信用惩戒。鼓励住房城乡建设主管部门向社会公开项目负责人终身质量责任承诺等质量责任信息。项目负责人因调动工作等原因离开原单位后，被发现在原单位工作期间违反国家法律法规、工程建设标准及有关规定，造成所负责项目发生工程质量事故或严重质量问题的，仍应按规定依法追究相应责任。项目负责人已退休的，被发现在工作期间违反国家法律法规、工程建设标准及有关规定，造成所负责项目发生工程质量事故或严重质量问题的，仍应按规定依法追究相应责任，且不得返聘从事相关技术工作。项目负责人为国家公职人员的，根据其承担责任依法应当给予降级、撤职、开除处分的，按照规定相应降低或取消其享受的待遇。工程质量事故或严重质量问题相关责任单位已被撤销、注销、吊销营业执照或者宣告破产的，仍应按规定依法追究项目负责人的责任。

违反法律法规规定，造成工程质量事故或严重质量问题的，除依照该办法规定追究项目负责人终身责任外，还应依法追究相关责任单位和责任人员的责任。

第三节 《建设工程质量保证金管理办法》的主要内容

为规范建设工程质量保证金管理，落实工程在缺陷责任期内的维修责任，根据《中华人民共和国建筑法》《建设工程质量管理条例》《国务院办公厅关于清理规范工程建设领域保证金的通知》和《基本建设财务管理规则》等相关规定，2017 年 6 月 20 日住房和城乡建设部、财政部经修改后发布《建设工程质量保证金管理办法》(建质〔2007〕138 号)。该办法所称建设工程质量保证金(以下简称保证金)是指发包人与承包人在建设工程承包合同中约定，从应付的工程款中预留，用以保证承包人在缺陷责任期内对建设工程出现的缺陷进行维修的资金。

一、缺陷责任期的规定

缺陷是指建设工程质量不符合工程建设强制性标准、设计文件，以及承包合同的约定。缺陷责任期一般为 1 年，最长不超过 2 年，由发、承包双方在合同中约定。

缺陷责任期从工程通过竣工验收之日起计。由于承包人原因导致工程无法按规定期限进行竣工验收的，缺陷责任期从实际通过竣工验收之日起计。由于发包人原因导致工程无法按规定期限进行竣工验收的，在承包人提交竣工验收报告 90 天后，工程自动进入缺陷责任期。

二、质量保证金的预留与使用管理

发包人应当在招标文件中明确保证金预留、返还等内容，并与承包人在合同条款中对涉及保证金的下列事项进行约定：

(1) 保证金预留、返还方式；

(2) 保证金预留比例、期限；

(3) 保证金是否计付利息，如计付利息，利息的计算方式；

(4) 缺陷责任期的期限及计算方式；

(5) 保证金预留、返还及工程维修质量、费用等争议的处理程序；

(6) 缺陷责任期内出现缺陷的索赔方式；

(7) 逾期返还保证金的违约金支付办法及违约责任。

缺陷责任期内,实行国库集中支付的政府投资项目,保证金的管理应按国库集中支付的有关规定执行。其他政府投资项目,保证金可以预留在财政部门或发包方。缺陷责任期内,如发包方被撤销,保证金随交付使用资产一并移交使用单位管理,由使用单位代行发包人职责。社会投资项目采用预留保证金方式的,发、承包双方可以约定将保证金交由第三方金融机构托管。

推行银行保函制度,承包人可以银行保函替代预留保证金。在工程项目竣工前,已经缴纳履约保证金的,发包人不得同时预留工程质量保证金。采用工程质量保证担保、工程质量保险等其他保证方式的,发包人不得再预留保证金。发包人应按照合同约定方式预留保证金,保证金总预留比例不得高于工程价款结算总额的3%。合同约定由承包人以银行保函替代预留保证金的,保函金额不得高于工程价款结算总额的3%。

缺陷责任期内,由承包人原因造成的缺陷,承包人应负责维修,并承担鉴定及维修费用。如承包人不维修也不承担费用,发包人可按合同约定从保证金或银行保函中扣除,费用超出保证金额的,发包人可按合同约定向承包人进行索赔。承包人维修并承担相应费用后,不免除对工程的损失赔偿责任。由他人原因造成的缺陷,发包人负责组织维修,承包人不承担费用,且发包人不得从保证金中扣除费用。

三、质量保证金的返还

缺陷责任期内,承包人认真履行合同约定的责任;到期后,承包人向发包人申请返还保证金。

发包人在接到承包人返还保证金申请后,应于14天内会同承包人按照合同约定的内容进行核实。如无异议,发包人应当按照约定将保证金返还给承包人。对返还期限没有约定或者约定不明确的,发包人应当在核实后14天内将保证金返还承包人,逾期未返还的,依法承担违约责任。发包人在接到承包人返还保证金申请后14天内不予答复,经催告后14天内仍不予答复,视同认可承包人的返还保证金申请。

发包人和承包人对保证金预留、返还以及工程维修质量、费用有争议的,按承包合同约定的争议和纠纷解决程序处理。建设工程实行工程总承包的,总承包单位与分包单位有关保证金的权利与义务的约定,参照该办法关于发包人与承包人相应权利与义务的约定执行。

第四节　《建筑工程施工质量验收统一标准》的主要内容

一、标准修订概况

2014年6月1日开始实施的《建筑工程施工质量验收统一标准》(GB 50300—2013)是对2001版《建筑工程施工质量验收统一标准》进行了补充和完善后修订的新《统一标准》。《统一标准》是对建筑工程各专业工程验收中的共性要求作出的统一准则,起到协调各专业验收规范的作用。《统一标准》主要内容涉及建筑工程质量验收的划分方式、建筑工程的质量验收要求、程序和组织形式、重要的原则规定、检验批抽样方案、常用验收表的基本格式和遇到质量问题、资料缺少的处理、使用新技术等。以下重点对新标准对原统一标准修改补充的内容进行介绍。

标准修订的主要内容：

(1) 适当调整抽样复验、试验数量的规定；

(2) 增加制定专项验收要求的规定；

(3) 增加检验批最小抽样数量的规定；

(4) 增加建筑节能分部工程，增加铝合金结构、可再生能源、太阳能供暖空调系统、土壤源热泵换热系统等子分部工程；

(5) 修改主体结构、建筑装饰装修、通风与空调等分部工程中的分项工程划分；

(6) 增加计数抽样方案的正常检验一次、二次抽样判定方法；

(7) 增加工程竣工预验收的规定；

(8) 增加工程质量控制资料缺失时，应进行相应实体检验或抽样试验的规定；

(9) 增加检验批验收应具有现场验收检查原始记录的要求。

二、调整抽样复验、试验数量的规定

新《统一标准》第 3.0.4 条是新增条款，规定：符合条件之一时，可按相关专业验收规范的规定适当调整抽样复验、试验数量，调整后的抽样复验、试验方案由施工单位编制，并经监理单位审核确认。

符合以下三种情况之一的才能按规定作适当调整。

第一种，同一项目中由相同施工单位施工的多个单位工程，使用同一生产厂家的同品种、同规格、同批次的材料、构配件、设备；

第二种，同一施工单位在现场加工的成品、半成品、构配件用于同一项目中的多个单位工程；

第三种，同一项目中，针对同一抽样对象已有检验成果可以重复利用。

执行该条规定时，必须严格控制，避免随意。应掌握以下几点：

(1) 必须符合专业验收规范要求，新《统一标准》只提出允许调整的原则，至于哪些可以调整，如何调整、频次降低多少，应按专业验收规范根据具体项目确定。

(2) 保证抽检试验科学合理，应由施工单位根据材料、设备的进场批次和使用情况，编制具体试验方案，报监理单位审核确认。施工或监理单位认为不必要时，也可不调整抽样复验、试验数量或不重复利用已有检验成果。

(3) 第一种、第二种情况应用对象是采购的产品或现场加工制作的制品，不包括需要施工安装的项目，如结构实体混凝土强度、钢筋保护层厚度等仍需按检验批，单位工程进行检验，不能调整抽样数量。第三种情况是同一个验收项目的验收记录，试验报告可以作为多个专业工程验收采用。例如：外窗气密性试验报告，可以分别用于装修工程和节能工程验收使用，可以不用重复进行抽样检验，可以用于装修工程，也可以用于节能工程验收使用。

三、制定专项验收要求的条件及方式

新《统一标准》第 3.0.5 条规定，当专业验收规范对工程中的验收项目未作出相应规定时，应由建设单位组织监理、设计、施工等相关单位制定专项验收要求。涉及安全、节能、环境保护等项目的专项验收要求应由建设单位组织专家论证。

这一条是新增条款，设置的目的是适应建筑工程行业的发展，鼓励“四新”技术推广应用，保证一些采用新技术的建筑工程顺利验收。对国家、行业、地方标准中无具体验收要求的分项工程及检验批，可由建设单位组织制订专项验收要求，专项验收要求应符合设计意图，包括分项工程及检验批的划分、抽样方案、验收方法、制定合格指标等内容，监理、设计、施工等单位可参与制定。为保证工程质量，重要的专项验收要求应在实施前组织专家论证。

事实上，国内很多大型工程中的特殊项目已按这种方式进行验收，例如北京奥运场馆、中央电视台新台址、上海世博会等采用新技术的项目组织行业专家论证，并根据会议纪要制定专项验收要求，取得良好效果。

四、建筑工程的施工质量控制应符合的规定

新《统一标准》第 3.0.3 条对原统一标准第 3.0.2 条进行适当修改，语言表达更明确，监理、施工各方职责更明确。验收的最小单位为检验批，对于一般工序由施工单位自检，自检合格后进行下一道工序的施工。凡涉及安全、节能、环境保护和主要使用功能的重要材料、产品应按各专业工程施工规范、验收规范和设计文件等规定进行复验，并应经监理工程师检查认可；各专业工种之间的相关工序应进行交接检验，并应记录；对于监理单位提出检查要求的重要工序，应经监理工程师检查认可，才能进行下道工序施工。

五、制定分项工程和检验批的划分方案

新《统一标准》第 4.0.7 条规定：“施工前应由施工单位制定分项工程和检验批的划分方案，并由监理单位审核。对于附录 B 及相关专业验收规范未涵盖的分项工程和检验批，可由建设单位组织监理、施工单位协商确定。”

这一是新增条款，提出施工单位应制定分项工程和检验批划分方案要求。首先体现对分项、检验批划分的重视，这是施工质量验收的基础工作。施工前应完成划分，不能验收时才进行划分，促使施工单位提前对分项工程和检验批设置进行认真研究，科学划分，便于监理制订验收计划，合理组织验收时间。其次划分方式可以灵活掌握，对一些采用新技术或规模较大的复杂工程没有相关专业验收规范要求时，可以根据新《统一标准》规定的原则确定具体划分方式。

六、检验批抽样的有关规定

(1) 检验批抽样样本应随机抽取，满足分布均匀，具有代表性的要求，抽取数量应符合有关专业验收规范要求。

(2) 验收抽样要事先制订方案计划，可以抽签确定验收位置，也可以在图纸上根据平面位置随机选取，最好事先在办公室共同完成，尽量不要在现场随走随选，避免样本选取的主观性或随意性。

(3) 当采用计数抽样时，最小抽样数应符合表 4-1 的规定。

表 4-1　检验批最小抽样数量

检验批的容量	最小抽样数量	检验批的容量	最小抽样数量
2～15	2	151～280	13
16～25	3	281～500	20
26～90	5	501～1 200	32
91～150	8	1 201～3 200	50

抽样数量不宜太多,也不宜太少,太多增加工作量,太少可能造成漏判或误判。

(4) 明显不合格的个体通过肉眼观察或简单的测试确定不合格的可不纳入检验批,但应进行处理,使其满足有关专业验收规范的规定,对处理的情况应予以记录并重新验收。

举例说明:某检验批需要验收构件截面尺寸,经计算该批共有 100 个构件,查表可知 100 属于 91～150 区间内,因此检验批最小抽样数量为 8,表示需要抽取不少于 8 个构件测量截面尺寸。

六、计数抽样的一次、二次抽样判定方法

新《统一标准》第 5.0.1 条增加了计数抽样的一般项目正常检验一次、二次抽样规定方法,它的理论依据为《计数抽样检验程序 第 1 部分:按接收质量限(AQL)检索的逐批检验抽样计划》(GB/T 2828.1—2012),可按新《统一标准》附录 D 判定。

该条规定了检验批验收合格的要求,主控项目、一般项目及相关的验收记录应齐全、完整。对于一般项目,合格点应符合专业验收规范要求,且不得存在严重缺陷,因此一般项目允许存在一定数量的不合格点。

一般项目的验收抽样方案基本上为计数抽样,按专业规范要求,大部分采用一次抽样判定,个别项目可以采用二次抽样规定。

一次抽样判定按新《统一标准》表 4-2,二次抽样判定按表 4-3 的规定。

表 4-2　一般项目正常检验一次判定

样本容量	合格判定数	不合格判定数	样本容量	合格判定数	不合格判定数
5	1	2	32	7	8
8	2	3	50	10	11
13	3	4	80	14	15
20	5	6	125	21	22

一次抽样判定举例:对一次抽样,假设验收的样本容量为 20,通过现场检验,在 20 个样本中如果有 5 个或 5 个以下偏差超标,该检测批判定为合格;当有 6 个或 6 个以上偏差超标时,则该检测批判定为不合格。

表 4-3　一般项目正常检验二次抽样判定

抽样次数	样本容量	合格判定数	不合格判定数	抽样次数	样本容量	合格判定数	不合格判定数
(1)	3	0	2	(1)	20	3	6
(2)	6	1	2	(2)	40	9	10
(1)	5	0	3	(1)	32	5	9
(2)	10	3	4	(2)	64	12	13
(1)	8	1	3	(1)	50	7	11
(2)	16	4	5	(2)	100	18	19
(1)	13	2	5	(1)	80	11	16
(2)	26	6	7	(2)	160	26	27

注：(1)、(2)为一次抽样、二次抽样，(2)对应的样本容量为两次抽样的累计数量。

二次抽样判定举例：假设验收的样本容量为 20，当 20 个样本中有 3 个或 3 个以下偏差超标时，该检测批直接判定为合格；当有 6 个或 6 个以上偏差超标时，该检测批直接判定为不合格，这两种情况均不需进行第二次抽样。只有当 4 个或 5 个样本偏差超标时，才需要进行第二次抽样，第二次抽样增加的样本容量也为 20 个，两次抽样的样本之和为 40 个，当两次偏差超标的样本数量之和为 9 个或小于 9 个时，该检测批判定为合格；当两次偏差超标样本数量之和为 10 个或大于 10 个时，该检测批判定为不合格。

根据各专业验收规范的要求，质量验收大部分采用一次抽样，一次抽样不合格即进行整改，不进行二次抽样。一次抽样容易理解，操作起来比较简单，但不合格点率接近规范限值时容易产生漏判或错判。例如《混凝土结构施工质量验收规范》(GB 50204—2015)中梁类、板类构件纵向受力钢筋的保护层厚度的验收检测属于二次抽样，一次抽样不合格可以再抽取相同数量的构件进行二次抽样，用两次抽样结果之和进行判定。

具体的验收项目究竟采用一次抽样还是二次抽样，应按专业验收规范的要求确定。如有关规范无明确规定，新《统一标准》建议优先采用一次抽样方案，也可以由建设、设计、监理、施工等单位根据检验对象的特征协商采用二次抽样方案，抽样方案的选取应在验收抽样前予以确定。

七、工程竣工预验收的规定

新《统一标准》第 6.0.5 条规定："单位工程完工后，施工单位应组织有关人员进行自检。总监理工程师应组织各专业监理工程师对工程质量进行竣工预验收。存在施工质量问题时，应由施工单位整改。整改完毕后，由施工单位向建设单位提交工程竣工报告，申请工程竣工验收。"

该条与《建设工程监理规范》(GB/T 50319—2013)相协调，规定了预验收的程序和要求，首先由施工单位自检，对存在问题先行整改，再由总监理工程师组织各专业监理工程师、施工单位有关人员进行竣工预验收。预验收工作需完全按照竣工验收的要求进行，包括工程实际质量状况的检查、资料整理情况的核查。预验收中发现的工程质量问题，施工单位进行整改，经监理单位复查符合规范要求后，施工单位才能向建设单位提交工程竣工验收申请。

八、分部、子分部工程设置的调整和分项工程划分的修改

与2001版统一标准比较，新《统一标准》增强了节能分部工程，对其他分部工程中的子分部、分项工程设置进行了适当调整。其中地基与基础、主体结构、建筑装饰装修、电气分部工程的调整不大，主体结构分部工程增设了铝合金结构子分部，网架和索膜结构子分部纳入了钢结构，装饰装修分部工程增设了外墙防水子分部。屋面分部工程的划分由原来的按屋面类型划分改为按施工工艺划分。建筑给排水及供暖分部工程由原来的10个子分部增加为15个子分部，增加的子分部有室外供热管网、建筑饮用水供应系统、游泳池及公共浴池水系统、水景喷泉系统、监测与控制仪表5个子分部。通风与空调分部工程由于近年来科技发展迅速、应用了很多新技术，由原来的7个子分部增加为20个子分部，增加的子分部有真空吸尘系统、冷凝水系统、土壤源热泵换热系统、水源热泵换热系统、太阳能供暖空调系统等子分部，增加了很多空调品种，扩大了空调系统的应用范围，同时也体现了节能、环保的要求。智能建筑分部工程随着时代发展和技术进步，由原来的10个子分部增加为19个子分部，增加的子分部有移动通信室内信号覆盖系统、会议系统、时钟系统、应急响应系统等子分部。各分部工程包含的分项工程也相应调整。

各分部工程中子分部、分项工程的划分因有些新的专业验收规范尚未颁布，施工中具体划分首先按现行专业规范要求确定。当专业验收规范无明确要求时，可根据工程特点由建设、施工、监理等单位协商确定。

九、工程质量控制资料缺失时进行相应检验的规定

原《统一标准》有当施工质量不符合要求时的处理办法，新《统一标准》新增加质量控制资料缺失时，如何进行相应检验的规定。施工资料是质量验收的重要内容，正常情况下不允许施工资料缺失。但资料缺失的问题不能完全避免，主要原因是施工单位不重视，管理不善，导致丢失或必要的检测试验少做、漏做；另一个原因是因故停工时间较长，建设、施工人员变化导致施工资料缺失，造成工程正常的竣工验收不能进行。

资料缺失一般不能恢复，《统一标准》修订时，规定资料缺失可以进行实体检验或抽样试验，获取检验报告，明确是否符合设计及规范要求。这种检验报告可用于各环节的验收。

十、建筑工程施工质量验收记录的填写

新《统一标准》第5.0.5条规定了施工质量验收记录的填写要求，规定了附录E、附录F、附录G、附录H验收记录表式，分别给出检验批、分项、分部、单位工程验收记录表的通用格式。新《统一标准》要求检验批验收时填写现场验收检查原始记录，表格中设置检查位置一栏，用于填写验收抽样检查位置的楼层、区段、轴线编号等信息，实现对工程部位的精确定位，这样建设、施工、监理单位及监督部门可以对验收结果进行追溯、复核。原始记录由专业监理工程师和施工单位专职质检员、项目技术负责人在验收检查时填写并共同签署。

检验批质量验收记录还有6项内容：

(1) 增加编号项。方便施工、监理等单位、行业管理部门查询检索、调用。标准未规定标编号的具体要求，可根据实际情况设置。

(2) 明确检验批的隶属关系。表格中要填写单位工程，分部工程、分项工程名称，明确

检验批在整个单位工程中的位置。

(3) 明确“施工依据”和“验收依据”。2001 版标准要求填写执行标准名称及编号，常被误填为质量验收规范，本次修订要求填写施工依据和验收依据。

(4) 增加最小/实际抽检数量。验收时的实际抽检数量应大于规范规定的最小抽检数量，填写该项方便施工单位自查，也便于监理单位对检验批的抽样数量进行检查。

(5) 因为增加了现场验收检查原始记录，检验批质量验收记录不用再填写现场检查的具体数据，表中的检查记录填写共检查几次，合格几处，整改合格几处，检查结果填写是否符合设计要求及规范规定。

(6) 增加专业工长(项目技术负责人)签字的要求，工长参加验收，验收后工长签字，强化质量责任。

第五节 《建筑工程施工质量评价标准》的主要内容

一、标准修订概况

根据住房和城乡建设部《关于印发〈2014 年工程建设标准规范制订、修订计划〉的通知》(建标〔2013〕169 号)的要求，标准编制组经广泛调查研究，认真总结实践经验，参考有关国际标准和国外先进标准，并在广泛征求意见的基础上，修订了《建筑工程施工质量评价标准》(GB/T 50375—2016)。

该标准的主要技术内容是：1. 总则；2. 术语；3. 基本规定；4. 地基与基础工程质量评价；5. 主体结构工程质量评价；6. 屋面工程质量评价；7. 装饰装修工程质量评价；8. 安装工程质量评价；9. 建筑节能工程质量评价；10. 施工质量综合评价。

该标准修订的主要技术内容是：

(1) 原“施工现场质量保证条件”评价项目，调整为评价条文，不单独列为评价项目。

(2) 原“尺寸偏差及限值实测”项目调整为“允许偏差”项目，并以规范指标的达标率来评价，取消了提高标准的做法。

(3) 增加了“建筑节能工程”。对“燃气工程”的评价推荐了参考表格及内容。

(4) 对“质量记录”项目的应得分值作了调整，突出了施工过程施工试验、检测的质量控制。

(5) 将原各项目中的“检验项目”和“评分表”予以合并。

(6) 将地下防水工程列入地基与基础工程评价。将地基与基础工程中的地基部分及地下室的结构列入主体结构工程评价。

(7) “评价项目”由三个档次改为两个档次。

(8) 评价等级由原“优良、高等级优良”两个等级改为“优良”一个等级。

二、标准制定目的及适用范围

为促进建筑工程质量管理和质量水平的提高，统一建筑工程施工质量评价的内容和方法，制定该标准。该标准适用于建筑工程施工质量优良等级的评价。建筑工程施工质量评价除应符合该标准外，尚应符合国家现行有关标准的规定。

三、标准的主要术语

施工质量评价——工程施工质量满足规范要求程度所做的检查、量测、试验等活动，包括工程施工过程质量控制、原材料、操作工艺、功能效果、工程实体质量和工程资料等。

性能检测——对检验项目中的各项性能进行检查、量测、试验等，并将检测结果与设计要求及标准规定进行比较，以确定各项性能达到标准规定程度的活动。

质量记录——参与工程建设的责任主体及检测机构在工程建设过程中，为反映工程质量，按照国家有关技术标准的规定，在参与工程施工活动中所形成的质量控制、质量验收等文件及音像资料。

优良工程 ——在满足相关技术标准规定合格的基础上，经过对工程结构安全、使用功能、建筑节能、观感质量以及工程资料的综合评价，达到该标准规定的优良标准的建筑工程。

四、基本规定

1. 评价基础

建筑工程施工质量评价应实施目标管理，健全质量管理体系，落实质量责任，完善控制手段，提高质量保证能力和持续改进能力。建筑工程质量管理应加强对原材料、施工过程的质量控制和结构安全、功能效果检验，具有完整的施工控制资料和质量验收资料。工程质量验收应完善检验批的质量验收，具有完整的施工操作依据和现场验收检查原始记录。建筑工程施工质量评价应对工程结构安全、使用功能、建筑节能和观感质量等进行综合核查。建筑工程施工质量评价应按分部工程、子分部工程进行。

2. 评价体系

建筑工程施工质量评价应根据建筑工程特点分为地基与基础工程、主体结构工程、屋面工程、装饰装修工程、安装工程及建筑节能工程等六个部分(图 4-1)。

每个评价部分应根据其在整个工程中所占的工作量及重要程度给出相应的权重，其权重应符合表 4-4 的规定。

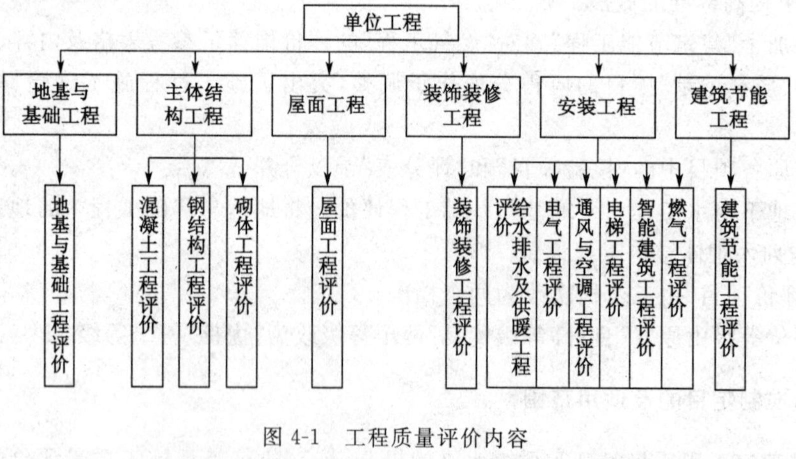

图 4-1 工程质量评价内容

注：1. 地下防水工程的质量评价列入地基与基础工程。

2. 地基与基础工程中的基础部分的质量评价列入主体结构工程。

表 4-4　工程评价部分权重

工程评价部分	权重/%	工程评价部分	权重/%
地基与基础工程	10	装饰装修工程	15
主体结构工程	40	安装工程	20
屋面工程	5	建筑节能工程	10

注：1. 主体结构、安装工程有多项内容时，其权重可按实际工作量分配，但应为整数。
2. 主体结构中的砌体工程若是填充墙时，最多只占10%的权重。
3. 地基与基础工程中基础及地下室结构列入主体结构工程中评价。

每个评价部分应按工程质量的特点，分为性能检测、质量记录、允许偏差、观感质量等四个评价项目。

每个评价项目应根据其在该评价部分内所占的工作量及重要程度给出相应的项目分值，其项目分值应符合表 4-5 的规定。

表 4-5　评价项目分值

序号	评价项目	地基与基础工程	主体结构工程	屋面工程	装饰装修工程	安装工程	节能工程
1	性能检测	40	40	40	30	40	40
2	质量记录	40	30	20	20	20	30
3	允许偏差	10	20	10	10	10	10
4	观感质量	10	10	30	40	30	20

注：用该标准各检查评分表检查评分后，将所得分换算为本表项目分值，再按规定换算为表 4-4 的权重。

每个评价项目应包括若干项具体检查内容，对每一具体检查内容应按其重要性给出分值，其判定结果分为两个档次：一档应为 100%的分值；二档应为 70%的分值。

结构工程、单位工程施工质量评价综合评分达到 85 分及以上的建筑工程应评为优良工程。

3. 评价方法

(1) 性能检测评价方法应符合下列规定：

① 检查标准：检查项目的检测指标一次检测达到设计要求及规范规定的应为一档，取 100%的分值；按相关规范规定，经过处理后满足设计要求及规范规定的应为二档，取 70%的分值。

② 检查方法：核查性能检测报告。

(2) 质量记录评价方法应符合下列规定：

① 检查标准：材料、设备合格证、进场验收记录及复试报告、施工记录及施工试验等资料完整，能满足设计要求及规范规定的应为一档，取 100%的分值；资料基本完整并能满足设计要求及规范规定的应为二档，取 70%的分值。

② 检查方法：核查资料的项目、数量及数据内容。

(3) 允许偏差评价方法应符合下列规定：

① 检查标准：检查项目 90%及以上测点实测值达到规范规定值的应为一档，取 100%

的分值;检查项目80%及以上测点实测值达到规范规定值,但不足90%的应为二档,取70%的分值。

② 检查方法:在各相关检验批中,随机抽取5个检验批,不足5个的取全部进行核查。

(4) 观感质量评价方法应符合下列规定:

① 检查标准:每个检查项目以随机抽取的检查点按"好""一般"给出评价。项目检查点90%及其以上达到"好",其余检查点达到"一般"的应为一档,取100%的分值;项目检查点80%及其以上达到"好",但不足90%,其余检查点达到"一般"的应为二档,取70%的分值。

② 检查方法:核查分部(子分部)工程质量验收资料。

第六节 《装配式建筑评价标准》的主要内容

一、标准编制概况

根据住房城乡建设部标准定额司《关于请开展〈工业化建筑评价标准〉修订工作的函》(建标标函〔2016〕164号)的要求,住房和城乡建设部科技与产业化发展中心(住房和城乡建设部住宅产业化促进中心)会同有关单位开展了《装配式建筑评价标准》(GB/T 51129—2017)的编制工作。

标准编制组开展了广泛的调查研究,认真总结了《工业化建筑评价标准》(GB/T 51129—2015)的实施情况和实践经验,参考有关国家标准和国外先进标准相关内容,开展了多项专题研究,并在广泛征求意见的基础上,编制了该标准。

该标准主要技术内容包括:1. 总则;2. 术语;3. 基本规定;4. 装配率计算;5. 评价等级划分。

二、总则

为促进装配式建筑发展,规范装配式建筑评价,制定该标准。该标准适用于评价民用建筑的装配化程度。该标准采用装配率评价建筑的装配化程度。装配式建筑评价除应符合该标准外,尚应符合国家现行有关标准的规定。

三、主要术语

装配式建筑——由预制部品部件在工地装配而成的建筑。

装配率——单体建筑室外地坪以上的主体结构、围护墙和内隔墙、装修和设备管线等采用预制部品部件的综合比例。

全装修——建筑功能空间的固定面装修和设备设施安装全部完成,达到建筑使用功能和性能的基本要求。

集成厨房——地面、吊顶、墙面、橱柜、厨房设备及管线等通过设计集成、工厂生产,在工地主要采用干式工法装配而成的厨房。

集成卫生间——地面、吊顶、墙面和洁具设备及管线等通过设计集成、工厂生产,在工地主要采用干式工法装配而成的卫生间。

四、基本规定

装配率计算和装配式建筑等级评价应以单体建筑作为计算和评价单元，并应符合下列规定：(1) 单体建筑应按项目规划批准文件的建筑编号确认；(2) 建筑由主楼和裙房组成时，主楼和裙房可按不同的单体建筑进行计算和评价；(3) 单体建筑的层数不大于 3 层，且地上建筑面积不超过 500 m^2 时，可由多个单体建筑组成建筑组团作为计算和评价单元。

装配式建筑评价应符合下列规定：(1) 设计阶段宜进行预评价，并应按设计文件计算装配率；(2) 项目评价应在项目竣工验收后进行，并应按竣工验收资料计算装配率和确定评价等级。

装配式建筑应同时满足下列要求：(1) 主体结构部分的评价分值不低于 20 分；(2) 围护墙和内隔墙部分的评价分值不低于 10 分；(3) 采用全装修；(3) 装配率不低于 50%。

装配式建筑宜采用装配化装修。

五、评价等级划分

当评价项目满足该标准规定，且主体结构竖向构件中预制部品部件的应用比例不低于 35%时，可进行装配式建筑等级评价。

装配式建筑评价等级应划分为 A 级、AA 级、AAA 级，并应符合下列规定：

(1) 装配率为 60%～75%时，评价为 A 级装配式建筑；

(2) 装配率为 76%～90%时，评价为 AA 级装配式建筑；

(3) 装配率为 91%及以上时，评价为 AAA 级装配式建筑。

第七节 《装配式混凝土建筑技术标准》的主要内容

一、标准编制概况

根据《住房城乡建设部办公厅关于开展装配式混凝土结构建筑技术规范等 3 项标准规范编制工作的函》(建办标函〔2016〕909 号)要求，标准编制组经广泛调查研究，认真总结实践经验，参考有关国际标准和国外先进标准，并在广泛征求意见的基础上，编制了《装配式混凝土建筑技术标准》(GB/T 51231—2016)的主要内容，自 2017 年 6 月 1 日起实施。

该标准的主要技术内容是：1. 总则；2. 术语和符号；3. 基本规定；4. 建筑集成设计；5. 结构系统设计；6. 外围护系统设计；7. 设备与管线系统设计；8. 内装系统设计；9. 生产运输；10. 施工安装；11. 质量验收。

二、总则

为规范我国装配式混凝土建筑的建设，按照适用、经济、安全、绿色、美观的要求，全面提高装配式混凝土建筑的环境效益、社会效益和经济效益，制定该标准。该标准适用于抗震设防烈度为 8 度及 8 度以下地区装配式混凝土建筑的设计、生产运输、施工安装和质量验收。

装配式混凝土建筑应遵循建筑全寿命期的可持续性原则，并应标准化设计、工厂化生产、装配化施工、一体化装修、信息化管理和智能化应用。装配式混凝土建筑应将结构系统、外围护系统、设备与管线系统、内装系统集成，实现建筑功能完整、性能优良。装配式混凝土建筑的设计、生产运输、施工安装、质量验收除应执行该标准外，尚应符合国家现行有关标准的规定。

三、基本规定

装配式混凝土建筑应采用系统集成的方法统筹设计、生产运输、施工安装，实现全过程的协同。装配式混凝土建筑设计应按照通用化、模数化、标准化的要求，以少规格、多组合的原则，实现建筑及部品部件的系列化和多样化。部品部件的工厂化生产应建立完善的生产质量管理体系，设置产品标识，提高生产精度，保障产品质量。

装配式混凝土建筑应综合协调建筑、结构、设备和内装等专业，制定相互协同的施工组织方案，并应采用装配式施工，保证工程质量，提高劳动效率。装配式混凝土建筑应实现全装修，内装系统应与结构系统、外围护系统、设备与管线系统一体化设计建造。装配式混凝土建筑宜采用建筑信息模型(BIM)技术，实现全专业、全过程的信息化管理。装配式混凝土建筑宜采用智能化技术，提升建筑使用的安全、便利、舒适和环保等性能。

装配式混凝土建筑应进行技术策划，对技术选型、技术经济可行性和可建造性进行评估，并应科学合理地确定建造目标与技术实施方案。装配式混凝土建筑应满足适用性能、环境性能、经济性能、安全性能、耐久性能等要求，并应采用绿色建材和性能优良的部品部件。

第八节 《装配式钢结构建筑技术标准》的主要内容

一、标准编制概况

根据《住房城乡建设部办公厅关于开展装配式混凝土结构建筑技术规范等 3 项标准规范编制工作的函》(建办标函〔2016〕909 号)要求，标准编制组经广泛调查研究，认真总结实践经验，参考有关国际标准和国外先进标准，并在广泛征求意见的基础上，编制了《装配式钢结构建筑技术标准》(GB/T 51232—2016)，自 2017 年 6 月 1 日起实施。

该标准的主要技术内容包括：1. 总则；2. 术语；3. 基本规定；4. 建筑设计；5. 集成设计；6. 生产运输；7. 施工安装；8. 质量验收；9. 使用维护。

二、总则

为规范我国装配式钢结构建筑的建设，按照适用、经济、安全、绿色、美观的要求，全面提高装配式钢结构建筑的环境效益、社会效益和经济效益，制定该标准。该标准适用于抗震设防烈度为 6 度到 9 度的装配式钢结构建筑的设计、生产运输、施工安装、质量验收与使用维护。

装配式钢结构建筑应遵循建筑全寿命期的可持续性原则，并应标准化设计、工厂化生产、装配化施工、一体化装修、信息化管理和智能化应用。装配式钢结构建筑应将结构系统、外围护系统、设备与管线系统、内装系统集成，实现建筑功能完整、性能优良。装配式钢结构建筑的设计、生产运输、施工安装、质量验收与使用维护，除应执行该标准外，尚应符合国家现行有关标准的规定。

三、基本规定

装配式钢结构建筑应采用系统集成的方法统筹设计、生产运输、施工安装和使用维护，实现全过程的协同。装配式钢结构建筑应按照通用化、模数化、标准化的要求，以少规格、多组合的原则，实现建筑及部品部件的系列化和多样化。部品部件的工厂化生产应建立完善的生产质量管理体系，设置产品标识，提高生产精度，保障产品质量。装配式钢结构建筑应采用绿色建材和性能优良的部品部件，提升建筑整体性能和品质。

装配式钢结构建筑应综合协调建筑、结构、设备和内装等专业，制定相互协同的施工组织方案，并应采用装配式施工，保证工程质量，提高劳动效率。装配式钢结构建筑应实现全装修，内装系统应与结构系统、外围护系统、设备与管线系统一体化设计建造。装配式钢结构建筑宜采用建筑信息模型(BIM)技术，实现全专业、全过程的信息化管理。

装配式钢结构建筑宜采用智能化技术，提升建筑使用的安全、便利、舒适和环保等性能。装配式钢结构建筑应进行技术策划，对技术选型、技术经济可行性和可建造性进行评估，并应科学合理地确定建造目标与技术实施方案。装配式钢结构建筑防火、防腐应符合国家现行相关标准的规定，满足可靠性、安全性和耐久性的要求。

第九节　《建筑信息模型施工应用标准》的主要内容

一、标准编制概况

根据住房和城乡建设部《关于印发〈2013 年工程建设标准规范制订、修订计划〉的通知》(建标〔2013〕6 号)的要求，标准编制组经广泛调查研究，认真总结实践经验，参考有关国际标准和国外先进标准，并在广泛征求意见的基础上，编制了《建筑信息模型施工应用标准》(GB/T 51235—2017)，自 2018 年 1 月 1 日起实施。

该标准的主要技术内容是：1. 总则；2. 术语；3. 基本规定；4. 施工模型；5. 深化设计；6. 施工模拟；7. 预制加工；8. 进度管理；9. 预算与成本管理；10. 质量与安全管理；11. 施工监理；12. 竣工验收。

二、总则

为贯彻执行国家技术经济政策，规范和引导施工阶段建筑信息模型应用，提升施工信息化水平，提高信息应用效率和效益，制定该标准。

该标准适用于施工阶段建筑信息模型的创建、使用和管理。施工阶段建筑信息模型的创建、使用和管理，除应符合该标准外，尚应符合国家现行有关标准的规定。

三、主要术语

建筑信息模型——在建设工程及设施全生命期内，对其物理和功能特性进行数字化表达，并依此设计、施工、运营的过程和结果的总称。简称模型。

建筑信息模型元素——建筑信息模型的基本组成单元。简称模型元素。

模型细度——模型元素组织及几何信息、非几何信息的详细程度。

施工建筑信息模型——施工阶段应用的建筑信息模型。简称施工 BIM。

四、基本规定

1. 一般规定

施工 BIM 应用的目标和范围应根据项目特点、合约要求及工程项目相关方 BIM 应用水平等综合确定。施工 BIM 应用宜覆盖包括工程项目深化设计、施工实施、竣工验收等的施工全过程，也可根据工程项目实际需要应用于某些环节或任务。施工 BIM 应用应事先制定施工 BIM 应用策划，并遵照策划进行 BIM 应用的过程管理。

施工模型宜在施工图设计模型基础上创建，也可根据施工图等已有工程项目文件进行创建。工程项目相关方在施工 BIM 应用中应采取协议约定等措施确定施工模型数据共享和协同工作的方式。

工程项目相关方应根据 BIM 应用目标和范围选用具有相应功能的 BIM 软件。BIM 软件宜具有与物联网、移动通信、地理信息系统等技术集成或融合的能力。BIM 软件应具备下列基本功能：(1) 模型输入、输出；(2) 模型浏览或漫游；(3) 模型信息处理；(4) 相应的专业应用；(5) 应用成果处理和输出；(6) 支持开放的数据交换标准。

2. 施工 BIM 应用策划

工程项目的施工 BIM 应用策划应与其整体计划协调一致。施工 BIM 应用策划宜明确下列内容：(1) BIM 应用目标；(2) BIM 应用范围和内容；(3) 人员组织架构和相应职责；(4) BIM 应用流程；(4) 模型创建、使用和管理要求；(6) 信息交换要求；(7) 模型质量控制和信息安全要求；(8) 进度计划和应用成果要求；(9) 软硬件基础条件等。

BIM 应用流程编制宜分为整体和分项两个层次。整体流程应描述不同 BIM 应用之间的逻辑关系、信息交换要求及责任主体等。分项流程应描述 BIM 应用的详细工作顺序、参考资料、信息交换要求及每项任务的责任主体等。

施工 BIM 应用策划及其调整应分发给工程项目相关方。工程项目相关方应将 BIM 应用纳入工作计划。制定施工 BIM 应用策划可按下列步骤进行：(1) 确定 BIM 应用的范围和内容；(2) 以 BIM 应用流程图等形式明确 BIM 应用过程；(3) 规定 BIM 应用过程中的信息交换要求；(4) 确定 BIM 应用的基础条件，包括沟通途径以及技术和质量保障措施等。

3. 施工 BIM 应用管理

工程项目相关方应明确施工 BIM 应用的工作内容、技术要求、工作进度、岗位职责、人员及设备配置等。工程项目相关方应建立 BIM 应用协同机制，制订模型质量控制计划，实施 BIM 应用过程管理。

模型质量控制措施应包括下列内容：(1) 模型与工程项目的符合性检查；(2) 不同模型元素之间的相互关系检查；(3) 模型与相应标准规定的符合性检查；(4) 模型信息的准确性和完整性检查。工程项目相关方宜结合 BIM 应用阶段目标及最终目标，对 BIM 应用效果进行定性或定量评价，并总结实施经验，提出改进措施。施工 BIM 应用的成果交付应按合约规定进行。

第十节 《绿色建筑评价标准》的主要内容

一、标准编制概况

根据住房和城乡建设部《住房城乡建设部标准定额司关于开展〈绿色建筑评价标准〉修订工作的函》(建标标函 2018〔164 号〕)的要求,标准编制组经广泛调查研究,认真总结实践经验,参考有关国外标准,并在广泛征求意见的基础上,编制了《绿色建筑评价标准》(GB/T 50378—2019),自 2019 年 8 月 1 日起实施。

该标准的主要技术内容是:1. 总则;2. 术语;3. 基本规定;4. 安全耐久;5. 健康舒适;6. 生活便利;7. 资源节约;8. 环境宜居;9. 提高与创新。该标准修订的主要技术内容是:(1) 重新构建了绿色建筑评价技术指标体系;(2) 调整了绿色建筑的评价时间节点;(3) 增加了绿色建筑等级;(4) 拓展了绿色建筑内涵;(5) 提高了绿色建筑性能要求。

二、总则

为贯彻落实绿色发展理念,推进绿色建筑高质量发展,节约资源,保护环境,满足人民日益增长的美好生活需要,制定该标准。该标准适用于民用建筑绿色性能的评价。绿色建筑评价应遵循因地制宜的原则,结合建筑所在地域的气候、环境、资源、经济和文化等特点,对建筑全寿命期内的安全耐久、健康舒适、生活便利,资源节约、环境宜居等性能进行综合评价。绿色建筑应结合地形地貌进行场地设计和建筑布局,且建筑布局应与场地的气候条件和地理环境相适应,并应对场地的风环境、光环境、热环境、声环境等加以组织和利用。绿色建筑的评价除应符合该标准的规定外,尚应符合国家现行有关标准的规定。

三、主要术语

绿色建筑——在全寿命期之内,节约资源,保护环境,减少污染,为人们提供健康、舒适、高效的使用空间,最大限度地实现人与资源和谐共生的高质量建筑。

绿色性能——涉及建筑安全耐久、健康舒适、生活便利、资源节约(节地、节能、节水、节材)和环境宜居等方面的综合性能。

全装修——在交付前,住宅建筑内部墙面、顶面、地面全部铺贴、粉刷完成,门窗、固定家具、设备管线、开关插座及厨房、卫生间固定设施安装到位,公共建筑公共区域的固定面全部铺贴,粉刷完成,水、暖、电、通风等基本设备全部安装到位。

热岛强度——城市内一个区域的气温与郊区气温的差别,用二者代表性测点气温的差值表示,是城市热岛效应的表征参数。

绿色建材——在全寿命期内可减少对资源的消耗,减轻对生态环境的影响,具有节能、减排、安全、健康、便利和可循环特征的建材产品。

四、基本规定

绿色建筑评价应以单栋建筑或建筑群为评价对象,评价对象应落实并深化上位法定规划及相关专项规划提出的绿色发展要求;涉及系统性、整体性的指标,应基于建筑所属工程项目的总体进行评价。绿色建筑评价应在建筑工程竣工后进行。在建筑工程施工图设计完成后,可进行预评价。

申请评价方应对参评建筑进行全寿命期技术和经济分析,选用适宜技术、设备和材料,对规划、设计、施工、运行阶段进行全过程控制,并应在评价时提交相应分析、测试报告和相关文件。申请评价方应对所提交资料的真实性和完整性负责。评价机构应对申请评价方提交的分析、测试报告和相关文件进行审查,出具评价报告,确定等级。申请绿色金融服务的建筑项目,应对节能措施、节水措施、建筑能耗和碳排放等进行计算和说明,并形成专项报告。

在评价与等级划分上,绿色建筑评价体系应由安全耐久、健康舒适、生活便利、能源节约、环境宜居等五类指标组成,且每类指标均应包括控制项和评分项;评价指标体系还应统一设置加分项。控制项的评定结果应为达标或不达标;评分项和加分项的评定结果应为分值。对于多功能的综合性单体建筑,应按该标准全部评价条文逐条对适应的区域进行评价,确定各评价条文的得分。绿色建筑评价的分值设定应符合该标准的规定。

绿色建筑划分应为基本级、一星级、二星级、三星级等四个等级。当满足全部控制项要求时,绿色建筑等级应为基本级。绿色建筑的星级等级应按该标准的具体规定要求确定。

第五章 建设工程造价管理法律制度

第一节 《建筑工程施工发包与承包计价管理办法》的主要内容

为了规范建筑工程施工发包与承包计价行为，维护建筑工程发包与承包双方的合法权益，促进建筑市场的健康发展，根据有关法律、法规，制定《建筑工程施工发包与承包计价管理办法》(住房和城乡建设部令第16号)，自2014年2月1日起施行。

一、工程发承包计价的内容

该办法所称建筑工程是指房屋建筑和市政基础设施工程。该办法所称工程发承包计价包括编制工程量清单、最高投标限价、招标标底、投标报价，进行工程结算，以及签订和调整合同价款等活动。

在中华人民共和国境内的建筑工程施工发包与承包计价(以下简称工程发承包计价)管理，适用该办法。

二、工程发承包计价的基本原则

建筑工程施工发包与承包价在政府宏观调控下，由市场竞争形成。工程发承包计价应当遵循公平、合法和诚实信用的原则。国家推广工程造价咨询制度，对建筑工程项目实行全过程造价管理。

全部使用国有资金投资或者以国有资金投资为主的建筑工程(以下简称国有资金投资的建筑工程)，应当采用工程量清单计价；非国有资金投资的建筑工程，鼓励采用工程量清单计价。

国有资金投资的建筑工程招标的，应当设有最高投标限价；非国有资金投资的建筑工程招标的，可以设有最高投标限价或者招标标底。最高投标限价及其成果文件，应当由招标人报工程所在地县级以上地方人民政府住房城乡建设主管部门备案。

国务院住房城乡建设主管部门负责全国工程发承包计价工作的管理。县级以上地方人民政府住房城乡建设主管部门负责本行政区域内工程发承包计价工作的管理。其具体工作可以委托工程造价管理机构负责。

造价工程师编制工程量清单、最高投标限价、招标标底、投标报价、工程结算审核和工程造价鉴定文件，应当签字并加盖造价工程师执业专用章。

三、工程发承包计价的基本规定

1. 最高投标限价与标底

工程量清单应当依据国家制定的工程量清单计价规范、工程量计算规范等编制。工程量清单应当作为招标文件的组成部分。

最高投标限价应当依据工程量清单、工程计价有关规定和市场价格信息等编制。招标人设有最高投标限价的，应当在招标时公布最高投标限价的总价，以及各单位工程的分部分项工程费、措施项目费、其他项目费、规费和税金。招标标底应当依据工程计价有关规定和市场价格信息等编制。

2. 投标报价

投标报价不得低于工程成本，不得高于最高投标限价。投标报价应当依据工程量清单、工程计价有关规定、企业定额和市场价格信息等编制。投标报价低于工程成本或者高于最高投标限价总价的，评标委员会应当否决投标人的投标。

对是否低于工程成本报价的异议，评标委员会可以参照国务院住房城乡建设主管部门和省、自治区、直辖市人民政府住房城乡建设主管部门发布的有关规定进行评审。

招标人与中标人应当根据中标价订立合同。不实行招标投标的工程由发承包双方协商订立合同。

合同价款的有关事项由发承包双方约定，一般包括合同价款约定方式，预付工程款、工程进度款、工程竣工价款的支付和结算方式，以及合同价款的调整情形等。发承包双方在确定合同价款时，应当考虑市场环境和生产要素价格变化对合同价款的影响。

实行工程量清单计价的建筑工程，鼓励发承包双方采用单价方式确定合同价款。建设规模较小、技术难度较低、工期较短的建筑工程，发承包双方可以采用总价方式确定合同价款。紧急抢险、救灾以及施工技术特别复杂的建筑工程，发承包双方可以采用成本加酬金方式确定合同价款。

发承包双方应当在合同中约定，发生下列情形时合同价款的调整方法：(1) 法律、法规、规章或者国家有关政策变化影响合同价款的；(2) 工程造价管理机构发布价格调整信息的；(3) 经批准变更设计的；(4) 发包方更改经审定批准的施工组织设计造成费用增加的；(5) 双方约定的其他因素。

3. 预付款与进度款

发承包双方应当根据国务院住房城乡建设主管部门和省、自治区、直辖市人民政府住房城乡建设主管部门的规定，结合工程款、建设工期等情况在合同中约定预付工程款的具体事宜。预付工程款按照合同价款或者年度工程计划额度的一定比例确定和支付，并在工程进度款中予以抵扣。

承包方应当按照合同约定向发包方提交已完成工程量报告。发包方收到工程量报告后，应当按照合同约定及时核对并确认。发承包双方应当按照合同约定，定期或者按照工程进度分段进行工程款结算和支付。

4. 竣工结算

工程完工后，应当按照下列规定进行竣工结算：

(1) 承包方应当在工程完工后的约定期限内提交竣工结算文件。

(2) 国有资金投资建筑工程的发包方，应当委托具有相应资质的工程造价咨询企业对竣工结算文件进行审核，并在收到竣工结算文件后的约定期限内向承包方提出由工程造价咨询企业出具的竣工结算文件审核意见；逾期未答复的，按照合同约定处理，合同没有约定的，竣工结算文件视为已被认可。

非国有资金投资的建筑工程发包方，应当在收到竣工结算文件后的约定期限内予以答复，逾期未答复的，按照合同约定处理，合同没有约定的，竣工结算文件视为已被认可；发包方对竣工结算文件有异议的，应当在答复期内向承包方提出，并可以在提出异议之日起的约定期限内与承包方协商；发包方在协商期内未与承包方协商或者经协商未能与承包方达成协议的，应当委托工程造价咨询企业进行竣工结算审核，并在协商期满后的约定期限内向承包方提出由工程造价咨询企业出具的竣工结算文件审核意见。

(3) 承包方对发包方提出的工程造价咨询企业竣工结算审核意见有异议的，在接到该审核意见后一个月内，可以向有关工程造价管理机构或者有关行业组织申请调解，调解不成的，可以依法申请仲裁或者向人民法院提起诉讼。

发承包双方在合同中对上述第(1)项、第(2)项的期限没有明确约定的，应当按照国家有关规定执行；国家没有规定的，可认为其约定期限均为 28 日。

工程竣工结算文件经发承包双方签字确认的，应当作为工程决算的依据，未经对方同意，另一方不得就已生效的竣工结算文件委托工程造价咨询企业重复审核。发包方应当按照竣工结算文件及时支付竣工结算款。

竣工结算文件应当由发包方报工程所在地县级以上地方人民政府住房城乡建设主管部门备案。

四、监督与检查

县级以上地方人民政府住房城乡建设主管部门应当依照有关法律、法规和该办法规定，加强对建筑工程发承包计价活动的监督检查和投诉举报的核查，并有权采取下列措施：

(1) 要求被检查单位提供有关文件和资料；

(2) 就有关问题询问签署文件的人员；

(3) 要求改正违反有关法律、法规、该办法或者工程建设强制性标准的行为。

县级以上地方人民政府住房城乡建设主管部门应当将监督检查的处理结果向社会公开。

造价工程师在最高投标限价、招标标底或者投标报价编制、工程结算审核和工程造价鉴定中，签署有虚假记载、误导性陈述的工程造价成果文件的，记入造价工程师信用档案，依照《注册造价工程师管理办法》进行查处；构成犯罪的，依法追究刑事责任。

工程造价咨询企业在建筑工程计价活动中，出具有虚假记载、误导性陈述的工程造价成果文件的，记入工程造价咨询企业信用档案，由县级以上地方人民政府住房城乡建设主管部门责令改正，处 1 万元以上 3 万元以下的罚款，并予以通报。

国家机关工作人员在建筑工程计价监督管理工作中玩忽职守、徇私舞弊、滥用职权的，由有关机关给予行政处分；构成犯罪的，依法追究刑事责任。

第二节　《建设工程造价鉴定规范》的主要内容

根据中华人民共和国住房和城乡建设部《关于印发〈2014 年工程建设标准规范制订、修订计划〉的通知》(建标〔2013〕169 号)的要求，规范编制组经深入调查研究、认真总结实践经验，并在全国范围内广泛征求意见的基础上，经多次论证，反复修订，编制完成《建设工程造价鉴定规范》(GB/T 51262—2017),自 2018 年 3 月 1 日起实施。

一、工程造价鉴定概述

建设工程施工合同纠纷的解决可通过和解、调解、仲裁或诉讼的方式解决。由于建设工程专业性强、造价确定条件多变而复杂,仲裁机构或法院作出公正裁决或判决,需要借助专家的专业知识。

(一) 鉴定的定位

在英美法系中,鉴定是当事人查明案件真相的手段,不存在所谓“司法鉴定”,诉讼中查清事实的责任完全由当事人承担。鉴定人与证人一样,由当事人聘请并为其服务。鉴定人被称为“专家证人”,其地位与其他(普通)证人差不多。

在大陆法系中,鉴定人的地位中立,较证人要高。他们不是当事人的辅助人员,而是以法官的辅助人的身份存在并为其服务,兼具专家证人的性质。

(二) 工程造价鉴定的法律依据

2017 年 6 月 27 日修改的《中华人民共和国民事诉讼法》第七十六条规定:“当事人可以就查明事实的专门性问题向人民法院申请鉴定。当事人申请鉴定的,由双方当事人协商确定具备资格的鉴定人;协商不成的,由人民法院指定。当事人未申请鉴定,人民法院对专门性问题认为需要鉴定的,应当委托具备资格的鉴定人进行鉴定。”

2017 年 9 月 1 日修改的《中华人民共和国仲裁法》第四十四条规定:“仲裁庭对专门性问题认为需要鉴定的,可以交由当事人约定的鉴定部门鉴定,也可以由仲裁庭指定的鉴定部门鉴定。”

(三) 工程造价鉴定术语

工程造价鉴定——指工程造价鉴定机构接受人民法院或仲裁机构委托,在诉讼或者仲裁案件中,鉴定人运用工程造价方面的科学技术和专业知识,对工程造价争议中涉及的专业性问题进行鉴别、判断并提供鉴定意见的活动。

鉴定项目——指对其工程造价进行鉴定的具体工程项目。

鉴定事项——指鉴定项目工程造价争议中涉及的问题,通过当事人的举证无法达到高度盖然性证明标准,需要对其进行鉴别、判断并提供鉴定意见的争议项目。

鉴定机构——指接受委托从事工程造价鉴定的工程造价咨询企业。

鉴定人——指受鉴定机构指派,负责鉴定项目工程造价鉴定的注册造价工程师。

当事人——指鉴定项目中的各方法人、自然人或其他组织。

当事人代表——指鉴定过程中,经当事人授权以当事人名义参与提交证据、现场勘验、就鉴定意见书反馈意见等鉴定活动的组织或专业人员。

证据——指当事人向委托人提交的,或委托人调查搜集的,存在于各种载体上的记录。包括:当事人的陈述、书证、物证、视听资料、电子数据、证人证言、鉴定意见以及勘验笔录。

鉴定依据——指鉴定项目适用的法律、法规、规章、专业标准规范、计价依据;当事人提交经过质证并经委托人认定或当事人一致认可后用作鉴定的证据。

(四)鉴定原则

鉴定应遵循合法性、独立性、客观性、公正性的原则。

合法性包括:鉴定主体合法;鉴定程序合法;鉴定依据合法;鉴定范围、标准合法;鉴定意见书合法。

独立性包括：鉴定机构组织独立；鉴定人员工作独立；鉴定机构之间独立；鉴定人员意见独立；独立鉴定与接受监督的关系。

客观性包括：鉴定证据真实客观；鉴定方法科学客观；鉴定意见准确客观。

公正性包括：鉴定立场公正；鉴定行为公正；鉴定程序公正；鉴定方法公正；鉴定意见公正。

（五）当前造价鉴定中存在的不当行为

1. 鉴定主体存在的问题

当前鉴定主体存在以下问题：鉴定机构不具有工程造价咨询资质；鉴定机构以分公司出具鉴定报告；鉴定人不是注册造价工程师；鉴定人不在本鉴定机构注册；署名鉴定人与实际鉴定人不符；鉴定人专业不对口。

2. 鉴定人角色错位

鉴定人角色错位的表现包括：自行确定鉴定范围；自行确定鉴定证据；擅自进行现场勘验；擅自接受当事人证据材料；擅自通知当事人补充证据；以行业惯例、造价规定为由，否定当事人的约定。

3. 鉴定中存在的问题

当前造价鉴定中存在以下问题：遇到问题不及时与委托人沟通；不制定鉴定方案，不择优选择鉴定方法；专业水准不够，鉴别、判断能力不高；鉴定意见中依据不充分，论证与结论不一致；不征求当事人意见就出具鉴定报告，将争议带到出庭作证；未经委托人同意不出庭作证；法庭质证时不正面回答当事人提问。

（六）造价鉴定不当行为应承担的法律责任

1. 民事责任

《中华人民共和国民事诉讼法》第七十八条规定："经人民法院通知，鉴定人拒不出庭作证的，鉴定意见不得作为认定事实的根据；支付鉴定费用的当事人可以要求返还鉴定费用。"《司法鉴定人登记管理办法》第三十一条规定："司法鉴定人在执业活动中，因故意或者重大过失行为给当事人造成损失的，其所在的司法鉴定机构依法承担赔偿责任后，可以向有过错行为的司法鉴定人追偿。"

2. 刑事责任

《中华人民共和国刑法》第二百二十九条（提供虚假证明文件罪；出具证明文件重大失实罪）规定："承担资产评估、验资、验证、会计、审计、法律服务等职责的中介组织的人员故意提供虚假证明文件，情节严重的，处五年以下有期徒刑或者拘役，并处罚金。

"前款规定的人员，索取他人财物或者非法收受他人财物，犯前款罪的，处五年以上十年以下有期徒刑，并处罚金。

"第一款规定的人员，严重不负责任，出具的证明文件有重大失实，造成严重后果的，处三年以下有期徒刑或者拘役，并处或者单处罚金。"

最高人民检察院、公安部《关于公安机关管辖的刑事案件立案追诉标准的规定（二）》第八十一条[提供虚假证明文件案（刑法第二百二十九条第一款、第二款）]规定：承担资产评估、验资、验证、会计、审计、法律服务等职责的中介组织的人员故意提供虚假证明文件，涉嫌下列情形之一的，应予立案追诉：(1) 给国家、公众或者其他投资者造成直接经济损失数额在50万元以上的。(2) 违法所得数额在10万元以上的。(3) 虚假证明文件虚构数额在100万元且占实际数额30%以上的。(4) 虽未达到上述数额标准,但具有下列情形之一的:① 在提供虚假证明文件过程中索取或者非法接受他人财物的;② 两年内因提供虚假证明文件,受过行政处罚二次以上,又提供虚假证明文件的。(5) 其他情节严重的情形。

第八十二条[出具证明文件重大失实案(刑法第二百二十九条第三款)]规定,承担资产评估、验资、验证、会计、审计、法律服务等职责的中介组织的人员严重不负责任,出具的证明文件有重大失实,涉嫌下列情形之一的,应予立案追诉:(1) 给国家、公众或者其他投资者造成直接经济损失数额在100万元以上的;(2) 其他造成严重后果的情形。

(七) 鉴定规范的特点

《鉴定规范》明确了司法权与鉴定权的界限,法律问题由委托人决定,专业问题由鉴定人决定;明确了鉴定的主体资格,鉴定机构是造价咨询企业;鉴定人是从事鉴定业务的注册造价工程师;明确了鉴定工作程序;建立了鉴定机构和鉴定人回避和公正承诺制度;明确了鉴定的组织、鉴定方案以及鉴定期限;规范了鉴定证据的采用;建立鉴定报告向当事人征求意见制度;规范了鉴定人出庭作证;统一了鉴定意见书格式。

二、鉴定项目的委托、接受、终止

(一) 鉴定项目的委托

人民法院或仲裁机构作为委托人出具鉴定委托书。委托书的内容包括委托的鉴定机构名称、委托鉴定的目的、范围、事项和鉴定要求、委托人的名称等。委托的事项属于重新鉴定的,应在委托书中注明。

(二) 鉴定项目委托的接受

鉴定机构接受委托人委托并应当书面函复委托人。复函包括:① 同意接受委托的意思表示;② 鉴定所需证据材料;③ 鉴定工作负责人及其联系方式;④ 鉴定费用及收取方式;⑤ 鉴定机构认为应当写明的其他事项。

鉴定机构收到证据材料后,当对委托鉴定的范围、事项和鉴定要求有不同意见时,应向委托人释明,释名后再按委托人的决定进行鉴定。

"鉴定委托复函"的内容及格式如下:

关于鉴定委托的复函

××价鉴函〔20××〕××号

________________________________(委托人):

我方收到贵方就______________项目(案号　　)的鉴定委托书,现回复如下:

1 我方接受贵方的委托书(如不接受,简要说明理由),鉴定工作按照贵方要求和《建设工程造价鉴定规范》(GB/T 51262—2017)规定的程序进行。

2 我方将在本函发出之日起5个工作日内,向贵方送达"鉴定组成人员通知书",请贵方及时告知各方当事人,以便当事人决定是否申请本鉴定机构和鉴定人回避。

3 在鉴定过程中,遇有《建设工程造价鉴定规范》(GB/T 51262—2017)第3.3.6条规定情形之一的,我方有权终止鉴定,并根据终止的原因及责任,酌情退还有关鉴定费用。

4 请贵方提供证据材料,见所附"送鉴证据材料目录"。

5 鉴定期限按《建设工程造价鉴定规范》(GB/T 51262—2017)规定的鉴定时间计算。如需延长，另向贵方申请。

6 鉴定费用：按鉴定项目争议标的(或所涉工程造价)________%计算。

鉴定费应在贵方移交送鉴证据材料之日起10个工作日内支付，鉴定意见书发出前，应支付完毕。

鉴定期间，贵方单方面取消鉴定委托或终止鉴定的，鉴定费将不予退还。

7 联系方式：

联系地址：　　　　　　　　　　　　　　邮政编码：

联 系 人：　　　　　　　　　　　　　　联系电话：

传　　真：　　　　　　　　　　　　　　电子邮箱：

鉴定机构(公章)

年　　月　　日

(三) 不予接受鉴定委托

具有下列情形之一的，鉴定机构应不予接受委托：(1) 委托事项超出本机构业务范围的；(2) 鉴定要求不符合本行业执业规则或相关技术规范的；(3) 委托事项超出本机构专业能力和技术条件的；(4) 其他不符合法律、法规规定情形的。

具有下列情形之一的，鉴定机构应当自行回避，向委托人说明，不予接受：(1) 担任过鉴定项目咨询人的；(2) 与鉴定项目有利害关系的。

不接受委托的，鉴定机构应在该规范规定期限内通知委托人并说明理由，退还其提供的鉴定材料。

(四) 鉴定终止

鉴定过程中遇有下列情形之一的，鉴定机构可终止鉴定：(1) 委托人提供的证据材料未达到鉴定的最低要求，导致鉴定无法进行的；(2) 因不可抗力致使鉴定无法进行的；(3) 委托人撤销鉴定委托或要求终止鉴定的；(4) 委托人或申请鉴定当事人拒绝按约定支付鉴定费用的；(5) 约定的其他终止鉴定的情形。

终止鉴定的，鉴定机构应当书面通知委托人，说明理由，并退还其提供的所有鉴定材料。

“终止鉴定函”的内容及格式如下：

终止鉴定函

××价鉴函〔20××〕××号

致________________________(委托人)：

贵方委托我方进行工程造价鉴定的________________________项目(案号：×××)，因存在《建设工程造价鉴定规范》(GB/T 51262—2017)第3.3.6条第______项原因，致使鉴定无法继续进行，我方要求终止鉴定，并退还所有鉴定材料。

鉴定机构(公章)____________

年　　月　　日

三、基本要求

（一）鉴定资格

鉴定机构应当是取得了工程造价咨询资质的企业。鉴定人应当是注册于该鉴定机构的造价工程师。

（二）鉴定要求与监督

鉴定机构应对鉴定人的鉴定活动进行管理和监督，在鉴定意见书上加盖公章。发现鉴定人有违反法律、法规和行业规范规定行为的，应责成鉴定人改正。

鉴定人应严格遵守职业道德、执业准则和职业纪律。在鉴定意见书上签名并加盖注册造价工程师执业专用章。

（三）鉴定组织

鉴定人应专业对口、经验丰富。非注册造价工程师的专业人员作为助手辅助鉴定。对同一鉴定事项，应指定二名及以上鉴定人共同进行鉴定。对争议标的较大或涉及工程专业较多的鉴定项目，应成立三名及以上鉴定人组成的鉴定项目组。

人员告之要求——向委托人送达《鉴定人员组成通知书》载明鉴定人员的姓名、执业资格专业及注册证号、专业技术职称。

“鉴定人员组成通知书”的内容和格式如下：

鉴定人员组成通知书

××价鉴函〔20××〕××号

________________________：

根据《建设工程造价鉴定规范》（GB/T 51262—2017）的有关规定，现将贵方委托的________________（案号：×××）一案的鉴定人员组成名单通知如下：

鉴 定 人：__________，专业及注册证号：__________，职称：__________

鉴 定 人：__________，专业及注册证号：__________，职称：__________

鉴 定 人：__________，专业及注册证号：__________，职称：__________

辅助人员：__________，专业及资格证号：__________，职称：__________

辅助人员：__________，专业及资格证号：__________，职称：__________

1 本鉴定机构声明：

1）没有担任过鉴定项目咨询人；

2）与鉴定项目没有利害关系（除该项目的鉴定费用外）。

2 鉴定人声明：

1）不是鉴定项目当事人、代理人的近亲属；

2）与鉴定项目没有利害关系；

3）与鉴定项目当事人、代理人没有其他利害关系。

如果当事人对本鉴定机构和以上鉴定人申请回避，请在收到本通知之日起 5 个工作日内书面向委托人或本鉴定机构提出，并说明理由。

3 本鉴定机构和鉴定人承诺：

遵守民事诉讼法、仲裁法及仲裁规则的规定，不偏袒任何一方当事人，按照委托书的要求，廉洁、高效、公平、公正的作出鉴定意见。

鉴定机构（公章）______
年　　月　　日

注：本通知一式____份，报委托人一份，送当事人____方各一份，鉴定机构留底一份。

（四）回避与承诺

回避声明及公正承诺应在“鉴定人员组成通知书”中载明。具体内容包括：(1) 本鉴定机构声明：① 没有担任过鉴定项目的咨询人；② 与鉴定项目没有利害关系（除本鉴定项目的鉴定工作酬金外）。(2) 鉴定人声明：① 不是鉴定项目当事人、代理人的近亲属；② 与鉴定项目没有利害关系；③ 与鉴定项目当事人、代理人没有其他利害关系。

有下列情形之一的，鉴定机构应当自行回避，向委托人说明，不予接受委托：① 担任过鉴定项目咨询人的；② 与鉴定项目有利害关系的。

当事人申请回避——当事人向委托人申请鉴定机构或鉴定人回避的，应在收到“鉴定人员组成通知书”之日起 5 个工作日内以书面形式向委托人提出，并说明理由。当事人向委托人申请鉴定机构回避的，由委托人决定其是否回避，鉴定机构和鉴定人应执行委托人的决定。

有下列情形之一的，鉴定人应当自行提出回避：① 是鉴定项目当事人、代理人近亲属的；② 与鉴定项目有利害关系的；③ 与鉴定项目当事人、代理人有其他利害关系，可能影响鉴定公正的。未自行回避，经当事人申请，委托人同意，通知鉴定机构决定其回避的，必须回避。

鉴定过程中，鉴定人接受鉴定项目当事人、代理人吃请或礼物的，索取、借用鉴定项目当事人、代理人款物的，当事人有权向委托人申请其回避，但应提供证据，由委托人决定其是否回避。

鉴定人主动提出回避且理由成立的，鉴定机构应予批准，并另行指派符合要求的鉴定人。

（五）鉴定机构和鉴定人承诺

鉴定机构和鉴定人承诺遵守《中华人民共和国民事诉讼法》（或仲裁法及仲裁规则）的规定，不偏袒任何一方当事人，按照委托书的要求，廉洁、高效、公平、公正地作出鉴定意见。

（六）鉴定准备

鉴定人应当了解鉴定项目，全面把握，认真研究，抓住重点，制定鉴定方案。方案内容包括鉴定依据、应用标准、调查内容、鉴定方法、工作进度计划及需由当事人完成的配合工作等。

（七）鉴定期限

鉴定机构与委托人根据鉴定项目争议标的涉及的工程造价、复杂程度等因素约定。表 5-1 内的期限可供参考。

表 5-1 鉴定期限表

争议标的涉及工程造价	期限(工作日)
1 000 万元以下(含 1 000 万元)	40
1 000 万元以上 3 000 万元以下(含 3 000 万元)	60
3 000 万元以上 10 000 万元以下(含 10 000 万元)	80
10 000 万元以上(不含 10 000 万元)	100

鉴定期限从鉴定人接收委托人移交证据材料之日的次日起计算。鉴定过程中等待当事人提交、补充证据,勘验现场等所需的时间,不计入鉴定期限。涉及复杂、疑难、特殊的技术问题需要较长时间的,可与委托人协商,完成鉴定的时间可以延长,每次延长时间一般不得不超过 30 个工作日。每个鉴定项目延长次数一般不得超过 3 次。

(八) 执业规定

鉴定机构应按照工程造价执业规定对鉴定工作实行审核制。鉴定机构应建立科学、严密的管理制度,严格监控证据材料的接受、传递、鉴别、保存和处置。鉴定人应建立"鉴定工作流程信息表",将鉴定过程中每一事项发生的时间、事由、形成等进行完整的记录,并进行唯一性、连续性标识。

1. 出庭作证事项

① 鉴定人经委托人通知,应当依法出庭作证。

② 应携带身份证、造价工程师注册证、专业技术职称证书等,在委托人要求时出示。

③ 鉴定人应依法、客观、公正、有针对性地回答与鉴定事项有关的问题。

④ 鉴定人对与鉴定事项无关的问题,可经委托人允许,不予回答。

2. 不出庭的法定事项

鉴定人因法定事由不能出庭作证的,经委托人同意后,可以书面形式答复当事人的质询。

3. 擅自不出庭的后果

鉴定意见不得作为认定事实的根据;支付鉴定费用的当事人要求返还鉴定费用的,应当返还。

四、鉴定依据

鉴定证据包括基础依据和鉴定证据。基础依据指适用于鉴定项目的相关法律、法规、规章和工程标准、规范、计价依据等。

《中华人民共和国民事诉讼法》第六十三条规定:"证据包括:(一) 当事人的陈述;(二) 书证;(三) 物证;(四) 视听资料;(五) 电子数据;(六) 证人证言;(七) 鉴定意见;(八) 勘验笔录。证据必须查证属实,才能作为认定事实的根据。"由此可见,鉴定项目的证据必须具有证明力,才能作为鉴定依据。

(一) 鉴定人自备的鉴定依据

1. 适用法规

鉴定人应自行收集适用于鉴定项目的法律、法规、规章和规范性文件。标准规范包括:① 自行准备与鉴定项目相关的标准规范;② 若工程合同约定的标准规范非国家或行业标准,由当事人提供。

2. 要素价格

鉴定人应自行收集与鉴定项目同时期、同地区、相同或类似工程的技术经济指标以及各类生产要素价格。

(二) 委托人移交

1. 证据材料内容

① 起诉状(仲裁申请书)、反诉状(仲裁反申请书)及答辩状、代理词；

② 证据及"送鉴证据材料目录"；

③ 质证记录、庭审记录等案卷；

④ 鉴定机构认为需要的其他有关资料。

鉴定机构接收证据材料后，应开具接收清单。

鉴定机构收取复制件应与证据原件核对无误。

"送鉴证据材料目录"的内容及格式如下：

送鉴证据材料目录

选择项	序号	材料名称	选择项	序号	材料名称
□	1	起诉状(仲裁申请书)	□	22	工程质量检测报告
□	2	反诉状(仲裁反申请书)	□	23	工程计量单
□	3	答辩状、代理词	□	24	工程结算单
□	4	地质勘查报告	□	25	进度款支付单
□	5	工程招、投标文件	□	26	工程结算审核书
□	6	施工组织设计	□	27	合同约定的主要材料价格
□	7	中标通知书	□	28	甲供材料、设备明细
□	8	工程监理合同	□	29	侵权损害赔偿的有关资料
□	9	建设工程施工合同(补充协议)	□	30	当事人存在争议事实
□	10	开工报告			
□	11	施工图设计文件审查报告			
□	12	施工图纸(或竣工图纸)			
□	13	图纸会审记录			
□	14	设计变更单			
□	15	工程签证单			
□	16	工程变更单			
□	17	工程洽商记录			
□	18	工程会议纪要			
□	19	工程验收记录			
□	20	单位工程竣工报告			
□	21	单位工程验收报告			

注：1. 需提供的证据材料在选择项的方框内打"√"；

2. 委托人送鉴证据应注明质证认定情况，复印件由委托人注明与原件核对无误。

2. 质证、认证情况

委托人移交的证据材料，应注明质证及证据认定情况，未注明的，鉴定机构应主动索取。

鉴定机构对收到的证据应认真分析，必要时可提请委托人向当事人转达要求补充证据的函件。

提请委托人补充证据的函的内容及格式如下：

提请委托人补充证据的函

××价鉴函〔20××〕××号

致____________________（委托人）：

根据贵方的委托，我方正在开展________________项目（案号×××）的鉴定工作，鉴于本项目鉴定工作的需要，请提交（或补充提交）如下证据（请注明证据认定情况）：

除上述证据以外，请贵方根据项目情况转交鉴定可能需要用到的其他证据，以免鉴定工作发生偏差而影响鉴定质量。

鉴定机构（公章）

年　　月　　日

注：本函一式二份，委托人一份，鉴定机构留底一份。

（三）当事人提交

前提——委托人要求当事人直接向鉴定机构提交证据的。

举证期限——当事人的举证期限由委托人确定。

证据移交——鉴定机构收到当事人提交的证据材料后，应向当事人出具收据，及时将证据材料移交委托人，并提请委托人组织质证并确认证据的证明力。

延期举证——当事人申请延长举证期限的，鉴定人应告知其在举证期限届满前向委托人提出申请，由委托人决定是否准许延期。

“要求当事人提交证据材料的函”的内容及格式如下：

要求当事人提交证据材料的函

××价鉴函〔20××〕××号

致____________项目当事人____________：

根据委托人____________的委托，我方正在开展该项目的鉴定工作，依据有关规定和本项目鉴定工作的需要，经委托人授权，请贵方在__________年______月______日______时前提交（或补充提交）如下证据：

如在上述期限内不能提交所列证据或提交虚假证据的，将承担相应的法律后果。

除上述证据以外，请主动举证与该项目相关的其他证据，以免鉴定工作发生偏差而影响当事人的利益。

鉴定机构(公章)
年　　月　　日

注：本函一式______份，报委托人一份，送当事人______方各一份，鉴定机构留底一份。

(四) 证据的补充

鉴定人提请补充——鉴定过程中，鉴定人可根据鉴定需要提请委托人通知当事人补充证据，对委托人组织质证并认定的补充证据，鉴定人可直接作为鉴定依据；对委托人转交，但未经质证的证据，鉴定人应提请委托人组织质证并确认证据的证明力。

当事人自行补充——当事人逾期向鉴定人补充证据的，鉴定人应告知当事人向委托人申请，由委托人决定是否接受。鉴定人应按委托人的决定执行。

(五) 鉴定事项调查

根据鉴定需要，鉴定人有权了解与鉴定事项有关的情况，并对所需要的证据进行复制。

鉴定人可以询问当事人、证人，询问应形成询问笔录。

对特别复杂、疑难、特殊技术等问题或对鉴定意见有重大分歧时，鉴定人可以向本机构以外的相关专家进行咨询，但最终的鉴定意见应由鉴定人作出，鉴定机构出具。

"询问笔录"的内容及格式如下：

询问笔录

案号：×××

编号：

一、时间：________年________月________日________时。

二、地点：____。

三、询问人：____。

____________________记录人：____________________；见证人：____________________。

四、被询问人：姓名：____________，年龄____________，性别____________，

工作单位及职务____，

住址及电话____。

问：我们是鉴定机构鉴定人(出示证件)，我们就____________________一案接受________________________________的委托，需要通过您了解一下与本案的有关情况，希望您能据实回答我们提出的问题，以利维护当事人的合法权益。您愿意接受我们的询问吗？

答：____

____

____

签名：　　　　　　　　　　　　电话：

（六）勘验的确认

鉴定机构按委托人要求通知当事人进行现场勘验的，应填写现场勘验通知书，通知各方当事人参加，并提请委托人组织。

勘验现场应制作勘验笔录或勘验图表，记录勘验的时间、地点、勘验人、在场人、勘验经过、结果，由勘验人、在场人签名或者盖章。对于绘制的现场图表应注明绘制的时间、方位、绘测人姓名、身份等内容。必要时鉴定人应采取拍照或摄像取证的方式，留下影像资料。

当事人代表参与了现场勘验，但对现场勘验图表或勘验笔录等不予签字，又不提出具体书面意见的，不影响鉴定人采用勘验结果进行鉴定。

“现场勘验通知书”的内容及格式如下：

现场勘验通知书

××价鉴函〔20××〕××号

致_________项目当事人_________：

根据委托人_________的委托，我方正在进行该项目的鉴定工作，由于鉴定工作的需要，委托人决定现场勘验，请贵方在______年______月______日______时派授权代表到_________（地点）参加现场勘验工作。

如贵方在上述时间不能派员参加现场勘验工作，不影响现场勘验工作的进行，但将承担相应的法律后果。

鉴定机构（公章）

年　　月　　日

注：本通知一式______份，报委托人一份，送当事人______方各一份，鉴定机构留底一份。

注：1. 如当事人缺席，应如实记载说明；

2. 如绘有勘测图，应注明附勘测图______份。

（七）证据的采用

1. 直接采用的证据

① 经过当事人质证，委托人确认了证明力的证据；

② 在鉴定过程中，当事人各方一致认可无异议的证据。

2. 需要待证的证据

① 当事人对证据的真实性有异议，或证据本身彼此矛盾，鉴定人应及时提请委托人决定并按照委托人认定的证据作为鉴定依据；

② 如委托人未及时认定，鉴定人应在征求当事人对有争议的证据的意见并书面记录后，分别鉴定该部分证据及当事人的争议并将与该部分证据有关的鉴定意见单列，供委托人判断使用。

五、鉴定

(一) 鉴定方法

精算法——施工图算法、清单计价法。

粗算法——概算法、估算法。

根据鉴定项目证据材料是否完整、充分、详细,应优先选择精算法,如受证据所限,可采用粗算法进行鉴定。

鉴定人可以从专业角度,促使当事人对一些争议事项达成妥协性意见并形成书面文件。

(二) 鉴定步骤

排除疑问——了解案情、制定方案。

自行计算——根据证据、先行计算。

核对签认——鉴定机构应在核对工作前向当事人发出"邀请当事人参加核对工作函"。当事人拒绝核对或不签认的,不影响鉴定的进行。

征求意见——出具正式意见前向当事人发《征求意见稿》征求意见。

复核修改——对当事人意见认真复核、修改完善。

出具鉴定意见书——合议完成(当事人对征求意见稿拒绝复核提出意见的,不影响鉴定意见书的出具)。

"邀请当事人参加核对工作函"的内容及格式如下:

邀请当事人参加核对工作函

××价鉴函〔20××〕××号

致＿＿＿＿＿＿项目当事人＿＿＿＿＿＿:

根据委托人＿＿＿＿＿＿的委托,我方正在进行该项目的鉴定工作,由于鉴定工作的需要,请贵方派员携带委托书于＿＿＿＿年＿＿＿＿月＿＿＿＿日＿＿＿＿时到＿＿＿＿＿＿(地点)参加造价核对工作,核对期约需＿＿＿＿天,具体时间安排待贵方派出的造价核对工作人员见面后再行商定。

如贵方在上述时间不能派员参加造价核对工作,不影响鉴定工作的进行,但将承担相应的法律后果。

鉴定机构(公章)

年　　月　　日

注:本函一式＿＿＿＿份,报委托人一份,送当事人　　方各一份,鉴定机构留底一份。

工程造价鉴定意见书征求意见函

××价鉴函〔20××〕××号

致______(当事人):

根据委托人________的委托,经过前段时间的工作,我方已经形成______项目鉴定意见书的征求意见稿,经委托人同意,现将该项目的鉴定征求意见稿送达贵方,请在______年______月______日______时前将意见反馈给我方。

如贵方在上述期限内不能提交反馈意见,可能将被视为贵方认可该项目的鉴定意见,承担相应的法律后果。

鉴定机构(公章)

年　　月　　日

注:本函一式____份,报委托人一份,送当事人____方各一份,鉴定机构留底一份。

(三) 合同争议的鉴定

(1) 委托人认定鉴定工程合同有效的,鉴定人应根据合同约定进行鉴定。

(2) 委托人认定鉴定工程合同无效的,按照委托人的决定或相关法律解释的规定进行鉴定。

(3) 鉴定工程合同对计价依据、计价方法约定不明的,鉴定人应厘清合同履行的事实,如是按合同履行的,应向委托人提出按其进行鉴定的;如没有履行,参照鉴定项目所在地同时期适用的计价依据、计价方法和签约时的市场价格信息进行鉴定。

(4) 鉴定工程合同对计价依据、计价方法没有约定的,参照鉴定项目所在地同时期适用的计价依据、计价方法和签约时的市场价格信息进行鉴定。

(5) 鉴定工程合同对计价依据、计价方法约定条款前后矛盾的,由委托人决定适用条款,委托人暂不明确的,鉴定人按不同的约定条款分别鉴定。

(6) 当事人分别提出不同的合同签约文本的,由委托人决定适用合同文本,委托人暂不明确的,可按不同的合同文本分别进行鉴定。

(四) 证据欠缺的鉴定

(1) 鉴定项目施工图(或竣工图)缺失,鉴定人应按以下规定进行鉴定:

① 建筑标的物存在的,鉴定人应提请委托人组织现场勘验计算工程量作出鉴定;

② 建筑标的物已经隐蔽的,鉴定人可根据工程性质、是否为其他工程的组成部分等作出专业分析进行鉴定;

③ 建筑标的物已经灭失,鉴定人应提请委托人对不利后果的承担主体作出认定,再根据委托人的决定进行鉴定。

(2) 在鉴定项目施工图或合同约定工程范围以外,承包人以完成了发包人通知的零星工程为由,要求结算价款,但未提供发包人的签证或书面认可文件,鉴定人应按以下规定作出专业分析进行鉴定:

① 发包人认可或承包人提供的其他证据可以证明的,鉴定人应作出肯定性鉴定,供委

托人判断使用；

② 发包人不认可，但该工程可以进行现场勘验，鉴定人应提请委托人组织现场勘验，依据勘验结果进行鉴定。

（五）计量争议的鉴定

当鉴定项目图纸完备，当事人就计量依据发生争议时，当事人在合同专用条款中明确约定了计量规则的，按约定进行鉴定。没有约定的，鉴定人应以现行国家相关工程计量规范规定的工程量计算规则计量；无国家标准的，按行业标准和地方标准计量。

一方当事人对双方当事人已经签认的某一工程项目的计量结果有异议的，鉴定人应按以下规定进行鉴定：

① 当事人一方仅提出异议未提供具体证据的，按原计量结果进行鉴定；

② 当事人一方既提出异议又提出具体证据的，应对原计量结果进行复核，必要时可到现场复核，按复核后的计量结果进行鉴定。

③ 当事人就总价合同计量发生争议的，总价合同对工程量计量标准有约定的；按约定进行鉴定，没有约定的，仅就工程变更部分进行鉴定。

（六）计价争议的鉴定

(1) 当事人以工程变更导致工程量数量变化，要求调整综合单价发生争议的；或对新增工程项目组价发生争议的，鉴定人应按以下规定进行鉴定：

① 合同中有约定的，应按合同约定进行鉴定；

② 合同中约定不明的，应厘清合同履行情况按其进行鉴定，如未履行，按现行国家标准计价规范的相关规定进行鉴定，供委托人判断使用。

③ 合同中没有约定的，应提请委托人决定并按其决定进行鉴定，委托人暂不决定的，按现行国家标准计价规范的相关规定进行鉴定，供委托人判断使用。

(2) 当事人因物价波动，要求调整合同价款发生争议的，鉴定人应按以下规定进行鉴定：

① 合同中约定了计价风险范围和幅度的，按合同约定进行鉴定；合同中约定了物价波动可以调整，但没有约定风险范围和幅度的，应提请委托人决定，按现行国家标准计价规范的相关规定进行鉴定。但已经采用价格指数法进行了调整的除外；

② 合同中约定物价波动不予调整的，应对实行政府定价或政府指导价的材料按合同法的规定进行鉴定。

(3) 当事人因人工费调整文件，要求调整人工费发生争议的，鉴定人应按以下规定进行鉴定：

① 如合同中约定不执行的，鉴定人应提请委托人决定并按其决定进行鉴定。

② 合同中没有约定或约定不明的，鉴定人应提请委托人决定并按其决定进行鉴定，委托人要求鉴定人提出意见的，鉴定人应分析鉴别：如人工费的形成是以鉴定项目所在地工程造价管理部门发布的人工费为基础在合同中约定的，可按工程所在地人工费调整文件进行鉴定；如不是，则应作出否定性鉴定，供委托人判断使用。

(4) 当事人因材料价格发生争议的，应按以下规定进行鉴定：

① 材料价格在采购前经发包人或其代表签批认可的，应按签批的材料价格进行鉴定；

② 材料采购前未报发包人或其代表认质认价的，应按合同约定的价格进行鉴定；

③ 发包人认为承包人采购的材料不符合质量要求，不予认价的，应按双方约定的价格进行鉴定，质量方面的争议应告知发包人另行申请质量鉴定。

(5) 发包人以工程质量不合格为由，拒绝办理工程结算发生争议的，鉴定人应按以下规定进行鉴定：

① 已竣工验收合格或已竣工未验收但发包人已投入使用的工程，工程结算按合同约定进行鉴定；

② 已竣工未验收且发包人未投入使用的工程，以及停工、停建工程，应对无争议、有争议的项目分别按合同约定进行鉴定。工程质量争议应告知发包人申请工程质量鉴定，待委托人分清当事人的质量责任后，分别按照工程造价鉴定意见判断采用。

（七）工期争议的鉴定

(1) 当事人对鉴定项目开工时间有争议的，鉴定人应提请委托人决定，委托人要求鉴定人提出意见的，鉴定人应按以下规定提出鉴定意见：

① 合同中约定了开工时间，但发包人又批准了承包人的开工报告或发出了开工通知，应采用发包人批准的开工报告或发出的开工通知的时间。

② 合同中未约定开工时间，应采用发包人批准的开工时间。没有发包人批准的开工时间，可根据施工日志、验收记录等相关证据确定开工时间。

③ 合同中约定了开工时间，因承包人原因不能按时开工，发包人接到承包人延期开工申请且同意承包人要求的，开工时间相应顺延；发包人不同意延期要求或承包人未在约定时间内提出延期开工要求的，开工时间不予顺延。

④ 因不可抗力或因非承包人原因不能按照合同中约定的开工时间开工，开工时间相应顺延。

⑤ 证据材料中，均无发包人或承包人提前或推迟开工时间的证据，采用合同约定的开工时间。

(2) 当事人对鉴定项目工期有争议的，鉴定人应按以下规定进行鉴定：

① 合同中明确约定了工期的，以合同约定工期进行鉴定；

② 合同对工期约定不明或没有约定的，应按工程所在地相关专业工程建设主管部门的规定或国家相关工程工期定额进行鉴定。

(3) 当事人对鉴定项目实际竣工时间有争议的，鉴定人应提请委托人决定，委托人要求鉴定人提出意见的，应按以下规定提出鉴定意见，供委托人判断使用：

① 鉴定项目经竣工验收合格的，以竣工验收之日为竣工时间；

② 承包人已经提交竣工验收报告，发包人应在收到竣工验收报告之日起在合同约定的时间内完成竣工验收而未完成验收的，以承包人提交竣工验收报告之日为竣工时间；

③ 鉴定项目未经竣工验收，未经承包人同意而发包人擅自使用的，以转移占有鉴定项目之日为竣工时间。

(4) 当事人对鉴定项目暂停施工、顺延工期有争议的，鉴定人应按以下规定进行鉴定：

① 因发包人原因暂停施工的，相应顺延工期；

② 因承包人原因暂停施工的，工期不予顺延；

③ 工程竣工前，发包人与承包人对工程质量发生争议停工待鉴的，若工程质量鉴定合格，承包人并无过错的，鉴定期间为工期顺延时间。

（5）当事人对鉴定项目因设计变更顺延工期有争议的，鉴定人应参考施工进度计划，判别是否增加了关键线路和关键工作的工程量而引起工期变化，如增加了工期，应相应顺延工期；如未增加工期，工期不予顺延。

（6）当事人对鉴定项目工期延误索赔有争议的，鉴定人应先确定实际工期，再与合同工期对比，以此确定是否延误以及延误的具体时间。

对工期延误责任的归属，鉴定人可从专业鉴别、判断的角度提出建议，最终由委托人根据当事人的举证判断确定。

（八）费用索赔争议的鉴定

（1）当事人因提出索赔发生争议的，鉴定人应提请委托人就索赔事件的成因、损失等作出判断，委托人明确索赔成因、索赔损失、索赔时效均成立的，鉴定人应运用专业知识作出因果关系的判断，作出鉴定意见，供委托人判断使用。

（2）一方当事人提出索赔，对方当事人已经答复但未能达成一致，鉴定人可按以下规定进行鉴定：

① 对方当事人以不符合事实为由不同意索赔的，鉴定人应在厘清证据事实以及事件的因果关系的基础上作出鉴定；

② 对方当事人以该索赔事项存在，但认为不存在赔偿的，或认为索赔过高的，鉴定人应根据相关证据和专业判断作出鉴定。

（3）当事人对暂停施工索赔费用有争议的，鉴定人应按以下规定进行鉴定：

① 合同中对上述费用的承担有约定的，应按合同约定作出鉴定；

② 因发包人原因引起的暂停施工，费用由发包人承担，包括：对已完工程进行保护的费用、运至现场的材料和设备的保管费、施工机具租赁费、现场生产工人与管理人员工资、承包人为复工所需的准备费用等；

③ 因承包人原因引起的暂停施工，费用由承包人承担。

（4）因不利的物质条件或异常恶劣的气候条件的影响，承包人提出应增加费用和延误的工期的，鉴定人应按以下规定进行鉴定：

① 承包人及时通知发包人，发包人同意后及时发出指示同意的，采取合理措施而增加的费用和延误的工期由发包人承担。发承包双方就具体数额已经达成一致的，鉴定人应采纳这一数额鉴定；发承包双方未就具体数额达成一致，鉴定人通过专业鉴别、判断作出鉴定。

② 承包人及时通知发包人后，发包人未及时回复的，鉴定人可从专业角度进行鉴别、判断作出鉴定。

（九）工程签证争议的鉴定

（1）当事人因工程签证费用发生争议，鉴定人应按以下规定进行鉴定：

① 签证明确了人工、材料、机械台班数量及其价格的，按签证的数量和价格计算；

② 签证只有用工数量没有人工单价的，其人工单价按照工作技术要求比照鉴定项目相应工程人工单价适当上浮计算；

③ 签证只有材料和机械台班用量没有价格的，其材料和台班价格按照鉴定项目相应工程材料和台班价格计算；

④ 签证只有总价款而无明细表述的，按总价款计算；

⑤ 签证中的零星工程数量与该工程应予实际完成的数量不一致时，应按实际完成的工

程数量计算。

(2) 当事人因工程签证存在瑕疵发生争议的，鉴定人应按以下规定进行鉴定：

① 签证发包人只签字证明收到，但未表示同意，承包人有证据证明该签证已经完成，鉴定人可作出鉴定意见并单列，供委托人判断使用。

② 签证既无数量，又无价格，只有工作事项的，由当事人双方协商，协商不成的，鉴定人可根据工程合同约定的原则、方法对该事项进行专业分析，作出推断性意见，供委托人判断使用。

(3) 承包人仅以发包人口头指令完成了某项零星工作或工程，要求费用支付，而发包人又不认可，且无物证的，鉴定人应以法律证据缺失为由，作出否定性鉴定。

(十) 合同解除争议的鉴定

(1) 工程合同解除后，当事人就价款结算发生争议：

① 送鉴的证据满足鉴定要求的，按送鉴的证据进行鉴定；

② 不能满足鉴定要求的，鉴定人应提请委托人组织现场勘验或核对，会同当事人采取以下措施进行鉴定：

a. 清点已完工程部位、测量工程量；

b. 清点施工现场人、材、机数量；

c. 核对签证、索赔所涉及的有关资料；

d. 将清点结果汇总造册，请当事人签认，当事人不签认的，及时报告委托人，但不影响鉴定工作的进行；

e. 分别计算价款。

(2) 当事人对已完工程数量不能达成一致意见，鉴定人现场核对也无法确认的，应提请委托人委托第三方专业机构进行现场勘验，鉴定人应按勘验结果进行鉴定。

(3) 委托人认定发包人违约导致合同解除的，应包括以下费用：

① 已完成永久工程的价款；

② 已付款的材料设备等物品的金额(付款后归发包人所有)；

③ 临时设施的摊销费用；

④ 签证、索赔以及其他应支付的费用；

⑤ 撤离现场及遣散人员的费用；

⑥ 发包人违约给承包人造成的实际损失(其违约责任的分担按委托人的决定执行)；

⑦ 其他应由发包人承担的费用。

(4) 委托人认定承包人违约导致合同解除的，应包括以下费用：

① 已完成永久工程的价款；

② 已付款的材料设备等物品的金额(付款后归发包人所有)；

③ 临时设施的摊销费用；

④ 签证、索赔以及其他应支付的费用；

⑤ 承包人违约给发包人造成的实际损失(其违约责任的分担按委托人的决定执行)；

⑥ 其他应由承包人承担的费用。

(5) 委托人认定因不可抗力导致合同解除的，鉴定人应按合同约定进行鉴定；合同没有约定或约定不明的，鉴定人应提请委托人认定不可抗力导致合同解除后适用的归责原则，可建议按现行国家标准计价规范的相关规定进行鉴定，由委托人判断，鉴定人按委托人的决定进行鉴定。

(6) 单价合同解除后的争议，按以下规定进行鉴定，供委托人判断使用：

① 合同中有约定的，按合同约定进行鉴定；

② 委托人认定承包人违约导致合同解除的，单价项目按已完工程量乘以约定的单价计算(其中，单价措施项目应考虑工程的形象进度)，总价措施项目按与单价项目的关联度比例计算；

③ 委托人认定发包人违约导致合同解除的，单价项目按已完工程量乘以约定的单价计算，其中剩余工程量超过15%的单价项目可适当增加企业管理费计算。总价措施项目已全部实施的，全额计算；未实施完的，按与单价项目的关联度比例计算。未完工程量与约定的单价计算后按工程所在地统计部门发布的建筑企业统计年报的利润率计算利润。

(7) 总价合同解除后的争议，按以下规定进行鉴定，供委托人判断使用：

① 合同中有约定的，按合同约定进行鉴定；

② 委托人认定承包人违约导致合同解除的，鉴定人可参照工程所在地同时期适用的计价依据计算出未完工程价款，再用合同约定的总价款减去未完工程价款计算；

③ 委托人认定发包人违约导致合同解除的，承包人请求按照工程所在地同时期适用的计价依据计算已完工程价款，鉴定人可采用这一方式鉴定，供委托人判断使用。

(十一) 鉴定意见分类

基本鉴定意见包括：(1) 确定性意见，事实清楚、证据充分、依据有力；(2) 推断性意见，事实较清楚、证据欠充分、依据不够有力。

派生鉴定意见包括：(1) 选择性意见：合同约定矛盾或证据矛盾，分别鉴定供委托人选用；(2) 妥协性意见：当事人作出妥协认可的事实，作为确定性意见但应在鉴定意见中注明。在重新鉴定中，该意见不得直接作为鉴定依据，当事人再次达成一致的除外。

(十二) 补充鉴定

补充鉴定是原鉴定的组成部分，由委托人向鉴定机构提出。有下列情形之一的，鉴定机构应进行补充鉴定：(1) 委托人增加新的鉴定要求；(2) 委托人发生委托的鉴定事项有遗漏的；(3) 委托人就同一委托鉴定事项又提供或者补充了新的证据的；(4) 鉴定人通过出庭作证，或自行发现有缺陷的；(5) 其他需补充鉴定的情形。

鉴定人发现有遗漏的，也可自行补充。补充鉴定意见与原鉴定意见不一致的，应说明理由，并注明应采用的鉴定意见。

(十三) 重新鉴定

当事人可向委托人申请重新鉴定，是否重新鉴定，由人民法院或仲裁机构决定。

六、鉴定意见书

(一) 鉴定意见书制作

(1) 鉴定意见书的制作应规范、标准，语言表述应符合要求。

(2) 鉴定意见书不得载有对案件性质和当事人责任进行认定的内容。

“工程造价鉴定意见书封面”的内容及格式如下：

工程造价鉴定意见书封面

________________________________工程

工程造价鉴定意见书

××价鉴(××××)×号

(鉴定机构名称、公章)

年　月　日

鉴定人声明

声　明

本鉴定机构和鉴定人郑重声明:

1 本鉴定意见书中依据证据材料陈述的事实是准确的,其中的分析说明、鉴定意见是我们独立、公正的专业分析。

2 工程造价及其相关经济问题存在固有的不确定性,本鉴定意见的依据是贵方委托书和送鉴证据材料,仅负责对委托鉴定范围及事项作出鉴定意见,未考虑与其他方面的关联。

3 本鉴定意见书的正文和附件是不可分割的统一组成部分,使用人不能就某项条款或某个附件单独使用,由此而作出的任何推论、理解、判断,本鉴定机构概不负责。

4 本鉴定机构及鉴定人与本鉴定项目不存在现行法律法规所要求的回避情形。

5 未经本鉴定机构同意,本鉴定意见书的全部或部分内容不得在任何公开刊物和新闻媒体上发表或转载,不得向与本鉴定项目无关的任何单位和个人提供,否则,本鉴定机构将追究相应的法律责任。

工程造价鉴定意见书落款

正文××××

鉴　定　人:______________________________(签字并盖造价工程师执业章)

鉴　定　人:______________________________(签字并盖造价工程师执业章)

鉴定审核人:______________________________(签字并盖造价工程师执业章)

负　责　人:______________________________(签名)

(鉴定机构公章)

年　月　日

(3) 鉴定意见书的语言表述应符合下列要求：① 使用符合国家通用语言文字规范、通用专业术语规范和法律规范的用语，不得使用文言、方言和土语；② 使用国家标准计量单位和符号；③ 文字精练，用词准确，语句通顺，描述客观清晰。

(4) 鉴定意见书的制作应符合下列要求：① 使用 A4 规格纸张，打印制作；② 在正文每页页眉的右上角或页脚的中间位置以小五号字注明正文共几页，本页是第几页；③ 落款应当与正文同页，不得使用“此页无正文”字样；④ 不得有涂改；⑤ 应装订成册。

(二) 补充鉴定意见书

在鉴定意见书格式的基础上，应说明以下事项：

① 补充鉴定说明：阐明补充鉴定理由和新的委托鉴定事由。

② 补充资料摘要：在补充资源摘要的基础上，注明原鉴定意见书的基础内容等。

③ 补充鉴定过程：在补充鉴定、勘验的基础上，注明原鉴定过程的基本内容等。

④ 补充鉴定意见：在原鉴定意见的基础上，提出补充鉴定意见。

(三) 鉴定意见书的补正

应委托人、当事人的要求或者鉴定人自行发现有下列情形之一的，经鉴定机构负责人审核批准，应对鉴定意见书进行补正：

① 鉴定意见书的图像、表格、文字不清晰的；

② 鉴定意见书中的签名、盖章或者编号不符合制作要求的；

③ 鉴定意见书文字表达有瑕疵或者错别字，但不影响鉴定意见、不改变鉴定意见书的其他内容的。

对已发出鉴定意见书的补正，如以追加文件或者更换鉴定意见书的形式实施，应包括如下声明：“对×××字号(或其他标识)鉴定意见书的补正”。经委托人同意，可以更换新的鉴定意见书。重新制作的鉴定意见书除补正内容外，其他内容应与原鉴定意见书一致。

(四) 鉴定意见书送达

鉴定意见书制作完成后，应及时向委托人送达。

鉴定意见书送达时，应由委托人在“送达回证”签收。

“送达回证”的内容及格式如下：

送达回证

编号：

兹收到＿＿＿＿＿＿＿＿鉴定机构(××价鉴〔××××〕×号)工程造价鉴定意见书正本＿＿＿＿份，副本＿＿＿＿份。

送达机构：＿＿＿＿＿＿＿＿鉴定机构

送 达 人：

送达地点：

受送达单位：

受送达人：

送达时间：　　年　　月　　日

第三节 《建设工程量清单计价规范》的主要内容

为规范建设工程造价计价行为，统一建设工程计价文件的编制原则和计价方法，根据《中华人民共和国建筑法》《中华人民共和国合同法》《中华人民共和国招标投标法》等法律法规，制定《建设工程量清单计价规范》(GB 50500—2013)(以下简称"13 规范")。

一、规范修订情况介绍

1. "08 规范"修订的必要性

《建设工程量清单计价规范》(GB 50500—2008)(以下简称"08 规范")修订的主要原因：(1) 相关法律等的变化，需要修改"08 规范"；(2) "08 规范"的理论探讨和实践总结需要修改计价规范，一些具有探索意义的条文说明，经过实践需要进入计价规范；(3) "08 规范"附录部分需要尽快修改完善，如增加新项目，删除过时项目；(4) 有的计量规定需要重新定义和明确；(5) "08 规范"对于计价、计量的表现形式有待改变。

2. 修编原则

"13 计价规范"的编制原则：依法原则；权责对等原则；公平交易原则；可操作性原则；从约原则。

"13 计量规范"的编制原则：项目编码唯一性原则；项目设置简明适用原则；项目特征满足组价原则；工程量计算规则统一原则。

3. "13 规范"的特点

"13 规范"的特点：确立了工程计价标准体系；扩大了计价计量规范的适用范围；深化了工程造价运行机制的改革；强化了工程计价计量的强制性规定；注重了与施工合同的衔接；明确了工程计价风险分担的范围；完善了招标控制价制度；规范了不同合同形式的计量与价款交付；统一了合同价款调整的分类内容；确立了施工全过程计价控制与工程结算；提供了合同价款争议解决的方法；增加了工程造价鉴定的专门规定；细化了措施项目计价的规定；增强了规范的可操作性。

4. 修编的主要内容及变化

"13 计价规范"的主要变化："13 规范"共设置 16 章、54 节、329 条，比"08 规范"分别增加 11 章、37 节、192 条，表格增加 8 种。

"13 计量规范"的主要变化："13 计量规范"是在"08 规范"附录 A、B、C、D、E、F 基础上制订的，内容包括：房屋建筑与装饰工程、仿古建筑工程、通用安装工程、市政工程、园林绿化工程、矿山工程、构筑物工程、城市轨道交通工程、爆破工程等 9 个专业。正文部分共计 261 条，附录部分共计 3 957 个项目，在"08 规范"基础上新增 2 222 个项目，减少 419 个项目。

关于"措施项目"的主要变化："08 规范"的措施项目仅是一个名称。"13 规范"为了便于措施项目列项与计价，可以计算工程量的措施项目，列出项目编码、项目名称、项目特征、计量单位和工程量计算规则；不能计算工程量的项目，列出了项目编码、项目名称、工作内容及包含范围，解决了措施项目的分类列项问题。

关于"土壤和岩石分类"的主要变化：一方面与现行国家标准保持一致，另一方面也与地勘报告的结论相符合，便于招标人据此描述土壤类别，解决土壤、岩石的分类鉴别问题。

因此，取消“普氏”土壤分类，土及岩石分类按国家标准《工程岩体分级标准》(GB/T 50218—2014)、《岩土工程勘察规范》(GB 50021—2001)(2009 年版)重新定义，各专业工程均按此划分执行。

关于“沟槽、基坑、一般土石方的划分”的变化：沟槽、基坑、一般土石方的划分标准，将房屋建筑与市政工程保持一致，便于人工、机械台班消耗量的平衡。

关于“土方工程计算规则”的变化：“08 规范”计算规则导致挖土方工程清单工程量与实际工程量存在差异，致使管理机构发布的土方价格、招标控制价、投标报价与市场实际价格出现差异，使相关部门较难理解。为了妥善处理这一问题，在保留“08 规范”计算规则的同时，增加规定了：“挖沟槽、基坑、一般土方因工作面和放坡增加的工程量(管沟工作面增加的工程量)，是否并入各土方工程量中，按各省、自治区、直辖市或行业建设主管部门的规定实施，如并入各土方工程量中，办理工程结算时，按经发包人认可的施工组织设计规定计算，编制工程量清单时，可按表 A. 1-3、A. 1-4、A. 1-5 规定计算”(上述三表内容是放坡及工作面的规定)。这样处理，较为切合实际情况。

关于“现浇混凝土构件模板”的变化：“03 规范”出于实体工程与措施项目分离的考虑，将模板工程作为措施项目单列，但未给出如何实施的具体规定。此次修订中，意见也不完全一致，主要有两种：一是维持“08 规范”不变，二是将模板与混凝土构件归并，模板工程不单列。考虑到模板与混凝土结合紧密，以及各专业、各地区不同的计价习惯，“13 规范”对混凝土及钢筋混凝土工程在“工作内容”中增加模板及支架的内容，并在正文中说明：“本规范对现浇混凝土工程项目在‘工作内容’中包括模板工程的内容，同时又在措施项目中单列了现浇混凝土模板工程项目。对此，由招标人根据工程实际情况选用，若招标人在措施项目清单中未编列现浇混凝土模板项目清单，即表示现浇混凝土模板项目不单列，现浇混凝土工程项目的综合单价中应包括模板工程费用。”解决了不同方式的现浇构件模板计价问题。

关于“预制混凝土构件模板”的变化：鉴于目前现场预制混凝土构件越来越少，加之模板分离加大了计量工作，因此，对预制混凝土构件，针对现场预制和成品构件均存在的情况。在“13 规范”工作内容中增加了模板工序，并在正文中说明：“本规范对预制混凝土构件按现场制作编制项目，工作内容中包括模板工程，不再另列。若采用成品预制混凝土构件时，构件成品价(包括模板、钢筋、混凝土等所有费用)应计入综合单价中。”

关于“钢筋施工搭接”的变化：“08 规范”对钢筋搭接如何计量未予明确，此次修改明确规定：“除设计(包括规范规定)标明的搭接外，其他施工搭接不计算工程量，在综合单价中综合考虑”。其施工搭接损耗应包含在综合单价中，不另计算。

关于“门窗、金属构件”的变化：鉴于目前建筑市场上，绝大部分门窗和金属构件均采用成品方式，因此，“13 规范”明确规定：按成品编列，成品价计入综合单价中，如采用现场预制，包括制作的所有费用。

关于“垂直运输机械”的变化：为了改变按建筑面积计算垂直运输机械费，导致面积越多，费用越高的不合理情况，解决不能按建筑面积计算工程量而又使用垂直运输机械的项目计量问题，如构筑物、桥、塔、牌坊、纪念性建筑等。并结合目前建筑市场部分垂直运输机械采用租赁，以“天”计算费用的实际情况，垂直运输机械采用以“m^2”“天”两个计量单位，招标人根据工程具体情况选择计量单位，便于施工企业投标报价和核算成本。

关于“注及说明”的变化：为便于使用者查找，理解规范的规定，与单独表格内容相关的问题，在“13 规范”的表格加“注”，共同性的问题在每章后面单设一节：相关问题及说明。

二、总则

1. 规范的适用范围

该规范适用于建设工程发承包及实施阶段的计价活动。建设工程进入发承包及实施阶段，与决策阶段、设计阶段不同，发承包双方以及第三方中介服务机构将受《中华人民共和国合同法》《中华人民共和国建筑法》《中华人民共和国招标投标法》等法律、法规的约束。该规范的适用范围明确规定为“建设工程发承包及实施阶段的计价活动”，使其与建设工程决策阶段、设计阶段有所区分，避免因理解上的歧义而发生纠纷。

建设工程发承包及实施阶段的计价活动包括：工程量清单编制、招标控制价编制、投标报价编制、工程合同价款的约定、工程施工过程中工程计量与合同价款的支付、索赔与现场签证、合同价款的调整、竣工结算的办理和合同价款争议的解决以及工程造价鉴定等活动，涵盖了工程建设发承包以及施工阶段的整个过程。

2. 工程造价的组成内容

建设工程发承包及实施阶段的工程造价由分部分项工程费、措施项目费、其他项目费、规费和税金组成。

3. 建设工程计价活动的主体

招标工程量清单、招标控制价、投标报价、工程计量、合同价款调整、合同价款结算与支付以及工程造价鉴定等工程造价文件的编制与核对，应由具有专业资格的工程造价人员承担。承担工程造价文件的编制与核对的工程造价人员及其所在单位，应对工程造价文件的质量负责。

中华人民共和国人事部、建设部《关于印发〈造价工程师执业制度暂行规定〉的通知》（人发〔1996〕77 号）规定，国家在工程造价领域实施造价工程师执业资格制度。《注册造价工程师管理办法》（中华人民共和国建设部令第 150 号）第十八条规定，注册造价工程师应当在本人承担的工程造价成果文件上签字并盖章；《全国建设工程造价员管理办法》（中价协〔2011〕021 号）第二十一条规定，造价员应在本人完成的工程造价成果文件上签字、加盖从业印章，并承担相应的责任。

4. 建设工程计价活动的原则

建设工程发承包及实施阶段的计价活动应遵循客观、公正、公平的原则。建设工程发承包及实施阶段的计价活动，除应符合该规范外，尚应符合国家现行有关标准的规定。

建设工程计价活动的结果既是工程建设投资的价值表现，同时又是工程建设交易活动的价值表现。因此，建设工程造价计价活动不仅要客观反映工程建设的投资，更应体现工程建设交易活动的公正、公平的原则。工程建设双方，包括受其委托的工程造价咨询方均应以诚实、信用、公正、公平的原则进行工程建设计价活动。

三、主要术语介绍

1. 工程量清单

工程量清单是载明建设工程分部分项工程项目、措施项目、其他项目的名称和相应数量以及规费、税金项目等内容的明细清单。

2. 分部分项工程

分部工程是单项或单位工程的组成部分，是按结构部位、路段长度及施工特点或施工任务将单项或单位工程划分为若干分部的工程；分项工程是分部工程的组成部分，是按不同施工方法、材料、工序及路段长度等将分部工程划分为若干个分项或项目的工程。

3. 措施项目

措施项目指为完成工程项目施工，发生于该工程施工准备和施工过程中的技术、生活、安全、环境保护等方面的项目。

"措施项目"是相对于分部分项工程项目而言，对实际施工中为完成合同工程项目所必须发生的施工准备和施工过程中技术、生活、安全、环境保护等方面的项目的总称。

4. 项目编码

项目编码是分部分项工程和措施项目清单名称的阿拉伯数字标识。

由于新的相关工程国家计量规范不只是对分部分项工程，同时对措施项目名称也进行了编码，使其更加完善，以方便使用，因此，新的定义增加了措施项目。项目编码仍与"08 规范"保持一致，采用十二位阿拉伯数字表示。一至九位为统一编码，其中，一、二位为相关工程国家计量规范代码，三、四位为专业工程顺序码，五、六位为分部工程顺序码，七、八、九位为分项工程项目名称顺序码，十至十二位为清单项目名称顺序码。

5. 综合单价

综合单价是完成一个规定清单项目所需的人工费、材料和工程设备费、施工机具使用费和企业管理费、利润以及一定范围内的风险费用。

该定义仍是一种狭义上的综合单价，规费和税金费用并不包括在项目单价中。国际上所谓的综合单价，一般是指包括全部费用的综合单价；在我国目前建筑市场存在过度竞争的情况下，保障税金和规费等不可竞争的费用仍是很有必要的。随着我国社会主义市场经济体制的进一步完善，社会保障机制的进一步健全，实行全费用的综合单价也将只是时间问题。

6. 风险费用

风险费用是隐含于已标价工程量清单综合单价中，用于化解发承包双方在工程合同中约定内容和范围内的市场价格波动风险的费用。

7. 单价合同

单价合同是发承包双方约定以工程量清单及其综合单价进行合同价款计算、调整和确认的建设工程施工合同。

8. 总价合同

总价合同是发承包双方约定以施工图及其预算和有关条件进行合同价款计算、调整和确认的建设工程施工合同。

"总价合同"是新增名词，是以施工图纸为基础，在工程任务内容明确，发包人的要求条件清楚，计价依据确定的条件下，发承包双方依据承包人编制的施工图预算商谈确定合同价款。当合同约定工程施工内容和有关条件不发生变化时，发包人付给承包人的合同价款总额就不发生变化。当工程施工内容和有关条件发生变化时，发承包双方根据变化情况和合同约定调整合同价款，但对工程量变化引起的合同价款调整应遵循以下原则：

(1) 若合同价款是依据承包人根据施工图自行计算的工程量确定时，除工程变更造成的工程量变化外，合同约定的工程量是承包人完成的最终工程量，发承包双方不能以工程量变化作为合同价款调整的依据；

（2）若合同价款是依据发包人提供的工程量清单确定时，发承包双方应依据承包人最终实际完成的工程量（包括工程变更、工程量清单错、漏）调整确定合同价款。

9. 成本加酬金合同

成本加酬金合同是发承包双方约定以施工工程成本再加合同约定酬金进行合同价款计算、调整和确认的建设工程施工合同。

"成本加酬金合同"是新增名词，是承包人不承担任何价格变化和工程量变化的风险的合同，不利于发包人对工程造价的控制。通常在下列情况下，选择成本加酬金合同：

（1）工程特别复杂，工程技术、结构方案不能预先确定，或者尽管可以确定工程技术和结构方案，但不可能进行竞争性的招标活动并以总价合同或单价合同的形式确定承包人；

（3）时间特别紧迫，来不及进行详细的计划和商谈，如抢险、救灾工程。

成本加酬金合同有多种形式，主要有成本加固定费用合同、成本加固定比例费用合同、成本加奖金合同。

10. 工程造价信息

工程造价信息是工程造价管理机构根据调查和测算发布的建设工程人工、材料、工程设备、施工机械台班的价格信息，以及各类工程的造价指数、指标。

"工程造价信息"是新增名词。工程造价管理机构通过搜集、整理、测算并发布工程建设的人工、材料、工程设备、施工机械台班的价格信息，以及各类工程的造价指数、指标。其目的是为政府有关部门和社会提供公共服务，为建筑市场各方主体计价提供造价信息的专业服务，实现资源共享。工程造价中的价格信息是国有资金投资项目编制招标控制价的依据之一，是物价变化调整价格的基础，也是投标人进行投标报价的参考。

11. 工程造价指数

工程造价指数是反映一定时期的工程造价相对于某一固定时期的工程造价变化程度的比值或比率。包括按单位工程或单项工程划分的造价指数，按工程造价构成要素划分的人工、材料、机械等价格指数。

"工程造价指数"是新增名词，是反映一定时期价格变化对工程造价影响程度的一种指标，是调整工程造价价差的依据之一。工程造价指数反映了一定时期相对于某一固定时期的价格变动趋势，在工程发承包阶段，主要有单位或单项工程项目造价指数，人工、材料、机械要素价格指数等。

12. 工程变更

工程变更是合同工程实施过程中由发包人提出或由承包人提出经发包人批准的合同工程任何一项工作的增、减、取消或施工工艺、顺序、时间的改变；设计图纸的修改；施工条件的改变；招标工程量清单的错、漏从而引起合同条件的改变或工程量的增减变化。

"工程变更"是新增名词。建设工程合同是基于合同签订时静态的发承包范围、设计标准、施工条件为前提的，由于工程建设的不确定性，这种静态前提往往会被各种变更所打破。在合同工程实施过程中，工程变更可分为设计图纸发生修改；招标工程量清单存在错、漏；对施工工艺、顺序和时间的改变；为完成合同工程所需要追加的额外工作等。

13. 工程量偏差

工程量偏差是承包人按照合同工程的图纸(含经发包人批准由承包人提供的图纸)实施,按照现行国家计量规范规定的工程量计算规则计算得到的完成合同工程项目应予计量的工程量与相应的招标工程量清单项目列出的工程量之间出现的量差。

“工程量偏差”是新增名词,是由于招标工程量清单出现疏漏,或合同履行过程中,出现设计变更、施工条件变化等影响,按照相关工程现行国家计量规范规定的工程量计算规则计算的应予计量的工程量与相应的招标工程量清单项目的工程量之间的差额。

14. 暂列金额与暂估价

暂列金额是招标人在工程量清单中暂定并包括在合同价款中的一笔款项。用于工程合同签订时尚未确定或者不可预见的所需材料、工程设备、服务的采购,施工中可能发生的工程变更、合同约定调整因素出现时的合同价款调整以及发生的索赔、现场签证确认等的费用。暂估价是招标人在工程量清单中提供的用于支付必然发生但暂时不能确定价格的材料、工程设备的单价以及专业工程的金额。

15. 总承包服务费

总承包服务费是总承包人为配合协调发包人进行的专业工程发包,对发包人自行采购的材料、工程设备等进行保管以及施工现场管理、竣工资料汇总整理等服务所需的费用。

“总承包服务费”与“08 规范”该定义相比,文字作了适当调整,更加明确、具体。主要包括以下含义:

(1) 总承包服务费的性质:是在工程建设的施工阶段实行施工总承包时,由发包人支付给总承包人的一笔费用。承包人进行的专业分包或劳务分包不在此列。

(2) 总承包服务费的用途:① 当招标人在法律、法规允许的范围内对专业工程进行发包,要求总承包人协调服务;② 发包人自行采购供应部分材料、工程设备时,要求总承包人提供保管等相关服务,③ 总承包人对施工现场进行协调和统一管理、对竣工资料进行统一汇总整理等所需的费用。

16. 安全文明施工费

安全文明施工费是指在合同履行过程中,承包人按照国家法律、法规、标准等规定,为保证安全施工、文明施工,保护现场内外环境和搭拆临时设施等所采用的措施而发生的费用。

“安全文明施工费”是新增名词。是按照《建筑工程安全防护、文明施工措施费及使用管理规定》(建办〔2005〕89 号),将环境保护费、文明施工费、安全施工费、临时设施费统一在一起的命名。

17. 索赔

索赔是指在工程合同履行过程中,合同当事人一方因非己方的原因而遭受损失,按合同约定或法律法规规定应由对方承担责任,从而向对方提出补偿的要求。

18. 现场签证

发包人现场代表(或其授权的监理人、工程造价咨询人)与承包人现场代表就施工过程中涉及的责任事件所作的签认证明。

“现场签证”是专指在工程建设的施工过程中,发承包双方的现场代表(或其委托人)就涉及的责任事件作出的书面签字确认凭证。有的又称工程签证、施工签证、技术核定单等。

19. 企业定额

施工企业根据本企业的施工技术、机械装备和管理水平而编制的人工、材料和施工机械台班等的消耗标准。

企业定额是一个广义概念。"企业定额"专指施工企业的施工定额,它是施工企业根据本企业具有的管理水平、拥有的施工技术和施工机械装备水平而编制的,完成一个规定计量单位的工程项目所需的人工、材料、施工机械台班等的消耗标准。企业定额是施工企业内部编制施工预算、进行施工管理的重要标准,也是施工企业对招标工程进行投标报价的重要依据。

20. 规费

根据国家法律、法规规定,由省级政府或省级有关权力部门规定施工企业必须缴纳的,应计入建筑安装工程造价的费用。

该规范增加了"根据国家法律、法规规定"和"施工企业必须缴纳",使之更加明确。根据中华人民共和国建设部、财政部印发的《建筑安装工程费用项目组成》(建标〔2013〕44 号)的规定,规费是工程造价的组成部分。中华人民共和国财政部、国家发展改革委、建设部《关于专项治理涉及建筑企业收费的通知》(财综〔2003〕46 号)规定的行政事业收费的政策界限如下:"各地区凡在法律、法规规定之外,以及国务院或者财政部、原国家计委和省、自治区、直辖市人民政府及其所属财政、价格主管部门规定之外,向建筑企业收取的行政事业性收费,均属于乱收费,应当予以取消。"规费由施工企业根据省级政府或省级有关权力部门的规定进行缴纳,但在工程建设项目施工中的计取标准和办法由国家及省级建设行政主管部门依据省级政府或省级有关权力部门的相关规定制定。

21. 工程造价咨询人

工程造价咨询人是取得工程造价咨询资质等级证书,接受委托从事建设工程造价咨询活动的当事人以及取得该当事人资格的合法继承人。

22. 单价项目与总价项目

单价项目是工程量清单中以单价计价的项目,即根据合同工程图纸(含设计变更)和相关工程现行国家计量规范规定的工程量计算规则进行计量,与已标价工程量清单相应综合单价进行价款计算的项目。

总价项目是工程量清单中以总价计价的项目,即此类项目在相关工程现行国家计量规范中无工程量计算规则,以总价(或计算基础乘费率)计算的项目。

"总价项目"是新增名词,指工程量清单中以总价(或计算基础乘费率)计价的项目,此类项目在现行国家计量规范中无工程量计算规则,不能计算工程量,如安全文明施工费、夜间施工增加费,以及总承包服务费、规费等。

23. 工程计量

工程计量是发承包双方根据合同约定,对承包人完成合同工程的数量进行的计算和确认。

24. 工程结算

工程结算是发承包双方根据合同约定,对合同工程在实施中、终止时、已完工后进行的合同价款计算、调整和确认。包括期中结算、终止结算、竣工结算。

"工程结算"是新增名词,根据不同的阶段,又可分为期中结算、终止结算和竣工结算。

期中结算又称中间结算，包括月度、季度、年度结算和形象进度结算。终止结算是合同解除后的结算。竣工结算是指工程竣工验收合格，发承包双方依据合同约定办理的工程结算，是期中结算的汇总。竣工结算包括单位工程竣工结算、单项工程竣工结算和建设项目竣工结算。单项工程竣工结算由单位工程竣工结算组成，建设项目竣工结算由单项工程竣工结算组成。

25. 招标控制价

招标控制价是招标人根据国家或省级、行业建设主管部门颁发的有关计价依据和办法，以及拟定的招标文件和招标工程量清单，结合工程具体情况编制的招标工程的最高投标限价。

"招标控制价"对"08规范"该定义作了调整，增加了"拟定的招标文件和招标工程量清单，结合工程具体情况编制"，删去了"设计施工图纸计算的"，使其与招标工程量清单相区分，更加明晰。

26. 投标价

投标价是投标人投标时响应招标文件要求所报出的对已标价工程量清单汇总后标明的总价。

"投标价"对"08规范"该名词作了修改。投标价是在工程采用招标发包的过程中，由投标人按照招标文件的要求和招标工程量清单，根据工程特点，并结合自身的施工技术、装备和管理水平，依据有关计价规定自主确定的工程造价，是投标人希望达成工程承包交易的期望价格。它不能高于招标人设定的最高投标限价，即招标控制价。

27. 签约合同价(合同价款)

签约合同价(合同价款)发承包双方在工程合同中约定的工程造价，即包括了分部分项工程费、措施项目费、其他项目费、规费和税金的合同总金额。

"签约合同价"对"08规范"该名词名称作了修改，其定义也作了调整，更加明确。签约合同价是在工程发承包交易完成后，由发承包双方以合同形式确定的工程承包价格。采用招标发包的工程，其签约合同价应为投标人的中标价，即投标人的投标报价。

该规范的很多条文，按照用语习惯，经常使用合同价款一词，如调整合同价款，其实质就是调整签约合同价；再如合同价款支付，其实质也是对完成的签约合同价进行的支付，因此，在该规范中，签约合同价与合同价款同义。

28. 合同价款调整

合同价款调整指在合同价款调整因素出现后，发承包双方根据合同约定，对合同价款进行变动的提出、计算和确认。

"合同价款调整"是新增名词。合同工程实施的理想状态，是合同价款无须任何调整，但建筑施工生产的特点决定了这样的理想状态少之又少。由于合同条件的改变，在施工过程中，出现合同约定的价款调整因素，发承包方均可提出对其合同价款进行变动，经发承包双方确认后进行调整。

29. 竣工结算价

竣工结算价是发承包双方依据国家有关法律、法规和标准规定，按照合同约定确定的，包括在履行合同过程中按合同约定进行的合同价款调整，是承包人按合同约定完成了全部承包工作后，发包人应付给承包人的合同总金额。

"竣工结算价"对"08规范"该名词作了修改，其定义是在承包人完成合同约定的全部工程承包内容，发包人依法组织竣工验收合格后，由发承包双方根据国家有关法律、法规和该规范的规定，按照合同约定的工程造价确定条款，即签约合同价、合同价款调整等事项确定的最终工程造价。

30. 工程造价鉴定

工程造价鉴定是工程造价咨询人接受人民法院、仲裁机关委托，对施工合同纠纷案件中的工程造价争议，运用专门知识进行鉴别、判断和评定，并提供鉴定意见的活动，也称为工程造价司法鉴定。

"工程造价鉴定"是新增术语。在社会主义市场经济条件下，发承包双方在履行施工合同中，仍有一些施工合同纠纷采用仲裁、诉讼的方式解决。因此，工程造价鉴定在一些施工合同纠纷案件处理中就成了裁决、判决的主要依据。该条术语针对诸如工程经济纠纷、工程造价纠纷、工程造价争议等不同的称谓，依据《全国人民代表大会常务委员会关于司法鉴定管理问题的决定》第一条"司法鉴定是指在诉讼活动中鉴定人运用科学技术或者专门知识对诉讼涉及的专门性问题进行鉴别和判断并提供鉴定意见的活动"的规定，统一将其定义为工程造价鉴定，或称工程造价司法鉴定，合同纠纷当事人或其他法人、自然人委托工程造价咨询人进行的有关工程造价鉴证，仍归于工程造价咨询之一以示区别。

四、一般规定

1. 计价方式

使用国有资金投资的建设工程发承包，必须采用工程量清单计价。该条仍然保留为强制性条文。《必须招标的工程项目规定》(2018年3月27日国家发展改革委令第16号)规定，全部或者部分使用国有资金投资或者国家融资的项目包括：(1) 使用预算资金200万元人民币以上，并且该资金占投资额10%以上的项目；(2) 使用国有企业事业单位资金，并且该资金占控股或者主导地位的项目。

非国有资金投资的建设工程，宜采用工程量清单计价。不采用工程量清单计价的建设工程，应执行本规范除工程量清单等专门性规定外的其他规定。

工程量清单应采用综合单价计价。该条保留为强制性条文。鉴于工程量清单不论分部分项工程项目，还是措施项目，不论是单价项目，还是总价项目，均应采用综合单价法计价，即包括除规费和税金以外的全部费用。

措施项目中的安全文明施工费必须按国家或省级、行业建设主管部门的规定计算，不得作为竞争性费用。该条为强制性条文。根据《中华人民共和国安全生产法》《建设工程安全生产管理条例》等法律、法规的规定，2012年2月14日，中华人民共和国财政部、国家安全生产监督管理总局印发《企业安全生产费用提取和使用管理办法》(财企〔2012〕16号)第七条第二款规定："建设工程施工企业提取的安全费用列入工程造价，在竞标时，不得删减，列入标外管理"。根据以上规定，考虑到安全生产、文明施工的管理与要求越来越高，按照中华人民共和国财政部、国家安全生产监督管理总局的规定，安全费用标准不予竞争。因此，该规范规定措施项目清单中的安全文明施工费必须按国家或省级建设行政主管部门或行业建设主管部门的规定费用标准计价，招标人不得要求投标人对该项费用进行优惠，投标人也不得将该项费用参与市场竞争。

规费和税金必须按国家或省级、行业建设主管部门的规定计算，不得作为竞争性费用。该条保留为强制性条文。规费是政府和有关权力部门根据国家法律、法规规定施工企业必须缴纳的费用。税金是国家按照税法预先规定的标准，强制地、无偿地要求纳税人缴纳的费用。二者都是工程造价的组成部分，但是其费用内容和计取标准都不是发承包人能自主确定的，更不是由市场竞争决定的。规费主要包括如下内容：(1) 社会保险费，《中华人民共和国社会保险法》规定的① 养老保险费、② 医疗保险费、③ 失业保险费、④ 工伤保险费、⑤ 生育保险费。(2) 住房公积金，由《住房公积金管理条例》(国务院令第 262 号)规定。(3) 工程排污费，由《中华人民共和国水污染防治法》规定。随着我国改革开放的深入进行，国家财富的迅速增长，党和政府把提高人民的生活水准，提供人民社会保障作为重要的政策。随着《中华人民共和国社会保险法》的发布实施，进城务工的农村居民依照该法规定参加社会保险。社会保障体制的逐步完善以及劳动主管部门对违法企业劳动监察的逐步加强，都对建筑施工企业的成本支出产生了重大影响。因此，规定规费不得竞争正是顺应了这一时代潮流。

2. 发包人提供材料和工程设备

发包人提供的材料和工程设备(以下简称甲供材料)应在招标文件中按照该规范附录的规定填写《发包人提供材料和工程设备一览表》，写明甲供材料的名称、规格、数量、单价、交货方式、交货地点等。承包人投标时，甲供材料单价应计入相应项目的综合单价中，签约后，发包人应按合同约定扣除甲供材料款，不予支付。承包人应根据合同工程进度计划的安排，向发包人提交甲供材料交货的日期计划。发包人应按计划提供。发包人提供的甲供材料如规格、数量或质量不符合合同要求，或由于发包人原因发生交货日期延误、交货地点及交货方式变更等情况的，发包人应承担由此增加的费用和(或)工期延误，并应向承包人支付合理利润。发承包双方对甲供材料的数量发生争议不能达成一致的，应按照相关工程的计价定额同类项目规定的材料消耗量计算。若发包人要求承包人采购已在招标文件中确定为甲供材料的，材料价格应由发承包双方根据市场调查确定，并应另行签订补充协议。

3. 计价风险

建设工程发承包，必须在招标文件、合同中明确计价中的风险内容及其范围，不得采用无限风险、所有风险或类似语句规定计价中的风险内容及范围。

该条为强制性条文。在工程施工阶段，发承包双方都面临许多风险，但不是所有的风险以及无限度的风险都应由承包人承担，而是应按风险共担的原则，对风险进行合理分摊。其具体体现则是应在招标文件或合同中对发承包双方各自应承担的计价风险内容及其风险范围或幅度进行界定和明确，而不能要求承包人承担所有风险或无限度风险。根据我国工程建设特点，投标人应完全承担的风险是技术风险和管理风险，如管理费和利润；应有限度承担的是市场风险，如材料价格、施工机械使用费；应完全不承担的是法律、法规、规章和政策变化的风险。

由于下列因素出现，影响合同价款调整的，应由发包人承担：(1) 国家法律、法规、规章和政策发生变化；(2) 省级或行业建设主管部门发布的人工费调整，但承包人对人工费或人工单价的报价高于发布的除外；(3) 由政府定价或政府指导价管理的原材料等价格进行了调整。

目前，我国仍有一些原材料价格按照《中华人民共和国价格法》的规定实行政府定价或政府指导价，如水、电、燃油等。《中华人民共和国合同法》第六十三条规定："执行政府定价或者政府指导价的，在合同约定的交付期限内政府价格调整时，按照交付的价格计价。逾期交付标的物的，遇价格上涨时，按照原价格执行；价格下降时，按照新价格执行。逾期提取标的物或者逾期付款的，遇价格上涨时，按照新价格执行；价格下降时，按照原价格执行。”因此，对政府定价或政府指导价管理的原材料价格应按照相关文件规定进行合同价款调整，不应在合同中违规约定。

由于市场物价波动影响合同价款的，应由发承包双方合理分摊。当合同中没有约定，发承包双方发生争议时，应按该规范的规定调整合同价款。

由于承包人使用机械设备、施工技术以及组织管理水平等自身原因造成施工费用增加的，应由承包人全部承担。

当不可抗力发生，影响合同价款时，应按该规范的规定执行。

五、工程量清单编制

该章共 6 节 19 条，强制性条文 4 条。由于“08 规范”附录上升为相关工程国家计量规范，相应的本章一些条文移入新的计量规范。

1. 一般规定

招标工程量清单应由具有编制能力的招标人或受其委托、具有相应资质的工程造价咨询人编制。

招标工程量清单必须作为招标文件的组成部分，其准确性和完整性应由招标人负责。该条为强制性条文。采用工程量清单方式招标发包，工程量清单必须作为招标文件的组成部分，招标人应将工程量清单连同招标文件的其他内容一并发（或发售）给投标人。招标人对编制的工程量清单的准确性和完整性负责。投标人依据工程量清单进行投标报价，对工程量清单不负有核实的义务，更不具有修改和调整的权力。对编制质量的责任规定明确、责任具体。工程量清单作为投标人报价的共同平台，其准确性（如数量不算错），其完整性（如不缺项漏项），均应由招标人负责。如招标人委托工程造价咨询人或招标代理人编制，其责任仍应由招标人承担。因为中标人与招标人签订工程施工合同后，在履约过程中发现工程量清单漏项或错算，引起合同价款调整的，应由发包人（招标人）承担，而非其他编制人，所以此处规定仍由招标人负责。至于因为工程造价咨询人或招标代理人的错误应承担什么责任，则应由招标人与工程造价咨询人或招标代理人通过合同约定处理或协商解

招标工程量清单是工程量清单计价的基础，应作为编制招标控制价、投标报价、计算或调整工程量、索赔等的依据之一。招标工程量清单应以单位（项）工程为单位编制，应由分部分项工程项目清单、措施项目清单、其他项目清单、规费和税金项目清单组成。编制招标工程量清单应依据：(1) 该规范和相关工程的国家计量规范；(2) 国家或省级、行业建设主管部门颁发的计价定额和办法；(3) 建设工程设计文件及相关资料；(4) 与建设工程有关的标准、规范、技术资料；(5) 拟定的招标文件；(6) 施工现场情况、地勘水文资料、工程特点及常规施工方案；(7) 其他相关资料。

2. 分部分项工程项目

分部分项工程项目清单必须载明项目编码、项目名称、项目特征、计量单位和工程量。分部分项工程项目清单必须根据相关工程现行国家计量规范规定的项目编码、项目名称、项目特征、计量单位和工程量计算规则进行编制。

3. 措施项目

措施项目清单必须根据相关工程现行国家计量规范的规定编制。本条为强制性条文。

4. 其他项目

其他项目清单应按照下列内容列项：(1) 暂列金额；(2) 暂估价，包括材料暂估单价、工程设备暂估单价、专业工程暂估价；(3) 计日工；(4) 总承包服务费。

暂列金额应根据工程特点按有关计价规定估算。暂估价中的材料、工程设备暂估单价应根据工程造价信息或参照市场价格估算，列出明细表；专业工程暂估价应分不同专业，按有关计价规定估算，列出明细表。计日工应列出项目名称、计量单位和暂估数量。总承包服务费应列出服务项目及其内容等。

5. 规费

规费项目清单应按照下列内容列项：(1) 社会保险费：包括养老保险费、失业保险费、医疗保险费、工伤保险费、生育保险费；(2) 住房公积金；(3) 工程排污费。

该条根据《中华人民共和国社会保险法》的规定，将“08 规范”使用的“社会保障费”更正为“社会保险费”，将“工伤保险费、生育保险费”列入社会保险费。根据第十一届全国人民代表大会常务委员会第二十次会议将《中华人民共和国建筑法》第四十八条规定的“建筑施工企业应当依法为职工参加工伤保险缴纳工伤保险费。鼓舞企业为从事危险作业的职工办理意外伤害保险，支付保险费”修改为“建筑施工企业应当依法为职工参加工伤保险缴纳工伤保险费。鼓励企业为从事危险作业的职工办理意外伤害保险，支付保险费”。因此，删除了意外伤害保险，另在企业管理费中列支。

五、招标控制价

1. 一般规定

国有资金投资的建设工程招标，招标人必须编制招标控制价。

该条为强制性条文。国有资金投资的工程在进行招标时，根据《中华人民共和国招标投标法》第二十二条第二款的规定，“招标人设有标底的，标底必须保密”。但由于实行工程量清单招标后，由于招标方式的改变，标底保密这一法律规定已不能起到有效遏止哄抬标价的作用。我国有的地区和部门已经发生在招标项目上所有投标人的报价均高于标底的现象，致使中标人的中标价高于招标人的预算，对招标工程的业主带来了困扰。因此，为有利于客观、合理地评审投标报价和避免哄抬标价，造成国有资产流失，招标人必须编制招标控制价，作为投标人的最高投标限价，招标人能够接受的最高交易价格。

招标控制价应由具有编制能力的招标人或受其委托具有相应资质的工程造价咨询人编制和复核。工程造价咨询人接受招标人委托编制招标控制价，不得再就同一工程接受投标人委托编制投标报价。为体现招标的公开、公平、公正性，防止招标人有意抬高或压低工程造价，给投标人以错误信息，根据《建设工程质量管理条例》第十条“建设工程发包单位不得迫使承包方以低于成本的价格竞标”的规定，招标人应在招标文件中如实公布招标控制价，不得对所编制的招标控制价进行上浮或下调。当招标控制价超过批准的概算时，招标人应将其报原概算审批部门审核。招标人应在发布招标文件时公布招标控制价，同时应将招标控制价及有关资料报送工程所在地或有该工程管辖权的行业管理部门工程造价管理机构备查。

2. 编制与复核

招标控制价应根据下列依据编制与复核:(1) 该规范;(2) 国家或省级、行业建设主管部门颁发的计价定额和计价办法;(3) 建设工程设计文件及相关资料;(4) 拟定的招标文件及招标工程量清单;(5) 与建设项目相关的标准、规范、技术资料;(6) 施工现场情况、工程特点及常规施工方案;(7) 工程造价管理机构发布的工程造价信息,当工程造价信息没有发布时,参照市场价;(8) 其他的相关资料。

综合单价中应包括招标文件中划分的应由投标人承担的风险范围及其费用。招标文件中没有明确的,如是工程造价咨询人编制,应提请招标人明确;如是招标人编制,应予明确。分部分项工程和措施项目中的单价项目,应根据拟定的招标文件和招标工程量清单项目中的特征描述及有关要求确定综合单价计算。招标文件提供了暂估单价的材料,按暂估的单价计入综合单价。

其他项目应按下列规定计价:(1) 暂列金额应按招标工程量清单中列出的金额填写;(2) 暂估价中的材料、工程设备单价应按招标工程量清单中列出的单价计入综合单价;(3) 暂估价中的专业工程金额应按招标工程量清单中列出的金额填写;(4) 计日工应按招标工程量清单中列出的项目根据工程特点和有关计价依据确定综合单价计算;(5) 总承包服务费应根据招标工程量清单列出的内容和要求估算。

3. 投诉与处理

投标人经复核认为招标人公布的招标控制价未按照该规范的规定进行编制的,应在招标控制价公布后 5 天内向招投标监督机构和工程造价管理机构投诉。

投诉人投诉时,应当提交由单位盖章和法定代表人或其委托人签名或盖章的书面投诉书。投诉书应包括下列内容:(1) 投诉人与被投诉人的名称、地址及有效联系方式;(2) 投诉的招标工程名称、具体事项及理由;(3) 投诉依据及有关证明材料;(4) 相关的请求及主张。投诉人不得进行虚假、恶意投诉,阻碍招投标活动的正常进行。

工程造价管理机构受理投诉后,应立即对招标控制价进行复查,组织投诉人、被投诉人或其委托的招标控制价编制人等单位人员对投诉问题逐一核对。有关当事人应当予以配合,并应保证所提供资料的真实性。工程造价管理机构在接到投诉书后应在 2 个工作日内进行审查,应在不迟于结束审查的次日将是否受理投诉的决定书面通知投诉人、被投诉人以及负责该工程招投标监督的招投标管理机构。当招标控制价复查结论与原公布的招标控制价误差大于±3%时,应当责成招标人改正。工程造价管理机构应当在受理投诉的 10 天内完成复查,特殊情况下可适当延长,并作出书面结论通知投诉人、被投诉人及负责该工程招投标监督的招投标管理机构。

招标人根据招标控制价复查结论需要重新公布招标控制价的,其最终公布的时间至招标文件要求提交投标文件截止时间不足 15 天的,应相应延长投标文件的截止时间。《中华人民共和国招标投标法》第二十三条规定:招标人对已发出的招标文件进行必要的澄清或者修改的,应当在招标文件要求提交投标文件截止时间至少 15 日前,以书面形式通知所有招标文件收受人。招标控制价的重新公布,也是一种澄清和修改,因此,该条规定与《中华人民共和国招标投标法》的规定保持一致。

六、投标报价

1. 一般规定

投标价应由投标人或受其委托具有相应资质的工程造价咨询人编制。投标报价编制和确定的最基本特征是投标人自主报价,它是市场竞争形成价格的体现。但投标人自主决定投标报价必须执行本规范的强制性条文。《中华人民共和国标准化法》第二条规定:“强制性标准必须执行”。

投标报价不得低于工程成本。该条为强制性条文。《中华人民共和国招标投标法》第三十三条规定:“投标人不得以低于成本的报价竞标”。与“08 规范”相比,将成本定义为工程成本,而不是企业成本,这就使判定投标报价是否低于成本有了一定的可操作性。原因如下:(1) 工程成本包含在企业成本中,二者的概念不同,涵盖的范围不同,某一单个工程的盈或亏,并不必然表现为整个企业的盈或亏。(2) 建设工程施工合同是特殊的加工承揽合同,以施工企业成本来判定单一工程施工成本对发包人也是不公平的。因发包人需要控制和确定的是其发包的工程项目造价,无须考虑承包该工程的施工企业成本。(3) 相对于一个地区而言,一定时期范围内,同一结构的工程成本基本上会趋于一个较稳定的值,这就使得对同类型工程成本的判断有了可操作的比较标准。

投标人必须按招标工程量清单填报价格、项目编码、项目名称、项目特征、计量单位、工程量必须与招标工程量清单一致。投标人的投标报价高于招标控制价的应予废标。《中华人民共和国招标投标法实施条例》第五十一条规定:“有下列情形之一的,评标委员会应当否决其投标:……(五) 投标报价低于成本或者高于招标文件设定的最高投标限价。”国有资金投资的工程,其招标控制价相当于政府采购中的采购预算,且其定义就是最高投标限价。因此该条规定在国有资金投资工程的招投标活动中,投标人的投标报价不能超过招标控制价,否则,应予废标。

2. 编制与复核

投标报价应根据下列依据编制和复核:(1) 该规范;(2) 国家或省级、行业建设主管部门颁发的计价办法;(3) 企业定额,国家或省级、行业建设主管部门颁发的计价定额和计价办法;(4) 招标文件、招标工程量清单及其补充通知、答疑纪要;(5) 建设工程设计文件及相关资料;(6) 施工现场情况、工程特点及投标时拟定的施工组织设计或施工方案;(7) 与建设项目相关的标准、规范等技术资料;(8) 市场价格信息或工程造价管理机构发布的工程造价信息;(9) 其他的相关资料。

综合单价中应包括招标文件中划分的应由投标人承担的风险范围及其费用,招标文件中没有明确的,应提请招标人明确。在分部分项工程和措施项目中的单价项目,应根据招标文件和招标工程量清单项目中的特征描述确定综合单价计算。

其他项目应按下列规定报价:(1) 暂列金额应按招标工程量清单中列出的金额填写;(2) 材料、工程设备暂估价应按招标工程量清单中列出的单价计入综合单价;(3) 专业工程暂估价应按招标工程量清单中列出的金额填写;(4) 计日工应按招标工程量清单中列出的项目和数量,自主确定综合单价并计算计日工金额;(5) 总承包服务费应根据招标工程量清单中列出的内容和提出的要求自主确定。

招标工程量清单与计价表中列明的所有需要填写单价和合价的项目,投标人均应填写且只允许有一个报价。未填写单价和合价的项目，视为此项费用已包含在已标价工程量清单中其他项目的单价和合价之中。当竣工结算时，此项目不得重新组价予以调整。

投标总价应当与分部分项工程费、措施项目费、其他项目费和规费、税金的合计金额一致。

七、合同价款约定

1. 一般规定

实行招标的工程合同价款应在中标通知书发出之日起 30 天内，由发承包双方依据招标文件和中标人的投标文件在书面合同中约定。

合同约定不得违背招标、投标文件中关于工期、造价、质量等方面的实质性内容。招标文件与中标人投标文件不一致的地方应以投标文件为准。《中华人民共和国合同法》第二百七十条规定："建设工程合同应当采用书面形式"。《中华人民共和国招标投标法》第四十六条规定："招标人和中标人应当自中标通知书发出之日起 30 日内，按照招标文件和中标人的投标文件订立书面合同。招标人和中标人不得再行订立背离合同实质性内容的其他协议。"

工程合同价款的约定是建设工程合同的主要内容。根据上述有关法律条款的规定，招标工程合同价款的约定应满足以下几方面的要求：(1) 约定的依据要求：招标人向中标的投标人发出的中标通知书。(2) 约定的时限要求：自招标人发出中标通知书之日起 30 日内。(3) 约定的内容要求：招标文件和中标人的投标文件。(4) 合同的形式要求：书面合同。

2. 约定内容

发承包双方应在合同条款中对下列事项进行约定：(1) 预付工程款的数额、支付时间及抵扣方式；(2) 安全文明施工措施的支付计划，使用要求等；(3) 工程计量与支付工程进度款的方式、数额及时间；(4) 工程价款的调整因素、方法、程序、支付及时间；(5) 施工索赔与现场签证的程序、金额确认与支付时间；(6) 承担计价风险的内容、范围以及超出约定内容、范围的调整办法；(7) 工程竣工价款结算编制与核对、支付及时间；(8) 工程质量保证金的数额、预留方式及时间；(9) 违约责任以及发生工程价款争议的解决方法及时间；(10) 与履行合同、支付价款有关的其他事项等。如合同中上述内容约定或约定不明的，若发承包双方在合同履行中发生争议由双方协商确定；当协商不能达成一致时，应按该规范的规定执行。

八、工程计量

1. 一般规定

工程量必须按照相关工程现行国家计量规范规定的工程量计算规则计算。该条是新增强制性条文。正确的计量是发包人向承包人支付合同价款的前提和依据。该条明确规定了不论何种计价方式，其工程量必须按照相关工程的现行国家计量规范规定的工程量计算规则计算。采用全国统一的工程量计算规则，对于规范工程建设各方的计量计价行为，有效减少计量争议具有十分重要的意义。

工程计量可选择按月或按工程形象进度分段计量，具体计量周期应在合同中约定。工程量的正确计算是合同价款支付的前提和依据，而选择恰当的计量方式对于正确计量也十分必要。由于工程建设投资大、周期长，因此，工程计量以及价款支付是通过"阶段小结、最终结清"来体现的。所谓阶段小结可以时间节点来划分，即按月计量；也可以形象节点来划分，即按工程形象进度分段计量。按工程形象进度分段计量与按月计量相比，其计量结果更具稳定性，可以简化竣工结算。但应注意，工程形象进度分段的时间应与按月计量保持一定关系，不应过长。

因承包人原因造成的超出合同工程范围施工或返工的工程量，发包人不予计量。

2. 单价合同的计量

工程量必须以承包人完成合同工程应予计量的工程量确定。施工中进行工程计量，当发现招标工程量清单中出现缺项、工程量偏差，或因工程变更引起工程量增减时，应按承包人在履行合同义务中完成的工程量计算。招标人提供的招标工程量清单，应当被认为是准确的和完整的。但在实际工作中，难免会出现疏漏，工程建设的特点也决定了难免会出现变更。因此，为体现合同的公平，工程量应按承包人在履行合同义务过程中实际完成的工程量计量。若发现工程量清单中出现漏项、工程量计算偏差，以及工程变更引起工程量的增减变化应据实调整。

承包人应当按照合同约定的计量周期和时间向发包人提交当期已完工程量报告。发包人应在收到报告后 7 天内核实，并将核实计量结果通知承包人。发包人未在约定时间内进行核实的，承包人提交的计量报告中所列的工程量应视为承包人实际完成的工程量。发包人认为需要进行现场计量核实时，应在计量前 24 小时通知承包人，承包人应为计量提供便利条件并派人参加。当双方均同意核实结果时，双方应在上述记录上签字确认。承包人收到通知后不派人参加计量，视为认可发包人的计量核实结果。发包人不按照约定时间通知承包人，致使承包人未能派人参加计量，计量核实结果无效。

当承包人认为发包人核实后的计量结果有误时，应在收到计量结果通知后的 7 天内向发包人提出书面意见，并应附上其认为正确的计量结果和详细的计算资料。发包人收到书面意见后，应在 7 天内对承包人的计量结果进行复核后通知承包人。承包人对复核计量结果仍有异议的，按照合同约定的争议解决办法处理。承包人完成已标价工程量清单中每个项目的工程量并经发包人核实无误后，发承包双方应对每个项目的历次计量报表进行汇总，以核实最终结算工程量，并应在汇总表上签字确认。

3. 总价合同的计量

采用工程量清单方式招标形成的总价合同，其招标工程量清单与合同工程实施中工程量的差异，应予调整。

采用经审定批准的施工图纸及其预算方式发包形成的总价合同，除按照工程变更规定的工程量增减外，总价合同各项目的工程量应为承包人用于结算的最终工程量。

总价合同约定的项目计量应以合同工程经审定批准的施工图纸为依据，发承包双方应在合同中约定工程计量的形象目标或时间节点进行计量。承包人应在合同约定的每个计量周期内对已完成的工程进行计量，并向发包人提交达到工程形象目标完成的工程量和有关计量资料的报告。发包人应在收到报告后 7 天内对承包人提交的上述资料进行复核，以确定实际完成的工程量和工程形象目标。对其有异议的，应通知承包人进行共同复核。

九、合同价款调整

该章共 15 节，59 条，是在“08 规范”第 4.6、4.7 节的基础上修改而成的。与“08 规范”相比，该章参照国内外多部合同范本，总结我国工程建设合同的实践经验和建筑市场的交易习惯，对所有涉及合同价款调整、变动的因素或其范围进行归并，包括索赔、现场签证等内容，共集中于14个方面，并根据其特性设置节和条文，既有调整的原则性规定，又有详细的时效性规定，使合同价款的调整更具操作性。

1. 一般规定

下列事项(但不限于)发生，发承包双方应当按照合同约定调整合同价款：(1) 法律法规变化；(2) 工程变更；(3) 项目特征不符；(4) 工程量清单缺项；(5) 工程量偏差；(6) 计日工；(7) 物价变化；(8) 暂估价；(9) 不可抗力；(10) 提前竣工(赶工补偿)；(11) 误期赔偿；(12) 索赔；(13) 现场签证；(14) 暂列金额；(15) 发承包双方约定的其他调整事项。

出现合同价款调增事项(不含工程量偏差、计日工、现场签证、索赔)后的14天内，承包人应向发包人提交合同价款调增报告并附上相关资料；承包人在14天内未提交合同价款调增报告的，应视为承包人对该事项不存在调整价款请求。出现合同价款调减事项(不含工程量偏差、索赔)后的14天内，发包人应向承包人提交合同价款调减报告并附相关资料；发包人在14天内未提交合同价款调减报告的，应视为发包人对该事项不存在调整价款请求。

发(承)包人应在收到承(发)包人合同价款调增(减)报告及相关资料之日起14天内对其核实，予以确认的应书面通知承(发)包人。当有疑问时，应向承(发)包人提出协商意见。发(承)包人在收到合同价款调增(减)报告之日起14天内未确认也未提出协商意见的，应视为承(发)包人提交的合同价款调增(减)报告已被发(承)包人认可。发(承)包人提出协商意见的，承(发)包人应在收到协商意见后的14天内对其核实，予以确认的应书面通知发(承)包人。承(发)包人在收到发(承)包人的协商意见后14天内既不确认也未提出不同意见的，应视为发(承)包人提出的意见已被承(发)包人认可。

发包人与承包人对合同价款调整的不同意见不能达成一致的，只要对发承包双方履约不产生实质影响，双方应继续履行合同义务，直到其按照合同约定的争议解决方式得到处理。

经发承包双方确认调整的合同价款，作为追加(减)合同价款，应与工程进度款或结算款同期支付。

2. 法律法规变化

招标工程以投标截止日前28天、非招标工程以合同签订前28天为基准日，其后因国家的法律、法规、规章和政策发生变化引起工程造价增减变化的，发承包双方应按照省级或行业建设主管部门或其授权的工程造价管理机构据此发布的规定调整合同价款。

因工程变更引起已标价工程量清单项目或其工程数量发生变化时，应按照下列规定调整：

(1) 已标价工程量清单中有适用于变更工程项目的，应采用该项目的单价；但当工程变更导致该清单项目的工程数量发生变化，且工程量偏差超过15%时，该项目单价应按照该规范第9.6.2条的规定调整。

(2) 已标价工程量清单中没有适用但有类似于变更工程项目的，可在合理范围内参照类似项目的单价。

(3) 已标价工程量清单中没有适用也没有类似于变更工程项目的，应由承包人根据变更工程资料、计量规则和计价办法、工程造价管理机构发布的信息价格和承包人报价浮动率提出变更工程项目的单价，并应报发包人确认后调整。

(4) 已标价工程量清单中没有适用也没有类似于变更工程项目，且工程造价管理机构发布的信息价格缺价的，应由承包人根据变更工程资料、计量规则、计价办法和通过市场调查等取得有合法依据的市场价格提出变更工程项目的单价，并应报发包人确认后调整。

3. 物价变化

发生合同工程工期延误的，应按照下列规定确定合同履行期的价格调整：(1) 因非承包人原因导致工期延误的，计划进度日期后续工程的价格，应采用计划进度日期与实际进度日期两者的较高者。(2) 因承包人原因导致工期延误的，计划进度日期后续工程的价格，应采用计划进度日期与实际进度日期两者的较低者。

4. 不可抗力

因不可抗力事件导致的人员伤亡、财产损失及其费用增加，发承包双方应按下列原则分别承担并调整合同价款和工期：

(1) 合同工程本身的损害、因工程损害导致第三方人员伤亡和财产损失以及运至施工场地用于施工的材料和待安装的设备的损害，应由发包人承担；

(2) 发包人、承包人人员伤亡应由其所在单位负责，并应承担相应费用；

(3) 承包人的施工机械设备损坏及停工损失，应由承包人承担；

(4) 停工期间，承包人应发包人要求留在施工场地的必要的管理人员及保卫人员的费用应由发包人承担；

(5) 工程所需清理、修复费用，应由发包人承担。

不可抗力解除后复工的，若不能按期竣工，应合理延长工期。发包人要求赶工的，赶工费用应由发包人承担。

5. 提前竣工(赶工补偿)

招标人应依据相关工程的工期定额合理计算工期，压缩的工期天数不得超过定额工期的20%，超过者，应在招标文件中明示增加赶工费用。发包人要求合同工程提前竣工的，应征得承包人同意后与承包人商定采取加快工程进度的措施，并应修订合同工程进度计划。发包人应承担承包人由此增加的提前竣工(赶工补偿)费用。

发承包双方应在合同中约定提前竣工每日历天应补偿额度，此项费用应作为增加合同价款列入竣工结算文件中，应与结算款一并支付。

6. 误期赔偿

承包人未按照合同约定施工，导致实际进度迟于计划进度的，承包人应加快进度，实现合同工期。合同工程发生误期，承包人应赔偿发包人由此造成的损失，并应按照合同约定向发包人支付误期赔偿费。即使承包人支付误期赔偿费，也不能免除承包人按照合同约定应承担的任何责任和应履行的任何义务。

发承包双方应在合同中约定误期赔偿费，并应明确每日历天应赔额度。误期赔偿费应列入竣工结算文件中，并应在结算款中扣除。

在工程竣工之前，合同工程内的某单项(位)工程已通过了竣工验收，且该单项(位)工程接收证书中表明的竣工日期并未延误，而是合同工程的其他部分产生了工期延误时，误期赔偿费应按照已颁发工程接收证书的单项(位)工程造价占合同价款的比例幅度予以扣减。

7. 施工索赔

《中华人民共和国民法通则》第一百一十一条规定："当事人一方不履行合同义务或者履

行合同义务不符合约定条件的，另一方有权要求履行或者采取补救措施，并有权要求赔偿损失。”索赔是合同双方依据合同约定维护自身合法利益的行为，它的性质属于经济补偿行为，而非惩罚。该节规定更具操作性，一是对索赔范围未作限制，二是规定了索赔条件，三是规定了索赔程序。

当合同一方向另一方提出索赔时，应有正当的索赔理由和有效证据，并应符合合同的相关约定。建设工程施工中的索赔是发承包双方行使正当权利的行为，承包人可向发包人索赔，发包人也可向承包人索赔。该条规定了索赔的三要素：一是正当的索赔理由；二是有效的索赔证据，三是在合同约定的时间内提出。

根据合同约定，承包人认为非承包人原因发生的事件造成了承包人的损失，应按下列程序向发包人提出索赔：

(1) 承包人应在知道或应当知道索赔事件发生后 28 天内，向发包人提交索赔意向通知书，说明发生索赔事件的事由。承包人逾期未发出索赔意向通知书的，丧失索赔的权利。

(2) 承包人应在发出索赔意向通知书后 28 天内，向发包人正式提交索赔通知书。索赔通知书应详细说明索赔理由和要求，并应附必要的记录和证明材料。

(3) 索赔事件具有连续影响的，承包人应继续提交延续索赔通知，说明连续影响的实际情况和记录。

(4) 在索赔事件影响结束后的 28 天内，承包人应向发包人提交最终索赔通知书，说明最终索赔要求，并应附必要的记录和证明材料。

承包人索赔应按下列程序处理：

(1) 发包人收到承包人的索赔通知书后，应及时查验承包人的记录和证明材料。

(2) 发包人应在收到索赔通知书或有关索赔的进一步证明材料后的 28 天内，将索赔处理结果答复承包人，如果发包人逾期未作出答复，视为承包人索赔要求已被发包人认可。

(3) 承包人接受索赔处理结果的，索赔款项应作为增加合同价款，在当期进度款中进行支付；承包人不接受索赔处理结果的，应按合同约定的争议解决方式办理。

承包人要求赔偿时，可以选择下列一项或几项方式获得赔偿：(1) 延长工期；(2) 要求发包人支付实际发生的额外费用；(3) 要求发包人支付合理的预期利润；(4) 要求发包人按合同的约定支付违约金。

当承包人的费用索赔与工期索赔要求相关联时，发包人在作出费用索赔的批准决定时，应结合工程延期，综合作出费用赔偿和工程延期的决定。

发承包双方在按合同约定办理了竣工结算后，应被认为承包人已无权再提出竣工结算前所发生的任何索赔。承包人在提交的最终结清申请中，只限于提出竣工结算后的索赔，提出索赔的期限应自发承包双方最终结清时终止。

发包人要求赔偿时，可以选择下列一项或几项方式获得赔偿：(1) 延长质量缺陷修复期限；(2) 要求承包人支付实际发生的额外费用；(3) 要求承包人按合同的约定支付违约金。根据合同约定，发包人认为由于承包人的原因造成发包人的损失，宜按承包人索赔的程序进行索赔。

承包人应付给发包人的索赔金额可从拟支付给承包人的合同价款中扣除，或由承包人以其他方式支付给发包人。承包人应发包人要求完成合同以外的零星项目、非承包人责任事件等工作的，发包人应及时以书面形式向承包人发出指令，并提供所需的相关资料；承包人在收到指令后，应及时向发包人提出现场签证要求。

8. 现场签证

承包人应在收到发包人指令后的 7 天内向发包人提交现场签证报告，发包人应在收到现场签证报告后的 48 小时内对报告内容进行核实，予以确认或提出修改意见。发包人在收到承包人现场签证报告后的 48 小时内未确认也未提出修改意见的，视为承包人提交的现场签证报告已被发包人认可。

现场签证的工作如已有相应的计日工单价，现场签证中应列明完成该类项目所需的人工、材料、工程设备和施工机械台班的数量。

如现场签证的工作没有相应的计日工单价，应在现场签证报告中列明完成该签证工作所需的人工、材料设备和施工机械台班的数量及单价。

合同工程发生现场签证事项，未经发包人签证确认，承包人便擅自施工的，除非征得发包人书面同意，否则发生的费用应由承包人承担。

现场签证工作完成后的 7 天内，承包人应按照现场签证内容计算价款，报送发包人确认后，作为增加合同价款，与进度款同期支付。

在施工过程中，当发现合同工程内容因场地条件、地质水文、发包人要求等不一致时，承包人应提供所需的相关资料，并提交发包人签证认可，作为合同价款调整的依据。

9. 竣工结算

发包人应在收到承包人提交的竣工结算文件后的 28 天内核对。发包人经核实，认为承包人还应进一步补充资料和修改结算文件，应在上述时限内向承包人提出核实意见，承包人在收到核实意见后的 28 天内应按照发包人提出的合理要求补充资料，修改竣工结算文件，并应再次提交给发包人复核后批准。

承包人在收到发包人提出的核实意见后的 28 天内，不确认也未提出异议的，应视为发包人提出的核实意见已被承包人认可，竣工结算办理完毕。

发包人在收到承包人竣工结算文件后的 28 天内，不核对竣工结算或未提出核对意见的，应视为承包人提交的竣工结算文件已被发包人认可，竣工结算办理完毕。

发包人委托工程造价咨询人核对竣工结算的，工程造价咨询人应在 28 天内核对完毕，核对结论与承包人竣工结算文件不一致的，应提交给承包人复核；承包人应在 14 天内将同意核对结论或不同意见的说明提交工程造价咨询人。承包人逾期未提出书面异议的，应视为工程造价咨询人核对的竣工结算文件已经承包人认可。

对发包人或发包人委托的工程造价咨询人指派的专业人员与承包人指派的专业人员经核对后无异议并签名确认的竣工结算文件，除非发承包人能提出具体、详细的不同意见，发承包人都应在竣工结算文件上签名确认，如其中一方拒不签认的，按下列规定办理：

(1) 若发包人拒不签认的，承包人可不提供竣工验收备案资料，并有权拒绝与发包人或其上级部门委托的工程造价咨询人重新核对竣工结算文件。

(2) 若承包人拒不签认的，发包人要求办理竣工验收备案的，承包人不得拒绝提供竣工验收资料，否则，由此造成的损失，承包人承担相应责任。

发包人对工程质量有异议，拒绝办理工程竣工结算的，已竣工验收或已竣工未验收但实际投入使用的工程，其质量争议应按该工程保修合同执行，竣工结算应按合同约定办理；已竣工未验收且未实际投入使用的工程以及停工、停建工程的质量争议，双方应就有争议的部分委托有资质的检测鉴定机构进行检测，并应根据检测结果确定解决方案，或按工程质量监督机构的处理决定执行后办理竣工结算，无争议部分的竣工结算应按合同约定办理。该条规定了发包人对工程质量有异议时，竣工结算的办理原则。按照财政部、建设部印发的《建设工程价款结算暂行办法》(财建〔2004〕369号)第十九条的规定，"13规范"作了相应规定：

(1) 已竣工验收或已竣工未验收但实际投入使用的工程，其质量争议按该工程保修合同执行，竣工结算按合同约定办理。

(2) 已竣工未验收且未实际投入使用的工程以及停工、停建工程的质量争议，双方应当就有争议的部分竣工结算暂缓办理，委托有资质的检测鉴定机构进行检测，并应根据检测结果确定解决方案，或按工程质量监督机构的处理决定执行后办理竣工结算，此处有两层含义，一是经检测质量合格，竣工结算继续办理；二是经检测，质量确有问题，应经修复处理，质量验收合格后，竣工结算继续办理。无争议部分的竣工结算按合同约定办理。

承包人应根据办理的竣工结算文件向发包人提交竣工结算款支付申请。申请应包括下列内容：(1) 竣工结算合同价款总额；(2) 累计已实际支付的合同价款；(3) 应预留的质量保证金；(4) 实际应支付的竣工结算款金额。

十、合同解除的价款结算与支付

该章为新增，共4条。合同解除是合同非常态的终止，为了限制合同的解除，法律规定了合同解除制度。根据解除权来源划分，可分为协议解除和法定解除。鉴于建设工程施工合同的特性，为了防止社会资源浪费，法律不赋予发承包人享有任意单方解除权，因此，除了协议解除，按照《最高人民法院关于审理建设工程施工合同纠纷案件适用法律问题的解释(二)》(法释〔2018〕20号)第八条、第九条的规定，施工合同的解除有承包人根本违约的解除和发包人根本违约的解除两种。

既然施工合同的解除是一个合法有效合同的非常态解除，就存在对解除前行为和解除事项的处理问题。《最高人民法院关于审理建设工程施工合同纠纷案件适用法律问题的解释》第十条规定："建设工程施工合同解除后，已经完成的建设工程质量合格的，发包人应当按照约定支付相应的工程价款……因一方违约导致合同解除的，违约方应当赔偿因此而给对方造成的损失。"因此，该章针对工程建设合同履行过程中由于以上原因导致合同解除后的价款结算与支付进行规范。

发承包双方协商一致解除合同的，应按照达成的协议办理结算和支付合同价款。

由于不可抗力致使合同无法履行解除合同的，发包人应向承包人支付合同解除之日前已完成工程但尚未支付的合同价款，此外，还应支付下列金额：

(1) 该规范第9.11.1条规定的应由发包人承担的费用；

(2) 已实施或部分实施的措施项目应付价款；

(3) 承包人为合同工程合理订购且已交付的材料和工程设备货款；

(4) 承包人撤离现场所需的合理费用，包括员工遣送费和临时工程拆除、施工设备运离现场的费用；

(5) 承包人为完成合同工程而预期开支的任何合理费用，且该项费用未包括在该款其他各项支付之内。

发承包双方办理结算合同价款时，应扣除合同解除之日前发包人应向承包人收回的价款。当发包人应扣除的金额超过了应支付的金额,承包人应在合同解除后的 56 天内将其差额退还给发包人。

因承包人违约解除合同的,发包人应暂停向承包人支付任何价款。发包人应在合同解除后 28 天内核实合同解除时承包人已完成的全部合同价款以及按施工进度计划已运至现场的材料和工程设备货款,按合同约定核算承包人应支付的违约金以及造成损失的索赔金额,并将结果通知承包人。发承包双方应在 28 天内予以确认或提出意见,并办理结算合同价款。如果发包人应扣除的金额超过了应支付的金额,承包人应在合同解除后的 56 天内将其差额退还给发包人。发承包双方不能就解除合同后的结算达成一致的,按照合同约定的争议解决方式处理。

因发包人违约解除合同的,发包人除应按照该规范第 12.0.2 条规定向承包人支付各项价款外,应按合同约定核算发包人应支付的违约金以及给承包人造成损失或损害的索赔金额费用。该笔费用应由承包人提出,发包人核实后应与承包人协商确定后的 7 天内向承包人签发支付证书。协商不能达成一致的,应按照合同约定的争议解决方式处理。

十一、合同价款争议的解决

(1) 监理或造价工程师暂定

若发包人和承包人之间就工程质量、进度、价款支付与扣除、工期延期、索赔、价款调整等发生任何法律上、经济上或技术上的争议,首先应根据已签约合同的规定,提交合同约定职责范围内的总监理工程师或造价工程师解决,并应抄送另一方。总监理工程师或造价工程师在收到此提交件后 14 天内应将暂定结果通知发包人和承包人。发承包双方对暂定结果认可的,应以书面形式予以确认,暂定结果成为最终决定。

发承包双方在收到总监理工程师或造价工程师的暂定结果通知之后的 14 天内未对暂定结果予以确认也未提出不同意见的,应视为发承包双方已认可该暂定结果。发承包双方或一方不同意暂定结果的,应以书面形式向总监理工程师或造价工程师提出,说明自己认为正确的结果,同时抄送另一方,此时该暂定结果成为争议。在暂定结果对发承包双方当事人履约不产生实质影响的前提下,发承包双方应实施该结果,直到按照发承包双方认可的争议解决办法被改变为止。

(2) 管理机构的解释或认定

合同价款争议发生后,发承包双方可就工程计价依据的争议以书面形式提请工程造价管理机构对争议以书面文件进行解释或认定。工程造价管理机构应在收到申请的 10 个工作日内就发承包双方提请的争议问题进行解释或认定。发承包双方或一方在收到工程造价管理机构书面解释或认定后仍可按照合同约定的争议解决方式提请仲裁或诉讼。除工程造价管理机构的上级管理部门作出了不同的解释或认定,或在仲裁裁决或法院判决中不予采信的外,工程造价管理机构作出的书面解释或认定应为最终结果,并应对发承包双方均有约束力。

(3) 协商和解

合同价款争议发生后,发承包双方任何时候都可以进行协商。协商达成一致的,双方应签订书面和解协议,和解协议对发承包双方均有约束力。如果协商不能达成一致协议,发包人或承包人都可以按合同约定的其他方式解决争议。

(4) 调解

发承包双方应在合同中约定或在合同签订后共同约定争议调解人，负责双方在合同履行过程中发生争议的调解。合同履行期间，发承包双方可协议调换或终止任何调解人，但发包人或承包人都不能单独采取行动。除非双方另有协议，在最终结清支付证书生效后，调解人的任期应即终止。如果发承包双方发生了争议，任何一方可将该争议以书面形式提交调解人，并将副本抄送另一方，委托调解人调解。发承包双方应按照调解人提出的要求，给调解人提供所需要的资料、现场进入权及相应设施。调解人应被视为不是在进行仲裁人的工作。调解人应在收到调解委托后28天内或由调解人建议并经发承包双方认可的其他期限内提出调解书，发承包双方接受调解书的，经双方签字后作为合同的补充文件，对发承包双方均具有约束力，双方都应立即遵照执行。

当发承包双方中任一方对调解人的调解书有异议时，应在收到调解书后28天内向另一方发出异议通知，并应说明争议的事项和理由。但除非并直到调解书在协商和解或仲裁裁决、诉讼判决中作出修改，或合同已经解除，承包人应继续按照合同实施工程。当调解人已就争议事项向发承包双方提交了调解书，而任一方在收到调解书后28天内均未发出表示异议的通知时，调解书对发承包双方应均具有约束力。

(5) 仲裁、诉讼

当发承包双方的协商和解或调解均未达成一致意见，其中的一方已就此争议事项根据合同约定的仲裁协议申请仲裁，应同时通知另一方。

仲裁可在竣工之前或之后进行，但发包人、承包人、调解人各自的义务不得因在工程实施期间进行仲裁而有所改变。当仲裁是在仲裁机构要求停止施工的情况下进行时，承包人应对合同工程采取保护措施，由此增加的费用应由败诉方承担。

发包人、承包人在履行合同时发生争议，双方不愿和解、调解或者和解、调解不成，又没有达成仲裁协议的，可依法向人民法院提起诉讼。

十二、工程造价鉴定

(1) 一般规定

在工程合同价款纠纷案件处理中，需作工程造价司法鉴定的，应委托具有相应资质的工程造价咨询人进行。工程造价咨询人接受委托提供工程造价司法鉴定服务，应按仲裁、诉讼程序和要求进行，并应符合国家关于司法鉴定的规定。

工程造价咨询人进行工程造价司法鉴定时，应指派专业对口、经验丰富的注册造价工程师承担鉴定工作。《建设部关于对工程造价司法鉴定有关问题的复函》(建办标函〔2005〕155号)第二条规定："从事工程造价司法鉴定的人员，必须具备注册造价工程师执业资格，并只得在其注册的机构从事工程造价司法鉴定工作，否则不具有在该机构的工程造价成果文件上签字的权力。"

工程造价咨询人应在收到工程造价司法鉴定资料后10天内，根据自身专业能力和证据资料判断能否胜任该项委托，如不能，应辞去该项委托。工程造价咨询人不得在鉴定期满后以上述理由不作出鉴定结论，影响案件处理。

接受工程造价司法鉴定委托的工程造价咨询人或造价工程师如是鉴定项目一方当事人的近亲属或代理人、咨询人以及其他关系可能影响鉴定公正的，应当自行回避；未自行回避，鉴定项目委托人以该理由要求其回避的，必须回避。

《最高人民法院关于民事诉讼证据的若干规定》(法释〔2001〕33号)第五十九条规定："鉴定人应当出庭接受当事人质询"。"13规范"同样规定：工程造价咨询人应当依法出庭接受鉴定项目当事人对工程造价司法鉴定意见书的质询。如确因特殊原因无法出庭的，经审理该鉴定项目的仲裁机关或人民法院准许，可以书面形式答复当事人的质询。

(2) 取证

工程造价咨询人进行工程造价鉴定工作时，应自行收集以下(但不限于)鉴定资料：(1) 适用于鉴定项目的法律、法规、规章、规范性文件以及规范、标准、定额；(2) 鉴定项目同时期同类型工程的技术经济指标及其各类要素价格等。

工程造价咨询人收集鉴定项目的鉴定依据时，应向鉴定项目委托人提出具体书面要求，其内容包括：(1) 与鉴定项目相关的合同、协议及其附件；(2) 相应的施工图纸等技术经济文件；(3) 施工过程中的施工组织、质量、工期和造价等工程资料；(4) 存在争议的事实及各方当事人的理由；(5) 其他有关资料。

工程造价咨询人在鉴定过程中要求鉴定项目当事人对缺陷资料进行补充的，应征得鉴定项目委托人同意，或者协调鉴定项目各方当事人共同签认。

根据鉴定工作需要现场勘验的，工程造价咨询人应提请鉴定项目委托人组织各方当事人对被鉴定项目所涉及的实物标的进行现场勘验。经现场勘验，以保证司法鉴定的顺利进行，保证鉴定质量。

勘验现场应制作勘验记录、笔录或勘验图表，记录勘验的时间、地点、勘验人、在场人、勘验经过、结果，由勘验人、在场人签名或者盖章确认。绘制的现场图应注明绘制的时间、测绘人姓名、身份等内容。必要时应采取拍照或摄像取证，留下影像资料。《中华人民共和国民事诉讼法》第七十三条规定："……勘验人应当将勘验情况和结果制作笔录，由勘验人、当事人和被邀参加人签名或者盖章。"鉴定项目当事人未对现场勘验图表或勘验笔录等签字确认的，工程造价咨询人应提请鉴定项目委托人决定处理意见，并在鉴定意见书中作出表述。

(3) 鉴定

工程造价咨询人在鉴定项目合同有效的情况下应根据合同约定进行鉴定，不得任意改变双方合法的合意。

工程造价咨询人在鉴定项目合同无效或合同条款约定不明确的情况下应根据法律法规、相关国家标准和该规范的规定，选择相应专业工程的计价依据和方法进行鉴定。该条规定了合同无效或合同条款约定不明确情况下的鉴定原则。

① 若鉴定项目委托人明确鉴定项目合同无效，工程造价咨询人应根据法律法规规定进行鉴定：

a. 根据《最高人民法院关于审理建设工程施工合同纠纷案件适用法律问题的解释》第二条"建设工程施工合同无效，但建设工程经竣工验收合格，承包人请求参照合同约定支付工程价款的，应予支持"的规定，此时工程造价鉴定应参照合同约定鉴定。

b. 根据《最高人民法院关于审理建设工程施工合同纠纷案件适用法律问题的解释》第三条"建设工程施工合同无效，且建设工程经竣工验收不合格的……(一) 修复后的建设工程经竣工验收合格，发包人请求承包人承担修复费用的，应予支持"的规定，此时，工程造价鉴定中应不包括修复费用，如系发包人修复，委托人要求鉴定修复费用，修复费用应单列；

“（二）修复后的建设工程经竣工验收不合格，承包人请求支付工程价款的，不予支持”。

c. 根据《最高人民法院关于审理建设工程施工合同纠纷案件适用法律问题的解释》第三条第四款“因建设工程不合格造成的损失，发包人有过错的，也应承担相应的民事责任”的规定，此时，工程造价鉴定也应根据过错大小作出鉴定意见。

② 若合同中约定不明确的，工程造价咨询人应提醒合同双方当事人尽可能协商一致，予以明确，如不能协商一致，按照相关国家标准和该规范的规定，选择相应专业工程的计价依据和方法进行鉴定。

工程造价咨询人出具正式鉴定意见书之前，可报请鉴定项目委托人向鉴定项目各方当事人发出鉴定意见书征求意见稿，并指明应书面答复的期限及其不答复的相应法律责任。工程造价咨询人收到鉴定项目各方当事人对鉴定意见书征求意见稿的书面复函后，应对不同意见认真复核，修改完善后再出具正式鉴定意见书。

工程造价咨询人出具的工程造价鉴定书应包括下列内容：(1) 鉴定项目委托人名称、委托鉴定的内容；(2) 委托鉴定的证据材料；(3) 鉴定的依据及使用的专业技术手段；(4) 对鉴定过程的说明；(5) 明确的鉴定结论；(6) 其他需说明的事宜；(7) 工程造价咨询人盖章及注册造价工程师签名盖执业专用章。

工程造价咨询人应在委托鉴定项目的鉴定期限内完成鉴定工作，如确因特殊原因不能在原定期限内完成鉴定工作时，应按照相应法规提前向鉴定项目委托人申请延长鉴定期限，并应在此期限内完成鉴定工作。经鉴定项目委托人同意等待鉴定项目当事人提交、补充证据的，质证所用的时间不应计入鉴定期限。对于已经出具的正式鉴定意见书中有部分缺陷的鉴定结论，工程造价咨询人应通过补充鉴定作出补充结论。

第四节 《建设工程造价咨询规范》的主要内容

为规范工程造价咨询业务活动，提高建设项目工程造价咨询成果文件的质量，制定《建设工程造价咨询规范》(GB/T 51095—2015)。该规范适用于建设工程造价咨询活动及其成果文件的管理。

一、总则

工程造价咨询应坚持合法、独立、客观、公正和诚实信用的原则。

工程造价咨询应签订书面的建设工程造价咨询合同，合同文本应选择国家现行的《建设工程造价咨询合同(示范文本)》。合同中应明确工程造价咨询服务的内容、范围、双方的义务、权利、责任、服务周期、服务酬金、支付方式及成果文件表现形式等要求。

工程造价咨询企业应按委托咨询合同要求出具成果文件，并应在成果文件或需其确认的相关文件上签章，承担合同主体责任。造价工程师和造价员应在各自完成的成果文件上签章，承担相应责任。工程造价咨询企业以及承担工程造价咨询业务的工程造价专业人员，不得同时接受利益或厉害双方或多方委托进行同一项目、同一阶段中的工程造价咨询业务。工程造价咨询活动及其成果文件的管理除应符合该规范外，尚应符合国家现行有关标准的规定。

二、术语

工程造价咨询——工程造价咨询企业接受委托方的委托，运用工程造价的专业技能，为建设项目决策、设计、发承包、实施、竣工等各个阶段工程计价和工程造价管理提供的服务。

工程造价咨询成果文件——工程造价咨询企业承担工程造价咨询业务时，为委托方出具的，反映各阶段工程造价确定与控制等成果以及管理要求的文件。

编制人——工程造价咨询企业中，承担编制工程造价咨询成果文件的工程造价专业人员。

审核人——工程造价咨询企业中，承担审核工程造价咨询成果文件的注册造价工程师。

审定人——工程造价咨询企业中，承担最终审定各类工程造价咨询成果文件，具有注册造价工程师执业资格的专业负责人或技术负责人。

清标 —— 招标人或工程造价咨询企业在开标后且评标前，对投标人的投标报价是否响应招标文件、违反国家有关规定，以及报价的合理性、算术性错误等进行审查并出具意见的活动。

竣工结算审定签署表 —— 工程竣工结算审核报告中反映工程基本信息、送审金额、审定金额、调整金额等内容，并经发包人、承包人、工程造价咨询企业等相关方签署确认的最终工程竣工结算数额及变动情况对比的表格。

三、基本规定

1. 业务范围和一般要求

工程造价咨询业务范围应包括下列内容：(1) 投资估算的编制与审核；(2) 经济评价的编制与审核；(3) 设计概算的编制、审核与调整；(4) 施工图预算的编制与审核；(5) 工程量清单的编制与审核；(6) 最高投标限价的编制与审核；(7) 工程结算的编制与审核；(8) 工程竣工决算的编制与审核；(9) 全过程工程造价管理咨询；(10) 工程造价鉴定；(11) 方案比选、限额设计、优化设计的造价咨询；(12) 合同管理咨询；(13) 建设项目后评价；(14) 工程造价信息咨询服务；(15) 其他工程造价咨询工作。

工程造价咨询企业在承接具体咨询业务时，应根据企业自身的业务胜任能力等因素进行是否承接咨询业务的判断。工程造价咨询企业承担咨询业务时，应编制工程造价咨询成果文件，并应符合国家有关法律、法规的有关规定。当委托单位委托多个工程造价咨询企业共同承担大型或复杂的建设项目咨询业务时，委托单位应明确业务主要承担单位，并应由业务主要承担单位负责总体规划、统一标准、阶段部署、资料汇总等综合性工作；其他单位应按合同要求负责其所承担的具体工作。

对同一项目、同一阶段工程造价咨询成果文件的审核，当对编制所采用的计价依据、计价方法无异议时，宜与编制时采用的计价依据和计价方法保持一致。

工程造价咨询企业承担全过程工程造价管理咨询业务时，应掌握各阶段工程造价的关系，加强管理，在实施过程中做到工程造价的有效控制，并应依据工程造价咨询合同中约定的服务内容、范围、深度和参与程度编制相应工程造价咨询成果文件。工程造价咨询成果文件的内容、格式、深度和精度等要求应符合工程造价咨询合同的要求，以及国家和行业相关规定。工程造价咨询企业应根据委托合同要求，配合勘察设计单位、施工单位做好方案比选、优化设计和限额设计，以及利用价值分析等方法，提出合理决策和设计方案的建议。

工程造价咨询企业在进行方案比选时，应提交方案比选报告，并应符合下列规定：

(1) 对于使用功能单一，建设规模、建设标准及设计寿命基本相同的非经营性建设项目应优选工程造价或单方工程造价较低的方案。宜根据建设项目的构成，分析各单位工程和主要分部分项工程的技术指标，进行优劣分析，提出优选方案以及改进建议。

(2) 对于使用功能单一，但建设规模、建设标准或设计寿命不同的非经营性建设项目，应综合评价一次性建设投资和项目运营过程中的费用支出，进行建设项目的全寿命周期的总费用比选，进行优劣分析，提出优选方案以及改进建议。

(3) 对于经营性建设项目，应分析技术的先进性与经济的合理性，在满足设计功能和技术先进的前提下，应根据建设项目的资金筹措能力，以及投资回收期、内部收益率、净现值等财务评价指标，综合确定投资规模和工程造价，进行优劣分析，提出优选方案以及改进建议。

(4) 当运用价值工程的方法对不同方案的功能和成本进行分析时，应综合选取价值系数较高的方案作为优选方案，并应对降低其冗余功能和成本的途径进行分析，提出改进建议。

(5) 进行方案比选时，应兼顾项目近期与远期的功能要求和建设规模，实现项目的可持续发展。

工程造价咨询企业在参与优化设计时，应依据有关技术经济资料，对设计方案提出优化设计建议与意见，通过设计招标、方案竞选、深化设计等措施，使技术方案更加经济合理。工程造价咨询企业参与限额设计时，应配合设计单位，按项目实施内容和标准进行投资分解和投资分析，通过有关技术经济指标分析，确定合理可行的建设标准及限额。

2. 组织管理

工程造价咨询企业应对其所咨询的项目实施有效的组织管理，对其咨询工作中涉及的基础资料的收集、归纳和整理，各类成果文件的编制、审核、审定和修改，成果文件的提交、归档等均应建立相应的管理制度，并落实到位。

工程造价咨询企业承担咨询业务后，应根据项目特点编制工作计划；承担大型项目或全过程工程造价管理咨询业务时，应依据项目特点、投标文件、工程造价咨询合同等编制工程造价咨询项目的工作大纲。工作大纲的内容应包括项目概况、工程造价咨询服务范围、工作组织、工作进度、人员安排、实施方案、质量管理等。

工程造价咨询企业应完善项目的流程管理，明确项目工作人员的职责，工程造价咨询项目的工作人员应包括现场和非现场的管理、编制、审核与审定人员。各类管理人员的安排除应符合工程造价咨询合同要求外，还应符合项目质量管理和档案管理等其他方面的要求。

工程造价咨询企业应建立有效的内部组织管理和外部组织协调体系，并应符合下列规定：(1) 内部组织管理体系应包括承担咨询项目的管理模式、企业各级组织管理的职责与分工、现场管理和非现场管理的协调方式，项目负责人和各专业负责人的职责等。(2) 外部组织协调体系应以工程造价咨询合同约定的服务内容为核心，明确协调和联系人员，在确保工程项目参与各方权利与义务的前提下，协调好与建设项目参与各方的关系，促进项目的顺利实施。

工程造价咨询企业应按工程造价咨询合同的要求制订工作进度计划，各类工程造价咨询成果文件的提交时间应与总体进度相协调，工程造价咨询的工作进度计划除应服从整个建设项目的总体进度和施工工期的要求外，还应满足各类工程造价咨询成果文件编制的合理工期的要求。

3. 质量管理

工程造价咨询企业应针对工程咨询业务特点建立质量管理体系，并应通过流程控制、企业标准等措施保证工程造价咨询质量。工程造价咨询企业提交的各类成果文件应由编制人编制，并应由审核人、审定人进行二级审核。承担咨询业务的编制人应审核委托人提供书面资料的完整性、有效性、合规性，并应对自身所收集的工程计量、计价基础资料和编制依据的全面性、真实性和适用性负责，按工程造价咨询合同的要求，编制工程造价咨询成果文件，并整理好工作过程文件。

承担咨询业务的审核人应审核委托人提供书面资料的完整性、有效性、合规性；应审核编制人使用工程计量、计价基础资料和编制依据的全面性、真实性和适用性，并应对编制人的工作成果进行一定比例的复核，完善工程造价咨询成果文件，并整理好工作过程文件。承担咨询业务的审定人应审核委托人提供书面资料的完整性、有效性、合规性，应审核编制人及审核人所使用工程计量、计价基础资料和编制依据全面性、真实性和适用性，并应依据工程经济指标进行工程造价的合理性分析，对工程造价咨询质量进行整体控制。工程造价咨询企业应在工程造价咨询成果文件的封面（或内封）、签署页签章。承担工程造价咨询项目的编制人、审核人、审定人应在工程造价咨询成果文件的签署页及汇总表上签章，并应在其所有承担的咨询业务文件的明细表上署名。

4. 档案管理

工程造价咨询企业应按国家有关档案管理及国家现行标准的规定，建立档案收集制度、统计制度、保密制度、借阅制度、库房管理制度及档案管理人员守则等。

工程造价咨询档案可分为成果文件和过程文件两类。成果文件应包括工程造价咨询企业出具的投资估算、设计概算、施工图预算、工程量清单、最高投标限价、工程计量与支付、竣工结算、竣工决算编制与审核报告以及工程造价鉴定意见书等。过程文件应包括编制、审核和审定人员的工作底稿、相应电子文件等。

工程造价咨询档案的保存期应符合合同和国家等相关规定外，且不应少于5年。承担咨询业务的项目负责人应负责工程造价咨询档案管理，除应负责成果文件和过程文件的归档外，还应负责组织并制定咨询业务中所借阅和使用的各类设计文件、施工合同文件、竣工资料等有关可追溯性资料的文件目录，并应对接收、借阅和送还进行记录。

5. 信息管理

工程造价咨询企业应利用计算机及网络通信技术进行有效的信息化管理。工程造价的信息化管理应包括工程造价数据库、工程计量与计价等工具软件、全过程工程造价管理系统的建设、使用、维护和管理等活动。

工程造价咨询企业应利用现代化的信息管理手段，自行建立或利用相关工程造价信息资料、各类典型工程数据库，以及在咨询业务中各类工程项目上积累的工程造价信息，建立并完善工程造价数据库。工程造价咨询企业应按标准化、网络化的原则，在工程项目各阶段采用工程造价管理软件。工程造价咨询企业承担全过程工程造价管理咨询业务时，应依据合同要求，对各阶段工程造价咨询成果文件和所收集的工程造价信息资料进行整理分析，并应用于下一阶段的工程造价确定与控制等环节。

四、决策阶段

1. 一般规定

工程造价咨询企业在决策阶段可接受委托承担下列工作:(1) 投资估算的编制与审核;(2) 建设项目经济评价。

编制投资估算时,应依据相应工程造价管理机构发布的工程计价依据,以及工程造价咨询企业积累的有关资料,并应在分析编制期市场要素价格变化的基础上,合理确定建设项目总投资。审核投资估算时,应依据相应工程造价管理机构发布的工程计价依据,以及其他有关资料,审核投资估算中所采用的编制依据的正确性、编制方法的适用性、编制内容与要求的一致性、投资估算中费用项目的准确性、全面性和合理性。

经济评价应依据国家有关政策和现行标准,在项目方案设计的基础上,对拟建项目的经济合理性和财务可行性进行分析论证,并进行全面评价。

2. 投资估算编制

投资估算按委托内容可分为建设项目的投资估算、单项工程投资估算、单位工程投资估算。

项目建议书阶段的投资估算可采用生产能力指数法、系数估算法、比例估算法、指标估算法或混合法进行编制;可行性研究阶段的投资估算宜采用指标估算法进行编制。投资估算的建设项目总投资应由建设投资、建设期利息、固定资产投资方向调节税和流动资金组成。建设投资应包括工程费用、工程建设其他费用和预备费。工程费用应包括建筑工程费、设备购置费、安装工程费。预备费应包括基本预备费和价差预备费。建设期利息应包括支付金融机构的贷款利息和为筹集资金而发生的融资费用。

投资估算应依据建设项目的特征、设计文件和相应的工程造价计价依据或资料对建设项目总投资及其构成进行编制,并应对主要技术经济指标进行分析。投资估算的编制依据应包括下列内容:(1) 国家、行业和地方有关规定;(2) 相应的投资估算指标;(3) 工程勘察与设计文件;(4) 类似工程的技术经济指标和参数;(5) 工程所在地编制同期的人工、材料、机械台班市场价格,以及设备的市场价格和有关费用;(6) 政府有关部门、金融机构等部门发布的价格指数、利率、汇率、税率,以及工程建设其他费用等;(7) 委托单位提供的各类合同或协议及其他技术经济资料。

投资估算成果文件的编制应包括投资估算书封面、签署页、目录、编制说明、投资估算汇总表、单项工程投资估算表等。投资估算编制说明应包括工程概况、编制范围、编制方法、编制依据、主要技术经济指标及投资构成分析、有关参数和率值选定的说明,以及特殊问题说明等。

3. 经济评价

工程造价咨询企业应依据委托合同的要求,对建设项目进行经济评价。一般性项目的经济评价无特定要求时仅需进行财务评价。

财务评价应遵循下列工作程序:(1) 收集、整理和计算有关财务评价基础数据与参数等资料;(2) 估算各期现金流量;(3) 编制基本财务报表;(4) 财务评价指标的计算与分析;(5) 不确定性分析和风险分析;(6) 项目财务评价最终结论。

盈利能力分析应通过编制全部现金流量表、自有资金现金流量表和损益表等基本财务报表,计算财务内部收益率、财务净现值、投资回收期、投资收益率等指标进行定量判断。清偿能力分析应通过编制资金来源与运用表、资产负债表等基本财务报表,计算借款偿还期、资产负债率、流动比率、速动比率等指标进行定量判断。不确定性分析应通过盈亏平衡分析、敏感性分析等方法来进行定量判断。

风险分析应通过风险识别、风险估计、风险评价与风险应对等环节,进行定性与定量分析。

五、设计阶段

1. 一般规定

工程造价咨询企业在设计阶段可接受委托承担下列工作:(1) 设计概算的编制、审核与调整;(2) 施工图预算编制与审核。

设计概算应控制在批准的投资估算范围内,施工图预算应控制在已批准的设计概算范围内。当遇有超概算情况时,应编制调整概算,提交分析报告,交委托人报原概算审批部门核准。设计概算和施工图预算编制应依据相应工程造价管理机构发布的工程计价依据,并根据工程造价咨询企业积累的有关资料,以及编制同期的人工、材料、设备、机械台班市场价格,合理确定建设项目总投资。设计概算和施工图预算审核应依据工程造价管理机构发布的计价依据及有关资料,对其编制依据、编制方法、编制内容及各项费用进行审核。

设计概算和施工图预算的审核可采用全面审核法、标准审核法、分组计算审核法、对比审核法、重点审核法等。应重点对工程量的计算,人、材、机要素价格的确定,定额子目的套用,管理费、利润、规费税金等计取的正确性、全面性等进行审核。

2. 设计概算编制

设计概算按委托内容可分为建设项目的设计概算、单项工程设计概算、单位工程设计概算及调整概算。设计概算的建设项目总投资应由建设投资、建设期利息、固定资产投资方向调节税及流动资金组成。建设投资应包括工程费用、工程建设其他费用和预备费。工程费用应由建筑工程费、设备购置费、安装工程费组成。

设计概算的编制依据应包括下列内容:(1) 国家、行业和地方有关规定;(2) 相应工程造价管理机构发布的概算定额(或指标);(3) 工程勘察与设计文件;(4) 拟定或常规的施工组织设计和施工方案;(5) 建设项目资金筹措方案;(6) 工程所在地编制同期的人工、材料、机械台班市场价格,以及设备供应方式及供应价格;(7) 建设项目的技术复杂程度,新技术、新材料、新工艺以及专利使用情况等;(8) 建设项目批准的相关文件、合同、协议等;(9) 政府有关部门、金融机构等发布的价格指数、利率、汇率、税率以及工程建设其他费用等;(10) 委托单位提供的其他技术经济资料。

当只有一个单项工程的建设项目时,应采用二级形式编制设计概算;当包含两个及以上单项工程的建设项目时,应采用三级形式编制。设计概算应按逐级汇总进行编制,总概算应以综合概算为基础进行编制,综合概算应以建筑工程单位工程概算和设备及安装工程单位工程概算为基础进行编制。

建筑工程单位工程概算费用由分部分项工程费和措施项目费组成。建筑工程概算的分部分项工程费应由各子目的工程量乘以各子目的综合单价汇总而成。各子目的工程最应按概算定额或概算指标的分部分项工程项目划分及其工程量计算规则计算。各子目的综合单价应包括人工费、材料费、机械费、管理费、利润、规费和税金。各子目综合单价的计算可采用概算定额法和概算指标法。

3. 施工图预算编制

施工图预算按委托内容可分为建筑工程施工图预算、安装工程施工图预算。施工图预算的编制依据应包括下列内容:(1) 国家、行业和地方有关规定;(2) 相应工程造价管理机构发布的预算定额;(3) 施工图设计文件及相关标准图集和规范;(4) 项目相关文件、合同、协议等;(5) 工程所在地的人工、材料、设备、施工机械市场价格;(6) 施工组织设计和施工方案;(7) 项目的管理模式、发包模式及施工条件;(8) 其他应提供的资料。

建筑工程施工图预算费用由分部分项工程费和措施项目费组成。建筑工程预算的分部分项工程费应由各子目的工程量乘以各子目的综合单价汇总而成。各子目的工程量应按预算定额的项目划分及其工程量计算规则计算。各子目的综合单价应包括人工费、材料费、机械费、管理费、利润、规费和税金。

各子目综合单价的计算可通过预算定额及其配套的费用定额确定。其中人工费、材料费、机械费应依据相应的预算定额子目的人材机要素消耗量,以及报告编制期人材机的市场价格等因素确定;管理费、利润、规费、税金等应依据预算定额配套的费用定额或取费标准,并依据报告编制期拟建项目的实际情况、市场水平等因素确定。编制建筑工程预算时应同时编制综合单价分析表。

六、发承包阶段

1. 一般规定

工程造价咨询企业在发承包阶段可接受委托承担下列工作:(1) 工程量清单的编制与审核;(2) 最高投标限价的编制与审核;(3) 投标报价编制;(4) 招标策划、招标文件的拟定与审核、招标答疑;(5) 清标;(6) 完善合同补充条款。

工程造价咨询企业可按约定向委托人提供或参与下列招标策划的服务工作:(1) 发承包模式的选择;(2) 总承包与专业分包之间、各专业分包之间、各标段之间发承包范围的界定;(3) 拟采用的合同形式和合同范本;(4) 合同中拟采用的计价方式;(5) 拟采用的主要材料和设备供应及采购方式;(6) 发包人与各承包人或各承包人之间的合同关系,及其各自的职责范围。

工程造价咨询企业可接受委托,参与拟定招标文件中下列与工程造价有关的合同条款:(1) 合同计价方式的选择;(2) 主要材料、设备的供应和采购方式;(3) 预付工程款的数额、支付时间及抵扣方式;(4) 安全文明施工措施的支付计划,使用要求等;(5) 工程计量与支付工程进度款的方式、数额及时间;(6) 工程价款的调整因素、方法、程序、支付及时间;(7) 施工索赔与现场签证的程序、金额确认与支付时间;(8) 承担计价风险的内容、范围及超出约定内容、范围的调整办法;(9) 工程竣工价款结算编制与核对、支付及时间;(10) 合同解除的价款结算与支付方式;(11) 工程质量保证金的数额、预留方式及时间;(12) 违约责任及发生工程价款争议的解决方法及时间;(13) 与履行合同、支付价款有关的其他事项等。

工程造价咨询企业可接受委托,参与招投标过程中的投标报价的合规性、合理性分析以及招标答疑等工作。在发承包阶段合同签订前,工程造价咨询企业可依据招标文件的原则,拟定中标人的投标文件，对不明确的问题应在合同补充条款中进行明确。

2. 工程量清单、最高投标限价、投标报价编制与审核

工程量清单、最高投标限价、投标报价的编制对象按委托要求可分为施工总承包项目或专业分包工程项目。建设工程招标的工程量清单、最高投标限价、投标报价应根据现行国家标准《建设工程工程量清单计价规范》(GB 50500—2013)的有关规定编制与审核。

最高投标限价、投标报价的工程量应依据招标文件发布的工程量清单确定，最高投标限价和投标报价的单价应采用综合单价，其综合单价应包括人工费、材料费、机械费、管理费、利润、规费和税金。

3. 清标

工程造价咨询企业接受发包人的委托进行清标工作，应在开标后到评标前进行。清标工作应包括下列内容：(1) 对招标文件的实质性响应；(2) 错漏项分析；(3) 分部分项工程量清单项目综合单价的合理性分析；(4) 措施项目清单的完整性和合理性分析，以及其中不可竞争性费用正确性分析；(5) 其他项目清单项目完整性和合理性分析；(6) 不平衡报价分析；(7) 暂列金额、暂估价正确性复核；(8) 总价与合价的算术性复核及修正建议；(9) 其他应分析和澄清的问题。

工程造价咨询企业应按合同要求向发包人出具对各投保人投标报价的清标报告。清标报告中，对投标报价的各种分析、对比表可按该规范附录进行编制。工程造价咨询企业对承接的清标工作，应负有保密的义务。

七、实施阶段

1. 一般规定

工程造价咨询企业在实施阶段可接受委托承担下列工作：(1) 编制建设项目资金使用计划；(2) 进行工程计量与工程款审核；(3) 询价与核价；(4) 进行工程变更、工程索赔和工程签证的审核；(5) 合同中止结算、分阶段工程结算、专业工程分包结算的编制与审核；(6) 进行工程造价动态管理。

工程造价咨询企业应要求委托人提供与该阶段工程造价相关的文件和资料，应包括下列内容：(1) 设计概算及其批准文件；(2) 招标文件、施工图纸、工程量清单、招标澄清等文件；(3) 最高投标限价或施工图预算文件；(4) 中标人的投标文件；(5) 评标报告、投标报价分析报告、投标澄清文件等；(6) 施工总承包合同、施工专业承包合同以及材料、设备采购合同等；(7) 经认可的施工组织设计；(8) 其他有关资料。

工程造价咨询企业可协助委托人建立项目工程造价管理制度与流程等。

2. 编制项目资金使用计划

项目资金使用计划应根据施工合同和批准的施工组织设计进行编制，应与计划工期、预付款支付时间、进度款支付节点、竣工结算支付节点等相符。项目资金使用计划应根据工程量变化、工期、建设单位资金情况等定期或适时调整。

3. 工程计量与合同价款审核

工程造价咨询企业应根据工程施工或采购合同中有关的工程计量周期、时间，及合同价款支付时间等约定，审核工程计量报告与合同价款支付申请。工程造价咨询企业应对承包人提交的工程计量结果进行审核，根据合同约定确定本期应付合同价款金额，并向委托人提

交合同价款支付审核意见。

工程造价咨询企业向委托人提交的工程款支付审核意见，应包括下列主要内容：(1) 工程合同总价款；(2) 期初累计已完成的合同价款及其占总价款比例；(3) 期末累计已实际支付的合同价款及其占总价款比例；(4) 本周期合计完成的合同价款及其占总价款比例；(5) 本周期合计应扣减的金额及其占总价款比例；(6) 本周期实际应支付的合同价款及其占总价款比例。

工程造价咨询企业根据咨询合同约定，在工程的实施阶段可按照竣工结算的有关要求，编制或审核合同中止结算、分阶段工程结算和专业工程分包结算，确定合同款项和应支付的数额等。

4. 询价与核价

工程造价咨询企业可接受委托，承担人工、主要材料、设备、机械台班及专业工程等市场价格的查询工作，并应出具相应的价格咨询报告或审核意见。工程造价咨询企业在确定或调整建筑安装工程的人工费时，可根据合同约定、相关工程造价管理机构发布的信息价格，以及市场价格信息进行计算；主要材料、设备、机械台班及专业工程等相关价格的查询与审核，可按照市场调查取得价格信息进行计算。

5. 工程变更、工程索赔和工程签证审核

工程造价咨询企业接受委托方要求，应按施工合同约定对工程变更、工程索赔和工程签证进行审核。承担工程变更、工程签证咨询业务的工程造价咨询企业，应在工程变更、工程签证确认前，对工程变更、工程签证可能引起的费用变化提出建议，并应根据施工合同的约定，对有效的工程变更和工程签证进行审核，计算工程变更、工程签证引起的费用变化，计入当期工程造价。工程造价咨询企业对工程变更、工程签证等认为签署不明或有疑义时，可要求施工单位与建设单位或监理单位进行澄清。工程造价咨询企业对工程变更和工程签证的审核应包括下列内容：(1) 变更或签证的必要性、合理性；(2) 变更或签证方案的合法性、合规性、有效性；(3) 变更或签证方案的可行性、经济性。

工程造价咨询企业收到工程索赔费用申请报告后，应在施工合同约定的时间内予以审核，并应出具工程索赔费用审核报告，或要求申请人进一步补充索赔理由和依据。工程造价咨询企业对工程索赔费用的审核应包括下列内容：(1) 索赔事项的时效性、程序的有效性和相关手续的完整性；(2) 索赔理由的真实性和正当性；(3) 索赔资料的全面性和完整性；(4) 索赔依据的关联性；(5) 索赔工期和索赔费用计算的准确性。工程造价咨询企业审核工程索赔费用后，应在签证单上签署意见或出具报告，应包括下列内容：(1) 索赔事项和要求；(2) 审核范围和依据；(3) 审核引证的相关合同条款；(4) 索赔费用审核计算方法；(5) 索赔费用审核计算细目。

6. 工程造价动态管理

工程造价咨询企业可接受委托，进行项目施工阶段的工程造价动态管理，并应提交动态管理咨询报告。工程造价咨询企业应与项目各参与方进行联系与沟通，并应动态掌握影响项目工程造价变化的信息情况。对于可能发生的重大工程变更应及时作出对工程造价影响的预测，并应将可能导致工程造价发生重大变化的情况及时告知委托人。工程造价动态管理报告宜包括下列内容：(1) 项目批准概算金额；(2) 投资控制目标值；(3) 拟分包合同执行情况及预估合同价款；(4) 已签合同名称、编号和签约价款；(5) 已确定的待签合同及其价款；(6) 本周期前累计已发生的工程变更和工程签证费用；(7) 本周期前累计已实际支付的工程价款及占合同总价款比例；(8) 本周期前累计工程造价与批准概算(或投资控制目标值)的差值；(9) 主要偏差情况及产生较大或重大偏差的原因分析；(10) 必要的说明、意见和建议等。

八、竣工阶段

1. 一般规定

工程造价咨询企业在竣工阶段可接受委托承担下列工作：(1) 竣工结算的编制与审核；(2) 竣工决算的编制与审核。

编制与审核竣工结算时，应按施工合同约定的工程价款的确定方式、方法、调整等内容，当合同中没有约定或约定不明确的，应按合同约定的计价原则以及相应工程造价管理机构发布的工程计价依据、相关规定进行竣工结算。

2. 竣工结算编制

竣工结算按委托内容可分为建设项目的竣工结算、单项工程竣工结算及单位工程竣工结算。竣工结算编制依据应包括下列内容：(1) 影响合同价款的法律、法规和规范性文件；(2) 现场踏勘复验记录；(3) 施工合同、专业分包合同及补充合同，有关材料、设备采购合同；(4) 相关工程造价管理机构发布的计价依据；(5) 招标文件、投标文件；(6) 工程施工图、经批准的施工组织设计、设计变更、工程洽商、工程索赔与工程签证，相关会议纪要等；(7) 工程材料及设备认价单；(8) 发承包双方确认追加或核减的合同价款；(9) 经批准的开工、竣工报告或停工、复工报告；(10) 影响合同价款的其他相关资料。

竣工结算应按施工合同类型采用相应的编制方法，并应符合下列规定：

(1) 采用总价合同的，应在合同总价基础上，对合同约定能调整的内容及超过合同约定范围的风险因素进行调整。

(2) 采用单价合同的，在合同约定风险范围内的综合单价应固定不变，并应按合同约定进行计量，且应按实际完成的工程量进行计量。

(3) 采用成本加酬金合同的，应按合同约定的方法，计算工程成本、酬金及有关税费。

3. 竣工结算审核

竣工结算审核报告应包括工程概况、审核范围、审核原则、审核方法、审核依据、审核要求、审核程序、主要问题及处理情况、审核结果及有关建议等。

竣工结算审核工作应包括下列三个阶段：

(1) 准备阶段应包括收集、整理竣工结算审核项目的审核依据资料，做好送审资料的交验、核实、签收工作，并应对资料等缺陷向委托方提出书面意见及要求。

(2) 审核阶段应包括现场踏勘核实，召开审核会议，澄清问题，提出补充依据性资料和必要的弥补性措施，形成会商纪要，进行计量、计价审核与确定工作、完成初步审核报告等。

(3) 审定阶段应包括就竣工结算审核意见与承包人及发包人进行沟通，召开协调会议，处理分歧事项，形成竣工结算审核成果文件，签认竣工结算审定签署表，提交竣工结算审核报告等工作。

竣工结算审核编制依据应包括下列内容：(1) 影响合同价款的法律、法规和规范性文件；(2) 竣工结算审核委托咨询合同；(3) 竣工结算送审文件；(4) 现场踏勘复验记录；

(5) 施工合同、专业分包合同及补充合同,有关材料、设备采购合同;(6) 相关工程造价管理机构发布的计价依据;(7) 招标文件、投标文件;(8) 工程施工图、经批准的施工组织设计、设计变更、工程洽商、工程索赔与工程签证,相关会议纪要等;(9) 工程材料及设备认价单;(10) 发承包双方确认追加或核减的工程价款;(11) 经批准的开工、竣工报告或停工、复工报告;(12) 竣工结算审核的其他相关资料。

竣工结算审核应采用全面审核法。除委托咨询合同另有约定外,不得采用重点审核法、抽样审核法或类比审核法等其他方法。

工程造价咨询企业在竣工结算审核过程中,发现工程图纸、工程签证等与事实不符时,应由发承包双方书面澄清事实,并应据实进行调整,如未能取得书面澄清,工程造价咨询企业应进行判断,并就相关问题写入竣工结算审核报告。

工程造价咨询企业完成竣工结算的审核,其结论应由发包人、承包人、工程造价咨询企业共同签认。无实质性理由发包人、承包人及工程造价咨询企业因分歧不能共同签认竣工结算审定签署表的,工程造价咨询企业在协调无果的情况下可单独提交竣工结算审核书,并承担相应责任。

4. 竣工决算编制

竣工决算应综合反映竣工项目从筹建开始至项目竣工交付使用为止的全部建设费用、投资效果以及新增资产价值。工程造价咨询企业可接受委托承担竣工决算的全部编制工作,也可承担竣工决算中的投资效果分析,交付使用资产表及明细表等报表部分编制工作。工程造价咨询企业承担竣工决算全部编制工作时,除应具备相应工程造价咨询资质和能力、人员资格和质量管理等要求外,还应符合国家有关竣工决算的其他规定,与会计人员配合完成编制工作。

基本建设项目竣工财务决算报表,应包括下列内容:(1) 基本建设项目概况表;(2) 基本建设项目竣工财务决算表;(3) 基本建设项目交付使用资产总表;(4) 基本建设项目交付使用资产明细表。

九、工程造价鉴定

1. 一般规定

工程造价咨询企业可接受法院或仲裁机构的委托,根据其建设工程造价方面的专业知识和技能,对纠纷项目的工程造价以及由此延伸而引起的经济问题进行鉴别和判断,并应提供鉴定意见。工程造价咨询企业承接工程造价鉴定业务应指派注册造价工程师承担鉴定工作。

工程造价咨询企业接受鉴定委托时,应签订委托文书或鉴定合同。鉴定结论意见应与鉴定委托文书或鉴定合同中明确的项目范围、内容、要求一致,不得超出或缩小委托范围及内容进行鉴定。

对从事鉴定项目的工程造价咨询企业和鉴定人员,根据相关法律、法规的规定需回避的,应自行回避;未自行回避的,鉴定委托人、当事人及利害关系人要求其回避的,应予回避。对工程造价咨询企业主动要求回避的,应说明回避理由,由鉴定委托人作出回避与否的决定。对鉴定人员主动提出回避且理由成立的,应由工程造价咨询企业指派其他符合要求的人员担任鉴定工作。

2. 准备工作

工程造价咨询企业应在收到委托人提交的书面委托文书后开始鉴定业务。鉴定人员对委托文书范围、内容、要求、期限有疑问的，应以鉴定机构的名义及时与鉴定委托人联系，排除疑问。当事人对鉴定委托人在其委托文书中提出的鉴定范围、内容、要求或期限等有异议时，鉴定人员应以工程造价咨询企业的名义及时向鉴定委托人反映，排除疑问。

工程造价咨询企业应按项目具体情况和有关规定完成鉴定工作中的取证程序，获取有关鉴定资料。根据项目鉴定工作需要，工程造价咨询企业可提请委托人组织当事人对被鉴定的标的物进行现场勘验，并应按有关规定作勘验记录、笔录或勘验图表。

3. 鉴定工作

工程造价鉴定除应按照有关规定执行常规的编制、审核、审定制度外，还应由 3 人及以上奇数鉴定人员组成合议组。合议组在讨论的基础上，以少数服从多数的原则确定鉴定方案或结论性意见，讨论中的不同意见，应如实记入讨论会笔录等过程性文件。在建设工程施工合同约定有效的情况下，鉴定应采用当事人合同约定的计价方法，但当事人另行达成一致约定的除外。

对委托人增加新的鉴定要求、发现有遗漏事项、补充新的鉴定资料等情形，以及鉴定人员因深入了解分歧因素后，发现问题需作出补充鉴定的，鉴定机构应作出补充鉴定意见。

对工程造价咨询企业或鉴定人员不具备相关的鉴定资格、鉴定程序严重违法、鉴定结论意见明显依据不足、工程造价咨询企业和鉴定人员按规定应回避而没有回避、经过质证认定不能作为证据使用的其他情形等，鉴定委托人可委托具有工程造价咨询资质企业重新鉴定。

鉴定工作应按鉴定委托人要求的期限完成鉴定工作，由于项目情况复杂、当事人不配合等情况，工程造价咨询企业不能在要求的期限内完成鉴定工作时，应按相关法规提前向鉴定委托人申请延长鉴定期限，并应在其允许的延长期限内完成鉴定工作。

对已出具竣工结算审核报告或已形成工程结算审核意见书等成果文件的纠纷项目，经双方当事人同意，对已出具的审核报告或审核意见书中双方无异议的部分可直接采用。

4. 成果文件

工程造价鉴定成果文件应包括鉴定意见书、补充鉴定意见书、补充说明等。鉴定意见书应包括鉴定意见书封面、签署页、目录、鉴定人员声明、鉴定意见书正文、有关附件等。其中封面、签署页、鉴定人员声明可按该规范附录编制。

鉴定人员声明应表明鉴定人员对报告中所陈述事实的真实性和准确性、计算及分析意见和结论意见的公正性负责，对哪些问题不承担责任，与当事人没有利害关系或偏见等作出说明。

鉴定意见书宜包括下列内容：(1) 项目名称；(2) 档案号；(3) 基本情况；(4) 鉴定依据；(5) 鉴定过程及分析；(6) 鉴定结论意见；(7) 特殊说明；(8) 工程造价咨询企业出具鉴定意见书的签章；(9) 附件。

鉴定结论意见可同时包括下列形式：

(1) 可确定的造价结论意见。当整个鉴定项目事实清楚、依据有力、证据充足时，工程造价咨询企业应出具造价明确的造价鉴定结论意见。

(2) 无法确定部分项目的造价结论意见。当鉴定项目中有一部分事实不清、证据不足或依据缺乏，且当事人争议较大无法达成妥协，工程造价咨询企业依据现有条件无法作出准确判断时，工程造价咨询企业可提交无法确定部分项目的造价结论意见。

下　篇

建设工程纠纷案例分析

第六章　建设工程安全生产事故案例分析

案例1　安全监督部门及其工作人员应监督落实问题整改

——王某某与人民检察院安全生产责任刑事案

【基本案情】

飞腾石材厂刘某甲、端某某、李某甲独立经营石材加工。刘某甲、端某某、李某甲各自所有的起重机械均未经检验合格，也未向特种设备安全监督管理部门登记，操作人员也未取得特种设备作业人员证。刘某甲、端某某、李某甲自 2013 年 4 月份以来一直进行石材加工，只是由于原材料供应不及时间断性停产。2013 年 5 月 15 日，该镇人民政府组织安全生产大检查时，针对该石材厂无特种设备作业人员证等问题下发了责令限期整改指令书，责令该石材厂即刻停产整顿，待解决相关问题后报该镇人民政府相关部门申请复工生产。整改指令中无特种设备作业人员证的问题由安监站工作人员王某某发现并提出。

2013 年 10 月 17 日 13 时许，刘某甲锯房在加工石材过程中，由于被切割石材需要找方，工人宋某某将该石材用桅杆式起重机吊出锯房进行翻转，在操作过程中宋某某被石材挤压，经抢救无效死亡。事故发生后，宋某某急救期间花去医疗费 244.67 元，刘某甲赔偿宋某某亲属各项经济损失 340 000 元，该镇安全生产监督管理局对刘某甲作出罚款 1 150 000 元的行政处罚（未缴纳）。

人民检察院指控，被告人王某某身为安监部门工作人员，负有安全生产监督管理职责，在安全生产监督管理工作中，在对特种设备作业人员未持证上岗问题责令整改后，既没有监督落实，也未对该石材厂进行重点日常监督检查，以致该石材厂特种设备作业人员长期无证上岗作业，导致发生安全生产事故，造成一人死亡、经济损失 1 490 244.67 元的后果。

法院经审理认为：被告人王某某身为国家机关工作人员，不认真履行职责，玩忽职守，致使人民利益遭受重大损失，其行为构成玩忽职守罪。公诉机关指控的犯罪事实及罪名成立。被告人王某某身为国家机关工作人员，在该镇人民政府组织联合检查时，发现存在特种设备作业人员无证上岗问题后，未能依照“关于取缔无证无照经营行为长效工作机制的规定”，及时将上述企业违规情况移送有权机关处理，仅由该镇人民政府作出整改指令，且并未对该整改指令跟进落实，因此被告人王某某及其辩护人辩护被告人不构成玩忽职守罪的理由，不能成立。但鉴于该石材厂物体打击事故发生的直接原因和主要原因系宋某某安全生产意识淡薄，操作不当，被告人王某某不认真履行职责的行为系事故发生的间接原因和次要原因，根据该案的具体情节，被告人王某某的犯罪情节轻微，不需要判处刑事处罚。

裁判结果：被告人王某某犯玩忽职守罪，免予刑事处罚。

下篇案例中裁判和点评所依法律法规，均以案例发生时生效的法律条款为准，人名及公司名等均为化名，请读者注意。

【律师点评】

《中华人民共和国安全生产法》第六十二条规定，安全生产监督管理部门和其他负有安全生产监督管理职责的部门依法开展安全生产行政执法工作，对生产经营单位执行有关安全生产的法律、法规和国家标准或者行业标准的情况进行监督检查，有权力对检查中发现的安全生产违法行为，当场予以纠正或者要求限期改正；对依法应当给予行政处罚的行为，依照该法和其他有关法律、行政法规的规定作出行政处罚决定；对检查中发现的事故隐患，应当责令立即排除；重大事故隐患排除前或者排除过程中无法保证安全的，应当责令从危险区域内撤出作业人员，责令暂时停产停业或者停止使用相关设施、设备；重大事故隐患排除后，经审查同意，方可恢复生产经营和使用；对有根据认为不符合保障安全生产的国家标准或者行业标准的设施、设备、器材以及违法生产、储存、使用、经营、运输的危险物品予以查封或者扣押，对违法生产、储存、使用、经营危险物品的作业场所予以查封，并依法作出处理决定。

《中华人民共和国刑法》第三百九十七条规定："国家机关工作人员滥用职权或者玩忽职守，致使公共财产、国家和人民利益遭受重大损失的，处三年以下有期徒刑或者拘役；情节特别严重的，处三年以上七年以下有期徒刑。"但是，对于犯罪情节轻微不需要判处刑罚的，可以免予刑事处罚，但是可以根据案件的不同情况，予以训诫或者责令具结悔过、赔礼道歉、赔偿损失，或者由主管部门予以行政处罚或者行政处分。该案中，王某某未履行法定职责，已构成了《中华人民共和国刑法》中规定的玩忽职守罪，理应承担相应的罪名。

案例2　安全监督检查机关行政人员不作为担责

——郭某某与人民检察院安全生产责任刑事案

【基本案情】

2010年5月至2014年，被告人郭某某任建筑安全生产监督站站长，受该县住房和城乡建设局的委托开展建设工程安全生产监督管理行政执法，负有对辖区内的建设工程、线路管道、设备安装工程、装修工程、安全生产等进行监督管理、检查职责。被告人郭某某在日常对建筑工程项目安全进行监督管理过程中，未依法认真、正确履行职责，导致该县境内三个建筑工程项目发生安全事故，致使三名工人死亡。具体事实如下：

(1) 被告人郭某某在日常检查中，明知A房地产开发有限公司建设的"红太阳"项目未依法取得"建筑工程施工许可证"擅自施工，而不依法予以制止、处罚和监管，放任工程项目非法施工，致使该工地于2014年4月8日在施工过程中因存在安全隐患发生坍塌型安全事故，导致工人角某某死亡。

(2) 被告人郭某某未认真履行日常巡查、检查职责，未到B建筑工程有限公司承建的"绿色大地"项目施工现场进行检查、巡查、督促、监管。2014年5月25日该工地项目未依法取得"建筑工程施工许可证"擅自施工，导致工人祁某死亡。

(3) 被告人郭某某在日常检查中，明知C房地产开发有限公司建设的"黄月"项目无证施工后于2014年4月16日下发了停工通知书，但未报请该县住房和城乡建设局对该项目建设单位及施工单位依法予以处罚，也未认真履职加强后续监管，停工通知下达后未到建筑工地进行检查、巡查、监管，致使承建方在2014年6月8日施工过程中工人检修设备时被坠落物打击，导致工人吴某某死亡。

另查明，上述死者家属的经济损失已得到赔偿。被告人郭某某接电话通知后主动到案并如实供述其犯罪事实。

一审法院认为：被告人郭某某身为建筑安全生产监督站站长，对建筑工程项目安全进行监督管理过程中，未认真、正确履行其职责，致使三名施工工人在安全生产事故中死亡，其行为已触犯《中华人民共和国刑法》第三百九十七条的规定，国家机关工作人员构成玩忽职守罪，属情节特别恶劣，依法应处三年以上七年以下有期徒刑。被告人郭某某接电话后主动到案，并如实供述其犯罪事实，属自首，依法可以从轻或者减轻处罚。综上所述，根据被告人郭某某的犯罪事实、性质、情节及社会危害程度，依照《中华人民共和国刑法》规定，判决：被告人郭某某犯玩忽职守罪，判处有期徒刑二年，缓刑三年。

原审被告人郭某某不服一审判决，以"其不存在法律上的玩忽职守行为，承担建筑安全生产监督主体的是建筑安全生产监督站而非其本人，三名建筑工人的死亡与其不存在刑法中的因果关系"为由提出上诉，请求法院对其给予正确的处罚。

法院经审理认为：建筑安全生产监督站作为该县住房和城乡建设局的下属事业单位，按该县住房和城乡建设局的授权事项进行执法，《某县住房和城乡建设局建筑安全生产监督站对安全监督管理制度》《某县住建局安监站行政权力运行清单及运行流程图》等内部规章制度进一步明确并细化了安全生产监督站及站长的职责范围、日常监管的程序、隐患检查督促整改的制度及重大安全问题的约谈制度等安全生产监督站在开展授权执法工作的内容和程序等事项。上诉人郭某某作为建筑安全生产监督站站长，应该熟知自己的工作职责、日常执法检查的时间、范围、方式以及检查中发现存在安全生产隐患的处理程序。在该案第一、三起建筑安全事故中，上诉人郭某某在日常的检查时已经发现施工企业无证施工，但是未严格按照发现安全隐患的程序进行处理，在第二起事故中，上诉人未严格执行每月对全县范围内的施工项目进行拉网式大检查的规定，从而未及时发现无证施工，上诉人的玩忽职守行为导致这三起建筑安全事故未能及时被发现以及被发现后未能被严格按程序进行处理，上诉人其行为构成玩忽职守罪，故上诉人及其辩护人认为上诉人不具有玩忽职守的行为的意见与已查明的事实不符，不予采纳。同时，法院注意到三起事故的发生都是由于无证施工引起的，事故的调查报告中都显示事故原因主要是施工企业的违法作业、监理人员监管不到位以及施工人员的操作不当导致的。根据《建筑工程施工许可管理办法》第十二条的规定，对于未取得施工许可证就擅自开工的行为的是由发证机关进行处罚，而建筑安全生产监督站不具有颁发施工许可证的权力。该案中，上诉人在第一、三起事故中已发现了施工企业无证施工的问题，并对施工企业进行了口头或书面的处罚，但未严格按照程序进行上报有权处罚的机关进行处罚并督促整改。另一审已查明，上诉人郭某某具有自首情节，依法可对其从轻、减轻或免除处罚。因此，上诉人郭某某的玩忽职守行为虽然造成安全生产事故的发生，构成玩忽职守罪，但是鉴于被告人郭某某的犯罪行为轻微，社会危害性不大，故决定对其免予刑事处罚。

裁判结果：上诉人（原审被告人）郭某某犯玩忽职守罪，免予刑事处罚。

【律师点评】

负有安全生产监督职责的行政机关及其工作人员是行使国家权利实施安全检查的主体，应当按照法定职权履行安全监督检查义务，从而减少安全事故隐患。郭某某作为建筑安全生产监督站站长，承担着安全监察义务，应当严格履行职责。因其玩忽职守构成犯罪、造成损失的，理应由其承担法律责任。

案例3　安全生产许可证到期须及时申请延期

——达明丹厂与长明久公司建设工程合同纠纷案

【基本案情】

2009年7月27日，达明丹厂与长明久公司签订"合同书"。"合同书"约定：在达明丹厂营业执照法定代表人不变更的前提下，长明久公司自主投资在达明丹厂场地矿区内实施开采矿石综合利用加工，双方自主经营，协调管理，产品自行销售，自负盈亏；合同时间暂定为13年，即从2009年7月27日到2022年7月27日；合作方式及费用缴纳为，长明久公司开采的矿石，属于菱镁矿石的无偿归达明丹厂所有，其余用于建筑的碎石归长明久公司所有。长明久公司架设设备最多不超出四条生产线，从2010年起每年3月1日前每条生产线向达明丹厂缴纳费用5万元。"合同书"第四条约定：达明丹厂负责每年的营业执照年检及相关手续，所发生的各种费用由长明久公司承担。如因长明久公司不付费而影响年检，达明丹厂有权解除合同。达明丹厂负责协助长明久公司与乡、村相关部门的协调工作。双方合作后所发生的采矿证延续费用、资源补偿费、林业扩建费、环保、水利其他款项由长明久公司承担。长明久公司拒付上述款项给达明丹厂，达明丹厂有权解除合同，长明久公司生产销售的产品发生的税费由长明久公司缴纳，如有偷漏税被处理后果由长明久公司自行承担。"合同书"第五条（合作期满的善后处理）约定：合作期满或因一方违约而解除合同，长明久公司所投入的固定资产中的不动产如房屋、水井归达明丹厂，电气设备、电力设施、机械设备等长明久公司拆除归长明久公司，也可以协调作价折合给达明丹厂。"合同书"第六条（违约责任）约定：达明丹厂中途违约，单方无故解除合同，除退回当年费用外，向长明久公司支付违约金100 000元；因长明久公司违约，不履行该合同第四条规定的各项义务，达明丹厂有权解除合同外，长明久公司应一次性支付违约金100 000元。

达明丹厂的安全生产许可证于2009年6月29日到期，未办理延续，也未重新申请办理安全生产许可证。2012年9月1日，采矿证到期，该省国土资源厅矿管处同意延续一年，有效期至2013年9月1日，原采矿区内无菱镁矿，达明丹厂正在办理变更矿种登记。合同履行至2012年6月，因采矿证、安全生产许可证过期及使用炸药的申请未予批准等原因，长明久公司现已停止生产。

法院经审理认为：长明久公司与达明丹厂2009年7月27日签订的"合同书"系双方当事人真实意思表示，不违反法律、行政法规的强制性规定，应为合法有效，双方当事人应当依照该合同约定全面履行合同义务。双方当事人在合同履行过程中发生争议，现已停止生产活动。该案中，长明久公司要求达明丹厂赔偿其停产损失，而达明丹厂要求解除案涉合同。关于安全生产许可证，双方当事人于2009年7月27日方签订案涉合同书，且约定合作期限为2009年7月27日至2022年7月27日，而达明丹厂的安全生产许可证在案涉合同签订前的2009年6月29日即已到期，故长明久公司对于安全生产许可证到期不应承担责任。《安全生产许可证条例》第二条规定："国家对矿山企业、建筑施工企业和危险化学品、烟花爆竹、民用爆破器材生产企业实行安全生产许可制度。企业未取得安全生产许可证的，不得从事生产活动。”长明久公司与达明丹厂签订合作协议，目的在于开发矿产资源，综合利用矿石，达明丹厂应当提供符合相关法律规定的从事生产活动的条件。现达明丹厂在案涉合同签订之时尚未取得从事矿业生产活动的行政许可，现有证据无法证明其曾在案涉合同履行期间办理相关手续，亦无法证明达明丹厂因长明久公司不支付相关费用而未能办理安全生产许可证，故达明丹厂应就此承担全部责任。

【律师点评】

我国对于矿山企业、建筑施工企业和危险化学品、烟花爆竹、民用爆破器材生产企业实行安全生产许可制度，这些类型的企业必须取得安全生产许可证，才能进行有关的生产经营活动。安全生产许可证的有限期为三年，生产经营单位应当按照法律规定在期满前3个月向原安全生产许可证颁发管理机关办理延期手续，以便延续生产经营资格。否则，将承担相应的行政责任，造成重大安全事故，构成犯罪的，将承担刑事责任。

案例4　安全生产义务须严格履行落实

——王某重大责任事故刑事案

【基本案情】

2015年9月21日7时许，A公司在地质勘探现场发生塌方事故，致工人张某被掩埋而死亡。经调查，被告人王某作为此次勘探工作生产安全的直接责任人，在公司临时雇佣的工人上岗前没有组织安全培训，施工前未制定应急救援预案，施工时没有向工人提供必要的安全防护措施，违反了有关安全管理的规定。案发后，A公司赔偿被害人亲属人民币1 000 000元，被告人王某得到被害人张某亲属的谅解。

原审法院认为，被告人王某在生产、作业中违反有关安全管理的规定，因而发生重大伤亡事故，其行为已构成重大责任事故罪。被告人王某如实供述自己的罪行，可以从轻处罚。依照《中华人民共和国刑法》第一百三十四条第一款、第六十七条第二款的规定，判决：被告人王某犯重大责任事故罪，判处拘役3个月。

宣判后，上诉人王某不服，以原审法院判决量刑过重，其有悔罪表现，要求适用缓刑为由，提出上诉。

经二审审理查明，上诉人王某系A公司工程技术部主任、兼职安全员。2015年9月21日7时许，王某带领公司临时雇用的张某等人在进行地质勘探时，发生塌方事故，致张某被掩埋死亡。经法医鉴定，张某系压迫胸腹部窒息死亡；经人民政府事故调查组认定，王某作为现场安全第一责任人，安全生产职责履行不到位，未及时排查生产安全事故隐患；安全培训教育不到位，未对临时雇佣的农民工进行安全培训教育即安排作业，深井挖掘作业前，未对工人进行安全技术交底，无安全防护措施和安全生产事故应急救援预案，对此次事故发生负有主要责任。案发后，A公司赔偿被害人张某亲属人民币1 000 000元，被害人亲属对王某表示谅解。

二审法院经审理认为：上诉人王某违反有关安全管理的规定，在施工前未对雇佣的工人进行安全培训和采取必要的安全防护措施，发生事故致张某死亡，其行为已构成重大责任事故罪。上诉人王某提出的原审法院判决量刑过重，其有悔罪表现，要求适用缓刑的上诉理由。法院认为,上诉人王某案发后如实供述其犯罪事实,A 公司赔偿被害人亲属经济损失,得到被害人亲属谅解,王某的犯罪情节较轻,有悔罪表现,没有再犯危险,宣告缓刑对所居住社区没有重大不良影响,可以对其适用缓刑。故该上诉理由予以采纳。

裁判结果:王某犯重大责任事故罪,判处拘役 3 个月,缓刑 6 个月。缓刑考验期限,从判决确定之日起计算。

【律师点评】

《建设工程安全生产管理条例》第三十七条规定:"作业人员进入新的岗位或者新的施工现场前,应当接受安全生产教育培训。未经教育培训或者教育培训考核不合格的人员,不得上岗作业。"专职安全生产管理人员负责对安全生产进行现场监督检查。发现安全事故隐患,专职安全生产管理人员应当及时向项目负责人和安全生产管理机构报告;对违章指挥、违章操作的,应当立即制止。施工单位应当在施工组织设计中编制安全技术措施和施工现场临时用电方案,对土方开挖工程达到一定规模的危险性较大的分部分项工程编制专项施工方案,并附具安全验算结果,经施工单位技术负责人、总监理工程师签字后实施,由专职安全生产管理人员进行现场监督。这都是作为生产经营单位以及安全管理人员的法定义务和职责。如果没有按照法律规定履行,一则违法,更严重的是存在严重的安全隐患。一旦发生事故,造成人员伤亡、财产损失,后果非常严重。因此,各生产经营单位、主要负责人、安全管理员应当充分重视,并严格按照规定落实,才能保证项目的顺利完成和生产的顺利进行。

案例 5　发包人何时需承担施工人员人身损害赔偿责任

——韩其泰与安然公司、方杨安全生产事故纠纷案

【基本案情】

安心花园回迁安置楼系安然公司建设施工,其将该楼房的木工项目承包给方杨,方杨雇佣韩其泰从事木工工作。2012 年 3 月 23 日下午,韩其泰在施工中自一楼楼顶滑下。后方杨支付给韩其泰医疗费 1 500 元。韩其泰诉求安然公司、方杨赔偿其损失。

该案在审理过程中,韩其泰申请对其伤残程度、后续治疗费用及误工期、护理期、营养期进行鉴定。经委托 A 司法鉴定所于 2012 年 8 月 20 日出具司法鉴定意见书,鉴定意见为:(一)韩其泰腰椎 3、4 左侧横突骨折及肾损伤分别构成职工工伤十级伤残;(二)关于性功能损伤程度,是否需要药物治疗,无法作出评定结论。误工期、护理期、营养期的鉴定意见为:韩其泰腰椎 3、4 左横突骨折休息期 90 日,营养期 30 日,护理期 15 日。韩其泰对伤残程度及后续治疗费的鉴定结论提出异议,申请重新鉴定。B 司法鉴定所于 2012 年 10 月 12 日作出司法鉴定意见书,鉴定意见为:(一)被鉴定人韩其泰在施工中自高处坠落受伤致第 3、第 4 腰椎左侧横突骨折、肾挫伤,遗留伤残评定为九级。(二)韩其泰后期治疗费评定为人民币 3 000 元左右。后韩其泰申请对劳动能力丧失程度进行鉴定。B 司法鉴定所于 2012 年 12 月 28 日作出司法鉴定意见书,鉴定意见为:韩其泰在施工中自高处坠落受伤致第 3、第 4 腰椎左侧横突骨折、肾挫伤,其劳动能力丧失程度评定为劳动能力障碍九级,为部分丧失。

法院经审理认为:方杨、安然公司对韩其泰提供的医疗费证据、检查证明书、伤残鉴定意

见书及发票、户口簿真实性无异议，对该证据予以采信。对韩其泰提供的马某君医疗卡提出异议，但未提供反驳证据，对该证据予以采信，医疗卡中注明马某君系韩其泰女儿，对这一事实，予以确认。方杨、安然公司对韩其泰丧失劳动能力程度的鉴定提出异议并申请重新鉴定，该鉴定系依照法定程序委托有关部门作出，其要求重新鉴定的申请，不符合《最高人民法院关于民事诉讼证据的若干规定》第二十七条的规定，不予准许，对韩其泰丧失劳动能力程度的鉴定结论，予以采信。

综上所述，安然公司系回迁安置楼的建设单位，其将木工项目承包给方杨施工。后韩其泰受方杨雇佣，在作业过程中摔伤，方杨作为雇主应当承担赔偿责任。《最高人民法院关于审理人身损害赔偿案件适用法律若干问题的解释》第十一条第二款规定："雇员在从事雇佣活动中因安全生产事故遭受人身损害，发包人、分包人知道或者应当知道接受发包或者分包业务的雇主没有相应资质或者安全生产条件的，应当与雇主承担连带赔偿责任。"因此，安然公司作为发包人，应当与方杨承担连带赔偿责任。方杨、安然公司主张韩其泰伤情与其在工地上受伤没有因果关系，但未提供证据予以证明，该辩解意见不予采纳。韩其泰主张的医疗费、后续治疗费、鉴定费予以支持。

裁判结果：方杨于判决书生效后 10 日内赔偿韩其泰各项损失 75 847.36 元；安然公司对上述第一项承担连带清偿责任；驳回韩其泰要求方杨、安然公司精神损害抚慰金的诉讼请求。

【律师点评】

《中华人民共和国建筑法》规定，从事建筑活动的建筑施工企业、勘察单位、设计单位和工程监理单位需要具备相应等级的资质，且在资质等级许可的范围内从事建设活动。该案中方杨作为自然人，显然不具备从事建筑活动的资格，更不具备保障安全生产的条件。其雇佣受害人韩其泰从事施工活动，造成人身伤害，理应承担赔偿责任。而安然公司作为发包人，在明知方杨不具备相应资质的情况下，将项目交其施工，造成施工现场存在重大安全隐患，对韩其泰的人身伤害亦负有不可推卸的责任，按照法律规定，应当与方杨承担连带赔偿责任。

案例 6　法定代表人对安全生产负全面责任

——许京一与井潜公司行政处罚纠纷案

【基本案情】

许京一是井潜公司法定代表人。A 厂是井潜公司的非法人分支经营单位，至 2011 年底已停止生产经营，未办理相关营业执照和许可证照。2012 年元月 1 日，井潜公司与甲签订租赁协议。协议约定：井潜公司 A 厂的现有全部场地、设施、设备及房屋供甲使用、经营；租赁三年，自 2012 年元月 1 日至 2014 年 12 月 31 日；在租期内甲必须领取工商营业执照，并进行税务登记。甲自此在 A 厂开始生产经营，但未办理工商营业执照。2012 年 6 月 19 日 9:00 左右，在 A 厂的装窑现场，民工乙驾驶电动三轮车运输砖坯进出窑门过程中头部不慎撞击窑体受伤，后经抢救无效死亡。2012 年 7 月 3 日，谢文生与受害方家属签订赔偿协议，对受害者予以了赔偿。2012 年 10 月 1 日，该县安监局接到举报后，予以调查核实。认定井潜公司在生产经营中发生安全生产事故。许京一、井潜公司的行为违反了《中华人民共和国安全生产法》第五条、第十六条、第十七条的规定。依据《生产安全事故报告和调查处理条例》第三十八条第一款的规定，给予许京一罚款 5 000 元的处罚。许京一不服潜山县安监局所作的行政处罚决定，向法院提起诉讼。

法院经审理认为：井潜公司将所属 A 厂的场地、设施、设备、房屋出租给没有经营资质的甲个人经营，其行为违反《中华人民共和国安全生产法》第四十一条的规定，是造成安全生产事故的因素之一。许京一作为井潜公司的法定代表人，理应依法受到处罚。该县安监局将甲的非法生产经营行为认定为井潜公司的直接生产经营行为，并无不妥。该县安监局所作行政处罚决定，认定事实清楚、适用法律、法规正确、符合法定程序，依法应予维持。

裁判结果：维持行政处罚决定。

【律师点评】

法律规定生产经营单位应当具备《中华人民共和国安全生产法》和有关法律、行政法规和国家标准或者行业标准规定的安全生产条件；不具备安全生产条件的，不得从事生产经营活动。并且，生产经营单位的主要负责人对本单位的安全生产工作全面负责。本案中，法定代表人作为单位的主要负责人，应承担安全生产责任。《中华人民共和国安全生产法》第四十一条规定："生产经营单位应当教育和督促从业人员严格执行本单位的安全生产规章制度和安全操作规程，并向从业人员如实告知作业场所和工作岗位存在的危险因素、防范措施以及事故应急措施。"该案中，安全生产责任人未全面履行安全生产义务，应接受行政处罚。

案例7　申请国家赔偿需在法定范围内

——中金宏公司与官黄镇政府安全生产行政赔偿案

【基本案情】

2011 年 5 月 9 日，中金宏公司发生安全生产事故。2011 年 5 月 13 日，该地安全生产监督管理局对其作出"强制措施决定书"。"强制措施决定书"载明："我局在现场检查时，发现你单位(现场)存在下列问题：1. 你公司在未取得安全使用证的情况下擅自使用自制的起重设备；2. 你公司安排不具备特种作业资格的人员上岗作业；3. 未对从业人员进行安全教育培训；4. 未对作业现场的安全生产状况进行检查；5. 安全管理制度不健全，未制定安全操作规程。以上存在的问题无法保障安全生产，依据《中华人民共和国安全生产法》第十六条的规定，责令你单位暂时停产停业。"该地安全生产监督管理局于 2011 年 5 月 31 日对其作出"行政处罚决定书"。"行政处罚决定书"载明："2011 年 5 月 9 日 11 时许，你公司 4 名工人在使用电葫芦进行吊装作业时，发生一起起重伤害事故，造成 1 人死亡，1 人轻伤。经查，你公司所使用的特种设备(电葫芦)未经有关部门检测备案；未对从业人员进行安全生产教育培训，导致工人不具备必要的安全操作知识。你公司的以上行为违反了《中华人民共和国安全生产法》第二十一条和第三十条的规定，对事故的发生负有责任。我局依据《生产安全事故报告和调查处理条例》第三十七条第一项的规定，决定对你公司处以人民币拾壹万元的罚款。"

一审法院作出民事判决，中金宏公司不服，提出上诉。二审法院作出民事判决，查明：

“2011 年 5 月 9 日,中金宏公司承租的房屋开始停电。在上诉案件审理中,二审法官对于中金宏公司的安全生产事故,对时任该镇政府安全生产科科长甲进行了解,甲称 2011 年该镇发生了‘4·25’火灾事故,正在进行全区安全排查、在中金宏公司发生安全事故后,安全科要求其停业整顿,并要求出租方履行监管责任。出租方不得擅自供电,以防止中金宏公司违法生产。待整改完毕报安全科验收合格后方可恢复生产。”此外,一审法院作出行政判决,确认宫黄镇政府限制某公司为中金宏公司供电行为违法。该判决已生效。

法院经审理认为:根据《中华人民共和国国家赔偿法》第二条“国家机关和国家机关工作人员行使职权,有本法规定的侵犯公民、法人和其他组织合法权益的情形,造成损害的,受害人有依照本法取得国家赔偿的权利”的规定,该案中,虽然宫黄镇政府限制某公司为中金宏公司供电行为被确认违法,但是根据查明的事实及证据,中金宏公司是因自身行为发生安全生产事故,被安全生产监督管理局责令暂时停产停业并处以行政处罚,中金宏公司主张的赔偿金额系租赁费用损失,该损失与宫黄镇政府作出的限制供电行为之间无直接因果关系,不属于直接损失的范畴,不符合《中华人民共和国国家赔偿法》的赔偿范围。据此,一审法院所作行政赔偿判决并无不当,该院应予维持。中金宏公司的上诉请求,事实根据和法律依据并不充足,该院不予支持。

裁判结果:驳回上诉,维持一审判决。

【律师点评】

《中华人民共和国国家赔偿法》明确规定了申请、获得国家赔偿的法定条件、程序和范围,当事人须在符合法律规定的情况下进行申请。该案中,中金宏公司申请的赔偿范围并不属于国家赔偿的范围,因而败诉。

案例 8　施工人员自身过错引发的安全事故并不免除生产单位的安全责任

——天时地工厂诉中海区安全生产监督管理局行政诉讼纠纷案

【基本案情】

2016 年 8 月 11 日下午,原告工人盛文义在作业过程中死亡。2016 年 8 月 12 日,被告中海区安全生产监督管理局对原告天时地工厂作出现场处理决定书,决定原告立即停止生产作业并对涉事的机器查封。原告对该决定未在法定的复议申请期限及起诉期限内申请复议或提起行政诉讼。中海区政府成立事故调查组对该案进行调查,2016 年 8 月 23 日,事故调查组形成调查报告。调查报告载明:“盛文义违章操作,酒后上岗作业,在设备没有断电的情况下打开搅拌机安全网掉入搅拌机系事故发生的直接原因。原告没有认真落实企业安全生产主体责任,安全投入不到位,安全管理存在薄弱环节,没有制定搅拌机安全操作规程,安全教育培训缺失,系事故发生的间接原因。认定该起伤害事故为安全责任事故。”2016 年 9 月 18 日,中海区人民政府对该调查报告作出批复,同意事故原因的认定,同意处理意见。2016 年 11 月 15 日,被告依据该批复行政处罚决定,对原告罚款人民币贰拾伍万元。原告不服该处罚决定,向该市安全生产监督管理申请复议。该市安全生产监督管理局于 2017 年 3 月 15 日以证据不足为由撤销该处罚决定。2017 年 3 月 9 日,原告以中海区人民政府为被告提起行政诉讼,请求撤销批复,该市中级人民法院于 2018 年 1 月 2 日作出行政判决,以程序轻微违法为由确认该批复违法。2018 年 4 月 27 日,原告诉至二审法院,请求判令被告解除对原告的查封停产,允许原告恢复生产,并以该案为赔偿基础,提起该次行政赔偿诉讼,请求判令被告赔偿原告查封停产期间的经济损失 255 000 元。

法院经审理认为:原告提起行政赔偿请求的基础已被该院×××号行政判决书判决驳回其诉讼请求,原告的赔偿请求缺乏事实及法律依据,故对其一并提起的赔偿请求予以驳回。

裁判结果:驳回天时地工厂的诉讼请求。

【律师点评】

安全生产工作既有对从业人员的要求,也有对生产经营单位的要求。从业人员须具备从业资格,遵守安全生产规程,严格按照安全生产要求作业,不得违规操作。生产经营单位须具备安全生产条件,保证资金投入并专款专用,保证安全设施设备投入,制定安全生产规章制度,对从业人员进行安全生产教育和培训,严格按照《中华人民共和国安全生产法》《建设工程安全生产管理条例》的规定,履行安全义务,保障生产经营的安全有序进行,减少事故隐患,减少安全事故的发生。

案例 9 无安全生产事故调查组成员签名的调查报告无效

——飞跃公司与洋海市人民政府行政诉讼纠纷案

【基本案情】

2013 年 10 月 5 日 13 时 40 分许,虹大建设工地发生一起塔式起重机上部结构倾翻事故。事故发生后,洋海市人民政府要求安全生产监督管理局牵头成立由安监、监察、公安、住建等部门组成的事故调查组,对事故进行调查。事故调查组形成了“10·5”事故调查报告,认定这是一起塔机设备本身存在质量问题而引发的安全事故。2013 年 12 月 31 日,洋海市安全生产监督管理局向洋海市政府报送《关于“10·5”起重伤害死亡事故结案的请示》(以下简称 120 号请示),请求对“10·5”事故调查报告予以批复结案。同日,洋海市政府作出 64 号批复,原则同意“10·5”事故调查报告对事故性质的认定,准予结案;原则同意“10·5”事故调查报告提出的事故防范措施,要求市、区镇两级住建部门切实加强施工单位的安全监管,深入开展建筑施工安全和机械设备质量的专项整治活动,防止重大安全生产事故发生。上级安全生产委员会办公室于 2013 年 12 月 26 日向洋海市安全生产委员会作出《关于“10·5”起重伤害死亡事故调查报告审核意见的复函》,要求事故结案后要及时在媒体上公布事故调查处理的情况。上级住房和城乡建设局于 2014 年 1 月 17 日发布《安全事故情况的通报》,要求全市各地住建部门及其安监部门对飞跃公司生产的各类起重机械不予办理产权登记备案手续,并对正在使用的飞跃公司生产的建筑起重机械设备责令立即停止使用。洋海市政府 64 号批复未向飞跃公司送达。飞跃公司在洋海市人民法院受理的 A 建筑公司诉 B 起重机械安装工程有限公司、飞跃公司财产损害赔偿纠纷一案中,获得 64 号批复的复印件。

洋海市安全生产监督管理局向洋海市政府报送 120 号请示中所附的“10·5”事故调查

报告上，事故调查组成员均未在该报告上签名。

飞跃公司是涉案事故塔机生产厂家。嗣后，飞跃公司向当地工商管理部门申请对公司名称及股东进行变更，2014 年 8 月 5 日，经工商行政管理局批准，飞跃公司更名为玉成公司；原股东张龙、张凤变更为张凤、李交。

《生产安全事故报告和调查处理条例》第三十二条第一款规定："重大事故、较大事故、一般事故，负责事故调查的人民政府应当自收到事故调查报告之日起 15 日内作出批复；特别重大事故，30 日内作出批复，特殊情况下，批复时间可以适当延长，但延长的时间最长不超过 30 日。"法院认为：洋海市政府作为负责事故调查的人民政府，具有对涉案事故调查报告作出批复的法定职责。省高级人民法院"行政裁定书"认定：64 号批复虽未直接送达飞跃公司，但对飞跃公司权利和义务产生实际影响。据此，飞跃公司对 64 号批复提起诉讼，属于人民法院行政诉讼的受案范围。《生产安全事故报告和调查处理条例》第十九条规定："特别重大事故由国务院或者国务院授权有关部门组织事故调查组进行调查。重大事故、较大事故、一般事故分别由事故发生地省级人民政府、设区的市级人民政府、县级人民政府负责调查。省级人民政府、设区的市级人民政府、县级人民政府可以直接组织事故调查组进行调查，也可以授权或者委托有关部门组织事故调查组进行调查。未造成人员伤亡的一般事故，县级人民政府也可以委托事故发生单位组织事故调查组进行调查。"第三十条第二款规定："事故调查组成员应当在事故调查报告上签名。"第三十二条第二款规定："有关机关应当按照人民政府的批复，依照法律、行政法规规定的权限和程序，对事故发生单位和有关人员进行行政处罚，对负有事故责任的国家工作人员进行处分。事故发生单位应当按照负责事故调查的人民政府的批复，对本单位负有事故责任的人员进行处理。"

依据上述法规规定，法院经审理认为：洋海市政府是该案所涉生产安全事故调查的负责者和事故调查报告的最终审验者，代表国家对事故调查报告行使批复权力。最终形成对事故调查报告所作出的批复是以政府公信力来担保事故发生经过、原因、性质等重大问题的真实性，也是有关机关作出后续行为的重要依据。洋海市政府在作出涉案 64 号批复前，必须对"10·5"事故调查报告进行审慎审查，确认事故调查报告在内容、程序以及形式等方面真实可信，以避免承担审查失职的责任。该案中，经审理查明，涉案事故调查组成员没有在"10·5"事故调查报告上签名，不能证明事故调查组成员对事故调查报告内容的认可与确认，不能作为洋海市政府再作出批复的依据材料。故涉案 64 号批复主要证据不足，应当予以撤销重作。《中华人民共和国国家赔偿法》第二条规定："国家机关和国家机关工作人员行使职权，有本法规定的侵犯公民、法人和其他组织合法权益的情形，造成损害的，受害人有依照本法取得国家赔偿的权利。本法规定的赔偿义务机关，应当依照本法及时履行赔偿义务。"飞跃公司要求洋海市政府承担因 64 号批复行为引起的诉讼而支付的交通、差旅、住宿、律师等费用 700 000 元以及要求消除对其经营造成的负面影响，显然不符合《中华人民共和国国家赔偿法》第四条、第三十五条、第三十六条规定的赔偿范围、方式和计算标准。《中华人民共和国国家赔偿法》第四条、第三十六条规定，行政机关及其工作人员在行使行政职权时有"造成财产损害的其他违法行为"，侵犯财产权情形的，受害人有取得赔偿的权利；对财产权造成其他损害的，按照直接损失给予赔偿。第三十五条规定，行政机关及工作人员在行使行政职权时有侵犯人身权法定情形，致人精神损害的，应当在侵权行为影响的范围内，为受害人清除影响，恢复名誉，赔礼道歉。

该案中，虽然洋海市政府的行为被确认应予撤销重作，但飞跃公司主张的上述交通、差旅、住宿、律师等费用并非洋海市政府违法行为所造成的直接的、实际的损失，不属于国家赔偿范围；其主张要消除负面影响请求，也不符合《中华人民共和国国家赔偿法》关于行政机关承担国家赔偿责任的规定。飞跃公司上述赔偿请求均于法无据，不予支持。

裁判结果：撤销洋海市政府作出的64号批复；责令洋海市政府于该判决生效之日起七十五日内重新作出批复；驳回飞跃公司其他诉讼请求。

【律师点评】

根据法律规定，根据伤亡人数、造成财产损失的数额的不同，安全生产事故分为特别重大事故、重大事故、较大事故和一般事故等四种类型。不同程度的事故由不同级别的行政机关组成调查组进行调查，调查组完成调查后申请其直属人民政府进行批复。事故调查以及政府批复属于其法定的行政职责，应当依法行使职权。当行政机关侵犯公民、法人权益时，公民、法人有权提起行政复议和行政诉讼维权。

案例10　作业人员须严格按操作规程作业

——耳东华与甲人民检察院安全生产事故刑事案

【基本案情】

上诉人耳东华受陈某雇请为玉成公司驾驶牌照为皖S×××××号汽车式起重机，帮助陈某等人安装楼外广告布。耳东华在施工作业过程中，没有现场专门指挥人员，并违反吊车操作规程。2017年2月26日14时50分，在吊篮内施工的刘某、张某、白某、郭某等四人从高处坠落，致刘某、张某死亡，白某重伤二级，郭某轻伤一级。经该区安全生产监督管理局认定，被告人耳东华负该事故直接责任。

案发后，上诉人耳东华拨打了110报警电话。玉成公司对被害人刘某、张某的家人进行了经济赔偿。刘某亲属对耳东华表示谅解。

法院经审理认为，上诉人耳东华在作业中违反有关安全管理规定，因而发生重大伤亡事故的行为已构成重大责任事故罪。对上诉人及辩护人提出该案属单位犯罪，原判没有列单位为被告人程序违法的辩护意见，经查，重大劳动安全事故罪没有规定对单位判处罚金，属于实行单罚制的单位犯罪，故对上诉人及辩护人提出原判程序违法的上诉理由和辩护意见不予采纳。该案所涉安全生产事故发生的直接原因系耳东华在作业过程中违规操作引起，而非相关单位提供的劳动场所的硬件设施或者对劳动者提供的安全生产防护用品和防护措施不符合国家规定引发，故原判认定耳东华的行为构成重大劳动安全事故罪不当，应予纠正。耳东华犯罪后主动报警，在现场等候侦查人员处理，并如实地供述了自己的犯罪事实，系自首，对耳东华可从轻处罚，对上诉人及辩护人提出耳东华有自首情节应从轻处罚的上诉理由和辩护意见予以采纳。

裁判结果：耳东华犯重大责任事故罪，判处有期徒刑一年九个月。

【律师点评】

《中华人民共和国安全生产法》第五十四条规定："从业人员在作业过程中，应当严格遵守本单位的安全生产规章制度和操作规程"。违反《中华人民共和国安全生产法》及其他相关法律规定进行违规作业，构成犯罪的，应当承担刑事责任。《中华人民共和国刑法》第一百三十四条规定："在生产、作业中违反有关安全管理的规定，因而发生重大伤亡事故或者造成其他严重后果的，处三年以下有期徒刑或者拘役；情节特别恶劣的，处三年以上七年以下有期徒刑。"

第七章　建设工程合同纠纷案例分析

案例 11　不安抗辩权的行使需满足法定条件

——秦明公司与盛惠公司建设工程施工合同纠纷案

【基本案情】

2014 年 9 月 30 日，某文化艺术中心工程建设管理处(甲方)与陕西秦明路桥工程有限公司(以下简称秦明公司)、山东岳峰建设工程有限公司(以下简称岳峰公司)(乙方“联合体”)签订了“文化艺术中心项目投资建设合同”，将图书馆、群艺馆、剧院、城市展示馆等工程由乙方承包完成。2015 年 6 月，秦明公司、岳峰公司联合体(甲方)与陕西盛惠建设工程集团有限公司(以下简称盛惠公司)(乙方)签订了“文化艺术中心项目分包合同”。合同约定：被告承包主体工程的给排水、空调、消防通风及相关设备采购和安装。2016 年 4 月，秦明公司、岳峰公司联合体(甲方)与盛惠公司(乙方)签订了“文化艺术中心项目分包合同”。合同约定：该文化艺术中心是某市政府决策的重大民生工程，通过招标选定秦明公司、岳峰公司联合体作为投资方，并确认秦明公司为项目实施牵头人。施工方为岳峰公司。一、承包范围：剧院、图书馆、群艺馆、展览馆屋面钢结构材料采购及安装。二、工期：该工程施工期总周期为 180 日历天。其中剧院工期为自合同签订之日起 45 个工作日内完成，具体开工时间以甲方书面通知为准。四、工程造价及结算方式：该工程合同总价以最终结算为准，最终结算以甲方或监理确认装饰竣工图纸及该市财政局投资评审中心审定为准。五、工程价款的支付方式：甲方应按总建设方(市政府)的付款时间支付乙方工程价款。若甲方延期支付，乙方有权要求总建设方代付。合同第二部分约定：1.1 由乙方按设计施工图内的全部内容，筹集资金实施该工程施工，工程建成后按约定程序由乙方移交甲方，甲方按约定支付工程价款。2.1.1.1 工程建安费：甲方组织施工图纸审查合格后，乙方按照审查合格后的施工图编制预算，以该市财政局投资评审中心审定为准，以此作为工程建安费(工程造价)。2.1.1.3 工程建安费结算：以竣工图纸及该市财政局投资评审中心审定为准。2.3.1 建设单位(市政府)第一次支付甲方工程价款时，甲方向乙方支付该工程结算总价款的 95%。2.3.2 剩余 5%质量保证金。质量保证金期满后 7 日内无息一次性支付完毕。6.3 甲方行使解除权的条件：6.3.1 除因不可抗力和甲方原因外，工程连续停工 60 日；6.3.2 除因不可抗力和甲方原因外，该工程的实际进度严重滞后 60 天以上；11.2.1 除因不可抗力，乙方的移交日起较确定的移交范围和内容的基准日推迟(延误移交日起)每推迟(非乙方原因造成)一天罚款 5 000 元。

2016 年 6 月 15 日，秦明公司、岳峰公司联合体(甲方)与盛惠公司(乙方)签订了“文化艺术中心项目室外管网施工合同”。2017 年 4 月 12 日，秦明公司向盛惠公司发函，因盛惠公司在 2016 年 12 月停工，给秦明公司造成损失，要求盛惠公司在 4 月 15 日前开工。2017

年 4 月 19 日，盛惠公司复函，认为其已经完成工程 90％以上，盛惠公司担心投资安全，希望合理解决盛惠公司后顾之忧。

2017 年 5 月 5 日，秦明公司（甲方）与盛惠公司（乙方）达成“文化艺术中心钢构工程施工补充协议”。2017 年 5 月 5 日，双方经友好协商一致达成如下协议，以便双方共同遵守。(1) 该协议签订后钢构、室外管网工程在 7 日内开始施工。(2) 从开工之日起钢构工程需在 2017 年 7 月 10 日前完成，逾期不能完工，每延误一天罚款 5 000 元，直接从结算款中扣除。(3) 秦明公司（以下简称甲方）于 2017 年 6 月 10 日前支付 1 000 000 元钢构工程价款，若甲方延期支付，须承担因甲方违约支付造成的停工误工费每天 5 000 元。(4) 如政府向甲方支付工程价款，在收到这部分资金 5 日内甲方应向乙方支付 3 000 000 元。(5) 钢构、室外管网工程全部完工，并经甲方、监理验收合格，乙方提交资料齐全，甲方须在 2017 年 9 月 20 日前完成钢构、室外管网结算确认工作。(6) 甲方须在 2017 年 10 月 20 日前支付钢构、室外管网工程概算总价款 80％的工程价款。(7) 剩余 5％工程价款甲方须在 2019 年 10 月 20 日前全部支付给乙方。(8) 如甲方未按该协议约定时间付款，政府给甲方付款时，首先应当支付甲乙双方约定的钢构、室外管网工程价款。(9) 如果甲方逾期付款，应承担全部钢构、室外管网工程造价按年息 24％支付乙方利息，利息计算时间从 2017 年 10 月 20 日起到付清工程价款为止。(10) 该工程的质量条款按原合同执行，其他条款按该协议执行。(11) 该协议不受秦明公司给盛惠公司出具的委托支付申请书中付款条件的约束。(12) 经盛惠公司同意，钢构、室外管网工程价款由甲方直接支付至乙方出具的委托支付账户上，乙方须监督钢构、室外管网工程价款不得拖欠农民工工资。(13) 以上约定时间因乙方提交工程资料及乙方自身原因造成的延误，甲方支付钢构及室外管网的工程价款日期相应顺延。

2017 年 11 月 10 日，勇兵建设监理咨询有限公司、文化艺术中心项目监理部出具“关于文化艺术中心工程项目屋面钢构分包单位施工情况说明”：文化艺术中心屋面钢构工程由总包单位选定分包单位盛惠公司进行施工，分包单位于 2016 年 5 月 1 日进场并报审相关资料，5 月 3 日剧院材料进场开始施工。剧院屋面钢构于 2016 年 7 月 10 日基本完成；后续开始展示馆屋面施工，于 2017 年 5 月底基本完成。群艺馆于 2016 年 11 月 9 日开始施工，图书馆于 2017 年 5 月 21 日开始施工，截至目前，均未完成，具体完成情况以现场实际为准。上述时间节点按照监理过程记录资料记录。

该案诉及的剧院、图书馆、群艺馆、展览馆屋面钢构工程施工及完成情况为：剧院 2016 年 5 月 3 日开始施工，7 月 10 日基本完成。展览馆 5 月底基本完成。群艺馆 2016 年 11 月 9 日开始施工，图书馆 2017 年 5 月 21 日开始施工，截至目前均未完成。2017 年 7 月 10 日，群艺馆、图书馆钢构部分停工至今。秦明公司 2017 年 4 月 1 日支付盛惠公司钢构工程价款 1 000 000 元、8 月 7 日支付 1 300 000 元、9 月 7 日支付 1 000 000 元，共计 3 300 000 元。

秦明公司向法院起诉盛惠公司，诉讼请求为：(1) 依法解除原告、被告 2016 年 4 月签订的“文化艺术中心项目分包合同”及 2017 年 5 月 5 日签订的“文化艺术中心钢构工程施工补充协议”中钢构部分；(2) 判令被告赔偿因其违约给原告造成的经济损失暂计 4 826 400 元；(3) 该案诉讼费用由被告承担。在庭审中原告变更第(2)项诉讼请求为判令被告赔偿因其违约给原告造成的经济损失暂计 5 649 735 元。

一审法院认为：文化艺术中心工程由原告公司以及岳峰公司承包建设。原告公司作为该项目实施牵头人与被告公司签订了“文化艺术中心项目分包合同”，约定由被告公司采购及安装剧院、图书馆、群艺馆、展览馆屋面钢结构材料。合同在履行过程中，原被告签订了“文化艺术中心钢构工程施工补充协议”。该协议约定了开工、完工日期、付款期限及付款金额。该补充协议第(10)条约定，该工程的质量条款按原合同执行，其他条款按该协议执行。这能够说明该补充协议对工程开工、完工、付款期限及金额进行了变更，该补充协议系双方真实意思表示，合法有效，双方应按补充协议约定履行各自的义务。按照该补充协议第(3)条约定，原告应在2017年6月10日前支付被告工程价款1 000 000元，而原告直至2017年8月7日才支付被告1 300 000元，从原告付款时间来看，原告并未在约定期限内支付工程价款，故原告已构成违约。被告在2017年7月10日开始停工，原告8月7日付款后，被告应开始继续施工，但其未施工，在原告9月7日支付被告1 000 000元后，被告仍未施工，停工至今，被告亦构成违约。违约致使合同目的无法实现，因此原告要求解除原告、被告2016年4月签订的“文化艺术中心项目分包合同”以及2017年5月5日签订的“文化艺术中心钢构工程施工补充协议”中涉及钢构部分协议内容，应予支持。原告要求被告因违约赔偿损失5 649 735元，因在合同履行过程中，原告、被告均有违约，应当各自承担相应责任，故对原告要求被告承担因违约给其造成损失的请求，不予支持。被告辩称，原告抽逃资金，股东变更频繁，原告公司资信恶化，被告停工系行使抗辩权。因该工程尚未竣工验收，市政府亦未与原告进行工程验收结算，原告公司股东变动等行为，并不必然导致被告公司权利无法实现，被告辩解理由及提供证据，不足以证明其行使抗辩权理由充分正当，故对被告辩解理由，不予采纳。对于原告所欠被告工程价款，因被告未提出反诉，该案不作处理。依照《中华人民共和国合同法》第六十条、第九十四条第一款(四)项、第一百零七条、第一百二十条的规定，判决如下：(一)解除原告秦明公司与被告盛惠公司于2016年4月签订的“文化艺术中心项目分包合同”以及2017年5月5日签订的“文化艺术中心钢构工程施工补充协议”中涉及钢构部分协议内容；(二)驳回原告秦明公司要求被告盛惠公司赔偿损失的诉讼请求。案件受理费45 611元。原告秦明公司负担23 000元，被告盛惠公司负担22 611元。

上诉人盛惠公司不服该民事判决，向二审法院提起上诉。请求驳回被上诉人的诉讼请求事实和理由：(一)合同主体认定错误，对于合同具备资格主体的山东岳峰公司一方视而不见。被上诉人不具备要求解除合同的资格，其单方面诉讼要求解除合同明显主体不适格。(二)被上诉人在自己存在履约不能情况下诉讼要求解除合同明显不具备《中华人民共和国合同法》中单方解除合同“根本违约”的情形，一审对上诉人抗辩权利视而不见，以“不足以”证明“并不必然导致权利无法实现”理由不采纳上诉人合理解释，认定事实错误。

二审庭审中，上诉人质疑一审判决认定2017年8月7日被上诉人支付上诉人工程价款1 300 000元的事实，认为该1 300 000元包括300 000元违约金。经审查，上诉人该主张没有充分的证据支持，不予采信。对一审查明的事实二审予以确认。

二审法院经审理认为：该市人民政府与秦明公司、岳峰公司采用BT(建设-移交，Build-Transfer)模式签订文化艺术中心项目投资建设合同，秦明公司是该项目的投资人，并不是该项目的承包人，因而其与上诉人盛惠公司签订的该案合同，属于建设工程施工合同，而不是建设工程分包合同，因而该案案由应为建设工程施工合同纠纷，一审确定案由不当，应当予以纠正。根据诉辩双方的观点，该案二审中涉及的争议焦点有两点：

一、双方当事人于2016年4月签订的“文化艺术中心项目分包合同”以及2017年5月

5 日签订的“文化艺术中心钢构工程施工补充协议”的效力。

该案中，双方当事人于 2016 年 4 月签订的“文化艺术中心项目分包合同”以及 2017 年 5 月 5 日签订的“文化艺术中心钢构工程施工补充协议”，虽然合同甲方表述为秦明公司、岳峰公司联合体，但合同甲方的签名处仅有秦明公司的盖章及该公司法定代表人的签名和盖章，合同乙方有盛惠公司签章和该公司法定代表人签名。由于岳峰公司并未在该合同及补充协议上签字盖章，因此，不能认定岳峰公司是该合同及补充协议的当事人。鉴于该案涉及的文化艺术中心项目是一个 BT 项目，故双方当事人签订的该案合同是双方当事人的真实意思表示，内容不违反法律、法规的强制性规定，且该案合同以及补充协议的内容已经实际部分履行，故该案合同以及补充协议合法有效。被上诉人作为该案合同相对方，其依照合同约定诉请解除合同，作为该案原审原告主体适格，上诉人该项上诉理由不能成立，二审法院不予支持。

二、一审判决解除双方当事人于 2016 年 4 月签订的“文化艺术中心项目分包合同”以及 2017 年 5 月 5 日签订的“文化艺术中心钢构工程施工补充协议”中涉及钢构部分协议内容是否正确。

《中华人民共和国合同法》第六十八条规定：“应当先履行债务的当事人，有确切证据证明对方有下列情形之一的，可以中止履行：(一) 经营状况严重恶化；(二) 转移财产、抽逃资金，以逃避债务；(三) 丧失商业信誉；(四) 有丧失或者可能丧失履行债务能力的其他情形。当事人没有确切证据中止履行的，应当承担违约责任。”上述条款是关于不安抗辩权的规定。根据该案查明的事实，上诉人没有按照补充协议的约定进行施工，停止施工的时间超过 60 日，其主张停止施工是因为被上诉人秦明公司存在履约不能的情形，被迫行使的不安抗辩权。经审查，该案现有的证据不能充分证实被上诉人秦明公司存在《中华人民共和国合同法》第六十八条规定的情形，且文化艺术中心项目尚未竣工验收，该市政府也未与投资方进行结算，故上诉人盛惠公司主张被上诉人秦明公司存在履约不能的情形，其被迫行使不安抗辩权而停止施工的理由不能成立。依照双方当事人约定的秦明公司行使合同解除权的条件，结合该案查明的事实，一审判决解除双方当事人于 2016 年 4 月签订的“文化艺术中心项目分包合同”以及 2017 年 5 月 5 日签订的“文化艺术中心钢构工程施工补充协议”中涉及钢构部分协议内容是正确的，上诉人该项上诉理由不能成立，二审法院不予支持。因此，盛惠公司的上诉请求不能成立，应予驳回；一审判决认定事实清楚，适用法律正确，应予维持。

裁判结果：驳回上诉，维持原判。

【律师点评】

不安抗辩权，是指合同成立后，有先后履行顺序的，先履行的一方有确切证据表明另一方丧失履行债务能力时，在对方没有恢复履行能力或者没有提供担保之前，有权中止履行合同的权利。法律规定不安抗辩权的目的在于切实保护当事人的合法权益，防止借合同进行欺诈，促使对方履行义务。

但是，合同当事人欲行使不安抗辩权来维护己方权利时，需要明确，不安抗辩权的行使须满足《中华人民共和国合同法》第六十八条的规定，且符合双方合同履行的实际情况，而不是想当然地认为己方权益将要受损而自由使用。

案例12 承包人经营范围区别于其资质

——左劲公司与海浪公司建设工程合同纠纷案

【基本案情】

东川医院住院综合楼工程为招投标工程，左劲公司为中标单位。2009年9月6日，左劲公司与东川医院就该工程签订“建设工程施工合同”。2010年初左劲公司开始进场施工，工程价款按照合同约定汇入左劲公司指定账户。

2011年，左劲公司东川医院住院综合楼工程项目部负责人韩洋与海浪公司项目负责人宏一签订“工程承包合同”一份。合同注明：发包方为左劲公司（简称甲方），承包方为海浪公司（简称乙方）。海浪公司以包工包料的方式承建东川医院住院部综合楼的消防系统工程。结构形式为框架剪力墙结构。工程面积约600 m^2。工程造价为700 000元。韩洋在合同最后一页甲方处签名并加盖“左劲公司东川医院住院综合楼工程项目部”印章，宏一在乙方处签名，并加盖“海浪公司合同专用章”。

后，左劲公司与东川医院之间产生纠纷导致整个工程尚未完工即被清场，消防工程亦未完工。2014年11月10日，经核算，韩洋向海浪公司出具欠条一份，注明：“经综合核算，仍欠海浪公司（项目负责人：宏一）承包东川医院住院部综合楼消防工程价款人民币（大写）贰拾伍万元（￥250 000.00）。欠款人：韩洋。左劲公司项目部负责人（签字）：韩洋。2014.11.10”。海浪公司此后多次催要均无果，故诉至法院，要求判令被告支付工程价款250 000元及利息（利息以250 000元为基数，自起诉之日起，按银行同期贷款利率，计算至款清之日止）。

另查明，左劲公司具有房屋建筑工程施工总承包贰级资质。海浪公司具有消防设施工程施工资质。

被告左劲公司主张其经营范围中不包含消防设施工程施工资质，其所承建的工程仅为东川医院综合楼工程中的土建部分，不包括消防工程。韩洋仅系其土建部分项目部负责人，且项目部章系韩洋伪造，韩洋将消防工程分包出去的行为系其个人行为，与左劲公司无关。

法院经审理认为：（一）左劲公司的经营范围虽不包含消防工程施工资质，但其具有房屋建筑工程施工总承包二级资质，按照《建筑企业资质规定》（建设部令第87号）制定的《建筑业企业资质等级标准》（建建〔2001〕82号）中对于“施工总承包企业资质等级标准”的相关规定，“房屋建筑工程是指工业、民用与公共建筑（建筑物、构筑物）工程。工程内容包括地基与基础工程……通风、照明、消防、防雷等安装工程”。因此，劲松作为总承包企业，经营范围中虽不包括消防工程施工资质，但并不影响其所承包的工程中含有消防工程。（二）东川医院向该县融信小额贷款有限责任公司出具的贷款责任承诺书中写明“东川医院综合楼工程建筑面积6 400 m^2，总造价为人民币6 520 000元，此项目施工单位为合肥市劲松建筑安装有限公司，承建责任人为杨松。该工程截至2011年12月中旬已主体竣工，尚有屋面、保温、装饰、水电、消防等尾欠工程未建，工程价款已付50%，余款50%未付……”。从该承诺书中的内容可以看出，东川医院综合楼工程不仅包括土建，而且包括屋面、保温、装饰、水电、消防等工程。（三）韩洋与被告左劲公司订立内部承包合同说明，韩洋正是依据该合同参与中标工程的施工管理，也就是说，韩洋参与中标工程的施工管理得到左劲公司的认可或同意。此后，被告左劲公司设立项目部，并授权韩洋在东川医院综合楼施工过程中全权负责，进一步说明，内部承包合同已在履行，韩洋是项目部实际负责人，其有权代表项目部。韩洋以项目部名义将左劲公司承建范围内的消防工程分包给具有消防施工资质的海浪公司承建系代表项目部的行为，且该代表行为有效。“建设工程施工合同”上所盖项目部章之真伪，并不影响对韩洋代表项目部行为的认定。

韩洋代表项目部与海浪公司签订的合同，系双方当事人的真实意思表示，且不违反法律和行政法规的规定，应为有效，双方当事人均应依约履行各自的义务。东川医院综合楼工程中的消防工程未完工非系海浪公司自身原因，对于海浪公司已完工部分，左劲公司应当支付相应的款项。

裁判结果：判决被告左劲公司自该判决生效之日起 10 日内给付原告海浪公司工程价款 250 000 元及逾期利息（自起诉之日起，按照中国人民银行发布的同期同类贷款利率计算至该判决确定给付之日止）。

【律师点评】

建筑业企业资质等级标准是建筑业企业资质的一个分级标准。依法取得工商行政管理部门颁发的“企业法人营业执照”的企业，在中华人民共和国境内从事土木工程、建筑工程、线路管道设备安装工程、装修工程的新建、扩建、改建等活动，应当申请建筑业企业资质。而经营范围是指国家允许企业生产和经营的商品类别、品种及服务项目，反映企业业务活动的内容和生产经营方向，是企业业务活动范围的法律界限，经营范围是指企业可以从事的生产经营与服务项目。

建筑业企业的资质与经营范围在性质上是不同的，具有法定资质的建筑企业可以从事资质许可范围内的建设工程活动，不因经营范围受限，从而也不会因经营范围与资质不符，而导致建设工程合同的效力出现瑕疵。

案例 13　当事人对同一诉求不得既申请仲裁又申请诉讼

——章元公司与米修燃料总公司建设工程施工合同纠纷案

【基本案情】

上诉人章元公司因与被上诉人米修燃料总公司建设工程施工合同纠纷一案，不服某市中级人民法院民事裁定，向法院提起上诉。

章元公司起诉，称：2011 年 8 月 9 日，被告米修燃料总公司向其承诺，米修燃料集团五公司是其下属子公司，该单位负责职工集资建房项目，该项目工程价款及质量保证金由其全权管理和使用，由此产生的一切后果由其负责。2011 年 12 月 1 日，章元公司以涉案“建设工程施工合同”约定的发包人和实际履行人系被告，并以被告为被申请人向该市仲裁委员会提起仲裁，后被告提出管辖异议，仲裁庭向章元公司释明应当以米修燃料集团五公司为被申请人提起仲裁。章元公司遂撤回对被告的仲裁申请，以米修燃料集团五公司为被申请人提起仲裁。2013 年 9 月 29 日，该市仲裁委员会作出裁决书，裁定米修燃料集团五公司自 2013 年 9 月 29 日起 10 日内向章元公司支付工程价款及利息等共计 14 518 813.35 元。履行期届满后，米修燃料集团五公司没有按照裁决书付款，2013 年 10 月 11 日，章元公司申请强制执行，经法院查询，米修燃料集团五公司没有可供执行的财产。被告米修燃料总公司下属单位职工早在 2011 年 8 月就已全部足额缴纳了集资建房款。章元公司申请仲裁、强制执行并提起该案诉讼均系因被告违背承诺造成。按照被告于 2011 年 8 月 9 日出具的说明，被告应承担管理使用工程价款和保证金不当的一切后果，故请求：(1) 被告米修燃料总公司向原告章元公司支付裁决书确定的所有费用共计 14 518 813.35 元；(2) 原告章元公司已经发生的律师费用 245 350 元由被告米修燃料总公司负担。

原审法院认为：涉案工程的发包方米修燃料集团五公司与施工方章元公司于 2009 年 7 月 24 日签订"建设工程施工合同"且已实际履行。章元公司因欠付工程价款纠纷曾向该市仲裁委员会申请仲裁，该仲裁委作出裁决书，裁决米修燃料集团五公司应支付章元公司工程价款及利息等共计 14 518 813.35 元。章元公司已申请强制执行。现章元公司以米修燃料集团五公司没有可供执行的财产，米修燃料集团总公司存在管理、使用其下属子公司涉案工程价款及保证金账户情况，其应为涉案工程的实际发包人，应对涉案工程欠款承担责任为由向法院起诉，因章元公司基于同一事实和理由已向仲裁机构申请仲裁，现又以新证据为由向原审法院提起诉讼，请求米修燃料集团总公司支付涉案工程欠款 14 518 813.35 元，于法无据。依照《中华人民共和国民事诉讼法》第一百二十四条第(五)项、《最高人民法院关于适用〈中华人民共和国民事诉讼法〉若干问题的意见》(法发〔1992〕22 号)第 139 条的规定，裁定如下：驳回原告章元公司起诉。

上诉人章元公司不服原审裁定提出上诉，称：原审认定事实和适用法律均存在错误，请求二审法院撤销原裁定，改判支持上诉人的原审诉讼请求。一、章元公司依据 2011 年 8 月 9 日米修燃料总公司向其出具的说明提起该案诉讼，与该市仲裁委员会作出的裁决书，主体不同、法律关系不同、诉讼请求不同。仲裁审理的是合同行为，该案应审理的是 2011 年 8 月 9 日米修燃料总公司向上诉人出具说明的有效民事法律行为，并非原审所认为的有新证据。二、上诉人与被上诉人之间不存在生效的法律文书确定的债权债务，且原审法院在执行中已认定被上诉人的承诺行为未经审理不能作为执行根据，故原审裁定适用法律错误。三、原审法院未就被上诉人抗辩主张的其曾挪用5 000 000 元为该市某区国资委还债的事实进行查证，即作出该案裁决，程序错误。被上诉人米修燃料总公司未作答辩。

法院经审理认为：通过阅卷，该案章元公司起诉米修燃料总公司的诉讼请求为："1. 判决被告支付原告保证金、工程价款、利息、仲裁费、违约金及赔偿损失共计 14 518 813.35 元；2. 承担本案原告支付的律师费245 350 元。"原审法院经过审查，确定该案案由为建设工程施工合同纠纷，是正确的。但针对涉案工程，基于章元公司与米修燃料集团五公司签订的"建设工程施工合同"，该市仲裁委员会于 2013 年 9 月 29 日作出裁决书，确定了章元公司与米修燃料集团五公司之间的权利和义务，该仲裁裁决现已发生法律效力。在此情况下，章元公司依据 2011 年 8 月 9 日米修燃料总公司向其出具的说明提起该案诉讼，要求米修燃料总公司直接、独立向其支付仲裁裁决书确定的工程价款等费用，无法律依据。

裁判结果：驳回上诉，维持原裁定。

【律师点评】

仲裁和诉讼是两种并列的解决纠纷的形式。当事人既可以选择仲裁也可以选择诉讼来解决纠纷。如果选择仲裁，需要有仲裁协议，且仲裁协议有效才能适用。而诉讼则不需要，当事人向有管辖权的法院提起诉讼即可。仲裁裁决与法院判决一样，都具有法律约束力和强制执行力，当事人应当自觉履行。为了维护法律适用的严肃性、权威性，同时为了节省司法资源，如果当事人因一诉求进行仲裁，则不得再因同一诉求申请诉讼，反之亦然。

案例 14　挂靠所签建设工程合同无效

——韩阳平与 A 村民委员会建设工程施工合同纠纷案

【基本案情】

2010 年，没有施工资质的韩阳平挂靠在安阳公司，以安阳公司的名义，承建 A 村委会将村活动室，同年 6 月份工程完工并交付使用。A 村委会陆续向韩阳平支付了部分工程价款。2014 年 2 月 13 日，A 村委会向韩阳平出具欠条一份，并加盖了 A 村委会公章，李某、高某在欠条上进行了签名。欠条主要内容为："今欠到韩阳平 A 村活动室建房款合计人民币伍万圆整"。现因欠付工程价款，韩阳平诉讼来院，请求判决 A 村委会偿还欠款 50 000 元，并从起诉之日起按同期银行贷款利率支付利息直至该欠款付清时为止，该案诉讼费由 A 村委会承担。

法院经审理认为：根据《最高人民法院关于审理建设工程施工合同纠纷案件适用法律问题的解释》第一条规定，承包人未取得建筑施工企业资质或者超越资质等级的，建设工程施工合同应认定为无效。韩阳平作为自然人，不具备相应房屋建筑工程施工企业资质，其与 A 村委会之间的建设工程施工约定应属无效。《最高人民法院关于审理建设工程施工合同纠纷案件适用法律问题的解释》第二条规定，建设工程施工合同无效，但建设工程经竣工验收合格，承包人请求参照合同约定支付工程价款的，应予支持。A 村委会经法院传票传唤无正当理由未到庭参加诉讼，韩阳平在庭审中主张工程完工即交付使用，且大桥村委会此后也向韩阳平出具了工程价款欠条，故对该工程欠款事实予以确认，对韩阳平要求支付拖欠工程价款 50 000 元的主张，予以支持。关于韩阳平要求支付利息的请求，由于该案欠条形成的基础是建设工程施工，而发包方和承包方的约定已被认定无效，故对韩阳平要求的利息不予支持。

裁判结果：被告 A 村民委员会于该判决生效后 10 日内给付原告韩阳平工程价款 50 000 元。

【律师点评】

挂靠，是指没有资质的实际施工人借用他人名义承揽工程的行为。《中华人民共和国建筑法》第十三条明确规定施工单位必须具备相应资质。挂靠行为显然违反了法律规定，挂靠人所签订的建设工程合同为无效合同。根据《最高人民法院关于审理建设工程施工合同纠纷案件适用法律问题的解释》第二条的规定，建设工程合同无效，如果该工程经竣工验收合格，发包人应当支付工程价款。

挂靠行为在工程建设过程中的危害性显而易见，一方面挂靠人的自身条件的缺陷极易导致工程出现质量问题、安全问题等，不利于建设项目的顺利进行；另一方面，对于挂靠人来说，由于其行为违反相关法律规定，其权益难以得到全面保障。故实务中，应避免挂靠行为的出现。

案例 15　合同客观上已无履行可能时，只能要求对方承担违约责任

——科信监理公司与奥德电器公司建设工程监理合同纠纷案

【基本案情】

2015 年 4 月 26 日，科信监理公司与奥德电器公司签订建设工程监理合同一份，约定由科信监理公司为奥德电器公司所建的 1 号、2 号厂房工程提供监理服务。在合同中双方还约定工程监理酬金为 30 000 元，在合同签订 7 日后支付首付款 10 000 元，主体完工支付 10 000元，余款 10 000 元在工程完工后付清。合同签订后，奥德电器公司未按合同约定期限支付首付款 10 000 元，故科信监理公司以此为由未继续提供监理服务，也未到达现场参与实际工程施工监理活动。原审法院认为，建设工程监理合同是双务有偿合同，监理单位获取酬金应是以提供相应的监理服务为对价。在该案中，科信监理公司与奥德电器公司约定在合同签订后给付首付款 10 000 元，该 10 000 元具有预付款的性质，并不是合同签订 7 日内科信监理公司提供服务的对价。科信监理公司未提供其向奥德电器公司提供相应监理服务的证据，即使按照其在庭审中的陈述也只是提供监理公司相应材料，并在奥德电器公司的施工方案上签字，而未到施工现场进行实质的监理活动，故在该案中科信监理公司无法证明其已向奥德电器公司提供与其主张 10 000 元酬金相符的监理服务，故对原告科信监理公司要求被告奥德电器公司给付首付款 10 000 元及承担逾期付款利息的诉讼请求不予支持。因奥德电器公司未按照合同约定的时间给付首付款，科信监理公司可以主张先履行抗辩权即拒绝履行其提供监理服务的义务并可向奥德电器公司主张相应的违约责任。

关于原告要求被告继续按合同约定履行义务的诉讼请求，原审法院认为建设工程监理合同是以双方存在信赖为基础，故合同标的不适合强制履行。同时根据《中华人民共和国合同法》第二百七十六条的规定，建设工程监理合同可以依照该法委托合同的相关规定，而《中华人民共和国合同法》第四百一十条规定委托人或者受托人可以随时解除委托合同，在该案中，奥德电器公司未按照合同约定给付首付款，其已经以行为表示其解除合同的意思，故原告要求被告继续履行合同的诉讼请求不予支持。因此，原审法院作出驳回原告诉讼请求的判决。

科信监理公司不服原审判决，提出上诉称：原判认定其为继续提供监理服务，也未到达现场参与实际施工监理活动，显属错误；原判适用法律错误。综上认为，依法成立的合同对当事人具有法律约束力，在双方未接触合同前，合同对被上诉人具有约束力。上诉人作为守约方，根据法律规定，选择行使权力的方式，要求违约方按照合同约定履行付款义务，法院应予支持。故原判错误，请求二审法院撤销原判；判决奥德电器公司支付合同约定的首付款 10 000 元，并按银行同期贷款利率支付逾期付款利息至付款之日止。

二审法院认为：科信监理公司与奥德电器公司签订建设工程监理合同后，奥德电器公司未按照合同约定支付首付款 10 000 元，也未要求科信监理公司进场履行监理职责，而该合同中涉及的工程已经动工，二审法院在向奥德电器公司的施工现场送达二审传票时，亦发现该工程正在进行中，对此事实，科信监理公司不持异议。可见，奥德电器公司已经以自己的

行为表明不再履行建设工程监理合同中约定的主要义务。现科信监理公司诉请要求继续履行合同，显然不能成立。科信监理公司诉请奥德电器公司支付合同价款的首付款10 000元，基于合同无法继续履行，且科信监理公司亦无法提供证据证明其先期所做的工作内容对应价款为10 000元，故该诉请不能获得支持。当然，奥德电器公司未按合同约定履行自己的义务，导致合同无法继续履行，其行为构成违约，科信监理公司可以违约之诉行使自己的权利。原判对此予以告知，亦属正确。故，原判认定事实清楚，适用法律正确，应予维持。

裁判结果：驳回上诉，维持原判。

【律师点评】

合同是双方当事人在平等的基础上自然签订、履行的，是双方当事人按照自己意愿的合意，任何一方都不能强迫对方签订、履行合同。当然，依法成立的合同自成立时生效，当事人应当按照约定进行履行，否则须承担违约责任。但如果因一方违约而导致合同客观上已无履行可能的，守约方只能要求违约方承担违约责任，而不能执着于继续履行合同。

案例16　合同未约定履行期限时诉讼时效起算点如何确定

——莫窟公司与湖西管理处建设工程合同纠纷案

【基本案情】

2004年5月2日，原告莫窟公司与被告湖西管理处签订了"莲湖支渠排洪闸工程承包合同书"。其中合同第四条约定：一、根据工程的实际情况，商定施工期为15日（晴天），即从2004年5月2日动工至2004年5月17日竣工。施工方须按时按质完成工程的工程量。第六条约定：一、施工过程中甲方（湖西管理处）支付工程进度款应按上级给该项工程的工程拨款80%支付给乙方（莫窟公司）。二、工程竣工验收结算后，甲方应在上级拨给该项工程价款中共支付总造价的95%工程价款给乙方，剩下作为保质金，在保质期满后按有关规定支付给乙方。三、工程竣工后一个月内，由乙方向甲方提出书面验收申请，甲方应在7日内组织验收，人员由甲乙双方及水利部门派员组成。合同签订后，原告依约进行施工，并在该工程完工后交由被告湖西管理处使用。2005年1月31日，由当时该县水利局的工作人员负责编制一份"工程结算书"，确定该工程造价为26 300元，并报当时该县水利局相关领导在相应的"审核意见"栏上加具意见及签名确认，最后落款时间为2005年2月3日。至起诉时，原告莫窟公司认为只收到被告该县水务局支付的工程价款5 000元，现尚欠工程价款21 300元未付。

另查明，莫窟公司经工商登记为全民所有制企业法人，经营范围（主营）：建筑工程、基础工程、水利、水电工程。湖西管理处为事业单位法人，举办单位为该县水利局。该县水利局因机构改制，现已更名为该县水务局，属机关法人。

法院经审理认为：原告莫窟公司承包被告湖西管理处的工程已完工并交付使用，后经被告湖西管理处的上级主管部门——该县水务局审核、结算，涉案工程的总造价为23 600元，该事实有"承包合同书"及"水利局工程结算单"等可证实，应予认定。由于被告湖西管理处为事业单位法人，依法具备独立承担民事责任的能力，故债务应由被告湖西管理处自行负担。原告在起诉状中承认被告已支付 5 000 元工程价款的事实，此为对己方不利的陈述，根据《最高人民法院关于民事诉讼证据的若干规定》第七十四条“诉讼过程中，当事人在起诉状、答辩状、陈述及其委托代理人的代理词中承认的对己方不利的事实和认可的证据，人民法院应当予以确认，但当事人反悔并有相反证据足以推翻的除外”的规定，应当予以确认。现原告请求被告支付工程价款 21 300 元及利息（从结算之日起按银行同期贷款利率计至还清工程价款时止），法律根据是《最高人民法院关于审理建设工程施工合同纠纷案件适用法律问题的解释》第十七条“当事人对欠付工程价款利息计付标准有约定的，按照约定处理；没有约定的，按照中国人民银行发布的同期同类贷款利率计息”和第十八条“利息从应付工程价款之日计付。当事人对付款时间没有约定或者约定不明的，下列时间视为应付款时间：（一）建设工程已实际交付的，为交付之日；（二）建设工程没有交付的，为提交竣工结算文件之日；（三）建设工程未交付，工程价款也未结算的，为当事人起诉之日”的规定，应予支持。被告该县水务局虽是被告湖西管理处的举办单位，并参与工程审核、结算等相关工作，但考虑到涉案工程属于政府投资项目，应将该县水务局以上行为理解为行使其相应的行政管理职能。现原告主张被告该县水务局对该案债务承担连带责任，但却未能提供证据予以证实，故对该主张不予支持。对于该案是否超过诉讼时效的问题，由于原告、被告双方并没有约定履行期限，且原告也没有明确要求被告履行债务的宽限期，根据《最高人民法院关于审理民事案件适用诉讼时效制度若干问题的规定》第六条“未约定履行期限的合同，依照合同法第六十一条、第六十二条的规定，可以确定履行期限的，诉讼时效期间从履行期限届满之日起计算；不能确定履行期限的，诉讼时效期间从债权人要求债务人履行义务的宽限期届满之日起计算，但债务人在债权人第一次向其主张权利之时明确表示不履行义务的，诉讼时效期间从债务人明确表示不履行义务之日起计算”的规定，原告向法院提起诉讼主张权利并未超过诉讼时效期间，故被告辩称该案债务已超过诉讼时效，不予采纳。

裁判结果：限被告湖西管理处在该判决发生法律效力之日起 10 日内支付工程价款 21 300元及利息（利息从 2005 年 2 月 4 日起按中国人民银行同期同类贷款利率计至付清款项之日止）给原告莫窟公司；驳回原告莫窟公司的其他诉讼请求。

【律师点评】

诉讼时效，是指权利人请求司法救济的权利期限。该案立案、审理时，《中华人民共和国民法通则》规定普通诉讼时效为二年，从权利人知道或者应当知道权利被侵害时起计算。但如果合同未约定履行期限的，根据《最高人民法院关于审理民事案件适用诉讼时效制度若干问题的规定》第六条的规定来确认是否时效超期。如若时效超期，权利请求人将面临败诉的风险。故权利人应及时行使权利，保障自身合法权益。

2017 年 3 月 15 日第十二届全国人民代表大会第五次会议通过了《中华人民共和国民法总则》，对诉讼时效的内容进行修改。《中华人民共和国民法总则》第一百八十八条规定：“向人民法院请求保护民事权利的诉讼时效期间为三年。”与该案审理时，《中华人民共和国民法通则》对于诉讼时效期限的规定相比，增加了一年。权利人的合法权益在时效上得到了更大程度的保障。

案例17　合同无法履行时可行使解除权

——抖陂公司与北会公司建设工程合同纠纷案

【基本案情】

2013年9月6日，原告抖陂公司（乙方）与被告北会公司（甲方）签订“建筑工程总承包施工合同”一份。合同约定：(1) 乙方承建甲方开发的某社区住宅楼建安工程，建筑规模为3栋6+1住宅楼建筑面积暂定8 000 m^2，商业门面楼建筑面积暂定12 000 m^2，共计约20 000 m^2；(2) 施工范围以甲方提供的施工蓝图及工程预算书所包含的施工内容为准，包括主体结构、装修、水电、门窗工程，电梯、消防等合同外工程由甲方另外分包，乙方将按分包工程总造价的3%收取总包配合费，由甲方直接缴纳给乙方；(3) 经双方协商，工程合同包干总价款约为10 000 000元；(4) 合同签订后，乙方向甲方缴纳保证金1 000 000元，乙方正式进场施工缴纳保证金500 000元，若甲方不能按时开工导致保证金退还时间延长或不能按上述时间及时退还乙方保证金，需向乙方支付利息（按同期银行利率的5倍计算），计息时间从乙方向甲方缴纳保证金时刻计起。合同还对计价依据及结算、工程价款支付方式、双方责任、竣工验收、质量保修等进行了约定。2013年6月17日，原告向被告缴纳了保证金1 000 000元，被告出具了“收款收据”，并加盖公司财务专用章。

2013年9月14日，北会公司（甲方）与腾飞公司（乙方）签订“建筑工程总承包施工合同”一份。合同约定：(1) 乙方承建甲方开发的某社区住宅楼建安工程，建筑规模为3栋6+1住宅楼建筑面积暂定8 000 m^2，商业门面楼建筑面积暂定12 000 m^2，共计约20 000 m^2；(2) 施工范围以甲方提供的施工蓝图及工程预算书所包含的施工内容为准，包括主体结构、装修、水电、门窗工程，电梯、消防等合同外工程由甲方另外分包，乙方将按分包工程总造价的4%收取总包配合费，由甲方直接缴纳给乙方；(3) 经双方协商，工程合同包干总价款约为20 000 000元。合同还对保证金的缴纳和退还、计价依据及结算、工程价款支付方式、双方责任、竣工验收、质量保修等进行了约定。同年9月24日，北会公司向腾飞公司发出“开工通知书”，载明：“通知您公司于2013年9月26日进场正式动工，建设高车旗杆湾住宅还建楼，不得有误。”其后，腾飞公司进场施工并已封顶。因此，原告诉至法院，请求法院判令被告立即归还原告保证金1 000 000元及利息（自2013年6月17日至付清之日止，按合同约定的银行同期贷款利率的5倍计算）。

法院经审理认为：原告抖陂公司与被告北会公司签订的“建筑工程总承包施工合同”系当事人的真实意思表示，不违反法律、行政法规的强制性规定，合同合法有效，双方应根据合同约定履行各自义务。合同签订后，原告依约缴纳了工程保证金，被告却将同一工程再次发包给第三方施工，该行为违背了民事活动中的诚实信用原则，同时以自己的实际行为明确表示不履行合同义务，严重违反了合同约定，应当承担违约责任。因案涉工程已实际由第三方施工，被告已无继续履行与原告所签订合同之可能，被告继续占有原告所缴纳保证金已无法律依据，故原告诉请被告返还已缴纳的工程保证金的诉讼请求，应当予以支持。被告违约，应当赔偿因此给原告造成的经济损失。双方在合同中亦明确约定若发包方不能及时退还承包方保证金，需要按同期银行贷款利率的5倍计算利息，其违约金比例约定过高，超出法律规定部分依法不予支持，对其合理部分法院予以支持，即以人民银行同期同类贷款利率的4

倍计算。

裁判结果：被告北会公司返还原告抖陂公司工程保证金 1 000 000 元；被告北会公司支付原告抖陂公司利息（以 1 000 000 元为基数，按人民银行公布的同期同类银行贷款利率 4 倍自2013 年 6 月 17 日计算至该判决确定的履行期间届满之日止）。

【律师点评】

诚实信用原则是《中华人民共和国合同法》规定的基本原则，任何合同主体都需要在诚信信用的基础上订立合同、履行合同。建设工程合同亦是如此。承包人和发包人应当依照该原则履行义务。如果违反该原则而导致另一方受损，则需承担损失赔偿责任。

《中华人民共和国合同法》第一百零八条规定："当事人一方明确表示或者以自己的行为表明不履行合同义务的，对方可以在履行期限届满之前要求其承担违约责任。"同理，针对建设工程合同也同样适用。该案中，发包人的行为已导致原告客观上无法履行义务，构成根本违约，实际上原告有权利要求解除合同，并要求发包人赔偿损失。

案例 18 建设工程合同约定不明适用《中华人民共和国合同法》规定

——峰山与刚强、刚超建设工程合同纠纷案

【基本案情】

2014 年 4 月 1 日，原告峰山与被告刚强签订"塑钢门窗台栏杆扶手工程承包合同书"。合同约定：原告峰山为被告刚强承包修建的"星标"项目的安装塑钢门窗、防火门、扶手、栏杆等，原告峰山向被告刚强交纳履约保证金 100 000 元。同日，被告刚强给原告峰山出具收条一份"收条。今收到峰山履约金壹拾万元整，请将此款转入刚强工行卡 622208310000019×××，其中已收到现金肆万元，余下的陆万元以卡到账为准。收款人：刚强。2014 年 4 月 1 日。"2014 年 4 月 2 日，原告峰山向被告刚强工行账户转款 60 000 元。2014 年 4 月 21 日，原告峰山与被告刚强在撕毁 2014 年 4 月 1 日签订的合同后重新签订"塑钢门窗台栏杆扶手工程承包合同书"，约定原告峰山为被告刚强以中海建设的名义修建的"星标"项目的安装塑钢窗、防火门、扶手、栏杆等安装内容，其中塑钢窗按 380 元/m^2 结算；FM 甲级防火门按 1 300元/m^2 结算，FM1 级防火门按 1 100 元/m^2 结算，普通门按 800 元/m^2 结算；扶手、栏杆按 300 元/m^2 结算。付款方式：按每月实际完成的工程量的 75%结算，待工程竣工验收合格后，支付总造价工程价款的 100%。保证金：峰山在与刚强签订合同时，峰山向刚强支付履约保证金 100 000 元，待进场时再支付 50 000 元保证金。质保金在半年内一次性无息返还。违约责任：如刚强违约，峰山有权停止施工，刚强承担相应损失。如峰山违约，刚强有权拒绝付有关款项，峰山承担刚强相应损失。刚强在竣工验收合格后一个月内支付峰山剩余的尾款，若到时未付，则刚强按应支付的款项 3%支付峰山资金利息。

2014 年 7 月 8 日，被告刚超给原告峰山出具"担保书"一份。担保书约定："现因刚强欠峰山人民币壹拾万元整，我担保用我在行远区 88 号的门市和住房提供担保。若刚强在 2014 年 7 月 20 日前未支付欠峰山的欠款，则我将我名下的门市和住房卖掉用以归还峰山的欠款。卖房的时间为 2014 年 8 月 5 日前，并双方一起参与卖房。特此担保。担保人：刚超。2014 年 7 月 8 日。”

另查明，原告峰山为催收被告刚强履约保证金共花费交通费及住宿费 2 007.50 元。

法院经审理认为：原告、被告签订的“塑钢门窗台栏杆扶手工程承包合同书”，未明确约定该合同的履行期限，根据《中华人民共和国合同法》第六十一条“合同生效后，当事人就质量、价款或者报酬、履行地点等内容没有约定或者约定不明确的，可以协议补充；不能达成补充协议的，按照合同有关条款或者交易习惯确定”的规定，该合同约定质量保证金在半年内一次性无息返还，且根据被告刚超与原告峰山签订的“担保书”约定被告刚强在 2014 年 7 月 20 日前支付欠原告峰山的履约保证金 10 万元，现约定期限已过，以此证明，被告刚强不愿再履行该合同。根据《中华人民共和国合同法》第一百零八条“当事人一方明确表示或者以自己的行为表明不履行合同义务的，对方可以在履行期限届满之前要求其承担违约责任”的规定、原告峰山要求解除合同并赔偿违约损失即质量保证金的利息及催收返还质量保证金的交通费和住宿费 2 007.50 元，应当予以支持。因被告刚强违约致使该合同的目的不能实现，原告峰山要求被告刚强退还质量保证金 100 000 元及利息，应当予以支持。被告刚超自愿为被告刚强返还原告峰山的履约保证金 100 000 元提供担保，但该担保合同未明确约定保证方式，根据《中华人民共和国担保法》第十九条“当事人对保证方式没有约定或者约定不明确的，按照连带责任保证承担连带责任”的规定，被告刚超对以上债务应当承担连带责任保证，故原告峰山要求被告刚超承担连带清偿责任，应当予以支持。

裁判结果：解除原告峰山与被告刚强签订的“塑钢门窗台栏杆扶手工程承包合同书”；被告刚强返还原告峰山履约质量保证金 100 000 元及利息，利息从 2014 年 4 月 2 日起按中国人民银行公布的同期同类贷款利率计算至付清之日止；被告刚强赔偿原告峰山催收履约保证金的交通及住宿费 2 007.50 元；被告刚超对以上债务承担连带清偿责任。

【律师点评】

建设工程合同系《中华人民共和国合同法》附则中所列的有名合同之一，发包人与承包人在订立、履行、变更、终止建设工程合同时，不仅应当遵循《中华人民共和国建筑法》等相关专门法，同时要遵循《中华人民共和国合同法》的一般规定。《中华人民共和国合同法》中对于合同条款的约定、合同的解除、违约责任的承担等内容具有具体明确的规定。当合同主体对于内容约定不明时，可以按照《中华人民共和国合同法》的一般规定解决。

案例 19　建设工程施工合同纠纷适用不动产所在地法院管辖

——单华公司与卓越建筑工程有限公司建设工程施工合同纠纷案

【基本案情】

2009 年 3 月 10 日，单华公司(发包方)与卓越建筑工程有限公司(承包方)签订“山东省建筑安装工程承包合同”。合同约定：由卓越建筑工程有限公司承包单华公司发包的“温泉商城工程”，王东作为承包方的委托代理人在合同上签名。现单华公司以卓越建筑工程有限公司让王东作为项目负责人，管理混乱，施工质量低劣，贻误工期且单方停工，致使其受到巨大损失为由向法院主张权利，请求判令卓越建筑工程有限公司支付违约金 1 596 000 元，判令卓越建筑工程有限公司、王东赔偿经济损失 4 660 000 元。

上诉人王东因管辖权异议不服该民事裁定，提起上诉，称法律规定，合同纠纷案应由被告住所地人民法院管辖。

二审法院经审理认为：该案系建设工程施工合同纠纷，应由被告住所地或者合同履行地法院管辖。根据《最高人民法院关于审理建设工程施工合同纠纷案件适用法律问题的解释》第二十四条的规定，施工行为地为合同履行地。涉案工程施工行为地在山东省单县，属原审法院辖区。单华公司选择向合同履行地法院提起诉讼，符合《中华人民共和国民事诉讼法》第三十五条的规定。原审法院根据级别管辖规定，作为合同履行地法院管辖该案并无不当。对上诉人的上诉请求，二审法院不予支持。

裁判结果：驳回上诉，维持原裁定。

【律师点评】

自 2005 年 1 月 1 日起施行的《最高院关于审理建设工程施工合同纠纷案件适用法律问题的解释》第二十四条规定："建设工程施工合同纠纷以施工行为地为合同履行地。"最高人民法院明确了建设工程施工合同纠纷的合同履行地为施工行为地，将建设工程施工合同纠纷排除在"不动产住所地人民法院专属管辖"之外。但是，自 2015 年 2 月 4 日起施行的《最高人民法院关于适用〈中华人民共和国民事诉讼法〉若干问题的解释》（法释〔2005〕5 号）第二十八条第一、第二款规定："民事诉讼法第三十三条第一项规定的不动产纠纷是指因不动产的权利确认、分割、相邻关系等引起的物权纠纷。农村土地承包经营合同纠纷、房屋租赁合同纠纷、建设工程施工合同纠纷、政策性房屋买卖合同纠纷，按照不动产纠纷确定管辖。"该司法解释明确了建设工程施工合同纠纷依据不动产所在地原则适用专属管辖。因此，在该司法解释施行后，建设工程施工合同纠纷适用不动产所在地法院管辖。

案例 20　口头约定的建设工程合同效力无瑕疵

——周凯队与洋军建设工程施工合同纠纷案

【基本案情】

2016 年 6 月 3 日，被告洋军在"景丽轩"项目中承包了抹灰工程，后转包给原告周凯队。2017 年 10 月份周凯队的抹灰工程全部完工，完全达到竣工验收。原告没有拿到应得的工程价款。后原告上访到该区劳动监察大队。经劳动监察大队、"景丽轩"项目负责人、被告洋军、原告周凯队协商，于 2017 年 10 月 17 日达成协议，由被告支付工程价款 87 000 元，出具一份欠条，并承诺于 2017 年 12 月前付清。

法院经审理认为：原告提交欠条 1 份，该证据具有证据的真实性、合法性、关联性，对该证据的证明效力，予以认定；证人张某的证言，该证人证言客观证明被告欠原告的工程价款，对其证明效力，予以采信。

原告与被告口头达成的承揽合同，合法有效，对双方当事人均具有法律约束力。原告要求给付完成劳动成果的相应报酬，且双方对劳动成果已进行了结算。原告要求被告给付劳动报酬的诉讼请求合理，应当予以支持。

裁判结果：被告洋军于该判决生效后 10 日内给付原告周凯队劳动报酬款 87 000 元。

【律师点评】

承揽合同与建设工程合同都是《中华人民共和国合同法》附则中的有名合同，并有很多的相似之处。《中华人民共和国合同法》中也规定了建设工程合同中没有规定的，适用承揽合同的有关规定。

《中华人民共和国合同法》第二百七十条规定："建设工程合同应当采用书面形式。"这是承包人与发包人应当遵守的法定义务。但是如果双方没有订立书面协议，而仅进行了口头的约定，亦可认定其口头约定的效力。因《中华人民共和国合同法》中建设工程合同以书面形式订立的规定并非法律规范中隶属于强制性条款中的效力性条款，故发包人和承包人并不会因没有书面协议而否定口头约定的效力，双方应按照口头约定进行切实全面的履行。

案例21 劳务分包不因转包而导致建设工程合同无效

——王慈与韩志、法润公司建设工程施工合同纠纷案

【基本案情】

2016年9月，被告法润公司与被告韩志就某消防水系统工程订立单价口头合同。2016年9月2日，被告韩志以发包方的名义(甲方)与以承包方名义的原告王慈(乙方)签订"消防工程承包合同书"。该"消防工程承包合同书"约定：承包内容是"地下一至四层，安装消防喷淋，不包括消防机房和消火栓箱，总工程量约6 000个喷淋点位""本工程为大清工，所有主材和辅材全部由甲方提供，乙方只负责安装及提供施工设备"。2016年9月16日，原告的施工队伍进场施工。2016年10月，因环保需要，原告的施工队伍不再施工。2016年12月29日，被告法润公司与被告韩志签订"协议书"。"协议书"约定：被告法润公司以大清包的承包方式将某消防水系统工程承包给被告韩志施工完成。2017年1月26日，被告法润公司与被告韩志解除"协议书"，被告法润公司向两支施工队伍的负责人发放施工人员工资300 000元，其中向原告施工队伍的负责人赵文发放130 000元施工人员工资，曹铁军确认该项目的所有劳务费全部结清。原告王慈向法院提出诉讼请求：(1) 依法判决被告承担单方擅自转包合同的违约责任；(2) 依法判决被告给付原告实际已完成的工程欠款160 319元及逾期利息并承担连带责任。

法院经审理认为：被告法润公司将某消防水系统工程中的劳务作业分包给被告韩志，被告韩志将某消防水系统工程中的地下一至四层喷淋点位的劳务作业分包给原告。消防工程属于建设工程中的重要部分，所以消防工程的施工建设除应遵守消防方面的法律法规外，还应遵守工程建设方面的法律法规。参照《房屋建筑和市政基础设施工程施工分包管理办法》(中华人民共和国建设部令第124号)的规定，房屋建筑和市政基础设施工程施工分包分为专业工程分包和劳务作业分包。其中，劳务作业分包，是指施工总承包企业或者专业承包企业将其承包工程中的劳务作业发包给劳务分包企业完成的活动。该案所涉工程的由被告韩志承包的工程的劳务作业部分，后被被告韩志分包给了原告王慈。根据《最高人民法院关于审理建设工程施工合同纠纷案件适用法律问题的解释》第七条"具有劳务作业法定资质的承包人与总承包人、分包人签订的劳务分包合同，当事人以转包建设工程违反法律规定为由请求确认无效的，不予支持"的规定，劳务作业分包合同虽无须经过发包人或施工总承包人的

同意，但劳务作业分包合同的承包人应具有劳务作业法定资质，该案中原告王慈与被告韩志均是不具有施工资质的自然人，因此原告与被告签订的“消防工程承包合同书”系无效合同。根据《中华人民共和国合同法》第五十八条“合同无效或者被撤销后，因该合同取得的财产，应当予以返还；不能返还或者没有必要返还的，应当折价补偿。有过错的一方应当赔偿对方因此所受到的损失，双方都有过错的，应当各自承担相应的责任”的规定，该案原告王慈与被告韩志之间的合同无效的原因在于原告作为劳务分包作业的承包人不具有法律规定的相关资质，而在签订合同时双方均知晓这一事实，导致合同无效的原告王慈与被告韩志均有过错，所以双方均应承担各自的责任。赵文因已签字确认领取了该项目的所有劳务费，其作为原告施工队伍的负责人，在庭审中所称只领取了地下一、二层的劳务费的证人证言，法院不予采信。因原告王慈与被告韩志签订的“消防工程承包合同书”系无效合同，且原告施工队伍的负责人赵文已经从被告法润公司处领取了该项目的所有劳务费，而原告王慈未就其实际完成的工作量提供有效、充分的证据予以证明，故原告要求被告承担单方擅自转包合同的违约责任及被告连带给付原告实际已完成的工程欠款 160 319 元的请求，不予支持。

裁判结果：驳回原告王慈的诉讼请求。

【律师点评】

劳务分包是指施工单位或者专业分包单位将其承包工程的劳务作业发包给具有相应资质的劳务分包单位完成的活动。劳务分包是施工行业的普遍做法，法律在一定范围内允许。

分包与转包是不同的。转包是指承包人在承包工程后，又将其承包的工程建设任务转让给第三人，转让人退出现场承包关系，受让人成为承包合同的另一方当事人的行为。分包是指从事工程总承包的单位将所承包的建设工程的一部分依法发包给具有相应资质的承包单位的行为，该总承包人并不退出承包关系。分包单位分包的可能是劳务，也可能是分部分项工程。而劳务分包没有转包一说。因此，《最高人民法院关于审理建设工程施工合同纠纷案件适用法律问题的解释》第七条规定了劳务分包不因转包而导致建设工程合同无效这一情形。

案例 22　联系单无相对方签字能否作为认定事实的依据

——瑞达公司与长滨公司建设工程施工合同纠纷案

【基本案情】

瑞达公司通过竞标的方式中标长滨公司海天二期安置房及配套项目工程。2013 年 4 月 28 日，瑞达公司与长滨公司签订一份“建设工程施工合同”。合同约定：“付款时间为工程竣工验收合格支付合同价 60%，工程竣工验收合格满一年之日付至工程合同价的 90%，工程竣工验收合格满二年之日余款一次性付清。……如超过三个月，按每日万分之三支付利息及违约金。”瑞达公司在 2013 年 5 月 18 日分别于杨某、童某、陶某签订海天二期安置房 1 号、3 号等十一幢楼房及业华路、业帆路、污水管道等配套工程施工合同，即瑞达公司将承包海天二期安置房及配套工程中，除土方以外的施工工程全部分包给上述三位自然人施工。将回填土方工程分包给王圣施工，并与王圣签订“回填土方工程协议”，还将海天二期 1 号、

2号、3号、8号、9号、10号、11号、12号、13号、14号、15号楼室内缺土回填及各幢楼室外满足外架搭设条件的范围回填土工程分包给刘义土方队施工，双方也签订了“回填土方工程协议”。2014年底，瑞达公司总承包范围内的海天二期安置房及配套工程均通过竣工验收。经长滨公司委托该县土地服务中心测绘，得出安置小区二期土方工程量为112 617 m^3，另有旅游小镇土方回填工程量为19 132 m^3。瑞达公司根据回填土方后的海拔高程，各幢安置房的底层设计标高以及各幢楼房的基础占地面积，计算出各幢楼等室内二次回填土的土方量为3 100.06 m^3，室外二次回填土方量为7 451.83 m^3。关于室外二次回填土，瑞达公司的计算方法是依据甲勘测规划设计有限公司测绘的海天二期室外二次回填土后，取最大高程和最小高程的平均值确定填土的高度，再根据含该县土地开发利用服务中心测绘的海天二期安置房工程所占地面积减去安置房室内占地面积得出室外二次回填土的面积，然后计算出室外二次回填土的土方量。瑞达公司按照上述土方量和合同约定的单价，计算出案涉土方工程的总价款为2 927 654.81元，长滨公司已支付2 655 925元，尚欠271 729.81元。瑞达公司中标海天二期安置房及配套工程的中标工程价款中，土方工程的价款为4 433 153.54元。瑞达公司向一审法院起诉请求：依法确认瑞达公司完成的弃土及二次补方工程量为28 000 m^3（暂定），并判令长滨公司按约给付该部分工程价款620 620元及利息（按每日万分之三的标准支付剩余工程价款的利息）。

一审法院认为：瑞达公司通过公开竞标的方式，中标长滨公司海天二期安置房及配套设施工程，后与长滨公司签订“建设工程施工合同”，该合同是双方真实意思表示，并系按照招投标规定程序操作，合法有效，对双方均具有法律约束力。瑞达公司按照合同约定完成了土方工程的施工工程量，长滨公司也应按照合同约定支付相应的工程价款，而长滨公司至今尚欠部分工程价款，构成违约，应向瑞达公司继续支付工程价款并承担违约责任。因此，瑞达公司主张长滨公司支付尾欠的工程价款，并按合同约定支付该部分工程价款利息的诉请具有事实和法律依据，应予支持。综合该案诉辩双方的意见，该案争议的焦点是案涉土方工程的工程量，该工程量分为三部分，一是海天二期安置房工程回填土工程量；二是二次回填土工程量即回填土后的海拔高程与安置房底层设计标高相差的高度需要在回填土的工程量以及室外二次回填土的工程量；三是旅游小镇填土的工程量。一、关于海天二期安置房工程的回填土工程量，双方均认可该县土地开发利用服务中心测量得出的工程量，该部分土方工程量为112 617 m^3 应予确认。二、关于海天二期二次回填土方工程量，长滨公司认为已经包含在另案处理的杨某、童某、陶某三名实际施工人的工程价款中。经查对乙工程造价咨询有限公司出具的“海天二期安置房及配套项目工程司法鉴定报告”中载明：土方回填工程不在此次鉴定范围内。长滨公司此项答辩意见不予采信，而瑞达公司根据测绘单位的测量结果和图纸设计标高计算出该部分土方量具有事实依据，应当确认瑞达公司计算出的土方工程量。三、关于旅游小镇填土的工程量，长滨公司认为，瑞达公司提供的工程联系单无建设单位、监理单位及跟踪审计单位等项目负责人签字，是瑞达公司自发行为，不予认可。但该部分填土工程已由长滨公司委托该县土地开发利用服务中心测算出了工程量，说明长滨公司已经认可了该工程施工结果的事实。长滨公司未在工程联系单上签字，监理单位亦未签字等，只能说明双方在施工结束后没有沟通协调好，但并不能否认瑞达公司就该部分工程施工的事实，同时长滨公司也未提供反证否认瑞达公司对该部分工程未予施工，也不确认瑞达公司该部分的工程量，应当承担举证不能的法律后果。因此，对长滨公司此节抗辩意见亦不予采信。关于工程价款的利息，双方在“建设工程施工合同”中约定工程竣工验收合格之日支付合同价60%，工程竣工验收合格满一年之日付至工程合同价的90%，工程竣工验收合格满二年之日余款一次性付清。该案的合同价款(按投标报价)为4 433 153.54元，长滨公司已按约定支付了合同价款的60%，案涉安置房建设工程已于2014年12月26日竣工验收，根据上述事实结合双方合同中对付款时间的约定，长滨公司应自2015年12月25日起按每日万分之三支付逾期付款利息。判决：长滨公司自判决生效之日起10日内向瑞达公司支付土方工程价款271 729.81元及利息(以271 729.81元为基数，自2015年12月27日至付款之日止，按每日万分之三的标准计算)。

长滨公司不服该民事判决，提起上诉。上诉请求：撤销一审判决，改判驳回瑞达公司原审诉讼请求。事实与理由：(1) 鉴定报告中的室内及室外二次回填土方量，事实上属于重复计算。海天二期整体土方回填室外已至±0.00标高，室内因地坪结构层高度及基础开挖土方量已经满足回填量要求，室内外均无须二次回填土方，瑞达公司主张二次回填土方量工程价款，缺乏事实依据。(2) 招标文件中并未规定室内外二次回填土方量，现场也无建设单位和监理单位要求二次回填土方，瑞达公司主张该部分工程价款依据不足。

二审法院查明的事实及证据认定意见与一审相同。

二审法院经审理认为争议焦点是：(1) 瑞达公司是否进行了土方二次回填施工；(2) 瑞达公司主张二次回填土方工程价款有无合同依据；(3) 二次回填土方工程量应如何计算。

(一) 关于瑞达公司是否进行了土方二次回填施工问题。经该县土地开发利用服务中心测算，施工后地面平均高程为11.44 m，低于此后勘测规划设计公司测算的地面平均高程1 m以上。两份报告测算结果存在的差异表明，案涉土方回填工程后期经过二次补方施工。瑞达公司提交的工程联系单虽无建设单位、监理单位的签署意见，但不影响认定土方回填工程经过补方施工的事实，且长滨公司并未举证证明补方施工系由他人完成，故应认定瑞达公司进行了土方二次回填施工。

(二) 关于瑞达公司主张二次回填土方工程价款有无合同依据问题。土方二次回填是指由于前期完成的土方回填施工不符合图纸设计要求，施工单位需要补充增加土方量再次进行回填。补充增加的土方工程量应包括在合同约定的土方工程总量范围内，无须当事人另行约定。招标文件虽未对二次回填土方施工内容作出具体规定，但土方工程属于招标文件规定的承包人施工范围，亦属于“建设工程施工合同”约定的工程承包范围。瑞达公司主张土方二次回填工程价款，合同依据充分。

(三) 关于二次回填土方工程量应如何计算问题。海天二期安置房土方工程通过竣工验收的事实表明，瑞达公司完成的土方工程施工符合图纸设计的要求。建筑科学研究设计院设计的施工图纸对每栋建筑物室内地坪标高均有不同的要求，可以作为计算室内回填土方量的参照依据。土方工程通过竣工验收后，勘测规划设计公司受委托进行测量并出具测量报告。该测量报告具有客观性，能够反映土方回填的真实情况，可以作为计算室外回填土方量的参照依据。瑞达公司要求参照测绘单位的测量结果和图纸设计标高计算二次回填土方量，较为合理，一审法院予以采纳并确认，并无不当。

裁判结果：驳回上诉，维持原判。

【律师点评】

工程联系单是参建一方对有关工程内容在事前提出、经确认后作为施工和结算依据、涉及工程量变更和工程价款调整的补充性文件，是参建双方履行合同的一个重要组成部分，是控制造价和调整的重要依据。工程联系单未经管委会加盖“公章”确认的，不能生效作为施工、办理竣工资料和办理结算的依据；施工单位如擅自实施，承担相应增加的费用和质量、安全管理责任。该案中，旅游小镇填土工程量的联系单虽无建设单位和监理单位的签署意见，但根据事实能够确定该部分确已施工完成的，一审和二审法院均认可了该部分的工程量，可见，法院判决以事实为依据，而不是教条地仅看形式上的凭证。

案例23　两份合同按照哪个确定责权利

——利丰房地产公司与丽府建筑工程公司建设工程合同纠纷案

【基本案情】

2010年3月18日，原告利丰房地产公司（发包人）与被告丽府建筑工程公司（承包人）签订建设工程施工合同。合同约定：工程名称为阳海二期1号、7号、10号楼及裙房工程；工程内容为建筑、装饰、给排水、采暖、电气安装工程及电话、有线、宽带、楼宇智能管路敷设等设计施工图纸中全部工作内容，包工包料；合同工期为开工日期2010年3月1日，竣工日期2011年10月1日，合同工期总日历天数579天；工程竣工，承包人必须按照协议约定的竣工日期或工程师同意顺延的工期竣工；工程价款支付，该工程采用按形象进度完成情况进行计量支付，具体为基础筏板完成经甲方，监理验收合格支付5%等；承包人违约具体责任如下，该合同通用条款第14.2款约定承包人违约应承担的违约责任为工期延误按0.1元/(天・m^2)给予处罚；合同还约定了其他权利和义务。原告、被告在合同尾部加盖公章并加盖法定代表人名章。

2010年7月8日，原告（发包人）与被告（承包人）签订建设工程施工合同，合同约定工程名称为阳海二期1号、7号、10号楼；工程内容为包工包料；承包范围为该工程设计施工图纸及工程变更单中全部工作内容；合同工期为开工日期2010年7月9日，竣工日期为2012年5月31日；合同还约定其他权利和义务。原告、被告双方在合同尾部加盖公章并加盖法定代表人名章，该合同为备案合同。原告、被告双方又签订关于阳海二期1号、7号、10号楼裙房合同的补充说明，双方约定建设工程施工合同仅作为建委合同备案依据（不具备结算依据），双方签订的总包协议书是工程建设过程中履行权利和义务的唯一标准，同时也是双方最终结算的唯一标准。原告、被告双方在该说明尾部加盖公章。被告承建工程由杨希项目部负责施工，原告分别于2010年6月7日、2010年6月10日支付工程进度款合计420 000元。1号、7号楼、C3网点工程完工后双方对工程进行验收，并形成工程竣工验收证明。2015年7月21日，被告孙文项目部出具工程决算审核报告，载明1号、7号楼、C3网点建筑面积为29 993.75 m^2，决算金额为23 111 634.95元。

经查，原告已将被告施工完毕部分的工程价款给付被告。另查明，法院于2017年5月27日对丽府建筑工程公司与利丰房地产公司建设工程施工合同纠纷一案作出民事调解书。该调解书约定利丰房地产公司给付丽府建筑工程公司工程价款及质保金合计290 000元。再查明，在该案诉讼过程中，原告放弃鉴定申请，并放弃要求被告支付工程质量缺陷、延期交付其他损失及工程维修费100 000元的诉讼请求。

法院经审理认为：原告、被告之间签订的建设工程施工合同及补充说明，均是双方当事人的真实意思表示，内容不违反法律、法规的强制性规定，应为有效。关于该案实际履行的合同问题，原、被告双方在签订两份建设工程施工合同后，又签订补充说明，双方约定的建设工程施工合同仅作为建委合同备案依据（不具备结算依据），双方签订的总包协议书是工程建设过程中履行权利和义务的唯一标准，同时也是双方最终结算的唯一标准，由此表明双方实际履行的是 2010 年 3 月 18 日签订的建设工程施工合同，而不是备案的建设工程施工合同，因此，应按 2010 年 3 月 18 日签订的建设工程施工合同确认双方的权利和义务，故原告主张按双方实际履行的合同约定的标准计算违约金，不违反法律规定，应予以支持。关于该工程开工时间问题，原告提交的工程开工报审表证明 1 号楼、7 号楼符合开工条件时间为 2010 年 4 月 10 日、C3 网点的开工条件时间为 2010 年 4 月 30 日，且由被告项目经理及总监理工程师在工程开工报审表中签字确认，原告亦按合同约定分别于 2010 年 6 月给付工程进度款，因此，上述证据可以证明涉案工程分别已于 2010 年 4 月 10 日、2010 年 4 月 30 日开工。关于该工程的竣工时间问题，原告提交的竣工验收证明中载明竣工时间为 2012 年 5 月 30 日，且被告予以认可，对此应予以确认。综上，可以认定涉案工程中 1 号楼、7 号楼实际工期应为 2010 年 4 月 10 日至 2012 年 5 月 30 日即 781 天，C3 网点实际工期 2010 年 4 月 30 日至 2012 年 5 月 30 日即 761 天，双方实际履行的合同约定的工期为 579 天，故经计算 1 号楼、7 号楼被告逾期交工 202 天，C3 网点被告逾期交工 182 天，且被告在该次庭审中未提交证据证明工程延误系原告的原因，因此，被告应向原告支付逾期交工的违约金。关于涉案工程的工程量问题，原告提交的证据表明被告实际完成的工程量为 29 993.75 m^2，其中 1 号楼工程量为 13 739.9 m^2、7 号工程量为 14 447.9 m^2、C3 网点工程量为 1 805.95 m^2，被告未提交证据予以反驳，对此应予以确认。综上，依据双方实际履行的建设施工合同中约定的违约金计算标准、被告逾期交工的时间及完成工程量计算被告应支付原告逾期交工违约金为 602 261.85元（202 天×28 187.8 m^2×0.1 元/天+182 天×1 805.95 m^2×0.1 元/天）。关于原告主张的工程质量缺陷损失、工程维修费用 100 000 元、延期交付其他损失，原告在诉讼过程中放弃该诉讼请求，是对自身诉权的处分，对此予以确认。

裁判结果：被告丽府建筑工程公司于该判决生效后 10 日内一次性给付原告利丰房地产公司逾期交工违约金 602 261.85 元；驳回原告利丰房地产公司其他诉讼请求。

【律师点评】

在工程实践中，常出现发包人和承包人就同一项目签订不止一份合同的情况，此时需要根据该项目是否是强制招标投标的项目以及当事人的履行情况来判断应以哪一份合同为准来界定双方的责、权、利。

《最高人民法院关于审理建设工程施工合同纠纷案件适用法律问题的解释》第二十一条规定："当事人就同一建设工程另行订立的建设工程施工合同与经过备案的中标合同实质性内容不一致的，应当以备案的中标合同作为结算工程价款的根据。"这一规定明显是针对强制招标投标类合同而言的。该案中的建设项目并未经过招投标，但是却进行了备案，此时，应按照实际履行的合同来确定双方的权利和义务。

2018 年 10 月 29 日最高人民法院审判委员会第 1751 次会议通过了《最高人民法院关于审理建设工程施工合同纠纷案件适用法律问题的解释（二）》，并自 2019 年 2 月 1 日起施行。其中对于发包人和承包人签订了实质性内容不一致合同的法律后果作出了规定。

案例24 签证外的其他证据亦可作为认定工程量的依据

——盛惠公司与洋梨公司建设工程合同纠纷案

【基本案情】

2009年8月18日，被告盛惠公司（甲方）与原告洋梨公司（乙方）签订被告开发的盛世华庭二期外墙干挂大理石工程施工合同，合同约定由原告为被告开发的盛世华庭二期外墙一至三层干挂大理石。双方约定了工程的名称、干挂大理石技术要求、质量要求及工期要求、工程造价及工程价款拨付（工程造价：大包干价426元/m^2，含人工费、材料费、运费、架杆费、报检费、税票、管理费等。承包方式：严格按照施工图、工程内容或甲方认可的方案实行包工、包料，文明施工）。原告、被告还对付款方式、工程保修、施工管理、材料设备供应、工程质量和技术要求、设计变更与洽商、合同终止与生效等进行了约定。原告、被告在该合同上加盖公章。合同签订后，原告即按上述合同约定进行了施工，并按双方约定的施工期限竣工。被告对上述工程使用。

2010年3月17日，被告盛惠公司公司（甲方）与原告洋梨公司（乙方）签订被告开发的盛世华庭二期室外台阶、室内大理石零活、室内外零活、回填塔吊坑底施工合同。合同签订后，原告按上述合同约定进行了施工，工程完毕后，交付被告使用。被告出具的盛世华庭二期工程结算付款明细表载明，原告施工的工程价款为2 030 151.84元，已付工程价款1 552 524元，尚欠原告工程价款477 627.84元未付。庭审中原告同意从上述工程价款中扣除一期审计费2 000元。

法院经审理认为：原告与被告签订的两份建设工程施工合同，是双方当事人真实意思的表示，在第一次开庭过程中，被告认可上述两份合同均为有效合同，因此，对原告提供的两份合同的效力，予以确认。原告按照合同的约定进行了施工，完成了自己应尽的义务，被告亦应按照合同的约定支付原告工程价款。

被告辩称：原告在施工过程中，很多约定的项目原告没有施工，部分已施工的项目存在严重的质量问题，原告不予认可，被告亦无证据提供，不予采信和支持。被告出具的盛世华庭二期工程结算付款明细表明确载明，原告所完成的工程量审定价值为2 030 151.84元，已付工程价款为1 552 524元，未付工程价款为477 627.84元。结合原告提交的其他证据：有原告提交的2009年8月18日盛世华庭二期外墙干挂大理石工程施工合同一份、2010年3月17日室内台阶及零活施工合同一份、报价明细清单、盛世华庭二期工程结算付款明细表、工程结算单、华新府二期材料认价单、工程签证单、材料进场验收单以及当事人陈述在案为凭，足以证实被告尚欠原告工程价款477 627.84元的事实。原告要求被告支付所欠工程价款的诉讼请求，事实清楚，依法应予支持。原告要求从工程价款中扣除一期审计费2 000元，是原告对自己所享有的诉讼权利所作的处分，予以准许。第二次开庭时，被告无正当理由拒不到庭参加诉讼，视为对自己诉讼权利的放弃，承担对自己不利法律后果。

裁判结果：被告盛惠公司支付原告洋梨公司工程价款475 627.84元，于该判决生效之日起10日内付清。

【律师点评】

建设工程合同履行过程中，承包人应按照合同约定进行施工。工程量采用签证及其他书面文件的方式进行确认。发包人按照承包人实际工程量支付工程价款。如果双方对承包人完成的工程量有争议的，根据《最高人民法院关于审理建设工程施工合同纠纷案件适用法律问题的解释》第十九条"承包人能够证明发包人同意其施工，但未能提供签证文件证明工程量发生的，可以按照当事人提供的其他证据确认实际发生的工程量"的规定，故承包人能否提供实际工程量的切实证据成为是否能够获得足额工程价款的重要依据。

因此，对于承包人而言，在施工过程中就工程量的事由要及时与发包人沟通，并通过文件资料等书面形式进行确认，从而为自身权益的保障奠定基础。

案例 25　实际施工人诉发包人的前提条件

——全开公司与宝发公司等建设工程施工合同纠纷案

【基本案情】

2010 年 9 月 22 日，宝发公司和路通公司就某工程项目订立建设工程施工合同。宝发公司系业主方和发包方(甲方)，路通公司系承包方(乙方)，该合同的签订经过了招投标程序。该合同约定的计价方式系固定总价 33 390 000 元，下浮率为 9.2%；该合同第 12 条、第 13 条分别约定了合同价款调整方法和工程进度款付款方式及比例。2010 年 9 月 30 日，路通公司某工程项目部为发包方，全开公司为承包方，签订路通建设有限责任公司内部工程承包施工责任书，约定由全开公司负责整体施工该工程，且根据某工程项目建设工程施工合同约定的付款方式付款，由路通公司扣除 6%的管理费后归全开公司支配使用。2013 年 8 月 15 日，某工程通过竣工验收。2014 年 1 月 20 日，宝发公司与路通公司某工程项目部达成会议纪要，约定后者在 2014 年 5 月 1 日前向前者提交符合合同要求的经发包人认可的设计变更所牵扯到的价格变更的结算资料。全开公司法定代表人钱平同时系路通公司某工程项目部副经理，其在上述会议纪要上签名。

全开公司认为：宝发公司将其承包范围的部分工程进行了多次另行发包，对施工图纸进行了大量变更。原定甲供的钢材改为由全开公司代买，全开公司报请宝发公司确认的材料迟迟不予认定，造成全开公司实际施工的工期长达 1 014 天，比合同工期增加 730 天，导致实际施工时，人工、材料费用大量增加，结算工程造价大幅上升。全开公司为此支出大量管理费，承受人员窝工、垫资款项利息支出等损失。全开公司提起诉讼，请求：宝发公司向全开公司支付工程价款 29 649 644.24 元及利息；宝发公司向全开公司返还履约保证金 1 168 650元及利息；宝发公司向全开公司支付因全开公司代付甲供钢材款而产生的贷款利息损失 1 349 928.66 元；宝发公司向全开公司支付工程延期造成管理费增加的赔偿款 1 889 700 元；请求确认全开公司对观音寺寺庙工程项目享有工程价款优先受偿权；宝发公司承担该案诉讼费、鉴定费和保全费。

法院经审理认为：根据现有证据无法证实全开公司与宝发公司之间存在直接的合同关系或收、付款关系，宝发公司与路通公司、路通公司与全开公司之间均未就该案所涉工程进行结算。宝发公司和路通公司已经通过达成会议纪要的方式约定了结算的具体流程、方式和期限，具有结算协议的性质。全开公司钱平在该会议纪要上签字，是其代表参与该案所涉工程实际施工的全开公司对上述结算协议的认可。全开公司在并未如约提交结算资料情况下径行起诉，直接向宝发公司主张欠付的工程价款，并主张按实鉴定的方式确定工程价款总额，这既有悖于合同相对性原则，也有悖于三方结算协议关于结算方式的约定。

即使存在欠付工程价款，路通公司、宝发公司对于全开公司的付款义务也存在先后顺序。因为全开公司并未对路通公司提出任何诉讼请求，全开公司与路通公司之间关于该案所涉工程的欠付款问题无法明确，全开公司主张适用《最高人民法院关于审理建设工程施工合同纠纷案件适用法律问题的解释》第二十六条“实际施工人以转包人、违法分包人为被告起诉的，人民法院应当依法受理。实际施工人以发包人为被告主张权利的，人民法院可以追加转包人或者违法分包人为本案当事人。发包人只在欠付工程价款范围内对实际施工人承担责任”的规定，向宝发公司主张直接付款的前提不能成立。宝发公司在目前情况下并非与该案所涉纠纷有直接利害关系的适格被告。

裁判结果：一审法院裁定驳回全开公司的起诉。

【律师点评】

合同是平等主体的自然人、法人、其他组织之间设立、变更、终止民事权利和义务关系的协议。合同主体即签订者，按照合同约定享有权利、履行义务。合同具有相对性，一般情况下仅约束合同主体，而不牵涉第三人。但出现特殊情况时，法律规范突破了合同相对性的原理，允许无合同关系的当事人之间相互追索欠款与赔偿款。

建设工程合同中，分包、转包的情况时常出现，当转包人未向实际施工人支付工程价款时，根据《最高人民法院关于审理建设工程施工合同纠纷案件适用法律问题的解释》第二十六条的规定，实际施工人可以直接要求发包人支付所欠款项。但前提是在发包人欠付工程价款的范围内，才有义务支付。对于该条款的理解包括：实际施工人应首先按照合同约定，向转包人主张权利，此时，若转包人不及时履行义务的，实际施工人可在欠付工程价款内要求发包人履行付款义务；若发包人已将应付工程价款足额支付给转包人，则实际施工人无权利要求发包人支付工程价款。因此，实际施工人首先应当直接向合同相对方即转包人主张权利，当符合司法解释所规定的适用条件时，再向发包人主张。司法解释作出突破合同相对性原理的规定，初衷是基于建设工程合同的特殊性，为保障实际施工人的合法权益而作出。而作为实际施工人同时也需要在法律规范许可的范围内行使权利。

案例26 释明权应适当适用于诉讼中

——佰发公司与行建监理公司建设工程监理合同纠纷案

【基本案情】

再审申请人佰发公司因与被申请人行建监理公司建设工程监理合同纠纷一案，不服该市中级人民法院民事判决，向法院申请再审。佰发公司申请再审，称：（一）二审法院判决超过行建监理公司的诉讼请求。行建监理公司在一、二审的诉讼请求为“判决佰发公司支付监理费398 000元”，而二审法院判决佰发公司向行建监理公司支付监理费602 000元，已超过当事人的诉讼请求。（二）二审判决对监理费用的认定缺乏证据证明。行建监理公司要求银亿公司支付监理费，应当证明其已按照“建设工程委托监理合同”和“补充协议书”的约定履行了监理义务，二审判决认定佰发公司未对行建监理公司履行监理工作或派出的监理人员提出任何异议，应视为对行建监理公司的监理工作的认可，没有事实依据。（三）监理费的计算应严格依照双方签订的监理合同和补充协议的约定。根据监理合同和补充协议的约定,2009 年 5 月 1 日至 2010 年 10 月 31 日期间的监理费为 1 000 000 元,2010 年 11 月 1 日开始的监理费按 400 元/人/天计算。行建监理公司未按监理合同和补充协议的约定履行监理义务,且监理日记缺失严重,监理人员与另案业兴公司 5 万 t 七水硫酸镁、宿舍楼工程的监理人员重复,并交叉进行监理工作,违反了监理合同的约定,至少应对重复监理的工作量予以扣减。综上,二审判决错误,请求再审该案。

法院经审查认为,行建监理公司与佰发公司签订的"建设工程委托监理合同"和"补充协议书"是双方当事人的真实意思表示,内容没有违反国家法律、行政法规的禁止性规定,属有效合同。"建设工程委托监理合同"明确约定项目监理服务期从 2009 年 7 月开始至 2010 年 10 月底满,费用为 1 000 000 元。双方对该约定均无异议。2010 年 12 月 22 日,双方签订"补充协议书"。合同约定:从 2010 年 11 月 1 日起监理费按 400 元/人/天计算,按月支付,监理人在当月底申报支付申请,双方同意保留监理工程师 4 人。2012 年 3 月 15 日,行建监理公司以佰发公司不按合同约定支付监理费为由,向佰发公司发函决定自 2012 年 3 月 16 日起终止监理服务。在此期间,佰发公司并未对行建监理公司的监理工作提出过任何异议。根据监理合同的约定,委托人有权要求监理人提交监理工作月报及监理业务范围内的专题报告,并未约定必须提交监理日志并以此计算监理天数,故佰发公司申请再审主张应按监理日志计算实际监理天数,没有合同和事实依据。二审判决根据双方签订的监理合同和补充协议的约定,以 4 个监理工程师每人每天 400 元的标准计算监理费,并计至 2012 年 3 月 15 日行建监理公司发函终止监理义务时,并无不当。关于二审判决超诉请的问题。经查,行建监理公司同时分别与佰发公司和业兴公司签订了监理合同,为佰发公司和业兴公司的工程项目提供监理服务,佰发公司与业兴公司的公司地点、法定代表人均相同。因佰发公司和业兴公司均拖欠监理费用,行建监理公司分别诉至法院,请求佰发公司和业兴公司支付尚欠的监理费用。二审判决认定佰发公司和业兴公司两个工程项目的监理费用总计为 2 358 400 (1 792 000+566 400)元,佰发公司与业兴公司共计已支付的监理费为 1 658 000 元,尚欠监理费为 700 400 元。行建监理公司认为其中业兴公司已付监理费为 264 000 元,尚欠 302 400元(566 400－264 000),佰发公司已付监理费为 1 394 000 元,尚欠 398 000 元(1 792 000－1 394 000),但原审判决认定业兴公司已付款是 468 000 元,故判决业兴公司向行建监理公司支付尚欠款 98 400 元;认定佰发公司已付款为 1 190 000 元,故判决佰发公司向行建监理公司支付尚欠款 602 000 元。两案判决结果与业兴公司和佰发公司尚欠的监理费总数 704 000 元是相符的。由于行建监理公司确认的两公司的分别付款数额和法院认定的付款数额有出入,才导致行建监理公司诉请的数额与法院判决的数额不一致。该案二审法院在未向行建监理公司释明变更诉讼请求数额的情况下径行按佰发公司实际尚欠数额判决,程序不妥,但综合两案的实体判决结果考虑,判决结果是公正的,故该院依法予以维持。

裁判结果:驳回佰发公司的再审申请。

【律师点评】

释明权是法官应尽的一项义务,是诉讼当事人享有的一项权利。自 2002 年 4 月 1 日起实行的《最高人民法院关于民事诉讼证据的若干规定》第一次以司法解释的方式明确赋予了法官行使释明权。

释明权是指,在民事诉讼中,当事人的主张或陈述的意思不明确、不充分,或有不当的诉讼主张和陈述，或者他所举的证据材料不够而误认为足够了，在这些情形下，法院对当事人进行发问，提醒、启发当事人把不明确的予以澄清，把不充足的予以补充，把不当的予以排除、修正。释明权的作用在于避免当事人的诉累，节约有限的司法资源，促进司法公正。

因此，在诉讼过程中，当事人应当有效地适用释明权，以便更好地维权。

案例 27　违约金数额可申请调整

——特科公司诉泰房公司等建设工程施工合同纠纷案

【基本案情】

2005 年 7 月，泰房公司与特科公司就清江住宅小区住宅楼采暖分包工程签订“分包合同”。合同约定：(1) 工程计价原则：该工程合同形式为单价包干合同形式（工程总价计算依据为：室内采暖面积与合同单价以 70.58 元/m^2 乘积进行计算）。(2) 第八条工程价款支付：其中清江住宅小区 14 号楼、16 号楼施工完毕，并初步验收合格（即与总承包商办理完交付手续）后支付工程合同总价的 50%，2005 年 10 月 15 日（且验收合格）以后 30 日内支付该分工程合同价的 45%，其余 5%余款待保修期责任满后 30 日内付清。质量保证金在竣工验收完后，甲方将提供一份银行相应金额的担保。如果未提供银行担保、逾期支付应付款，甲方每日按合同金额的 0.5%作为违约金支付与承包商。

在施工过程中，泰房公司因内部管理和资金问题，造成清江小区整体工程进度延期。为确保工程尽快完工并交付业主，经该市人民政府、该区人民政府召集各方召开专题会，确定由海源公司作为代建方参与代建该工程，并由海源公司与泰房公司签订了代建协议。协议签订后，特科公司继续施工。除 7 号楼和 9 号楼 1 至 2 层外，其他住宅楼于 2008 年 12 月至 2010 年 7 月期间陆续在该区住房和城乡建设委员会办理了工程整体竣工验收备案手续。7 号楼和 9 号楼 1 至 2 层于 2015 年 8 月 11 日和 2015 年 8 月 25 日在该区住房和城乡建设委员会办理了工程竣工验收备案手续。

2010 年 3 月 18 日，泰房公司与特科公司签订了“结算书”，确定结算金额为 21 073 051.03元，双方最终确认结算价格为 21 050 000 元。2013 年 6 月 17 日，经审核单位审核，特科公司、海源公司、泰房公司签订“基本建设工程结算审核定案表”，确定除 21 050 000元已审定工程结算款外又补充结算审定金额 9 978 092.18 元。

特科公司主张就欠付工程价款按照中国人民银行同期贷款利率的 4 倍计算利息及违约金，其向法院提交以下两份证据：第一份为 2010 年 6 月 29 日有泰房公司盖章的“承诺书”。“承诺书”内容为：“特科公司，我司年底前与贵司最终结算，明年 7 月前还清全部欠款，否则，自欠款之日起我司按民间利率（银行同期贷款利率的四倍）支付利息，并据原总合同 14 号楼约定的按交接检查记录时间为每楼地暖竣工日等条款以结算额计算支付违约金。”第二份为 2010 年 11 月 11 日的“工程洽商记录”，该记录洽商内容中记载按 14 号楼的方式付款，否则加收自欠款之日起民间贷款利息并处原违约金。

法院经审理认为：违约金数额是否过高应当酌减及具体酌减标准。约定的违约金过分高于造成的损失的，当事人可以请求人民法院或者仲裁机构予以适当减少。特科公司按合同约定的标准计算违约金超过 200 000 000 元，远超过工程价款本金数额，可以认定为约定的违约金过分高于造成的损失，现泰房公司明确要求酌减违约金，对此法院予以支持。其次，对于酌减标准，应当以实际损失为基础，兼顾合同的履行情况、当事人的过错程度以及预期利益等综合因素，根据公平原则和诚实信用原则予以衡量，综合该案实际情况及泰房公司所做承诺书，实际损失以双方约定的利息标准认定为宜，即中国人民银行同期贷款利率的4倍，该部分乘以1.3倍即为违约金的金额，对于特科公司主张的超出部分的违约金，法院不予支持。

裁判结果：泰房公司于该判决生效后30日内，支付特科公司剩余工程价款6 424 651.74元；泰房公司于该判决生效后30日内，支付特科公司截至2015年9月17日的工程价款逾期付款利息10 390 260.96元，并以剩余工程价款6 424 651.74元为基数，按中国人民银行同期贷款利率的4倍支付工程价款逾期付款利息，自2015年9月18日起至实际付清之日止；泰房公司于该判决生效后30日内，支付特科公司违约金13 507 339. 25元；特科公司在剩余工程价款6 424 651.74元的范围内，对清江住宅小区7号楼整栋和9号楼一层、二层底商就该工程折价或拍卖的价款享有优先受偿权；驳回特科公司的其他诉讼请求；驳回特科公司对海源公司的全部诉讼请求。

【律师点评】

违约金是合同主体在合同中约定，当一方违约时，守约的一方有权利要求违约方支付违约金，赔偿已方损失的一种承担违约责任的方式。合同当事人可以在合同中约定一定数额的违约金，也可以约定违约金的计算方式。但不论采用哪一种形式，违约金的性质仅在于弥补受损害方的经济损失。即违约金的数额应与受损害方的损失相匹配，既不能过高，亦不能过低，否则，根据《中华人民共和国合同法》第一百一十四条的规定，违约方可以请求人民法院或者仲裁机构对违约金的数额进行适当调整。当然，如若合同双方在合同中约定了与实际损失不符的违约金数额或计算方式，而双方均无异议，愿意履行，则是双方的权利，公权力无权干涉。

另外，我国法律、行政法规并未规定欠付工程价款的利息与违约金不能同时适用。利息的法律属性是法定孳息，而违约金的作用在于弥补损害。如果支付欠付工程价款利息后，不能适用违约金条款的话，对于守约方来说显然不公平。但如若同时适用违约金和支付利息，发包人认为支付数额过高，可以根据《中华人民共和国合同法》第一百一十四条的规定，请求适当减少违约金的数额。

案例28　违约金与损害赔偿责任不能同时适用

——菲明公司与天大公司建设工程施工合同纠纷案

【基本案情】

2003年8月22日，菲明公司（发包人）与天大公司（承包人）签订“建设工程施工合同”，合同约定：由天大公司承建菲明公司的胜利广场A、B、C、D、E商住楼，建筑面积37 400 m^2；承包范围土建、安装；开工日期2003年8月5日，竣工日期2004年5月30日，合同工期总日历天数300天；合同价款20 055 000元；因承包人原因不能按照协议书约定的竣工日期或工程师同意顺延的工期竣工的，承包人承担违约责任；每拖延一天向发包人支付合同价款万分之三的违约金。

2003年9月16日，菲明公司(发包人)与天大公司(承包人)签订“建设工程施工合同”。合同约定：由天大公司承建菲明公司的胜利广场J楼，建筑面积为9 300 m^2；承包范围为工程总承包；开工日期为2003年11月11日，竣工日期为2004年9月30日，合同工期总日历天数为318天；合同价款为6 760 000元；因承包人原因不能按照协议书约定的竣工日期或工程师同意顺延的工期竣工的，承包人承担违约责任；每拖延一天向发包人支付合同价款万分之三的违约金。

2008年6月16日，天大公司提起诉讼，请求菲明公司支付工程价款、违约金及利息。该案中，菲明公司亦提起反诉，要求天大公司承担工程逾期的违约责任。2010年1月28日，原审法院作出民事判决书。判决结果：一、菲明公司于判决生效后一月内向天大公司支付工程价款8 077 087.76元，支付逾期付款违约金1 608 900元。工程价款中的7 272 637.76元，自2007年8月12日始按同期银行贷款利率计息，工程价款中的804 450元自2007年8月26日始按同期银行贷款利率计息，至工程价款付清为止。二、天大公司于判决生效后一月内向菲明公司支付逾期竣工违约金1 784 224元。该案宣判后，双方均不服一审判决，向该省高级人民法院提起上诉，在二审审理过程中，双方分别向该省高级人民法院申请撤回上诉。高级人民法院作出民事裁定书，裁定准许双方撤回上诉，双方均按原审判决执行。

该案庭审中，菲明公司主张因民事判决书判决的违约金不足以弥补菲明公司支付给业主的违约金，已向该省高级人民法院申请再审。

原审法院认为：根据《中华人民共和国合同法》第一百一十四条第一款、第二款“当事人可以约定一方违约时应当根据违约情况向对方支付一定数额的违约金，也可以约定因违约产生的损失赔偿额的计算方法。约定的违约金低于造成的损失的，当事人可以请求人民法院或者仲裁机构予以增加；约定的违约金过分高于造成的损失的，当事人可以请求人民法院或者仲裁机构予以适当减少”的规定，当事人对违约行为是采用支付违约金作为违约的救济方法，还是采用违约损失赔偿额的计算方法进行救济，可以在订立合同时事先进行约定，具体采用哪种方式，当事人有选择权。当事人在合同中约定了违约金条款，应优先适用违约金。违约金具有多种性质，但是其最主要的性质是赔偿性质。按照《中华人民共和国合同法》所确定的原则，违约金与违约损害赔偿是一致的。适用违约金，在没有造成损害的时候，就是惩罚性违约金；在违约行为造成对方损害时，违约金就是赔偿性违约金。既然是赔偿违约金，就应当与违约的损失赔偿责任相结合。因此，违约金与损失赔偿责任是不能并用的，其中违约金责任应当优先适用，约定的违约金低于违约方的违约行为所造成的损失的，非违约方可以请求人民法院予以增加。

该案，菲明公司诉称由于天大公司的违约行为，给其造成了重大的经济损失，请求判令天大公司按照合同约定向菲明公司支付因其逾期交付房屋给其造成应向业主支付的逾期交房的违约金。菲明公司与业主之间的违约责任，是基于菲明公司与业主之间签订的商品房买卖合同，天大公司不是商品房买卖合同的一方主体，不能基于商品房买卖合同承担违约责任。对于该案双方之间的违约责任，双方签订的建设工程施工合同作了明确的约定，即因天大公司原因不能按照协议书约定的竣工日期或工程师同意顺延的工期竣工的，天大公司应承担的违约责任为每拖延一天向发包人支付合同价款万分之三的违约金。菲明公司主张天大公司工程逾期，要求天大公司按照合同约定承担违约责任，原审法院已经判令天大公司向菲明公司支付违约金 1 784 224 元。如果菲明公司认为上述违约金不足以弥补其损失，可以在该案中请求人民法院予以增加，菲明公司亦已就该案向高级人民法院申请再审。

原审法院认为：菲明公司此次起诉，违反了《中华人民共和国诉讼法》"一事不再理"原则。依照《中华人民共和国合同法》第一百一十四条第一款和第二款、《中华人民共和国民事诉讼法》第一百五十四条第一款第(三)项的规定，裁定驳回起诉。

上诉人菲明公司不服原审裁定上诉称，原审裁定认定事实不清，适用法律不当，应判决天大公司向菲明公司支付因其逾期交房而导致菲明公司向购房业主支付的违约金 4 645 102.24元。菲明公司因天大公司逾期交房造成了对购房业主的违约，致使菲明公司承担了 400 多万元的违约赔偿责任。因此，菲明公司有权向天大公司随时主张因为天大公司逾期交房而造成的违约责任。原审法院民事判决之后，由于天大公司逾期交房导致业主向菲明公司追究违约责任，此等属于新的法律事实，原审应对此予以审理并进行判决。原审以已申请再审为由，并依据《中华人民共和国民事诉讼法》第一百五十四第一款第(三)项的规定，裁定驳回菲明公司的起诉不正确。请求撤销原裁定，发回重审或依法改判天大公司向菲明公司支付因其违约逾期交房而导致菲明公司向购房业主支付的违约金 4 645 102.24元。

二审法院经审理认为：2003 年 8 月 22 日、9 月 16 日，菲明公司(发包人)与天大公司(承包人)分别签订的"建设工程施工合同"均约定，因承包人原因不能按照协议书约定的竣工日期或工程师同意顺延的工期竣工的，承包人承担违约责任，每拖延一天向发包人支付合同价款万分之三的违约金。该两份合同对迟延竣工交付建设工程的天大公司所应承担的违约责任均作了具体而明确的约定，该约定的违约金应为违约的损失赔偿，属于赔偿性违约金。赔偿性违约金是对损失赔偿额的预定，其支付均应与违约损失额相适应。如果约定的违约金低于造成的损失的，菲明公司可以请求人民法院予以增加。菲明公司在该案中主张天大公司逾期竣工，并主张依据双方所签订的建设工程施工合同的约定，逾期履行每拖延一天支付合同价款万分之三的违约金，进而请求天大公司给付其违约金 4 042 032.40 元。该案判决认定了天大公司逾期竣工的违约责任，并判决天大公司向菲明公司支付逾期竣工违约金 1 784 224元。该案中菲明公司以同样的事实理由主张天大公司违约，并请求法院依法判决天大公司违约，判令天大公司按照合同约定向菲明公司支付因其逾期交付房屋给其造成应向业主支付的逾期交房的违约金人民币 4 645 402.24 元。菲明公司提起两次诉讼的事实理由相同，虽然两次诉讼具体诉讼请求的标的不同，一是请求天大公司支付违约金，二是请求将菲明公司支付给购房业主的违约金再由天大公司支付给菲明公司。从上述法理分析可知两次诉讼请求的实质是一致的，即均属于赔偿性违约金。因此，该次诉讼违反了"一事不再理"的民事诉讼原则，原审驳回菲明公司的起诉并无不当。菲明公司向购房业主支付逾期交房违约金当属于其实际损失之一，如果其认为该损失明显高于法院认定的违约金数额，该案所确定的违约金数额不足以弥补其因天大公司逾期竣工交付所受到的实际损失时，菲明公司可就此申请对该案进行再审，通过再审途径予以救济，而不应另行单独提起该案诉讼。事实上菲明公司亦已就该案向二审法院申请再审。

裁判结果：驳回上诉，维持原裁定。

【律师点评】

当事人可以在合同中约定违约金的数额或计算办法，当一方违约时，守约方即可按照合同约定，要求违约方支付违约金从而赔偿己方损失。同样，当事人也可以在合同中约定一方违约时，守约方有权要求违约方承担赔偿损失的责任。但当违约金与赔偿损失同时约定时，因违约金和损失赔偿责任的目的是一致的，只要受损害一方的损失得到弥补即可，故违约金与损失赔偿责任不能同时适用。

案例29　招标投标前进行内容协商的中标合同无效

——峥嵘建设集团有限公司与岁月开发有限公司建设工程合同纠纷案

【基本案情】

2004年11月10日，峥嵘建设集团有限公司与岁月开发有限公司签订“建设工程施工合同”。合同约定：岁月开发有限公司将其双湖园小区的8号、9号、10号、11号楼的土建与安装工程发包给峥嵘建设集团有限公司进行施工建设，合同价暂定80 000 000元，合同履行期限为385天，于2005年3月开工。双方在签订上述合同时未履行招标程序，2005年9月22日，通过招投标程序，峥嵘建设集团有限公司中标。2005年10月15日，峥嵘建设集团有限公司与岁月开发有限公司再次签订了“双湖园小区二期工程建设工程施工合同”，该合同除新增加的7号楼及地下车库外，其他工程标的物均与原合同相同。2005年12月27日，峥嵘建设集团有限公司完成了8号、9号、10号、11号楼主体结构封顶工程。2005年12月29日，峥嵘建设集团有限公司认为其完成的主体工程价款总计为77 880 282. 37元。岁月开发有限公司认为峥嵘建设集团有限公司所报数额过高，实际工程预算应为51 780 000元，且安宇监理公司发现有质量问题。

2006年2月，根据地基基础部分工程质量验收记录，双方确认地基基础部分验收合格。2006年3月，安宇监理公司发现部分楼板有裂缝等问题，向峥嵘建设集团有限公司下达工程暂停令，要求停工整改。2006年4月，该市建筑工程质量监测站检测认为该工程存在质量隐患，属于质量事故。2006年7月29日，峥嵘建设集团有限公司对楼板裂缝的质量问题进行了修复。2006年8月15日，检测结论为满足结构规范要求及设计要求。2006年9月21日，该市建设工程质量监督站同意峥嵘建设集团有限公司恢复施工。但峥嵘建设集团有限公司认为岁月开发有限公司未足额支付工程价款，故未再进行施工。

2007年2月10日，岁月开发有限公司以书面形式通知峥嵘建设集团有限公司解除合同。之后，工程质量一直出现问题。后峥嵘建设集团有限公司向法院提起诉讼，请确认建设工程施工合同无效，判令岁月开发有限公司支付工程价款、利息损失及停工损失共计53 233 865元。

岁月开发有限公司提起反诉，请求判令峥嵘建设集团有限公司向岁月开发有限公司支付工期延误的违约金115 400 000元并承担造成的损失。

一审判决：一、岁月开发有限公司与峥嵘建设集团有限公司签订的“小区二期工程建设工程施工合同”无效；二、岁月开发有限公司向峥嵘建设集团有限公司支付工程欠款21 570 559.04元；三、峥嵘建设集团有限公司向岁月房地产公司支付迟延竣工违约金16 300 000元；四、以上两项给付义务相抵，岁月开发有限公司判决生效后15日内于向峥嵘建设集团有限公司支付5 290 559.04元；五、驳回峥嵘建设集团有限公司其他诉讼请求。

岁月开发有限公司提起上诉。二审法院判决：一、维持一审判决第一项、第二项、第五项；二、撤销一审判决第三项、第四项；三、驳回岁月开发有限公司的反诉请求。

【律师点评】

《中华人民共和国招标投标法》规定了强制招标投标的项目，该条款在性质上属于法律的强制性规定，发包人和承包人应当按照该规定，履行正常的招标投标程序，从而签订建设工程合同，备案，进而进行全面履行。《中华人民共和国招标投标法》同时也规定了在招标投标中不得从事的行为，以及违反其强制性规定行为的法律后果。对于必须进行招标投标的项目，却没有按照该程序进行即签订合同的，该合同由于违反法律规定而无效。该案中，双方在正式招标投标前即进行协商并签约，显然不符合法定程序，不仅违法，同时也损害了社会公共利益，因此法院认定合同无效。即使事后补充的招标投标程序，但由于在此招标投标前，双方就合同内容进行了协商，也违反了《中华人民共和国招标投标法》中不得事前磋商的规定，导致中标合同亦无效。而因建设工程合同的特殊性，建设工程合同中所约定的工程价款仍需支付。

对于发包人和承包人而言，在招标投标问题上，应严格按照法律、行政法规的强制性规定，否则在合同履行过程中若出现纠纷矛盾，将不利于双方权益的保障。

案例30　自然人签订的劳务分包合同无效

——张三与同和公司建设工程合同纠纷案

【基本案情】

经审理查明：2011年10月9日，张三与同和公司下设的中和苑二期项目部签订“班组施工承包合同书”一份。合同约定：由张三负责同和公司承建的中和苑二期及附属工程的钢筋工程制作、绑扎、安装等全部工序，承包方式为包工，并对价款进行了约定，付款方式为整个单项工程结束后，一年之内付清钢筋组合全部承包款，工期为2011年10月6日至2013年12月31日。合同中，周甫作为中和苑项目部代表在项目部盖章处签字。2013年9月8日，周甫与张三对涉案工程量及工程价款进行决算，确认工程价款为1 780 000元，同时张三自认同和公司已支付部分款项，尚欠工程价款为120 000元。后诉至法院，请求判令被告同和公司立即支付原告张三工程价款120 000元，并按银行同期贷款利率标准支付自2013年9月8日至未清之日止的利息（截至起诉日利息为7 420元）。

法院认为：张三与中和苑项目部签订的“班组施工承包合同书”约定的承包方式为包工，系劳务分包，应认定为建设工程施工合同，张三为没有劳务作业法定资质的自然人，故该份合同应认定为无效合同。周甫作为合同签订人应有权对合同约定的工程进行结算，故周甫决算书上签字应视为职务行为，法律后果由中和苑项目部承担。中和苑项目部系同和公司的内设机构，其民事责任应由同和公司承担。因涉案工程已经双方结算，同时鉴于张三自认尚欠工程价款为120 000元少于工程结算的数额，故对张三请求支付120 000元工程价款的诉请，法院予以支持。同和公司逾期付款行为给张三造成了资金占用损失，故张三要求同和公司给付利息的诉请，符合法律规定，法院予以支持。因双方未约定工程欠款的利息标准，故应按照中国人民银行同期同类贷款的基准利率计算。鉴于双方约定的应付工程价款时间为整个单项工程结束后一年内付清，结合双方结算的时间为2013年9月8日，故应自2014

年9月8日起计算利息为宜。

裁判结果：被告同创公司于该判决生效之日起10日内给付原告张三工程价款120 000元及利息（自2014年9月8日按照中国人民银行同期同类贷款基准利率计算至实际给付之日）。

【律师点评】

《中华人民共和国建筑法》规定，建筑企业需要具备一定资质条件，按照建筑业企业资质管理的规定进行申请，取得相应等级的资质证书后方可在其资质等级许可的范围内从事建筑活动。从事建筑业活动的必须是具备一定注册资金、设施设备、安全条件、技术人员、工程业绩，且经过注册登记的生产经营单位。自然人显然不具备从事建筑活动的资格，因而自然人所签订的建设工程合同因资质不合格而无效。合同无效后仍需参照约定结算工程价款。

案例31　对于依法必须招标的项目的居间行为无效

——张某与金诺公司居间合同纠纷案

【基本案情】

2011年4月25日，张某与金诺公司签订一份"居间合同"。合同约定：金诺公司挂靠于银辉公司承揽建设工程；张某通过其他途径获得案外人铜泽公司欲投资A市系列污水处理厂工程，并需要相应的公司承建该工程；张某介绍金诺公司以银辉公司的名义与铜泽公司签订相应的工程合同；若银辉公司与铜泽公司签订工程合同，则金诺公司向张某支付居间费（包括中介费、劳动报酬等）合计8 995 000元；支付居间费的具体时间和付款方式另行约定等。

2011年4月25日，银辉公司与铜泽公司签订"合同协议书"。合同约定：工程名称为A市系列污水处理厂；工程内容为污水处理厂厂区及外围管网等；承包范围为施工图纸范围（除电气设备安装工程外），另附件（土建承包商及工艺电气承包商），水上土建构筑物明细表，未明确部分以蓝图为准；开工日期为合同签订生效日；竣工日期为开工日期起第219天；合同价款为33 400 000元等。

另查：金诺公司"企业法人营业执照"载明金诺公司注册资本500 000元。铜泽公司提交的"A市污水处理厂工程施工招标"对投标单位资质要求均为注册资本不低于12 000 000元。

而后，金诺公司未能全部履行"居间合同"的约定，张某诉至法院，请求判令金诺公司和银辉公司共同给付金诺公司尚未支付的居间费6 495 000元。

法院经审理认为：涉诉工程为污水处理工程，污水处理属于市政公用事业，关系社会公共利益，故按照《中华人民共和国招标投标法》第三条的规定，应当依法进行招标。该法同时明确规定：中标人须具备相应的资格条件；不得相互串通投标报价，损害国家利益、社会公共利益或者他人的合法权益。该案污水处理工程总造价33 400 000元，承建方必须符合相应的资质要求，且承建方须通过公开的招投标方式取得工程。而张某与金诺公司签订的"居间合同"约定：张某介绍金诺公司以银辉公司的名义与污水处理工程的发包方铜泽公司签订相应的工程合同，金诺公司向张某支付居间费8 995 000元。从双方签订"居间合同"的目的来看，其目的是使不符合投标资质要求的金诺公司通过张某的居间行为实际取得涉诉工程，这与银辉公司通过公开招投标方式取得工程明显存在矛盾。张某的居间行为与市政公用事业工程的建设应通过公开招投标方式确定工程承建方的要求是相悖的，张某的此类居间行为也是法律所明令禁止的。法院认定双方签订的“居间合同”无效。

裁判结果：一审法院驳回张某的诉讼请求，上诉后二审法院判决维持原判。

【律师点评】

居间合同是居间人向委托人报告订立合同的媒介服务，委托人支付报酬的合同。居间合同是媒介居间，因为交易双方当事人都因为居间人的媒介而得益，所以，除另有约定外，由双方当事人平均负担居间人的报酬。该案中的工程项目属于依法必须招标的项目，应通过依法公开招标确定承包人，而且依法必须招标的项目禁止标前谈判，因此任何的“居间、斡旋、磋商”行为都属于违反法律禁止性规定的行为，且严重损害了社会公共利益，严重扰乱了建设工程招投标市场秩序。合同“意思自治”是在法律允许限度内的自治，如果当事人的合同行为损害到了社会公共利益，法律将不予保护。因而法院判决居间合同无效，不支持居间报酬。

作为发包人和承包人应当注意的是，此类标前居间行为很可能导致中标施工合同无效，导致施工合同的履行具有不确定性和不稳定性，而当事人亦可能因串标行为承担行政责任和刑事责任。

案例 32　合同承包范围外工程量如何确认

——水星防水工程公司与海王星开发建设管理中心建设工程施工合同纠纷上诉案

【基本案情】

原告水星防水工程公司（以下简称水星公司）诉称：2005 年 5 月 12 日，原告、被告签订“防水、防潮、抗渗合同书”，原告为被告海王星开发建设管理中心（以下简称海王星中心）建设的金江市星海广场东侧游泳馆进行室内地面防潮及红地板油漆处理施工，工程施工过程中被告增加了工程量，2005 年 12 月工程结束，被告一直怠于进行工程价款结算，案涉工程实际发生的工程价款总额为 932 260.49 元，被告尚欠 650 000 元工程价款未支付。原告请求判令被告支付工程价款 650 000 元。

被告海王星中心辩称：工程于 2005 年 10 月 26 日竣工验收。合同实际履行过程中，被告向原告多次付款的数额已经超过合同价款，被告已不欠原告工程价款。故要求驳回原告的诉讼请求。

法院经审理查明：原告水星公司与被告海王星中心于 2005 年签订“防水、防潮、抗渗合同书”。合同约定：案涉工程为室内地面防潮及红地板油漆处理工程，工程地点为金江市星海广场东侧游泳馆，施工面积为 190 m^2，单价为 40 元/m^2。整改增项：地下室地面防潮（约）为 3 000 m^2，单价为 33 元/m^2；25 m、戏水泳池底保护层（约）为 2 200 m^2，单价为 25 元/m^2；西阳台砖面拆除、防水、恢复为 550 m^2，单价为 90 元/m^2。跳水池、50 m 池下排水、卫生清理；整改中随时增加工作量等以工程最后决算为准。合同约定：工程造价为 201 100 元，承建方式为乙方包工包料，工程期限为 2005 年 5 月 13 日至 2005 年 6 月 29 日。案涉工程于 2005 年 10 月 26 日竣工验收交付被告。案涉工程施工期间，原告共制作有 47 张工程量签证单，签证单下方“建设单位代表或监理”处均有被告方工程代表的签字。案涉工程所隶属的金江市游泳馆总体工程于 2005 年 10 月 25 日通过竣工验收并交付使用。被告于 2005 年、2006 年向原告支付案涉工程价款共计 320 000 元。

该案原审期间，原告、被告就被告方工程代表李庆林签字的 47 张工程量签证单能否作为结算依据产生争议。被告称工程建设期间工程代表李庆林已从该单位辞职，其签字的工程量签证单不能作为结算依据。

原告代理律师与被告原工程代表李庆林就案涉工程价款项支付事宜进行电话沟通，通话中李庆林认可其在案涉工程量签证单上签字及原告曾多次向被告主张工程价款结算的事实。原告亦提交证据证明：1997 年 1 月至 2008 年 2 月期间，金江市海王星开发建设管理中心为李庆林缴纳了社保费。

一审法院认为：根据《最高人民法院关于审理建设工程施工合同纠纷案件适用法律问题的解释》第十九条“当事人对工程量有争议的，按照施工过程中形成的签证等书面文件确认”的规定，案涉工程价款未经双方当事人决算，被告对原告主张的工程量及工程造价均不予认可，原告在庭审时提供了 47 页的工程量签证单复印件，并申请以此作为依据进行工程造价鉴定。被告曾当庭认可收到过原告提交过的竣工材料，并将竣工材料交财政部门。该竣工材料复印件上均有被告员工李庆林的签字，且李庆林本人也认可其在工程量签证单上签字。该 47 页的工程量签证单可以作为确定工程量的依据。

一审法院于 2015 年 11 月 12 日作出一审民事判决，被告提起上诉后，二审法院作出民事判决：驳回上诉，维持原判。

【律师点评】

《最高人民法院关于审理建设工程施工合同纠纷案件适用法律问题的解释》第十九条规定：“当事人对工程量有争议的，按照施工过程中形成的签证等书面文件确认。承包人能够证明发包人同意其施工，但未能提供签证文件证明工程量发生的，可以按照当事人提供的其他证据确认实际发生的工程量。”施工单位对于合同承包范围以外的工程量需要办理工程量签证。为避免合同争议，双方需在合同中约定授权代理人的姓名及权限。

案例 33　施工合同无效，实际施工人能否主张合同约定的工期奖励金

——张三金与银河地产公司建设工程施工合同纠纷上诉案

【基本案情】

原告：张三金。被告：银河地产公司。第三人：木星建设公司。

银河地产公司与木星建设公司于 2005 年 10 月 6 日签订“建设工程承发包合同”。合同约定：银河地产公司将开发的 A 区 B 幢住宅楼的建设工程发包给木星建设公司施工，工期为 200 个日历天；承包方式为总价承包，木星建设公司以人民币 42 000 000 元的工程总价包工包料，并包除合同约定的四个调价因素外的所有其他风险；如木星建设公司按期完工，银

河地产公司奖励木星建设公司 1 000 000 元人民币；银河地产公司在木星建设公司全部建设完工后 3 个工作日内支付 90%的工程价款，工程验收合格后 10 个工作日内，除扣减 1%的质保金外，结清工程价款；如逾期付款，按未付工程价款总额每天罚 3%的滞纳金。上述合同签订后，由张三金实际对约定的建设工程进行施工。工程于约定时间按时竣工并经验收合格。

工程竣工后，张三金将工程结算书送交银河地产公司。银河地产公司依据同木星建设公司约定的工程价款支付条件支付了工程价款。但银河地产公司以张三金挂靠木星建设公司施工、"建设工程承发包合同"无效为由，拒绝支付工程进度奖励金 1 000 000 元。为此，张三金起诉至一审法院，请求判令，银河地产公司支付工程进度奖励金 1 000 000 元。

一审法院在审理中，依职权将木星建设公司追加为第三人。一审法院经审理认为，张三金无涉案建设工程相应施工资质，挂靠木星建设公司与银河地产公司签订的"建设工程承发包合同"，违反了《中华人民共和国建筑法》的相关规定，合同无效。但是，根据《最高人民法院关于审理建设工程施工合同纠纷案件适用法律问题的解释》第二条"建设工程施工合同无效，但建设工程经竣工验收合格，承包人请求参照合同约定支付工程价款的，应予支持"的规定，张三金系银河地产公司开发涉案建设工程实际施工人，木星建设公司亦承认该工程的权利和义务由张三金承担。因此，张三金作为实际施工人有权参照合同约定的付款条件，请求银河地产公司支付工程价款及工程进度奖励金。据此，一审法院判决：银河地产公司于判决生效之日起 10 日内支付张三金工程进度奖励金 1 000 000 元。

一审法院判决后，银河地产公司不服，以一审判决适用法律错误为由提起上诉，请求二审法院撤销一审判决，驳回张三金的诉讼请求。

二审法院经审理认为，同意一审法院"建设工程承发包合同"无效的认定。根据《最高人民法院关于审理建设工程施工合同纠纷案件适用法律问题的解释》第二条"建设工程施工合同无效，但建设工程经竣工验收合格，承包人请求参照合同约定支付工程价款的，应予支持"的规定，实际施工人的请求范围仅为"参照合同约定支付工程价款"，并未包括工程建设进度奖励金，因此，张三金关于参照合同约定支付工程进度奖励金的请求无法律依据，人民法院不应支持。据此，二审法院判决：(1) 撤销一审法院的判决；(2) 驳回张三金的诉讼请求。

【律师点评】

对于该案二审，笔者持不同意见。建设工程中工程价款、工期、质量三者是辩证统一的，不同的工期对应不同的工程价款，工期是工程价款的对价。该案合同约定"如木星建设公司按期完工，银河地产公司奖励木星建设公司 1 000 000 元人民币"，为完成合同约定工期，施工人须增加投入相应的施工成本。因而关于工期奖励金的约定，实质上是建设工程价款约定的一个有机组成部分，并非如二审法院所认定的参照合同约定支付工程价款，并未包括工程建设进度奖励金。笔者认为工期奖励金是工程价款的一部分，实际施工人应取得工期奖励金。

案例 34　以房抵债协议纠纷

——木星建设集团总公司与火星房地产公司建设工程施工合同纠纷案

【基本案情】

上诉人火星房地产公司（以下简称火星地产）因与被上诉人木星建设集团总公司（以下

简称土星建总)建设工程施工合同纠纷一案,不服一审民事判决,向法院提起上诉。二审法院立案后,依法组成合议庭,开庭进行了审理。

火星地产上诉请求:依法改判支付木星建总工程价款为 13 022 759 元。事实和理由:一、一审判决对火星地产已支付工程价款金额的认定遗漏证据。火星地产在一审开庭时提交了“房屋抵顶工程价款协议书”一份。该协议书中明确约定火星地产以财富大厦 A 座 9 层房屋抵顶木星建总工程价款 10 950 000 元。对该“房屋抵顶工程价款协议书”,双方既未解除,也未被法院确认无效或撤销,故对双方均有约束力,该房屋已经属于木星建总。因此,该10 950 000元应当认定为火星地产已付工程价款。一审法院对“房屋抵顶工程价款协议书”避而不谈,不将 10 950 000 元认定为已付工程价款,属于遗漏证据。

木星建总答辩称:火星地产在一审中出示“房屋抵顶工程价款协议书”的目的在于证明其有履行付款义务的意思,而非主张用以抵顶工程价款,并且该协议并未履行,不可能抵顶已付工程价款。

一审法院认定事实:2005 年 6 月 28 日,火星地产与木星建总签订“建设工程施工合同”,火星地产将财富大厦工程的施工任务发包给木星建总。合同约定了工程内容、工程承包范围、合同工期和合同价款的计算方式等。合同签订后,木星建总进场施工完毕,涉案工程没有进行竣工验收,火星地产于 2010 年底投入使用。一审法院依照相关法律判决:火星地产于判决生效之日起 30 日内给付木星建总工程价款 26 004 559.35 元及其利息。

根据当事人于一审、二审期间提交并经质证的证据,对当事人二审争议的事实,法院认定如下:2012 年 1 月 13 日,火星地产(甲方)与木星建总(乙方)签订“房屋抵顶工程价款协议书”一份。协议约定:“就乙方承揽施工甲方的供水财富大厦工程,将协商用该楼盘 A 座 9 层房屋抵顶工程价款一事达成协议如下:一、抵顶房屋位置:胜利东街以南/丰州路以西路口转角处,财富大厦 A 座 9 层。……双方抵顶房屋协议价为 7 500 元/m^2,计 10 950 000 元。”二审中,火星地产认可财富大厦 A 座 9 层尚未办理房屋所有权首次登记及任何转移登记。

该案二审争议焦点为:财富大厦 A 座 9 层抵顶工程价款是否应计入已付工程价款中。

首先,以物抵债,系债务清偿的方式之一,是当事人之间对于如何清偿债务作出的安排,故对以物抵债协议的效力、履行等问题的认定,应以尊重当事人的意思自治为基本原则。一般而言,除当事人明确约定外,当事人于债务清偿期届满后签订的以物抵债协议,并不以债权人现实地受领抵债物,或取得抵债物所有权、使用权等财产权利,为成立或生效要件。只要双方当事人的意思表示真实,合同内容不违反法律、行政法规的强制性规定,合同即为有效。该案中,火星地产与木星建总 2012 年 1 月 13 日签订的“房屋抵顶工程价款协议书”,是双方当事人的真实意思表示,不存在违反法律、行政法规规定的情形,故该协议书有效。

其次,当事人于债务清偿期届满后达成的以物抵债协议,可能构成债的更改,即成立新债务,同时消灭旧债务;亦可能属于新债清偿,即成立新债务,与旧债务并存。基于保护债权的理念,债的更改一般需有当事人明确消灭旧债的合意,否则,当事人于债务清偿期届满后达成的以物抵债协议,性质一般应为新债清偿。换言之,债务清偿期届满后,债权人与债务人所签订的以物抵债协议,如未约定消灭原有的金钱给付债务,应认定系双方当事人另行增加一种清偿债务的履行方式,而非原金钱给付债务的消灭。该案中,双方当事人签订了“房屋抵顶工程价款协议书”,但并未约定因此而消灭相应金额的工程价款债务,故该协议在性质上应属于新债清偿协议。

再次，所谓清偿，是指依照债之本旨实现债务内容的给付行为，其本意在于按约履行。若债务人未实际履行以物抵债协议，则债权人与债务人之间的旧债务并未消灭。也就是说，在新债清偿时，旧债务于新债务履行之前不消灭，旧债务和新债务处于衔接并存的状态；在新债务合法有效并得以履行完毕后，因完成了债务清偿义务，旧债务才归于消灭。据此，该案中，仅凭当事人签订"房屋抵顶工程价款协议书"的事实，尚不足以认定该协议书约定的财富大厦A座9层房屋抵顶工程价款应计入已付工程价款，从而消灭相应金额的工程价款债务，是否应计为已付工程价款并在欠付工程价款金额中予以相应扣除，还应根据该协议书的实际履行情况加以判定。该案中，"房屋抵顶工程价款协议书"签订后，财富大厦A座9层房屋的所有权并未登记在木星建总名下，故木星建总未取得供水财富大厦A座9层房屋的所有权。此外，火星地产已经于2010年底将涉案房屋投入使用，故木星建总在事实上已交付了包括财富大厦A座9层在内的房屋。火星地产并无充分证据推翻这一事实，也没有证据证明供水财富大厦A座9层目前在木星建总的实际控制或使用中，故亦不能认定供水财富大厦A座9层房屋实际交付给了木星建总。可见，供水财富大厦A座9层房屋既未交付木星建总实际占有使用，亦未办理所有权转移登记于木星建总名下，火星地产并未履行"房屋抵顶工程价款协议书"约定的义务，故木星建总对于该协议书约定的拟以房抵顶的相应工程价款债权并未消灭。

最后，当事人应当遵循诚实信用原则，按照约定全面履行自己的义务，这是合同履行所应遵循的基本原则，也是人民法院处理合同履行纠纷时所应秉承的基本理念。据此，债务人于债务已届清偿期时，应依约按时足额清偿债务。在债权人与债务人达成以物抵债协议、新债务与旧债务并存时，确定债权人应通过主张新债务抑或旧债务履行以实现债权，亦应以此作为出发点和立足点。若新债务届期不履行，致使以物抵债协议目的不能实现的，债权人有权请求债务人履行旧债务；而且，该请求权的行使，并不以以物抵债协议无效、被撤销或者被解除为前提。该案中，涉案工程于2010年底已交付，火星地产即应依约及时结算并支付工程价款，但火星地产却未能依约履行该义务。相反，就其所欠的部分工程价款，火星地产试图通过以部分房屋抵顶的方式加以履行，遂经与木星建总协商后签订了"房屋抵顶工程价款协议书"。对此，火星地产亦应按照该协议书的约定积极履行相应义务。但在"房屋抵顶工程价款协议书"签订后，火星地产既未及时主动向木星建总交付约定的抵债房屋，也未恢复对旧债务的履行即向木星建总支付相应的工程欠款。木星建总提起该案诉讼向火星地产主张工程价款债权后，双方仍就如何履行"房屋抵顶工程价款协议书"以抵顶相应工程价款进行过协商，但亦未达成一致。而从涉案"房屋抵顶工程价款协议书"的约定看，木星建总签订该协议，意为接受火星地产交付的财富大厦A座9层房屋，取得房屋所有权，或者占有使用该房屋，从而实现其相应的工程价款债权。虽然该协议书未明确约定履行期限，但自协议签订之日至今已4年多，火星地产的工程价款债务早已届清偿期，火星地产却仍未向木星建总交付该协议书所约定的房屋，亦无法为其办理房屋所有权登记。综上所述，火星地产并未履行"房屋抵顶工程价款协议书"约定的义务，其行为有违诚实信用原则，木星建总签订"房屋抵顶工程价款协议书"的目的无法实现。在这种情况下，木星建总提起该案诉讼，请求火星地产直接给付工程欠款，符合法律规定的精神以及该案实际，应予支持。

此外，虽然火星地产在一审中提交了"房屋抵顶工程价款协议书"，但其陈述的证明目的是火星地产有履行给付工程价款的意愿，而并未主张以此抵顶工程价款，或者作为已付工程价款，故一审判决基于此对"房屋抵顶工程价款协议书"没有表述，并不构成违反法定程序。

综上，涉案"房屋抵顶工程价款协议书"约定的财富大厦A座9层房屋抵顶工程价款金额不应计入已付工程价款金额，一审法院认定并判令火星地产应向木星建总支付相应的工程欠款，并无不当，火星地产的该项上诉理由不能成立。

【律师点评】

对以物抵债协议的效力、履行等问题的认定，应以尊重当事人的意思自治为基本原则。一般而言，除当事人有明确约定外，当事人于债务清偿期届满后签订的以物抵债协议，并不以债权人现实地受领抵债物，或取得抵债物所有权、使用权等财产权利，为成立或生效要件。只要双方当事人的意思表示真实，合同内容不违反法律、行政法规的强制性规定，合同即为有效。

"以房抵债"实质上属于以物抵债，又称代物清偿。债务履行期届满后约定的以物抵债，其本质为代物清偿。代物清偿属于实践性法律行为，若仅有代物清偿合意，而未实际履行物权转移的，原债务并未消灭；在实际履行物权转移后，原债务同时消灭。

在债权人与债务人达成以物抵债协议、新债务与旧债务并存时，确定债权是否得以实现，应以债务人是否按照约定全面履行自己义务为依据。若新债务届期不履行，致使以物抵债协议目的不能实现的，债权人有权请求债务人履行旧债务，且该请求权的行使，并不以以物抵债协议无效、被撤销或者被解除为前提。

案例35　因发包人违约所造成的损失不能主张工程价款优先权

——土星建设公司与朗讯开发公司建设工程施工合同纠纷案

【基本案情】

一审法院经审理查明：2003年12月31日，土星建设公司（以下简称土星建设）经过招投标，与朗讯开发公司（以下简称朗讯公司）签订东埠高速公路路基工程施工"合同协议书"。协议约定朗讯公司将东埠高速公路13标段发包给土星建设施工，合同总价为201 901 950元，工期为22个月等内容。

土星建设按合同约定进行施工，但未在合同约定的工期内完工。土星建设于2006年3月完成了原计划应于2005年3月完成的施工工程量。

土星建设提起诉讼，请求：一、朗讯公司支付尚欠工程价款5 585 903.73元及利息；二、赔偿2004年1月至2005年3月第一次停工期间发生的停窝工损失22 565 873.85元；赔偿2006年11月至2009年4月第二次停工期间停窝工损失32 006 719.12元；赔偿土星建设因工期延长和实际工程总价款减少而引起的管理费增加的损失4 078 795元；三、确认土星建设就其所主张的工程价款和各项损失款项对案涉工程享有优先受偿权。为保护广大农民工的利益，至少应该对于拖欠工程价款、人员机械费用、材料上涨费用、管理费用等，判令确认土星建设享有建设工程价款优先受偿权。

一审诉讼期间，一审法院根据土星建设的申请，依法委托明珠公司就土星建设所主张的停窝工损失是否存在及如存在则具体数额为多少进行了鉴定。明珠公司于2012年7月17

日出具的“鉴定报告”结论为：根据现有资料，土星建设承建的东埠高速公路13标段工程停窝工损失费为：(1) 2004年3月至2005年3月第一次停工期间停窝工损失费：① 确定部分造价为6 778 661.54元。② 不确定部分造价为6 929 833.87元。(2) 2006年11月至2009年3月第二次停工期间停窝工损失费，根据现有的证据资料不能计算具体金额。明珠公司于2013年3月7日作出的“补充鉴定报告”结论为：根据现有资料，土星建设承建的东埠高速公路13标段工程因2004年停工影响原材料及油料价格上涨费用为3 119 237.63元。

朗讯公司辩称：土星建设主张对案涉建设工程享有优先受偿权不具备法定的前提条件，一方面该建设工程属于公益性基础设施，不宜折价或者拍卖；另一方面，朗讯公司与土星建设的施工合同已经解除，土星建设一直没有主张优先受偿权，已经放弃了该权利。综上，请求驳回土星建设对朗讯公司的上诉请求。一审法院认为：土星建设主张的2004年3月至2005年3月停工期间的停窝工损失中确定部分6 778 661.54元，予以支持；不确定部分，不予支持。土星建设主张的2006年11月至2009年4月期间的停窝工损失，不予支持。

一审法院认为：对于土星建设主张对案涉工程享有优先受偿权问题，一方面案涉工程属于公共设施，不宜折价和拍卖；另一方面，土星建设在该案诉请属于因违约所造成的损失，不属于应支付的工作人员报酬、材料款等实际支出的费用，也不符合《最高人民法院关于建设工程价款优先受偿权问题的批复》第三条规定的条件，故土星建设的该诉请应予驳回。

二审法院认为：根据《最高人民法院关于建设工程价款优先受偿权问题的批复》第三条“建筑工程价款包括承包人为建设工程应当支付的工作人员报酬、材料款等实际支出的费用，不包括承包人因发包人违约所造成的损失”的规定，能够行使建设工程价款优先受偿权的权利范围不包括因发包人违约导致的损失。而从前述土星建设在该案中被支持的诉请款项来看，包括因朗讯公司违约给其造成的停窝工损失和材料价差损失两项，均不属于建设工程价款优先受偿权的权利行使范围，故一审法院未予支持土星建设主张对案涉工程项目享有优先受偿权的请求，并无不当。土星建设主张对案涉工程项目享有优先受偿权的该项上诉请求，无事实及法律依据，应予驳回。

【律师点评】

《最高人民法院关于建设工程价款优先受偿权问题的批复》第三条规定：“建筑工程价款包括承包人为建设工程应当支付的工作人员报酬、材料款等实际支出的费用，不包括承包人因发包人违约所造成的损失。”《最高人民法院关于审理建设工程施工合同纠纷案件适用法律问题的解释(二)》第二十一条第二款也规定：“承包人就逾期支付建设工程价款的利息、违约金、损害赔偿金等主张优先受偿的，人民法院不予支持。”该案承包人诉讼请求中所主张的因发包人违约造成的停窝工损失和材料价差损失，不属于建设工程价款优先受偿权的权利行使范围。

案例36　施工单位能否以不提交竣工资料抗辩建设单位不支付工程价款

——金地建设公司与银球地产公司建设工程施工合同纠纷案

【基本案情】

金地建设公司(以下简称金地建设)向一审法院起诉请求：判令银球地产公司给付拖欠

工程价款 43 152 301 元(以司法鉴定确定的数额为准)。

银球地产公司(以下简称银球地产)反诉请求:赔偿因逾期交付竣工验收资料造成银球地产公司融资等损失 12 061 200 元(10 779 200 元+1 282 000 元);交付工程竣工备案资料。

一审法院认定事实:2009 年 12 月 1 日,经履行招投标程序,银球地产确定金地建设为其所开发的金色和园住宅工程项目的中标人,并向金地建设发出"中标通知书",银球地产招标文件载明合同价款采用固定总价方式。2009 年 12 月 8 日,双方当事人签订"备案合同"。合同约定:由金地建设承包银球地产公司开发的金色和园住宅工程,建筑面积为 110 998 平方米,承包范围为施工图纸标识的全部土建、水暖、电气、电梯、消防、通风等工程的施工安装;开工日期为 2009 年 12 月 8 日,竣工日期为 2011 年 12 月 7 日,工期总日历天数 730 天;合同价款为 131 839 227.62 元。2011 年 11 月 30 日,金地建设所承建的工程全部竣工验收合格。2012 年 8 月底,金地建设向银球地产上报了完整的结算报告,银球地产公司已签收。

关于银球地产公司主张因金地建设迟延交付施工资料致其损失问题,金地建设主张这是基于银球地产公司欠付工程价款而行使抗辩权的结果。一审法院认为,支付工程价款是发包人的主要合同义务,在银球地产未足额支付工程价款的情况下,金地建设行使抗辩权符合《中华人民共和国合同法》第六十六条关于同时履行抗辩权的规定,不构成违约,故对于银球地产的该项反诉请求不予支持。但提交竣工验收资料是施工单位的法定义务,其在特定情况下享有抗辩权并不意味着可以一直不履行交付竣工资料的义务,金地建设在庭审中也认可交付资料,故对银球地产的该项诉请予以支持。

综上,一审法院判决:金地建设于判决生效之日起 15 日内向银球地产公司交付全部施工资料。

金地建设上诉请求:改判金地建设在银球地产支付全部欠款之日起 15 日内向其交付全部施工资料。

金地建设上诉称:一审法院判令向银球地产交付全部施工资料错误。根据《建设工程质量管理条例》第四十九条、第十六条规定,金地建设资料已经符合要求,只因银球地产独立分包资料不齐导致无法提交资料,且从不安抗辩权角度,银球地产公司不及时结算给付工程价款,金地建设亦有权不给付竣工验收资料。

银球地产辩称:一审判决金地建设交付施工资料符合法律规定。

关于金地建设上诉主张改判银球地产支付全部欠款之日起 15 日内向其交付全部施工资料,二审法院认为:提交竣工验收资料是施工单位的法定义务,其在特定情况下享有抗辩权并不意味着可以一直不履行交付竣工资料的义务,且金地建设在一审庭审中也认可交付资料,故一审判决金地建设于判决生效之日起 15 日向内银球地产公司交付全部施工资料并无不当。

【律师点评】

提交竣工验收资料是施工单位的法定义务,其在特定情况下享有抗辩权并不意味着可以一直不履行交付竣工资料的义务。

案例37　对于中途停工的工程，承包人行使优先受偿权的期限从何时起算

——木星建设集团总公司诉水星化工有限公司别除权纠纷案

【基本案情】

2006年3月，水星化工有限公司（以下简称水星化工）与木星建设集团总公司（以下简称木星建总）签订了一份“建设工程施工合同”，水星化工将其厂区一期工程生产厂区的土建、安装工程发包给木星建总承建。合同约定，开工日期暂定2006年4月28日（以实际开工报告为准），竣工日期为2007年3月1日，合同工期总日历天数300天。发包方不按合同约定支付工程价款，双方未达成延期付款协议，承包人可停止施工，由发包人承担违约责任。后双方又签订一份“合同补充协议”，对支付工程价款又作了新的约定，并约定厂区工期为113天，生活区工期为266天。2006年5月23日，监理公司下达开工令，木星建总遂组织施工，2007年水星化工厂区的厂房等主体工程完工。后因水星化工未按合同约定支付工程价款，致使工程停工，该工程未竣工。2011年7月30日，双方在仲裁期间达成和解协议，约定如处置水星化工土地及建筑物偿债时，木星建总的工程价款可优先受偿。后水星化工因不能清偿到期债务，土星建总向A市中级人民法院申请水星化工破产还债。A市中级人民法院于2011年8月26日作出001号民事裁定，裁定受理破产申请。2011年10月10日，木星建总向水星化工破产管理人申报债权并主张对该工程享有优先受偿权。2013年7月19日，A市中级人民法院作出002号民事裁定，宣告水星化工破产。木星建总于2013年8月27日提起诉讼，请求确认其债权享有优先受偿权。

法院生效裁判认为：该案双方当事人签订的建设工程施工合同虽约定了工程竣工时间，但涉案工程因水星化工未能按合同约定支付工程价款导致停工。现没有证据证明在工程停工后至法院受理破产申请前，双方签订的建设施工合同已经解除或终止履行，也没有证据证明在法院受理破产申请后，破产管理人决定继续履行合同。根据《中华人民共和国破产法》第十八条“人民法院受理破产申请后，管理人对破产申请受理前成立而债务人和对方当事人均未履行完毕的合同有权决定解除或继续履行，并通知对方当事人。管理人自破产申请受理之日起二个月内未通知对方当事人，或者自收到对方当事人催告之日起三十日内未答复的，视为解除合同”的规定，涉案建设工程施工合同在法院受理破产申请后已实际解除，该案建设工程无法正常竣工。按照最高人民法院《全国民事审判工作会议纪要》（法办〔2011〕442号）精神，“由于发包人的原因，合同解除或终止履行时已经超出合同约定的竣工日期的，承包人行使优先受偿权的期限自合同解除之日起计算”，水星化工要求按合同约定的竣工日期起算优先受偿权行使时间的主张，缺乏依据，不予采信。2011年8月26日，法院裁定受理对水星化工的破产申请，2011年10月10日木星建总向水星化工的破产管理人申报债权并主张工程价款优先受偿权，因此，木星建总主张优先受偿权的时间是2011年10月10日。水星化工认为木星建总行使优先受偿权的时间超过了破产管理之日6个月，与事实不符，不予支持。

A市中级人民法院于2014年2月28日作出第00122号民事判决：确认原告木星建总对申报的债权就其施工的被告水星化工生产厂区土建、安装工程享有优先受偿权。宣判后，

水星化工有限公司提出上诉。该省高级人民法院于 2014 年 7 月 14 日作出民事判决，驳回上诉，维持原判。

【律师点评】

该案最大的争议焦点为建设工程价款优先受偿权的行使期限。水星化工认为建设工程承包人行使优先权的期限为自建设工程合同约定的竣工之日起 6 个月；木星建总则认为因水星化工未能按合同约定支付工程价款，致使工程停工，至今未竣工，应当认定为在建工程，不受优先权行使期限的限制。

法院审理后认为该案建设工程施工合同虽约定了工程竣工时间，但因水星化工未能按合同约定支付工程价款导致工程停工。没有证据证明法院受理破产申请前，合同已经解除或终止履行；也没有证据证明法院受理破产申请后，破产管理人决定继续履行合同，故根据《中华人民共和国破产法》第十八条规定，建设工程施工合同视为解除。根据最高人民法院《全国民事审判工作会议纪要》精神，该案工程价款优先受偿权的行使时间应自合同解除之日起计算。

第八章 建设工程质量纠纷案例分析

案例38 房屋所有权转移不影响建设单位要求施工单位承担保修义务

【基本案情】

申请再审人某建设公司因与被申请人某开发公司建设工程质量纠纷一案，不服高级人民法院民事判决，向法院申请再审。

某建设公司申请再审，称：(一) 一审法院认定主体错误，某开发公司作为原告主体不适格。华银大厦项目已于 2003 年 12 月 31 日竣工验收合格，现该建筑物房屋已基本出售完毕，业主也已办理了入住手续，华银大厦所有权已转移，某开发公司无权就该建筑物的质量和维修事项行使诉权。一、二审法院一方面判决其承担已入住的业主的维修费用 319 000 余元，另一方面又根据合同相对性原则判令其直接对某开发公司承担建筑物的维修义务和支付维修费用，前后矛盾。(二) 某开发公司与某建设公司签订的“建设工程施工合同”违反了《中华人民共和国建筑法》第二十八条的规定，应认定为无效。一、二审判决认定合同有效，属枉法裁判。(三) 一审鉴定程序违法。(1) 鉴定机构缺乏资质。经某建设公司查证，该省建筑工程质量监督检验测试中心(以下简称省质量检测中心)和乐佳会计所并未取得司法鉴定机构资格，不符合《司法鉴定机构登记管理办法》第二十二条和《全国人民代表大会常务委员会关于司法鉴定管理问题的决定》第三条、第六条的规定。(2) 工程质量检测鉴定机构与加固维修方案设计单位系同一单位，不符合法律规定。(四) 鉴定依据错误。质量鉴定机构用工程竣工验收以后颁布的标准鉴定之前竣工验收合格的工程，加重了某建设公司的质量义务。二审法院明知鉴定机构使用错误鉴定标准，却对某建设公司提出的重新鉴定的要求置若罔闻，明显不当。(五) 原判决遗漏或者超出了诉讼请求。一、二审判决某建设公司承担维修义务，如不履行义务则支付某开发公司维修费用 12 893 048.60 元，明显不当。首先，华银大厦工程中某开发公司系总包单位，且工程是在其组织下已经验收合格，某开发公司对质量问题亦存在过错，应与某建设公司共同承担维修义务；其次，如果某建设公司未履行维修义务，也应根据现场实际发生的维修费用由某建设公司与某开发公司按照责任比例进行分摊，而不应直接判决某建设公司向某开发公司支付维修费用。依照《中华人民共和国民事诉讼法》第一百七十九条第一款第(六)项、第(十二)项的规定，申请再审。

某开发公司提交书面意见认为：某建设公司申请再审并未提出新的事实和理由，所提理由全部系其上诉理由，二审驳回正确，请求维持。(一) 某开发公司主体适格。该案系质量纠纷，作为涉案工程的发包人要求承包人承担质量保修义务，合情合理合法。(二) 涉案工程华银大厦项目系某开发公司开发建设、总承包，某建设公司承建了主体工程及装修工程。

某开发公司与某建设公司于 2001 年 8 月 5 日所签建设工程施工合同与现行法律法规并无相悖，合法有效。（三）该案所涉的鉴定程序均合法有效。（1）省质量检测中心和乐佳会计所均具有鉴定资质，且是双方在法院主持下抽签选定。（2）该案属工程类鉴定，并不包括在有关规定的登记管理制度内。（3）工程质量检测鉴定机构与加固维修方案设计单位并非系同一单位，一审已予以查明。（四）一审期间，某建设公司在法院规定的时间内未提出重新鉴定申请，也未缴纳鉴定费用，应视为认可鉴定结论。（五）二审判决未遗漏或超出某建设公司的诉讼请求。（1）因房屋存在质量问题，二审判决合同中预留的工程质保金922 736.07元在执行中与房屋维修费予以兑付，这样的判决合理、合法。（2）某建设公司是该案工程的实际施工方，其作为发包方就质量问题要求承建方承担质量保修义务，合情合理合法。如某建设公司拒绝履行修复义务，按鉴定数额承担修复费用，符合法律规定。

三审法院经审理认为：（一）关于某开发公司是否适格原告问题。该案一审案由为建设工程质量纠纷，涉及某开发公司与某建设公司之间建设工程施工合同法律关系，其中某开发公司是工程发包方，某建设公司是承包方。某开发公司作为发包方针对涉案工程华银大厦存在的质量问题起诉施工方某建设公司，要求其承担工程质量维修责任，主体适格。而某开发公司与某建设公司之间的建设工程施工合同法律关系，与某开发公司与华银大厦购房户之间所建立的商品房买卖合同关系，系两个不同的法律关系。二审法院根据合同相对性的原则，判决某建设公司承担主体工程质量不合格的修复义务，并无不当。某建设公司申请再审认为金都大厦所有权已转移，共有部分由业主共有，某开发公司就建筑物的质量和维修事项行使诉权主体不适格的理由不成立，法院不予支持。

（二）关于“建设工程施工合同”效力问题。某开发公司与某建设公司签订的“建设工程施工合同”系签约双方的真实意思表示，内容亦不违反法律法规的强制性规定。某建设公司具备房屋建设工程施工总承包特级资质及建筑装修装饰及机电设备安装工程专业承包的一级资质，并全面履行了涉案工程合同的施工义务。一审、二审判决认定合同有效正确。某建设公司申请再审主张合同无效的理由不成立。

（三）关于司法鉴定是否合法问题。（1）关于司法鉴定机构资质问题。该案系建筑工程质量的鉴定，根据《司法鉴定机构登记管理办法》第二条、《全国人民代表大会常务委员会关于司法鉴定管理问题的决定》第二条的规定，由司法行政机关纳入登记管理范围的司法鉴定事项只包含法医、物证和声像资料三类，并不包括工程质量鉴定和工程造价鉴定。因此，一审委托具有工程鉴定资格资质的鉴定机构对案涉工程主体质量进行质量鉴定，程序并无不当。（2）关于工程质量检测鉴定机构与加固维修方案设计单位是否为同一单位的问题。“工程质量鉴定报告”加盖的是省质量检测中心的印章，“加固维修方案”则由该省建筑科学研究院出具，两鉴定机构依法均具有独立法人地位，并非同一单位。某建设公司申请再审认为二者是同一主体的理由，不能成立。

（四）关于鉴定依据是否错误问题。就某建设公司上诉提出的因鉴定机构采用工程竣工验收以后颁布的标准是否加重了其质量义务问题，二审法院曾专门进行了调查，从走访调查的情况看，省质量检测中心出具的“工程质量鉴定报告”所依据的鉴定技术标准、技术规程仅仅是在检测样本的数量上有变化，评判标准并没有变化，对鉴定结论无实质影响。据此，二审判决未支持某建设公司该上诉请求，并无不当。现某建设公司虽仍就上述问题申请再审，但并未提出足以推翻上述认定的证据予以证明。故某建设公司申请再审主张鉴定机构用新标准鉴定之前竣工合格的工程，加重施工人质量义务的理由，证据不足，该院不予支持。

（五）关于二审判决是否遗漏或超出某建设公司诉讼请求的问题。(1) 关于房屋维修费是否应在质量保修金内抵扣的问题。双方签订的“工程质量保修书”第三部分约定：属于保修范围和内容的项目，承包人应在接到修理通知之日后 7 天内派人修理。承包人不在约定期限内派人修理，发包人可委托其他人员修理，保修费用从质量保修金里扣除。经一审法庭质证，双方认可的部分房屋维修费共 605 725.36 元，依合同约定预留的工程质量保修金为 922 736.07 元。据此，对于上述房屋维修费 605 725.36 元可从质量保修金内予以足额扣除，无须某建设公司另行支付。对此，一、二审法院虽未在判项中明确两项相抵扣，但鉴于双方对前述事实并无争议，且已被一、二审判决予以认定，该案判决实际履行过程中直接抵扣即可。(2) 关于某开发公司是否应承担部分维修费用的问题。案涉工程设计使用年限为 50 年。该案一审期间，法院组织当事人双方对省质量检测中心出具的工程主体结构部分达不到设计要求需进行加固、补强处理的鉴定结论及该省建筑科学研究院作出的加固维修方案进行了质证，某建设公司对上述鉴定结论的真实性并无异议，亦未在法院规定的时间内提交重新鉴定申请并缴纳鉴定费用。二审期间，某建设公司虽向二审法院递交了书面申请，但仅要求对华银大厦主体结构是否满足安全性和使用功能进行检测鉴定，并未对质量是否满足设计要求等提出重新鉴定的申请。一、二审法院将鉴定结论作为判案依据并无明显不当。三审法院组织双方询问时，申请人亦自认工程质量未达到设计要求。据此，涉案工程华银大厦虽已于 2002 年 12 月 30 日通过竣工验收并交付使用，但《中华人民共和国建筑法》第五十八条“建筑施工企业对工程的施工质量负责。建筑施工企业必须按照工程设计图纸和施工技术标准施工，不得偷工减料。工程设计的修改由原设计单位负责，建筑施工企业不得擅自修改工程设计”、第六十条“建筑物在合理使用寿命内，必须确保地基基础工程和主体结构的质量。建筑工程竣工时，屋顶、墙面不得留有渗漏、开裂等质量缺陷；对已发现的质量缺陷，建筑施工企业应当修复”，以及《建设工程质量管理条例》第四十条“基础设施工程、房屋建筑的地基基础工程和主体结构工程的最低保修年限，为设计文件规定的该工程的合理使用年限”的规定，在该建筑物的合理使用寿命期间 50 年内，工程的主体结构、屋顶及墙面因不符合设计要求而出现的渗漏和开裂等质量问题，作为承包方的某建设公司仍应承担质量责任，并负有全部修复义务。某建设公司申请再审认为发包人某开发公司亦应承担部分维修责任的理由，缺乏法律依据，三审法院不予支持。

裁判结果：驳回某建设公司的再审申请。

【律师点评】

建设单位与施工单位之间具有建设工程合同法律关系，根据法律规定及合同约定，施工单位在一定期限内对工程负有保修的义务和责任。建设单位和业主之间具有买卖合同关系，根据有关法律规定，建设单位对业主承担一定期限内的质量保证责任，当房屋出现质量缺陷时，建设单位负有维修义务。施工单位并不直接对业主负责，因而业主无权要求施工单位进行维修，但建设单位却具有此项权利。因此，无论房屋的所有权人是谁，不影响施工单位保修义务的承担。该案中，施工单位应当承担维修责任。

案例 39　工程价款全部交付后无法要求施工人返还质量保证金

——银华公司与孙立清建筑工程施工质量纠纷案

【基本案情】

2008 年 7 月锦华公司在 A 县开发英帆小区工程，恒星公司承建锦华公司开发的英帆一期建筑工程。孙立清于 2008 年 7 月 14 日同恒星建设工程有限公司签订了承包合同，承建了英帆 2 号、8 号楼的建筑工程。后因工程价款纠纷一案经该市中级人民法院民事判决书判决，确认孙立清是 2 号、8 号楼的实际承建方和施工方。孙立清与恒星公司合同签订后开始进行施工，工程于 2009 年 9 月份竣工，竣工交付使用一年后，孙立清施工工程陆续出现地面下沉、屋面漏水等质量问题。因而锦华公司提起对孙立清的诉讼。

一审法院认为：(一) 锦华公司与孙立清是适格的诉讼主体。锦华公司于 2008 年 7 月开发英帆小区工程，恒星公司承建锦华公司开发的英帆一期建筑工程。孙立清于 2008 年 7 月 14 日同恒星公司签订了承包合同，承建了英帆 2 号、8 号楼的建筑工程。后因工程价款纠纷一案经该市中级人民法院作出的民事判决书判决，确认孙立清是 2 号、8 号楼的实际承建方和施工方。孙立清承建的 2 号、8 号楼于 2009 年 9 月份竣工，竣工交付使用一年后，2 号、8 号楼陆续出现地面下沉、屋面漏水等质量问题。经某建筑工程检测中心鉴定后出具司法鉴定意见书确认，地面下沉情况应属回填土不密实造成土层不均匀沉降，导致地面层发生不同程度的下降，属工程质量问题。经查阅相关的建筑知识，回填土工程属于地基基础工程的一部分。根据《中华人民共和国合同法》第二百八十一条“因施工人的原因致使建设工程质量不符合约定的，发包人有权要求施工人在合理期限内无偿修理或者返工、改建。经过修理或者返工、改建后，造成逾期交付的，施工人应当承担违约责任”和《最高人民法院关于审理建设施工合同案件适用法律若干问题的解释》第二十五条“因建设工程质量发生争议的，发包人可以以总承包人、分包人和实际施工人为共同被告提起诉讼”的规定，该案锦华公司与孙立清具有诉讼主体资格。

(二) 锦华公司的起诉未超过诉讼时效。因工程价款纠纷一案经该市中级人民法院作出的民事判决书判决，确认孙立清虽是以个人名义与恒星公司签订承包合同，但实为资质借用合同，孙立清以恒星公司名义，按锦华公司与恒星公司签订的建设施工合同进行施工，孙立清有受此合同约束的意思表示。因此锦华公司与恒星公司签订的合同以及补充协议对孙立清具有约束力。2008 年 8 月 8 日，锦华公司与恒星公司签订的房屋建筑工程质量保修书。该质量保修书约定承包人对工程质量负有保修的责任和义务。双方根据《建设工程质量管理条例》第四十条的规定，约定的质量保修期限分别为：(1) 地基基础工程和主体结构工程为设计文件规定的该工程合理使用年限；(2) 屋面防水工程、有防水要求的卫生间、房间和外墙面的防渗漏为 5 年；(3) 装修工程为 2 年；(4) 电气管线、给排水管道、设备安装工程为 2 年；(5) 供热与供冷系统为 2 个采暖期、供冷期。该工程于 2009 年 9 月份竣工，至今仍在质保期内，因孙立清未履行维修义务，锦华公司为维护住户的权益，为此自行维修，维修费用已经过具有鉴定资格的部门予以鉴定、评估。锦华公司的起诉日期是在质量保修期内，要求孙立清承担维修费用是要求孙立清履行其约定的义务，因此该案未超过诉讼时效。

(三) 锦华公司要求孙立清向锦华公司返还 5% 的质量保证金，不予支持。锦华公司虽与恒星公司签订的补充协议约定工程质量保修金为工程总造价的5%进行预留，工程完工后5年返还，但是因工程价款纠纷一案，锦华公司经该市中级人民法院执行以及锦华公司的给付，已将其全部工程价款给付完毕，并没有预留工程总价款5%的工程质量保修金。根据《建设工程质量保证金管理暂行办法》第二条“本办法所称建设工程质量保证金是指发包人与承包人在建设工程承包合同中约定，从应付的工程价款中预留，用以保证承包人在缺陷责任期内对建设工程出现的缺陷进行维修的资金”的规定，因锦华公司已将全部工程价款给付了孙立清，视为自己放弃了要求孙立清预留保证金的权利。故对锦华公司要求孙立清向锦华公司返还5%的质量保证金，不予支持。

（四）锦华公司认为地面下沉情况应属回填土不密实造成土层不均匀沉降，导致地面层发生不同程度的下降，属于工程质量问题，要求孙立清承担维修费用不予支持。

孙立清承建的2号、8号楼于2009年9月份竣工，竣工交付使用一年后，2号、8号楼陆续出现地面下沉、屋面漏水等质量问题。锦华公司依法提出鉴定申请，由某建筑工程检测中心进行鉴定，经某建筑工程检测中心鉴定后，初步出具了鉴定意见书，并向双方进行了送达，并根据双方提出的异议最后出具司法鉴定意见书。该鉴定意见书确认地面下沉情况应属回填土不密实造成土层不均匀沉降，导致地面层发生不同程度的下降，属工程质量问题。该鉴定符合法律程序，鉴定意见客观真实，该鉴定符合国家的有关规定，因此对该鉴定意见应予以确认并可以采信。该鉴定意见书作出后，孙立清又申请鉴定，该建筑工程检测中心于2012年12月14日明确回复无法进行鉴定，然而在2013年4月13日又进行鉴定，显然程序严重违法，不能作为证据使用。且该份检测报告作出“地面下沉原因不能排除雨水进入，不密实回填土影响的可能”，没有事实依据。因为该案本身回填土就不符合国家标准，工程质量存在问题，回填土下沉是一种必然，另外散水保护的是基础和外墙，不会影响到室内回填，而且从室内回填土下沉的部位来看，有的在室内的大开间中心位置，显然回填土下沉是因回填不合格造成，与取消散水之间没有必然的关系。孙立清承建的2号、8号楼交付后出现地面下沉、屋面漏水等问题，已经某建筑工程检测中心鉴定后出具司法鉴定意见书确认，地面下沉情况应属回填土不密实造成土层不均匀沉降，导致地面层发生不同程度的下降，属工程质量问题。为明确维修地面下沉、屋面防水等费用，锦华公司依法申请鉴定，由精诚价格评估有限公司进行鉴定，精诚价格评估有限公司出具价格评估报告书一份。但该报告书是依据锦华公司方单方提交的预算书作出的，该预算书的真实性没有任何相关维修费用的票据佐证，所以该鉴定报告确定的维修费用的真实性不能加以确定，该鉴定报告不应予以采纳。判决：驳回锦华公司的诉讼请求。

锦华公司不服一审判决，提起上诉，请求：撤销一审判决，改判支持其原审诉请。

二审法院经审理认为：锦华公司与恒星公司签订的补充协议约定工程质量保修金为工程总造价的5%进行预留，但锦华公司经该市中级人民法院执行以及锦华公司的给付，已将其全部工程价款给付完毕，并没有预留工程总价款5%的工程质量保修金。该行为应视为锦华公司放弃了要求孙立清预留保证金的权利。故对锦华公司要求孙立清向锦华公司返还250 455.25元质量保证金的主张，不予支持。

涉诉工程在质保期内出现质量问题，孙立清对此应承担责任。锦华公司要求孙立清按照精诚价格评估有限公司出具的价格评估报告确定的维修费数额支付679 597.00元，但该报告的鉴定依据没有经过质证，也没有任何相关维修费用的票据佐证，故该报告确定的维修费用的真实性不能加以确定,二审法院对锦华公司该项诉请无法支持,其可在证据充足后,另行起诉。

裁判结果:驳回上诉,维持原判。

【律师点评】

《最高人民法院关于审理建设工程施工合同纠纷案件适用法律问题的解释》第二十五条规定:"因建设工程质量发生争议的,发包人可以以总承包人、分包人和实际施工人为共同被告提起诉讼。"这项规定对发包人的请求质量责任的权利进行了保障。但该条规定仅限于确定了对哪些主体有诉讼权利,而并没有规定总承包人、分包人以及实际施工人承担何种责任,不能对该规定作夸大解释。

建设工程质量保证金或保修金,是发包人与承包人在建设工程承包合同中约定,从应付的工程价款中预留,用以保证承包人在缺陷责任期内对建设工程出现的缺陷进行维修的资金。该案中,发包人将工程价款全部支付给施工人,完成了给付,视为以其行为放弃了预留质量保证金的权利,故其要求施工人返还该笔保证金是毫无依据的。

案例40 开发商在保修期内对所售房屋承担保修责任

——金山公司与苏名成建设工程施工质量纠纷案

【基本案情】

上诉人金山公司因与被上诉人苏名成合同纠纷一案,不服该县人民法院民事判决,向法院提起上诉。上诉请求:撤销一审判决,依法改判。事实和理由:被上诉人不具备原告的主体资格,不是该房屋的合法所有人。并且该房屋交付使用后,房内的电线等设施已经进行过更换,不具备重新维修条件。

苏名成辩称:一审判决认定事实清楚,适用法律正确,请求予以维持。(1) 一审法院根据A建设工程质量检测鉴定有限公司作出的鉴定报告和B工程咨询有限公司作出的维修费鉴定报告确认了建筑施工瑕疵,应予维修事项和维修费用。已生效的民事判决,确认该案维修主体为上诉人。(2) 被上诉人具有适格的主体资格,涉案的房屋在房屋所有权证上被登记在被上诉人名下,被上诉人对所有涉案房屋被上诉人具有合法占有使用和处分的权利。涉案房屋因施工发生质量问题,应由上诉人进行维修。

苏名成向二审法院起诉请求:(1) 判令金山公司在该判决生效之日起30日内维修完毕;(2) 金山公司在该州中级人民法院民事判决书所确定的维修费(3号楼554 922.81元)基础上承担外墙保温、屋面苯板拆除重新修复维修费366 315元,合计为921 237.81元;(3) 金山公司承担该案诉讼费。事实与理由:苏名成于2013年6月20日购买由金山公司开发出售的樱花小镇3号楼合计建筑面积2 356.06 m^2 共六套商业用房,于2013年6月20日办理了房屋所有权证。2010年10月,金山公司与施工单位建工集团公司因保修纠纷提起诉讼。该州中级人民法院作出民事判决,判令金山公司作为樱花小镇的维修主体。金山公司曾经在给业主的一封信中,承诺要维修的部分限期维修,可是此信公布几年了,金山公司没有进行任何维修。樱花小镇外墙保温板及墙面涂料以及屋面苯板均是由金山公司购置的不合格材料,也是由金山公司委托富丽堂皇包装厂施工并由其直接进行的结算。对此,金山公司应该承担维修责任。

一审法院认定事实：苏名成购买的总建筑面积为 2 356.06 m^2 的六套商业用房系金山公司开发的樱花小镇 3 号楼。现由华夏旅行社张宪明经营。金山公司与建工集团公司建设工程质量纠纷一案，经该州中级人民法院作出的民事判决，判令建工集团公司向金山公司支付樱花小镇商住小区维修费 3 966 697 元。该判决还认定 3 966 697 元维修费不包括樱花小镇的外墙保温及涂料工程的维修费 2 179 771 元。3 966 697 元维修费中包括 3 号楼的维修费 554 922.81 元，2 179 771 元维修费包括美山宾馆的维修费 366 315 元。金山公司在该判决生效后陆续进行了维修，目前并未维修完毕。

一审法院认为，民事判决已经确定樱花小镇的维修主体为金山公司，金山公司应在具备施工条件的前提下按照相关鉴定报告和维修报告要求进行维修，结合现在当地气候条件，维修工期酌定为三个月为宜。综上，依照《中华人民共和国民法通则》第一百零六条、《最高人民法院关于审理建设工程施工合同纠纷案件适用法律若干问题的解释》第二十七条的规定，判决如下：一、被告金山公司于该判决生效之日起 3 个月内按照相关鉴定报告和维修报告进行维修（不包括外墙保温及涂料工程）；二、驳回原告苏名成的其他诉讼请求。

二审法院经审理认为：苏名成在该案一审诉讼中已提交涉案房屋所有权证及该县房屋产权管理中心的查档证明以证明其原告主体资格。涉案房屋是否存在抵押状况并不影响苏名成作为房屋所有权人主张房屋质量维修问题，金山公司关于苏名成不具备主体资格的上诉理由，没有事实和法律依据。金山公司作为涉案房屋的开发单位，应当就所售商品房对购房人承担质量保修责任。二审中，苏名成认可房屋墙体外接入的电线由其自行负担，对于涉案房屋存在的其他质量问题，因金山公司并未按照已生效判决确定的维修要求维修完毕，仍应当由金山公司按照鉴定报告和维修报告进行维修。

裁判结果：驳回上诉，维持原判。

【律师点评】

《建设工程质量管理条例》第三条规定："建设单位、勘察单位、设计单位、施工单位、工程监理单位依法对建设工程质量负责。"该案中，由于苏名成与金山公司签订房屋买卖合同，因而房屋的首要保修责任理应由开发商金山公司承担。比如房屋在建设中的质量问题，在竣工验收的时候可能暂时未被发现，但业主在使用的过程中有可能逐渐暴露，比如漏水、开裂、起砂等质量问题。故开发商在一定期限内负有质保责任。

案例 41　擅自使用工程视为对质量认可，丧失质量抗辩权

——成术与务建公司建设工程施工合同质量纠纷案

【基本案情】

2010 年 10 月 16 日，没有建筑资质的原告成术，挂靠在明峥公司的名下，以其名义和被告务建公司签订了建设工程施工合同。双方约定：(1) 工程名称为务建二期工程；(2) 工程内容为土建（含桩）；(3) 开工日期为 2010 年 10 月 16 日，竣工日期为 2011 年 4 月 18 日，工期为 185 天；(4) 质量标准为合格；(5) 承包人向发包人承诺按照合同约定进行施工、竣工并在质量保修期内承担工程质量保修责任，二年之内有质量问题由承包方负责；(6) 发包人按

照合同约定的期限和方式支付合同价款;(7) 原告成术为项目副经理;(8) 桩基完成验收合格付已完成工程量的70%,以后定于每月25号上报已完成工程量,通过双方确认后于次月5号前支付已完成工程量的70%,余款待全部工程竣工验收合格后,根据实际工程量结算工程总价,并开具建筑统一发票,竣工半年内付总价款的25%,余5%二年内付清。合同签订后,原告即进行施工,明峥公司未对工程投入及进行管理。工程完工后,原、被告双方于2011年10月27日对该工程进行了验收,此次工程试用一切正常,该工程从操作流程到试用均为合格,水质已达到标准水质的要求。该工程于2011年底前已投入使用,被告也陆续向原告成术付过一部分工程价款。2013年2月5日,原、被告双方经结算,被告还欠原告工程价款871 044元,该欠款经原告多次索要未果,故诉至法院,要求被告给付工程价款871 044元。

在审理过程中,被告认为是与明峥公司签订协议,与原告没有法律关系,是受明峥公司的委托与原告进行结算并向其付款,但没有向法院提供相关证据予以证明。

法院经审理认为依法成立的建设工程施工合同受法律保护。在该案中,原告成术没有建筑资质,挂靠在明峥公司,与被告务建公司签订建设工程施工合同。原告成术在该案中是实际施工人,根据《最高人民法院关于审理建设工程施工合同纠纷案件适用法律问题的解释》的规定,没有资质的实际施工人借用有资质的建筑施工企业名义承揽工程所签订的建设工程施工合同无效。建设工程施工合同无效,但建设工程经竣工验收合格,或建设工程虽未经竣工验收,发包人擅自使用的,承包人请求参照合同约定支付工程价款价款的,应予支持。原告所做工程经被告验收合格并过质保期,该事实有验收合格证明(复印件)及被告出具的结算单予以证实。虽原告提供的合格证明为复印件,但被告在庭审中虽要求庭后核实,却没有在法院规定的期限内答复,也没有其他的证据进行反证,故对工程已经竣工验收合格的事实予以确认。经结算,被告还欠原告871 044元工程价款,该事实有原、被告结算单予以证实,予以确认。被告辩称是与明峥公司签订的合同,并受其委托与原告进行结算的,原告主体资格不适格的意见,被告没有提供证据证实明峥公司对该工程进行投入、管理和明峥公司委托被告付款给原告,故对该辩解意见不予采信,即该工程的实际施工人为原告成术。因此,对原告要求被告给付871 044工程价款的诉讼请求,应当予以支持。

裁判结果:被告务建公司于该判决发生法律效力之日起5日内向原告成术支付工程价款871 044元。

【律师点评】

建设工程通过竣工验收,是发包人支付工程价款的前提条件。若无法通过竣工验收,则发包人有权利行使抗辩权,拒绝支付工程价款。如果在尚未进行验收的情况下,发包人擅自使用工程的,根据《最高人民法院关于审理建设工程施工合同纠纷案件适用法律问题的解释》第十三条的规定,建设工程未经竣工验收,发包人擅自使用后,又以使用部分质量不符合约定为由主张权利的,不予支持。该案中,发包人的擅自使用可推定为其认可了工程质量,故需要履行支付工程价款的义务,因而丧失了质量抗辩的权利。

案例42　施工质量之诉是否中止施工单位要求支付工程价款之诉

——金昌公司与素珠公司建设工程施工合同质量纠纷案

【基本案情】

2010年10月16日，金昌公司与素珠公司签订“建设工程施工合同”二份。合同约定：素珠公司将华轴工程2号厂房的土建及钢结构工程发包给金昌公司承建。2010年10月8日，二者签订“工程合同”一份。合同约定：素珠公司将门房工程发包给金昌公司施工。2号车间合同包干价共计人民币4 000 000元，门房包干价300 000元，同时对工程价款支付进度、工程增加量结算以及竣工验收结算等作了详细约定。“建设工程施工合同”第28条工程价款支付约定：“本工程无预付款，按工程施工进度支付工程进度款，工程施工进度报发包人审查确认，并在确认后7日内支付。具体为基础工程完工支付50%，主体工程完毕支付20%，竣工验收合格支付25%，其余按结算程序办理。”第29.2条核实结算文件及其限制约定：“发包人在收到承包人按29.1条款约定递交的文件和资料后的28天内进行核实，并向承包人提出核实意见”“发包人在收到文件和资料后的28天内未提出核实意见的，视为发包人对承包人递交的竣工工程价款报告、竣工支付申请和竣工结算文件已核实”。第29.3条竣工结算款支付约定：“发包人应在竣工结算文件生效后的28天内向承包人支付竣工结算款，逾期支付的承担延付金额每日万分之五的违约金。”第30.4条质量保证金约定：“质量保证金为工程价款结算总额的5%。”第19.2条质量达不到标准的处理和责任约定：“发现工程质量达不到约定标准，承包人应进行处理，直到符合约定标准为止。因承包人原因达不到约定标准的，由承包人承担处理的费用和工程结算价款总额5%的违约金。”

2010年10月15日，金昌公司开始进场施工。在合同履行中，素珠公司于2010年11月11日签证增加工程量对钢结构进行了设计变更。2011年4月10日，全部工程完工并提交验收，素珠公司成立验收组于2011年7月9日办理了竣工验收手续，出具验收报告验收结果为工程合格，此时素珠公司实际付工程价款3 430 000元。随后金昌公司向素珠公司提交了结算资料，2011年8月15日素珠公司出具收据，收到金昌公司提交的“生产基地工程结算书”及相关资料，但至今没有对结算书提出任何意见。经结算，该工程总造价款5 999 654元，截至该案受理日止，素珠公司支付4 293 283元，扣减工程结算总价款5%的质保金299 983元后，素珠公司尚欠工程余款1 406 388元未付。金昌公司曾于2011年11月2日、2016年11月15日分别向素珠公司发函催收工程价款，但素珠公司未付款。

同时查明，2014年6月，素珠公司向该市人民法院提起诉讼。诉讼要求：(1) 金昌公司向素珠公司支付工程误期赔偿费800 000元，(2) 金昌公司向素珠公司赔偿因建设工程质量不合格造成的修复费用损失、停产损失。该市人民法院于2014年6月11日立案受理。

一审法院认为：金昌公司、素珠公司所签三份建设工程合同均为有效合同，双方应按合同约定全面履行自己的合同义务。素珠公司对金昌公司交付的全部工程组织了验收并认定合格，在收到金昌公司结算文件后逾期未予答复，视为同意金昌公司的结算意见，应当依约按照5 999 654元支付工程价款。素珠公司抗辩称其已经在先起诉金昌公司工程质量纠纷，该案应当中止审理，素珠公司并可拒付工程价款，因工程质量纠纷系素珠公司另案起诉，另案主张了权利，双方在“建设工程施工合同”第19.2条中对质量不达标的处理有承担处理费用和赔付违约金的单独约定，并无不付工程价款的约束。同时《中华人民共和国合同法》第二百八十一条规定："因施工人的原因致使建设工程不符合约定的，发包人有权要求施工人在合理期限内无偿修理或者返工、改建。"该条并没有规定发包人可以借此来抗辩不予以支付相应的工程价款，也没有规定在此情形下施工人请求支付工程价款的，应不予以支持。因此质量案件另案可以独立裁判，该案不符合《中华人民共和国民事诉讼法》第一百五十条第（五）项关于中止审理的规定，素珠公司关于中止该案审理和拒付工程价款的意见，不应予以采纳。

2011年7月9日2号车间竣工验收，依照合同约定素珠公司应当付款95%，因此时尚未办理结算，按照发包总价4 000 000元计费95%为3 800 000元，此时素珠公司付款3 430 000元（实为3 403 000元，金昌公司以3 430 000元计算对素珠公司有利，一审法院认可），欠付370 000元。至2011年10月19日素珠公司付款额达到3 800 000元（实际为3 793 283元，金昌公司以3 800 000元计算有利于素珠公司，一审法院认可），迟付102天，为此金昌公司以370 000元为基数按银行同期贷款年利率6%主张进度款违约金6 204元应予支持。

素珠公司2011年8月15日收到结算材料，依照"建设工程施工合同"第29.1条、第29.2条约定有28天异议期，异议期满，素珠公司未表态，依照《最高人民法院关于审理建设工程施工合同纠纷案件适用法律问题的解释》第二十条规定，视为素珠公司认可竣工结算文件，金昌公司请求按照竣工结算文件结算工程价款的，应予支持。该案竣工结算文件自2011年9月13日生效，"建设工程施工合同"第29.3条约定竣工结算文件生效后的28天内支付竣工结算款，逾期支付的承担延付金额每日万分之五的违约金。金昌公司据此主张2011年10月20日起的违约金既有法律依据也有合同依据，应予支持。故判决：（一）素珠公司于判决生效之日起3日内支付拖欠金昌公司的工程结算价款1 406 388元（不含5%的工程质保金299 982元）。（二）素珠公司于判决生效之日起3日内支付给金昌公司自2011年7月9日起至2011年10月19日止逾期支付工程进度款的违约金6 204元。（三）素珠公司于判决生效之日起3日内支付给金昌公司自2011年10月20日起至金昌公司起诉之日（2017年3月4日）止违约金1 379 667元；并自2017年3月5日起继续以欠付工程价款本金额为基数，按照每日万分之五为标准向金昌公司承担逾期支付工程结算价款违约金至判决确定的给付之日止。

素珠公司不服一审判决，提出上诉。二审法院经审理查明，一审判决认定的事实属实。二审法院经审理认为：（一）金昌公司与素珠公司签订的建设工程合同系双方当事人的真实意思表示，合法有效，双方应按合同约定履行合同义务。素珠公司对金昌公司交付的全部工程组织了竣工验收并认定合格，2011年8月15日在收到金昌公司结算文件后未依照合同约定在28天异议期内提出核实意见，根据双方合同约定和《最高人民法院关于审理建设工程施工合同纠纷案件适用法律问题的解释》第二十条"当事人约定，发包人收到竣工结算文件后，在约定期限内不予答复，视为认可竣工结算文件的，按照约定处理。承包人请求按照竣工结算文件结算工程价款的，应予支持"的规定，应视为素珠公司同意金昌公司的结算意见，双方当事人视同办理了结算。素珠公司主张案涉工程的结算应以鉴定意见为准，但在双方已经办理结算（视同办理亦在此列）的情况下，除非双方当事人协商一致以鉴定意见代替结算结果，否则应以结算文件确定的数额作为最终结算依据。虽然金昌公司在另案中同意鉴定,并已经形成鉴定意见,但其在该案中并未据此主张权利,而是直接引述合同条款。由此可证实,金昌公司同意鉴定的行为并不表示其就工程价款的结算与素珠公司重新达成了与原合同不相一致的合意,素珠公司要求案涉工程的结算应以鉴定意见为准的主张不符合双方当事人的合同约定,二审法院不应予以支持。(二)双方当事人在合同中对土建部分和钢结构工程的工程价款支付方式均约定按工程施工进度支付工程进度款,在竣工验收合格后共计支付工程价款95%,素珠公司存在逾期支付工程进度款的事实,一审判决素珠公司按银行同期贷款年利率6%支付进度款违约金6 204元,并无不当。(三)根据双方当事人的合同约定及相关的法律规定,该案的处理不必须以另一案的审理结果为依据,因此,不构成中止诉讼的条件,一审审理程序并无不当。对于素珠公司二审的上诉主张,法院不予支持。

裁判结果:驳回上诉,维持原判。

【律师点评】

《中华人民共和国民事诉讼法》第一百五十条规定:"有下列情形之一的,中止诉讼:(一)一方当事人死亡,需要等待继承人表明是否参加诉讼的;(二)一方当事人丧失诉讼行为能力,尚未确定法定代理人的;(三)作为一方当事人的法人或者其他组织终止,尚未确定权利义务承受人的;(四)一方当事人因不可抗拒的事由,不能参加诉讼的;(五)本案必须以另一案的审理结果为依据,而另一案尚未审结的;(六)其他应当中止诉讼的情形。中止诉讼的原因消除后,恢复诉讼。"

因工程的质量问题不能作为建设单位不支付工程价款的依据,所以,当建设单位以施工质量不合格为由起诉施工单位的诉讼在前,施工单位起诉要求建设单位支付工程价款的诉讼在后时,建设单位以因质量问题已经起诉且未作出判决为由,认为有权拒付工程价款,并中止施工单位提起的追索工程价款的诉讼,是毫无理论依据的。该案的处理并不需要以另外一个案件的处理结果为依据,不符合中止诉讼的条件。

案例43　验收合格的工程不得以质量不符为由拖欠工程价款

——江瑞公司与绿源生物公司建设工程施工合同纠纷案

【基本案情】

2014年10月15日,江瑞公司与绿源生物公司签订"钢结构工程制作安装承揽合同"一份。合同约定:由绿源生物公司将金星厂房钢结构屋面以包工包料的形式承包给江瑞公司施工,工程单价为155元/m^2,工程面积为2 729.02 m^2,合计工程价款423 000元。另合同中又约定了付款方式、工程变更、违约责任等条款,其中违约责任中约定为"逾期付款,每延误一天甲方按总价款的万分之一支付乙方的收益损失"。合同签订后,江瑞公司完成施工任务,并通过了验收,后将工程交付绿源生物公司使用。因工程屋面钢板加厚0.071 cm,工程量增加317.93元,江瑞公司认为,工程价款合计应为423 317.93元。绿源生物公司认为,工程价款应按鉴定的结果为准。双方合同明确约定,屋面板采用820型暗扣板,0.5 cm厚上海宝钢正品彩钢板施工,但江瑞公司至今未能提供上述材料质保书,不能证明江瑞公司就采用了符合约定的彩钢板,绿源生物公司要求按每平方米17元的差价减去总工程价款中的

46 393.34元。绿源生物公司已经支付了工程价款 360 000 元，而江瑞公司只开具了300 000 元工程价款的增值税发票。

另，在审理过程中，江瑞公司于 2017 年 12 月 25 日向法院申请对于工程造价进行鉴定，法院经审查后予以准许。后鉴定于 2018 年 4 月 20 日结束。

法院经审理认为：江瑞公司申请鉴定的为实际施工的工程价款，鉴定结果即建设工程造价为 393 540 元具有客观性，应予以认定。根据合同约定，江瑞公司已完成施工，并通过了验收，绿源生物公司也已接受并使用，尽管江瑞公司主张材料质保书已交付给绿源生物公司不能得到绿源生物公司的认可，但可以推定江瑞公司使用的材料质量等级、规格符合绿源生物公司的要求，绿源生物公司以此主张减少工程价款没有事实依据，不予采纳。

判决结果：绿源生物公司支付江瑞公司工程价款 33 540 元，并赔偿原告自 2017 年 11 月 20 日起至履行完毕之日止按欠款金额每日万分之一计算的逾期付款利息损失，款于该判决生效后 10 日内履行完毕。

【律师点评】

在建设工程合同履行过程中，竣工验收合格是支付工程价款的前提条件。根据《中华人民共和国合同法》第二百七十九条的规定，建设工程竣工后，发包人应当根据施工图纸及说明书、国家颁发的施工验收规范和质量检验标准及时进行验收。验收合格的，发包人应当按照约定支付价款，并接收该建设工程。建设工程竣工经验收合格后，方可交付使用；未经验收或者验收不合格的，不得交付使用。

发包人应当按照合同约定或法律规定，及时组织工程验收，验收合格后按照约定向承包人支付工程价款，若未能按时支付，则构成违约，将承担违约责任，赔偿承包人的损失。发包人验收合格后，不能再以工程质量不符合约定或法定条件为由，拖欠工程价款。

案例 44　质量不合格不能作为拒付工程价款的抗辩理由

——王大与郑二建设工程合同纠纷案

【基本案情】

2011 年 7 月 12 日，原告王大与被告郑二签订了建设工程内部承包合同，由被告将其开发的筝竹危房改建工程的施工任务发包给原告承建。合同签订后，原告按照合同约定将该工程承建完毕，并交付被告使用。后经结算，被告于 2013 年 9 月 6 日给原告出具欠条一张。该欠条载明："今欠到王大和蔡二修建筝竹危房改造工程工程价款 234 297 元，此款于 2014 年 1 月 25 日前付清，如到时不付款郑二自愿用此工程未出售的 3 套套房作抵押，任选 3 套套房归王大和蔡二所有。到期郑二付出 134 297 元，那么房子抵押作废，另 100 000 元整每月付 3 000 元利息。欠条人：郑二。"嗣后，原告向二被告催收此款无果，遂诉至法院，请求依法保护其合法权益。

被告郑二辩称：欠款属实，但是原告承建的工程存在严重质量问题，需要原告整改后才能支付工程价款，故请求驳回原告的诉讼请求。

法院经审理认为债务应当清偿。原告、被告之间的债权债务关系依据被告给原告出具的欠条而明确，被告未按约定履行金钱给付义务，构成违约，应当承担继续履行、支付逾期利息等违约责任，故对原告主张由被告给付欠款并支付逾期利息（资金占用费）的诉讼请求，应当予以支持。但是依据公平原则，结合被告迟延履行的实际违约情形，法院确认所涉逾期利息应从 2014 年 1 月 26 日起按中国人民银行同期贷款基准利率计算至付清时止。因原告承建的工程是否存在质量问题与该案不属同一法律关系，因此，对被告拒绝付款的抗辩理由不予采纳。

裁判结果：由被告郑二在该判决生效后 15 日内支付原告王大工程价款 234 297 元及利息（利息从 2014 年 1 月 26 日起按中国人民银行同期贷款基准利率计算至付清时止）。

【律师点评】

建设工程合同履行过程中，承包人提交竣工结算报告，发包人组织验收，通过竣工验收是支付建设工程价款的前提条件。竣工验收后，发包人应及时审核承包人提交的竣工结算文件，按照合同约定或法律规定及时支付工程价款。《中华人民共和国建筑法》规定了建筑工程实行质量保修制度，对于不同的部位实行不同的保修期限。在保修期内，若出现质量问题，承包人须履行保修义务。因此，发包人并不能以质量不合格为由拒付工程价款。

如果发包人认为质量问题已给其造成损失，要求承包人赔偿，则需要通过提出反诉或另行起诉的方式请求司法保护。

案例 45　质量存在缺陷但建设单位却无法获得赔偿

——龙空净公司与重工安装公司建设工程质量纠纷案

【基本案情】

原告龙空净公司与被告重工安装公司分别于 2005 年 11 月 30 日、2006 年 1 月 8 日、2006 年 3 月 4 日、2007 年 5 月 18 日签订了四份“施工合同”、由被告为原告加工液化罐、糖化罐、工业酒精罐、蒸馏塔及相关的工艺管道的安装。现原告认为被告的施工存在质量问题，造成原告直接经济损失达 3 600 000 余元，提起诉讼请求被告赔偿原告经济损失 1 500 000元。

一审法院认为：（一）该案未超过诉讼时效期间，原告的诉权应予保护。原告、被告分别于 2005 年 11 月 30 日、2006 年 1 月 8 日、2006 年 3 月 4 日、2007 年 5 月 18 日签订了四份施工合同，从双方在合同中约定的权利和义务内容看，该案应定为建设工程施工合同纠纷。四份合同内容合法，双方意思表示真实，并已实际履行，应为有效合同。《中华人民共和国合同法》第六十一条规定：“合同生效后，当事人就质量、价款或者报酬、履行地点等内容没有约定或者约定不明确的，可以协议补充；不能达成补充协议的，按照合同有关条款或者交易习惯确定。”该案的四份合同中针对质量保证及工程验收均有明确约定，其中 2007 年 5 月 18 日的合同约定“公司竣工验收合格后一个月内进行竣工结算，从竣工之日起计算，保修期为一年”；另外三份合同均约定“质量保证期为工程验收合格之日起半年”。被告在工期结束后虽将施工工程交付原告使用，但针对工程是否验收合格并未提供相关证据证实，双方因工程价款数额有争议也未进行竣工结算，2008 年 4 月，因国家政策变动停止原告项目的运行。2010 年 3 月，被告提起诉讼要求原告给付尾欠工程价款，在该案审理过程中经法院委托对工程造价作出鉴定。故法院不能确定工程验收合格的时间，即不能确定原告知道或者应当知道权利被侵害的时间。《中华人民共和国民法通则》第一百三十五条规定："向人民法院请求保护民事权利的诉讼时效期间为二年，法律另有规定的除外。"第一百三十七条规定："诉讼时效期间从知道或者应当知道权利被侵害时计算。……"故法院认定原告的起诉并未超过诉讼时效期间，其诉权应予以保护。

（二）被告提供原告的产品质量及制作安装不符合技术要求，存在质量问题。在四份合同履行过程中，被告将已安装完毕的工程交付原告使用，自 2006 年 12 月 3 日起至 2007 年 1 月 10 日，被告维修人员对 2 号酒精罐进行了为期一个多月的维修。2006 年 12 月 30 日，将视镜法兰全部重新修换，以上事实由该省质量技术评鉴中心出具的鉴定报告证实。该报告的鉴定结论为：(1) 2 号酒精罐渗漏原因是酒精罐罐底制作与罐基础之间有空隙，在承载压力作用下，酒精罐底焊接口开裂，造成渗漏。(2) 输煤斜廊制作不符合技术要求。(3) 视镜法兰安装不符合技术要求。故被告提供给原告的产品质量及制作安装不符合技术要求，被告虽否认，认为其是根据原告的设计要求制作安装的，但未举证，故被告的辩驳观点，不予采信。

（三）原告主张的损失数额有据可依。该案在审理中，经二审法院委托该市守信价格评估有限责任公司针对原告的损失作出如下结论：酒精 40 t 价格为 167 520 元；输煤斜廊材料成本评估价格为 59 181 元；7 次停车损失为[120 000 t 水、480 000 度(kW·h)电、2 160 t 水蒸气] 3 434 592元(490 656 元×7)，合计 3 661 293 元。该省轻工业设计院有限公司对原告年产 5 万 t 乙醇生产线投产试运行费用说明中称："在规定的试运转天数的产品所消耗原材料及动力的总费用为 4 610 076 元，其中水电气费用为 650 400 元。"根据上述两份证据可证，该生产线试运行一次仅水电气的费用以鉴定结论为准，即为 490 656 元。根据原告申请出庭证人证言及吉林省质量技术评鉴中心的鉴定报告中均可认定，原告的生产线多次停产，而被告亦进行了维修。庭审中，原告主张由被告赔偿 1 500 000 元是原告的自行认为，二审法院予以准许。

（四）原告的损失与被告的施工质量有因果关系。从鉴定结论看，原告酒精外泄、全厂停车等情况与工程质量有关，而工程质量问题是由于被告在施工过程中存在瑕疵造成的，因此原告因酒精外泄以及停车等原因造成的损失与被告有因果关系。按照双方在合同中的约定，如因施工质量问题造成的损失，由乙方（被告）负责全部赔偿。《中华人民共和国合同法》第八条规定："依法成立的合同，对当事人具有法律约束力。当事人应当按照约定履行自己的义务。"第一百零七条规定："当事人一方不履行合同义务或者履行合同义务不符合约定的，应当承担继续履行、采取补救措施或者赔偿损失等违约责任。"第一百一十二条规定："当事人一方不履行合同义务或者履行合同义务不符合约定的，在履行义务或者采取补救措施后，对方还有其他损失的，应当赔偿损失。"据此，被告应当赔偿原告的损失。因此一审法院判决被告于该判决生效后赔偿原告各项损失1 500 000元。

重工安装公司不服，上诉称：要求撤销原判，改判驳回被上诉人诉讼请求。

经二审查明的事实除与一审相同外，另查明，被上诉人对损失鉴定所依据的数据均由其单方提供，鉴定中对设备质量及损失数额得出结论，未对二者因果关系得出结论。

根据双方争议的焦点，结合该案事实，二审法院综合评判如下：

（一）关于该案时效问题。上诉人认为被上诉人主张的侵害发生在 2006～2007 年，其诉讼请求已经超过诉讼时效期间。首先该工程的验收合格时间未能确定，其次，被上诉人主张的侵害事实属于持续性侵害方式，损失的具体数额及设备质量问题直至诉前才根据鉴定结论而得出，该时间点应为被上诉人认定侵害发生的时间，因此就上诉人认知的侵害发生时计算，该案并未超过诉讼时效。

（二）关于被上诉人的诉请应否予以保护问题。被上诉人的诉讼请求为要求上诉人赔偿因产品质量及技术制作安装问题造成的损失，并针对其诉讼请求申请鉴定二项内容，一项为产品是否存在质量问题及制作安装是否符合技术要求，另一项为损失额鉴定，虽然经鉴定上诉人提供并安装的设备存在质量及技术问题，但损失额的鉴定所采用的相关数据，均系被上诉人自行提供，该数据是否客观真实并具有科学性，原告并没有提供充分证据加以证实，亦未取得被告认可，原告提供的两份鉴定及其他证据并未形成完整的证据链，因此设备质量问题与其主张的赔偿损失之间并未形成因果关系。酒精罐存在质量问题，但该酒精罐是否装载酒精及酒精是否发生渗漏与渗漏量如何确定，输煤斜廊的制作及视镜法兰的安装不符合技术要求，但是否造成停车及停车次数与每次停车所消耗的水、电、水蒸气的用量，被上诉人均未提供具有关联性、客观性证据加以证实，属证据不足，事实不清。被上诉人诉讼请求不应予以支持。综上，原审判决事实不清、证据不足、适用法律错误，

裁判结果：撤销一审民事判决；驳回被上诉人龙空净公司的诉讼请求。

【律师点评】

建设工程通过竣工验收，是获得工程价款的前提和基础。在保修期内，施工单位承担保修的义务，对工程项目的质量问题进行修复。因质量问题给建设单位造成损害的，施工单位应当承担赔偿责任。在该案中，该项目经鉴定机构认定确实存在一定的质量问题，但损害是否是因该质量问题造成的，需要损害人承担举证责任。根据证据规则，损害人需要承担的举证责任包括：加害人过错、损失数额、损害行为、损害行为与损失之间存在因果关系。该案中原告虽能证明其损失以及施工质量存在问题，但未能证明损失是因施工质量造成的，不符合证据规定，故二审法院对此情况进一步说明，并改判。

案例 46　质量赔偿应提起反诉或另行起诉

——阳光公司与赵玉、赵成建设工程质量纠纷案

【基本案情】

上诉人阳光公司、于晓飞、周勇光因与被上诉人赵玉、赵成建设工程施工合同纠纷一案，不服人民法院（以下简称原审法院）民事判决，向法院提起上诉。阳光公司上诉请求为撤销原审判决第一项，依法改判或发还重审。事实与理由是：(1) 于晓飞、周勇光与赵玉、赵成签订的建设工程施工合同、补充协议、机房建筑协议、冷库办公室协议，因赵玉、赵成不具有建筑施工资质，以个人名义施工，上述合同、协议均应无效；(2) 工程竣工报告未经竣工验收，工程存在严重质量问题未达标的，不应支付工程价款；原判认定违约金无法律依据。

一审法院认为：阳光公司认可 2012 年 1 月 9 日签订的“建筑施工合同”是阳光公司的法定代表人签订的，赵玉、赵成和阳光公司、于晓飞、周勇光签订的“建设施工合同”及“补充协议”是当事人之间的真实意思表示，当事人均应按照合同内容履行各自的权利和义务。赵玉、赵成履行了阳光公司的冷库建设，阳光公司、于晓飞、周勇光应向其支付相应的工程价款。双方均认可工程价款总金额应为 8 224 571.6 元，赵玉、赵成自认收到工程价款 6 882 705.5元。如果阳光公司、于晓飞、周勇光认为该工程存在质量问题，可另行主张，原

审法院不作处理。根据双方的合同约定，每延误一天发包方应向承包方支付工程总造价 0.5‰的违约金，故赵玉、赵成主张支付违约金的诉讼请求予以支持，工程价款余款应于工程完成后一年内付清，故违约金的起算时间为 2013 年 12 月 17 日。张金富、赵成所主张的违约金和利息标准系重复计算，违约金足以弥补原告所受到的相应损失，利息不再支持。因此，原审判决：(一) 阳光公司、于晓飞、周勇光于判决生效后十日内向赵玉、赵成共同支付工程价款 1 341 866.6 元及违约金(违约金的计算方式为以 2 041 866.6 元为基数，自 2013 年 12 月 17 日起至实际付清之日止，按照每日 0.5‰计算)；(二) 驳回赵玉、赵成的其他诉讼请求。

二审法院经审理认为：根据《最高人民法院关于审理建设工程施工合同纠纷案件适用法律问题的解释》第一条"建设工程施工合同具有下列情形之一的，应当根据合同法第五十二条第(五)项的规定，认定无效：(一) 承包人未取得建筑施工企业资质或者超越资质等级的……"的规定，该案中，2012 年 1 月 9 日，阳光公司法定代表人于晓飞及股东周勇光与赵玉、赵成签订的建筑施工合同、补充协议、机房建筑协议、冷库办公室协议，因赵玉、赵成无建筑施工企业资质，故双方签订的上述合同、协议，因违反法律的强制性规定，应为无效合同。

关于阳光公司、于晓飞、周勇光上诉称双方签订的相关协议，因赵玉、赵成不具有建筑施工资质，以个人名义施工均应无效，工程未经竣工验收，工程存在严重质量问题未达标，不应支付工程价款的理由，经查，赵玉、赵成所承建的案涉工程已经施工单位、设计单位、勘察单位、监理单位、建设单位的工程相关负责人于 2012 年 12 月 16 日签字验收，验收结论为合格。根据《最高人民法院关于审理建设工程施工合同纠纷案件适用法律问题的解释》第二条"建设工程施工合同无效，但建设工程经竣工验收合格，承包人请求参照合同约定支付工程价款的，应予支持"和第二十五条"因建设工程质量发生争议的，发包人可以以总承包人、分包人和实际施工人为共同被告提起诉讼"的规定，案涉工程已经工程的五方代表签字确认为合格，且工程已经交付使用，阳光公司、于晓飞、周勇光应当按照合同约定的价款支付欠付赵玉、赵成的工程价款。另外，在该案一审审理期间，阳光公司、于晓飞、周勇光辩称工程存在质量问题，因该问题与欠付工程价款不是同一法律关系，且阳光公司、于晓飞、周勇光未提出反诉及起诉，故人民法院对该辩称不予支持。

裁判结果：驳回上诉，维持原判。

【律师点评】

该案所涉及的法律关系是发包人与施工人之间支付工程价款的法律关系。施工人完成工程建设，并通过竣工验收合格，方可获得工程价款。该案中，虽然施工合同为无效合同，但是已经通过竣工验收，根据《最高人民法院关于审理建设工程施工合同纠纷案件适用法律问题的解释》的规定，发包人应当支付工程价款。而上诉人提出的以存在质量问题为由提起上诉，意图反驳要求其履行支付工程价款的义务，显然是将支付工程价款的法律关系与工程质量法律关系混为一谈。质量问题并不能成为拒付工程价款的抗辩理由，如果发包人认为因质量问题自身遭受到损失，那么发包人应当另行提起诉讼，主张权利，要求施工人进行赔偿。如果是在该诉发生过程中，发包人可以提出反诉；如果该诉已经审结，发包人可以另行提起诉讼主张权利。

案例47 发包人自行修复质量缺陷的法律责任

——建设方A公司可否自行修复不合格的工程

【基本案情】

A公司作为建设方，将其防水工程发包给B防水公司进行施工。施工过程中产生争议，B防水公司起诉A公司未按约定支付工程进度款，并无故将其赶出施工现场，构成根本违约，要求解除双方之间的施工合同，并就实际完工部分追索工程价款。A公司抗辩称：其不支付B防水公司工程进度款并将其赶出施工现场的原因，是B防水公司施工的工程质量不合格，其已自行对不合格部分进行了部分修缮处理。庭审中，A公司提交司法鉴定申请，要求对B防水公司施工的工程进行质量问题鉴定，并要求扣减相应工程价款。庭审中双方对A公司修缮的具体部位、修缮的具体工作内容有争议，A公司不能举证证明自己具体修缮的部位及修缮的具体工作内容。

法院经审理认为：双方之间签订的建设工程施工合同是双方的真实意思表示，内容及形式均不违反法律法规的强制性规定，合法有效，双方均应按照诚实信用原则履行自己的合同义务。A公司主张B防水公司施工的工程存在质量问题，构成违约，要求扣减相应的工程价款，应就自己的主张承担相应的举证责任。其虽提交了司法鉴定申请，要求对B防水公司施工的工程进行质量问题鉴定，但其自认已对涉案工程自行进行了修缮，涉案工程已不能反映B公司完工时的原貌，失去鉴定的基础，对其要求鉴定的申请不予准许。据此，法院认定A公司的主张不能成立，认定A公司未按约定支付工程进度款，并将B公司赶出施工现场，构成根本违约。按照B防水公司实际完工部分，支持了B防水公司要求A公司支付工程价款的诉求。

【律师点评】

《中华人民共和国合同法》第二百八十一条规定："因施工人的原因致使建设工程质量不符合约定的，发包人有权要求施工人在合理期限内无偿修理或者返工、改建。经过修理或者返工、改建后，造成逾期交付的，施工人应当承担违约责任。"根据该规定，施工人造成建设工程质量不符合约定的，发包人有权要求其在保修期内进行返修，如果施工人无正当理由不进行修复的，发包人可以自行修复或者另行委托第三人修复，由此产生的费用应当由施工人承担。

《最高人民法院关于审理建设工程施工合同纠纷案件适用法律问题的解释》第十一条规定："因承包人的过错造成建设工程质量不符合约定，承包人拒绝修理、返工或者改建，发包人请求减少支付工程价款的，应予支持。"根据该规定，发包人有权在施工人不作为的前提下，减少支付工程价款。

该案中，发包人不能证明施工人拒绝返修，且无法证明施工人已完成的部分存在质量缺陷就自行修复，根据"谁主张谁举证"的举证原则，发包人承担举证不能的不利后果，其主张无法得到支持，无法按照质量责任拒付工程价款。故需承担未按约定支付工程价款的违约责任。

案例 48　保修责任承担纠纷

——银河房地产开发有限公司反诉木星建设集团有限公司屋面渗漏质量问题

【基本案情】

2004 年 10 月 15 日，木星建设集团有限公司（以下简称木星建设）与银河房地产开发有限公司（以下简称银河地产）依法签订建设工程施工合同。合同约定：由木星建设承建银河地产发包的某广场全部土建工程，合同价款为 30 079 113 元，开工日期为 2004 年 10 月 31 日，竣工日期为 2005 年 4 月 28 日。竣工结算经滨海市有资质的审计部门审计核实后，按审计决算总价下浮 9.5%为该工程决算总价。补充协议还对付款方式进行了约定，并约定留总价 5%款项作为保修保证金，两年后返还。

涉案工程于 2005 年 7 月 20 日竣工验收。工程竣工后，银河地产将其中建筑面积 22 275 m^2 的房屋出租，承租人在屋顶场地中央打螺丝孔安装照明灯 4 盏。

木星建设起诉请求被告支付工程余款及逾期付款违约金，银河地产反诉称：木星建设偷工减料，未按设计图纸施工，质量不合格，导致屋面广泛渗漏，该部分重作的工程报价为 3 335 092.99元，请求判令反诉被告赔偿该损失。

木星建设针对银河地产的反诉辩称：(1) 涉案工程已竣工验收合格。对已竣工验收合格的工程，《建设工程质量管理条例》（中华人民共和国国务院令第 279 号）第四十一条规定施工单位应当履行保修义务。(2) 屋面渗漏系原设计中楼盖板伸缩缝部位没有翻边等原因造成，且工程竣工后银河地产的承租方在屋顶擅自打螺丝孔装灯，破坏了防水层。

一审中，银河地产申请对屋面渗漏的重作损失进行鉴定。经某设计院鉴定确定：木星建设实际施工部分与原设计图纸相比，屋面防水构造做法中无 50 mm 厚粗砂隔离层、干铺无纺布一层、2.0 mm 厚聚合物水泥基弹性防水涂料层及 20 mm 厚水泥砂浆找平层，伸缩缝部位另缺 3.0 mm 厚防水卷材。鉴定意见：屋面构造做法不符合原设计要求，屋面渗漏范围包括伸缩缝、部分落水管道、出屋面排气管及局部屋面板。

关于原设计方案中伸缩缝部位无翻边设计是否符合国家和地方强制标准及屋顶安装 4 盏路灯与屋面渗漏是否存在因果关系的鉴定意见为：伸缩缝设计样式及用材均为参考而并无统一的强制性规范。所调查 4 处路灯基座，3 处未见螺栓破坏现有防水层现象，其中 1 处路灯基座位置现有防水层存在局部破损现象，但其对屋面防水层整体防水功能的影响程度无法作出明确判断。

某设计院鉴定明确：因现有屋面板构造做法与原设计不符，局部修复方案不能保证屋面渗漏问题彻底有效解决，建议将原防水层全面铲除，重做屋面防水层，并出具了全面设计方案。该全面设计方案中包括木星建设在实际施工中未施工工序，并在原设计方案伸缩缝部位增加了翻边。

上述全面设计方案的司法鉴定价格为 3 975 454 元，其中，木星建设在实际施工中未施工工序的工程价款为 768 304.02 元，伸缩缝部位翻边的工程价款为 8 713.30 元。

一审法院认为：结合鉴定意见及现场情况，应确认屋面渗漏的主要原因是木星建设未按原设计图纸施工导致隐患，次要原因是承租人擅自安装路灯破坏防水层。因标准或规范中对伸缩缝部位设计翻边并无强制性要求,其也无其他依据得出伸缩缝部位无翻边必然会漏水的结论,故对木星建设原设计不合理的抗辩不予支持。

关于木星建设主张自己仅应承担保修义务,而不应承担全面修复费用的问题,一审法院认为:因现有屋面板构造做法与原设计不符,存在质量隐患,局部修复方案不能保证屋面渗漏问题得到彻底解决,还会因维修施工带来其余部位的渗漏;况且,木星建设因偷工减料造成质量不符合设计要求是全面性而非局部性的问题。某设计院建议将原防水层全面铲除,重做屋面防水层,并由此出具全面设计方案,该方案较原设计方案相比,仅增加了伸缩缝翻边设计。因此,可以认定全面设计方案宜作为彻底解决该案屋面渗漏的修复方案。鉴于诉讼双方目前已失去良好的合作关系,由木星建设进场施工重做防水层缺乏可行性,故银河地产可委托第三方参照全面设计方案对屋面缺陷予以整改,并由木星建设承担整改费用。

关于对全面设计方案修复费用 3 975 454 元应如何承担的问题,一审法院认为:全面设计方案中相较原设计,伸缩缝部位增加了一道翻边,由此增加的费用 8 713 元应扣除。木星建设在实际施工中少做的工序并未计入工程总价款,而全面设计方案中包含该几道工序,基于权利和义务相一致的原则,该部分费用应扣除。但屋面渗漏主要系木星建设施工原因造成,工程实际修复时建筑行业人工、材料价格均有上涨,该上涨部分的费用应由木星建设承担。经鉴定,屋面防水构造做法与伸缩缝部位中木星建设应做而未做的部分上涨费用为 365 315.36元。另外,承租人在屋顶打洞装灯破坏防水层,亦是导致屋面渗漏的原因之一,故应当相应减轻木星建设的责任,酌情认定应予扣除修复工程价款金额 150 000 元。综上,木星建设应支付的修复费用合计为 3 413 752.04 元。

一审法院判决后,木星建设不服一审判决,向省高级人民法院提起上诉,称:(1) 原设计方案有缺陷,此也是造成屋面渗漏的原因,一审法院对原设计缺陷的责任未加认定错误。(2) 双方合同已约定工程总价款下浮 9.5%,故修复费用也应下浮 9.5%。(3) 0～100 mm 厚 C30 细石混凝土找平层系为配合伸缩缝翻边而增加的工序,原设计方案中没有此工序,该费用应予扣除。综上,请求依法改判。

二审法院查明事实与一审法院相同。二审法院另查明:某设计院鉴定人员在二审庭审中陈述,涉案工程原设计方案无 0～100 mm 厚细石混凝土找平层工程,该工程是为配合伸缩缝部位翻边设计而增设的。该部分费用合计 536 379.74 元。

二审法院认为:(一) 屋面渗漏的质量问题不在于原设计而在于木星建设偷工减料,未按设计要求施工,故应按全面设计方案修复。木星建设上诉提出,原设计方案中伸缩缝部位无翻边设计,不符合相关图集要求;原设计方案中屋面伸缩缝未跨越坡低谷点,设计坡度不够;原设计方案中屋面伸缩缝以两种不匹配材料黏结。并认为上述设计缺陷均是造成屋面渗漏的原因。对木星建设所提的异议,二审法院认为:相关图集并非强制性规定,伸缩缝翻边仅是为进一步保险起见采取的更有效的防水措施,伸缩缝是否做翻边与屋面渗漏之间无必然联系,施工方如果按照原设计规范保质保量施工,结合一般工程施工实际考量,屋面不会渗漏。木星建设欲以原设计方案伸缩缝部位无翻边设计减轻其自身责任的上诉理由缺乏依据。关于原设计屋面伸缩缝未跨越坡低谷点的问题,二审法院认为:增大屋面坡度并跨越坡低谷点,其虽有利防水防漏,但木星建设严格按原设计标准施工即能防止渗漏,故木星建设该上诉理由亦不能成立。关于原设计中屋面伸缩缝以两种不匹配材料黏结的问题,二审法院认为:不同种材料原本难言完全匹配,且国家并没有相关规范或标准对材料黏结匹配作出禁止性规定,此点与屋面渗漏亦无必然联系,故木星建设该上诉理由也不能成立。

(二)全面设计方案修复费用应在考虑案情实际的基础上合理分担。二审法院认为,承担全面设计方案的工程造价,是木星建设作为施工人向银河地产承担的违约责任,与工程实际施工工程价款结算分属不同的法律关系,木星建设要求比照施工工程价款下浮 9.5%的方式计算全面设计方案修复费用,缺乏合同依据和法律依据。二审法院认为:0～100 mm厚细石混凝土找平层是涉案工程原设计方案没有的,系全面设计方案中为配合伸缩缝部位翻边设计而增加的,由此增加的费用 536 379.74 元应从总修复费用中扣除。综前所述,木星建设在该案中应支付的修复费用合计为 2 877 372. 30 元,二审法院据此作出判决。

【律师点评】

依据相关法律规定,建设工程在保修范围和保修期限内发生质量问题的,承包人负有法定保修义务。发包人也负有在工程出现质量问题后通知承包人维修的法定通知义务。如果承包人在接到发包人保修通知后未能及时保修,发包人有权另行委托其他维修单位进行保修施工。如果属于保修范围之内的缺陷,发包人可以直接从保修金中支付,如果保修金不足以支付,差额部分可向承包人追偿。维修方案应当科学、适用、经济。在双方当事人已失去合作信任的情况下,为解决双方矛盾,人民法院可以判决由发包人自行委托第三方依照科学合理的修复设计方案对质量缺陷予以整改,该整改所需合理费用由承包人承担。

第九章 建设工程价款纠纷案例分析

案例49 材料价格猛涨后按情势变更原则追加工程价款

——海豹公司与突击公司建设工程施工合同纠纷案

【基本案情】

2003年12月9日，海豹公司与突击公司于2003年12月9日签订建筑工程综合劳务分包合同。合同约定：将突击公司承包的蓝靛厂k区k4号楼、k5号楼住宅楼及地下车库工程分包给海豹公司施工。工程造价按建筑面积每平方米1 116元一次包死。合同总价为56 676 060元（暂定）。合同第8条协议价款的调整约定：工程实行施工图纸范围内单方造价一次性包干（建筑面积以住总承包部与业主核定的实际施工面积为准），施工图纸范围内不作任何调整，设计变更按照变更内容增减工程量，按突击公司工程报价的表内该项目单价进行增减。合同签订后，海豹公司依约履行了施工义务，上述工程于2004年9月13日验收。

2005年11月3日，海豹公司与突击公司就该工程签订工程预（结）算汇总表，确定工程总价为57 546 410元。同时，在该汇总表中说明：(1) 此结算价为海豹公司施工的蓝靛厂项目（除钢筋、商品混凝土调差价外）的全部费用。(2) 该结算价中包含项目部安排的装修费用（60元/m^2）及其他零星项目费用。(3) 海豹公司对钢筋、商品混凝土的审核意见表示不同意，并保留对钢筋、商品混凝土要求调整价差的权利。突击公司尚未完全支付完毕该57 546 410元工程价款，海豹公司与突击公司均确认。现海豹公司向法院提起诉讼，请求法院判令突击公司支付工程价款7 595 998元，该款项为工程预（结）算汇总表中57 546 410元以外的款项，即工程预（结）算汇总表的说明中："钢筋、商品混凝土调差价"。

另查，该市建设工程造价管理处发文明确：近期以来，建设工程主要调料价格变化较大，特别是钢材价格异常上涨，其上涨幅度超出正常风险预测范围，对于该市建设工程施工造成较大影响，也给工程结算带来困难。为了合理确定工程造价，确保工程质量和安全，现提出主要材料价格结算的指导意见：(1) 凡已经签订合同的在施工工程及已完工未结算的工程，发承包双方在合同中未约定材料价格调整办法的，双方应本着实事求是的原则，可签订补充合同或协议，按照市场实际价格或参照该市建设工程造价信息网站、"某市造价工程信息"发布的"市场价格信息"协商主要材料价格的调整办法及范围。(2) 凡新开工程在招投标签订合同时发承包双方应根据工程规模及工期，充分考虑市场价格的变化情况，预测确定市场的风险因素和费用，并在合同中明确料价格的相应调整办法及范围。(3) 已办理完结算的工程不再调整。

法院经审理认为：原告、被告所签订的建筑工程劳务分包合同，系当事人真实意思表示，双方均应当按照约定履行自己的义务。原告履行了施工义务，被告应及时给付工程价款。

合同履行过程中，双方未能协商确定主要调料价格的调整办法及范围，后双方就涉案工程签订预(结)算汇总表，确定了工程价款为57 546 410元。原告虽对钢筋、商品混凝土的审核意见表示不同意，但参照该市建设工程造价管理处发文“已办理完结算的工程不再调整”的意见，及被告已给付了原告工程结算款的事实，现原告要求判令被告支付拖欠原告工程价款7 597 998元及逾期付款滞纳金的诉讼请求，难以支持。依据《中华人民共和国合同法》第六条、第八条的规定，判决驳回海豹公司的诉讼请求。

一审判决后，海豹公司不服，提起上诉。

二审法院经审理认为：合同履行过程中，双方未能协商确定主要材料价格的调整办法及范围，后双方就涉案工程签订预(结)算汇总表，确定了工程价款总价为57 546 410元。因双方明确此结算价为海豹公司施工的蓝靛厂项目中除钢筋、商品混凝土调差价外的全部费用，而且海豹公司对钢筋、商品混凝土的审核意见表示不同意，并保留对钢筋、商品混凝土要求调整价差的权利，故涉案工程不属于已完全办理完结算的工程。

根据该市建设工程造价管理处文件可知，在2004年初，建设工程主要材料价格变化较大，特别是钢材价格异常上涨，上涨幅度已经超出正常风险预测范围。海豹公司在2003年签订施工合同时已尽注意义务，对建设工程主要材料价格异常上涨，无法预测，且无法抵御。因建设材料已全部物化到涉案工程中，依据诚实信用原则，对“超出正常风险预测范围”内的价格异常上涨而形成的损失应由突击公司与海豹公司分担，其中发包方突击公司承担主要部分，承包方海豹公司承担次要部分。

海豹公司在诉讼请求中认为“超出正常风险预测范围”的价值是7 595 998元，计算依据是2001年相关定额与2004年实际采购钢材、商品混凝土价值的差乘以工程量得出的。对于“超出正常风险预测范围”的价值，二审法院采信工程造价鉴定报告中意见，确定为2 897 418.01元。超出2 897 418. 01元之外的价值属于承包方海豹公司应当预测到的正常风险，海豹公司对于该部分损失应自行承担。因考虑突击公司已补偿海豹公司主要材料差价约900 000元，故二审法院酌定突击公司再补偿海豹公司主要材料差价款1 500 000元。

裁判结果：撤销一审判决突击公司给付海豹公司工程价款1 500 000元。

【律师点评】

这是一个情势变更适用的典型案例。所谓情势变更，是指合同有效成立后，因不可归责于双方当事人的原因发生情势变更，致合同基础动摇或丧失，若继续维持合同原有效力显失公平，允许变更合同内容或者解除合同。也就是说，合同成立后，若出现与双方当事人无关的原因，比如发生了社会环境的异常变动，若继续履行原合同将导致一方当事人受到重大的损害，此时，双方当事人应当重新协商达成一致，若无法达成一致，受损害方可请求法院解除或变更合同。

情势变更原则的意义，在于通过司法权力的介入，强行改变合同已经确定的条款或撤销合同，在合同双方当事人订约意志之外，重新分配交易双方在交易中应当获得的利益和风险，其追求的价值目标是公平和公正。

实际上，情势变更原则的原理在于公平原则。合同的订立、履行始终要遵循公平原则，不能毫无限制地损害一方当事人的利益。当然，在实务中，情势变更原则的适用也是非常谨慎的，需要出现切实的重大变化，且客观上能够继续实施的情况下才能适用。

案例50　承包人的优先受偿权优于抵押权和其他债权

——地球建筑公司与宇宙房地产开发公司、建设银行建设工程施工合同纠纷案

【基本案情】

2007年5月1日，地球建筑公司与宇宙房地产开发公司签订"建设工程施工合同"。合同约定：地球建筑公司垫资施工宇宙房地产开发公司开发的某小区房地产项目A区C座，合同总承包价款为60 000 000元，建设工程价款按工程进度予以分阶段支付，最终竣工验收之日起一个月内支付至整个工程价款的90%，剩余6 000 000元于工程竣工验收之日起6个月内支付。双方约定：如果宇宙房地产开发公司迟延给付，按每日万分之三支付欠款部分违约金。地球建筑公司按合同约定进度施工并于2008年7月17日如期竣工。建设工程于2008年8月1日经竣工验收，被评定为"优质工程"。竣工验收后，截至2008年10月1日，宇宙房地产开发公司尚欠地球建筑公司工程价款28 000 000元。经多次催要，宇宙房地产开发公司始终未予以支付。

2008年12月21日，地球建筑公司起诉至一审法院，要求宇宙房地产开发公司支付工程欠款及违约金，并要求对宇宙房地产开发公司开发的某小区房地产项目A区C座建筑物（以下简称涉案建筑物）行使优先受偿权。在该案审理期间，经地球建筑公司申请，一审法院对涉案建筑物进行了财产保全。

另查明，涉案建筑物的一部分已经出售给众多购房人，办理了银行贷款手续，出售部分的房产已经交付给购房人，但尚未办理房屋产权变更登记，众多购房人的产权证亦未办理。涉案建筑物尚有48套房屋未出售。该案审理过程中，地球建筑公司已经对涉案48套房屋实施了财产保全手续。此外，涉案建筑物所属的建设用地使用权已经抵押给建设银行借款30 000 000元。建设银行已经于该案审理过程中，申请对涉案建筑物进行了查封，但建设银行尚未起诉。宇宙房地产开发公司欠银行借款及利息均未归还。

法院经审理认为：地球建筑公司与宇宙房地产开发公司签订的"建设工程施工合同"意思表示真实，不违反国家法律的强制性规定，合法有效，当事人应依约履行。地球建筑公司依法全面履行了合同义务。宇宙房地产开发公司应按照合同约定支付工程价款。因此，对地球建筑公司需宇宙房地产开发公司支付欠付的工程价款的请求，应予支持。而宇宙房地产开发公司未按时支付工程价款，构成违约，根据合同约定，应支付欠付工程价款的违约金。根据《中华人民共和国合同法》第二百八十六条规定，地球建筑公司对涉案建筑物有优先受偿权。鉴于涉案建筑物部分房屋已经出售给众多购房人，根据《最高人民法院关于建设工程价款优先受偿权问题的批复》第二条规定："消费者交付购买商品房的全部或者大部分款项后，承包人就该商品房享有的工程价款优先受偿权不得对抗买受人。"因此，地球建筑公司对于已经出售给购房人的部分不能享有优先受偿权，但地球建筑公司对于涉案建筑物尚未出售的48套房屋（已经采取诉讼保全措施），根据《最高人民法院关于建设工程价款优先受偿权问题的批复》第一条"人民法院在审理房地产纠纷案件和办理执行案件中，应当依照《中华人民共和国合同法》第二百八十六条的规定，认定建筑工程的承包人的优先受偿权优于抵押权和其他债权"的规定，享有优先受偿权。

裁判结果：宇宙房地产开发公司于判决生效后10日内支付地球建筑公司工程欠款28 000 000元；宇宙房地产开发公司于判决生效后10日内按每日万分之三支付地球建筑公司工程欠款28 000 000元的违约金（该违约金自迟延给付之日计算至支付之日止）；地球建筑公司对某小区房地产项目A区C座未出售部分的工程的拍卖价款有优先受偿权。

【律师点评】

垫资施工承包是指建设工程的发包人不用预付和按工程进度给付承包人工程价款，而是作为承包人的建筑企业预先垫付一定数额的工程价款，带资施工到约定部分，再由发包人进行偿付。当事人在合同中约定垫资的，应当按照合同约定进行履行。如果同时在合同中约定了垫资利息，根据《最高人民法院关于审理建设工程施工合同纠纷案件适用法律问题的解释》第六条的规定，承包人请求按照约定返还垫资及其利息的，发包人应当按照合同约定支付利息。但是如果约定的利息计算标准高于中国人民银行发布的同期同类贷款利率的，将无法得到支持。该案中当事人并未约定垫资利息，而是通过约定违约金的形式，要求违约方赔偿守约方的损失。双方的约定并无违反法律行政法规的强制性规定，因而应当依约支付。如果违约方对于违约金的数额有异议，可以根据《中华人民共和国合同法》的规定，向法院申请增加或减少，根据当事人的意愿自主进行选择适用。

《中华人民共和国合同法》规定承包人对建设工程价款享有优先受偿权，且《最高人民法院关于建设工程价款优先受偿权问题的批复》规定了承包人的优先受偿权优于抵押权和其他债权。因而，该案中的承包人可对未出售的房屋享有优先受偿的权利。但根据该批复的规定，承包人享有该优先权具有期限限制，仅为6个月，该期限自建设工程竣工之日或者建设工程合同约定的竣工之日起计算，故承包人应及时行使该权利，以免超期后，权利无法得到保障。

2018年10月29日最高人民法院审判委员会第1751次会议通过了《最高人民法院关于审理建设工程施工合同纠纷案件适用法律问题的解释（二）》，自2019年2月1日起施行。该司法解释规定了承包人行使建设工程价款优先受偿权的期限为6个月，自发包人应当给付建设工程价款之日起算。

案例51　承包人未交付材料质保书，而发包人已经接收工程并使用的应支付工程价款

——康辉公司与绿源公司建设工程施工合同纠纷案

【基本案情】

2014年10月15日，原告康辉公司、被告绿源公司签订“钢结构工程制作安装承揽合同”一份。合同约定：由被告将某某厂房钢结构屋面以包工包料的形式承包给原告施工，工程单价为155元/m^2，工程面积为2 729.02 m^2，计工程价款423 000元。另合同中又约定了付款方式、工程变更、违约责任等条款，其中违约责任中约定为“逾期付款，每延误一天甲方按总价款的万分之一支付乙方的收益损失”。合同签订后，原告完成施工任务，并通过了验收，后将工程交付被告使用。后被告支付原告工程价款360 000元。原告开具给被告300 000元增值税发票。故原告向法院提起诉讼，请求判令被告支付原告工程价款计人民币

63 317.93 元及自 2016 年 2 月 4 日起至款付清之日止按欠款金额每日万分之一计算的逾期付款利息损失。

原告、被告有争议的事实为：

一、工程价款是多少？原告主张工程价款应按合同约定的 423 000 元＋被告确认的工程量增加款 317.93 元来确定。被告则主张应按鉴定的结果为准。法院认为：原告申请鉴定的为实际施工的工程价款，鉴定结果即建设工程造价为 393 540 元具有客观性，应予以认定。

二、工程价款项是否应减价？原告主张已保质保量完成施工，且材料质保书已经提供给被告，不存在减价的问题。被告主张原告至今未能提供材料质保书，应当予以减价。法院认为：根据合同约定"工程质量按照设计图纸及国家标准《钢结构工程施工质量验收规范》(GB 50205—2001)施工与验收。乙方(即原告)必须严格按甲方(即被告)施工图纸、说明文件和国家颁发的有关规范、规程进行施工，并接受甲方委派的代表监督。乙方不得擅自变更设计材料质量等级、规格，否则按不合格处理"，原告已完成施工，并通过了验收，被告也已接受并使用，尽管原告主张材料质保书已交付给被告不能得到被告的认可，但可以推定原告使用的材料质量等级、规格符合被告的要求，被告以此主张减少工程价款没有事实依据，法院不予采纳。

综上，法院认为：建设工程竣工后，发包人应当根据施工图纸及说明书、国家颁布的施工验收规范和质量检验标准及时进行验收。验收合格的，发包人应当按约支付价款，并接收该建设工程。被告对原告承建的工程已经验收合格并接收使用，就应及时支付原告工程价款。现被告尚欠原告工程价款 33 540 元，属违约，应承担相应的民事责任。原告为此要求被告支付工程价款 33 540 元并赔偿按欠款金额每日万分之一计算的逾期付款利息损失，合理合法，应当予以支持。但原告方未能提供验收合格日期，逾期付款利息损失应从起诉之日即 2017 年 11 月 20 日起计算。原告的其他诉讼请求无事实依据，不予支持。

裁判结果：被告绿源公司支付原告康辉公司工程价款 33 540 元并赔偿原告自 2017 年 11 月 20 日起至履行完毕之日止按欠款金额每日万分之一计算的逾期付款利息损失，款于该判决生效后 10 日内履行完毕。

【律师点评】

承包人向发包人提供材料质保书是承包人的义务，并举证证明已方已履行此项义务，如果未能举证，则需要承担举证不能的消极后果。但该案中，发包人已经接收工程并进行使用，可以推断出发包人已通过行为认可了工程质量，故发包人须向承包人支付工程价款，而不得已未收到材料质保书为由拒付工程价款。

案例 52 承包人逾期不结算视为认可请求的适用条件

——萨哈建筑公司与木星酒店、方帆公司建设工程施工合同纠纷案

【基本案情】

再审申请人萨哈建筑公司因与被申请人木星酒店、一审第三人方帆公司建设工程施工合同纠纷一案，不服高级人民法院民事判决，向法院申请再审。

萨哈建筑公司申请再审,称:2008 年 9 月 9 日,涉案工程通过相关单位共同参加的质量综合验收,总体质量评定为合格。木星酒店在接收合格工程 1 年多后在即将支付工程价款时才声称存在质量问题,有悖常理,东顺公司出具的"检测报告"没有关于司法鉴定机构资质证书以及鉴定人员资格情况的说明,其形式和内容均不符合《最高人民法院关于民事诉讼证据的若干规定》第二十九条对司法鉴定文书的规定,因此该检测报告不具有合法性和真实性,不能作为认定涉案工程质量存在问题的证据使用。该检测报告不但没有排除高原冻土施工、不可抗力、装修不当、设计缺陷、违规平移地基等因素对工程质量造成影响的可能性,而且与某市建筑设计院的建议相互矛盾,鉴定人也未依法出庭接受当事人的质询,其鉴定意见不具有科学性和权威性,不能证明木星酒店主张的质量问题与萨哈建筑公司的施工存在因果关系。一审法院委托了某工程咨询有限公司司法鉴定中心对加固情况、加固费用和经济损失进行司法鉴定,但是木星酒店拒绝进行现场勘查,拒不提供其持有的资料,导致实际加固费用和经济损失无法查清,因此应当依法推定木星酒店主张的加固费用及经济损失不成立。木星酒店在一审中称检测费为 280 000 元,拆除及二次装修费为 743 500 元,后在发回重审中又改称检测费为 340 000 元,拆除及二次装修费为 735 000 元,该酒店主张的金额不但前后不一致,而且针对拆除及二次装修只出示了装修合同,没有提供相应的加固方案、施工图纸、工程量清单、工程价款支付发票等证据来证明合同已经得到全面履行,其主张证据不足,不应采信。中华人民共和国建设部和财政部关于《建设工程价款结算暂行办法》(财建〔2004〕369 号)第十四条第(三)项规定,工程竣工结算报告金额在 500 万元至 2 000 万元的,发包人应当从接到竣工结算报告和完整的竣工结算资料之日起 30 天内提出审查意见;第十六条规定,发包人收到竣工结算报告及完整的结算资料后,在该办法规定或合同约定期限内,对结算报告及资料没有提出意见,则视同认可。2008 年 9 月 21 日,萨哈建筑公司向木星酒店提交了"竣工结算报告",提出支付物价上涨增加费 1 820 400 元的请求;2008 年 12 月 1 日,木星酒店签订"土建工程决算协议书",承诺在 2008 年 12 月 31 日前解决;2009 年 7 月 11 日,木星酒店复函承诺在 2009 年 9 月 20 日前解决,但是均未兑现;木星酒店长期不对萨哈建筑公司提出的因物价上涨增加费用请求提出审查意见,应当视同认可萨哈建筑公司提出物价上涨增加费。一些自然灾害导致涉案工程人工材料费的涨幅远远超过了商业活动固有风险和再审申请人的承受能力,这是合同双方缔约时无法预见的风险。因此应当适用《中华人民共和国合同法》规定的情势变更原则和公平原则,由木星酒店向萨哈建筑公司支付因物价上涨而增加的费用。木星酒店拖欠萨哈建筑公司工程价款和质保金的行为,导致萨哈建筑公司所欠的民工工资和材料款无法兑现,木星酒店应当自逾期付款之日起至本息结清之日止,按照中国人民银行同期贷款利率支付拖欠萨哈建筑公司的工程价款利息。据此,请求撤销一审判决第一项、第三项及二审判决;判令木星酒店向萨哈建筑公司支付拖欠的工程价款 1 820 400 元,并从 2008 年 12 月 31 日至本息结清之日止,按照中国人民银行同期贷款利率向该公司支付欠款利息;判令木星酒店退还萨哈建筑公司工程质量保证金 316 361.37元,并从 2008 年 12 月 31 日至本息结清之日止,按照中国人民银行同期贷款利率向该公司支付欠款利息;判令木星酒店承担一、二审全部诉讼费用。

方帆公司针对萨哈建筑公司的再审申请提交书面意见,称:二审法院在判决中未提及方帆公司的上诉意见,存在漏判;方帆公司系具有独立请求权的第三人,一、二审法院要求方帆公司另行起诉错误;一、二法院认定的基本事实缺乏证据证明,应当依法重审。

法院经审理认为萨哈建筑公司申请再审的焦点是:萨哈建筑公司是否对涉诉工程的质量问题承担责任;木星酒店应否向萨哈建筑公司支付因物价上涨而增加的费用。

关于萨哈建筑公司是否对涉诉工程的质量问题承担责任问题。法院认为:根据《建设工程质量管理条例》(中华人民共和国国务院令第 279 号)第二十六条第一款的规定,施工单位对建设工程施工质量负责。该案中,萨哈建筑公司于 2008 年 9 月 9 日完成涉案工程,后该工程经相关单位验收合格。对于验收合格并交付使用的工程,萨哈建筑公司应当按照《建设工程质量管理条例》的规定对涉诉工程具有保修义务,也就是说自该工程竣工验收后合格后,在保修范围和保修期限内发生质量问题,拉萨建筑公司应当承担保修义务,并对造成的损失承担赔偿责任。根据东顺公司出具的检测报告和建筑设计院出具的“关于结构裂缝处理工作的建议”证实,涉诉工程因未按设计要求施工,主体结构存在严重质量问题和安全隐患。萨哈建筑公司作为施工人,未按照设计要求施工,导致工程出现质量问题,且质量问题产生的时间尚在工程质量保修期内,故萨哈建筑公司应当承担相应的责任。萨哈建筑公司称,东顺公司不属于司法鉴定机构,不具备工程质量检测资质,其出具的检测报告不能作为定案依据。该鉴定机构系行政机关核准的具有工程质量检测资质的鉴定机构,鉴定人员也具备相应的从业资质,故该公司出具的检测报告具备合法性。萨哈建筑公司对检测报告的真实性和关联性提出质疑,但其未提交证据予以反驳,加之该地区建设、监理公司、建筑设计院等单位共同所形成的“4 号楼加固及索赔通报会纪要”亦印证了涉诉工程的质量问题,故上述检测报告具备真实性和关联性。鉴此,一、二审判决将东顺公司的检测报告作为证据采信并无不当。

木星酒店委托他人对涉诉工程进行了加固和装修。木星酒店提交的施工合同及付款凭证、监理合同及付款票据、装修合同及竣工决算书等证据证明了加固、装修等费用的支出情况,上述证据相互印证,形成了完整的证据链,在萨哈建筑公司无相反证据予以反驳的情况下,一、二审判决支持木星酒店要求萨哈建筑公司给付加固等费用的主张并无不当。

关于木星酒店应否向萨哈建筑公司支付因物价上涨而增加的费用问题。萨哈建筑公司认为,根据合同补充条款的约定,合同价款发生在 500 000 元之内的增加和减少双方不作价格调整,超出 500 000 元的增加或减少作实际调整,故其主张的物价上涨费具有合同依据。对此,法院认为,双方在“建设工程施工合同”中明确约定,施工合同价款采用包工包料固定合同价款方式确定,合同价款中的风险范围包括人工工资和运费材料涨价。风险范围以外的合同价款调整方法双方协商。由上述约定可知,人工工资和运费材料涨价属于风险范围,不作调整;人工工资和运费材料涨价之外的合同价款的调整双方可以协商解决。因此,合同补充条款应是进一步明确了风险范围及以外合同价款的调价方法,但并未变更合同中关于人工工资和运费材料固定价的约定。

至于萨哈建筑公司还提出其向木星酒店要求增加物价上涨费后,木星酒店表示同意一节。对此,法院注意到,根据 2008 年 10 月 27 日的“土建工程竣工决算第一次洽商会会议纪要”显示,发包方明确表示材料、人工上涨不作调整。后萨哈建筑公司将竣工结算报告交予木星酒店,并与木星酒店进行几次沟通和协商,但双方对是否支付物价上涨费未达成一致意见。从决算协议书及木星酒店复函的内容可以看出物价上涨费始终是在协商的过程中,并没有对具体数额形成一致意见。《最高人民法院关于审理建设工程施工合同纠纷案件适用法律问题的解释》第二十条规定:“当事人约定,发包人收到竣工结算文件后,在约定期限内不予答复，视为认可竣工结算文件的，按照约定处理。”而双方在合同中并未作出上述约定，故木星酒店一直未对竣工结算报告予以答复的行为，不能视为该酒店认可萨哈建筑公司提出的物价上涨费。鉴此，萨哈建筑公司要求木星酒店支付1 820 400元物价上涨费没有合同和法律依据。由于木星酒店未拖欠萨哈建筑公司工程价款和质保金，故萨哈建筑公司要求木星酒店按照中国人民银行同期贷款利率支付相应利息亦不能成立。据此，二审判决认定事实清楚，适用法律正确，判决结果并无不当。

裁判结果：驳回萨哈建筑公司的再审申请。

【律师点评】

根据《最高人民法院关于审理建设工程施工合同纠纷案件适用法律问题的解释》的规定，承包人提交竣工结算文件后，发包人在法定或约定期限内不予答复，则视为认可承包人所提交的结算文件中的价款，发包人应当按照该价款向承包人支付工程价款。

该条款规定显然保护了承包人的利益，为避免发包人故意拖延审核竣工结算文件，无故拖欠工程价款。但是，该条款中明确指出，只有承包人和发包人双方在合同中明确约定了“逾期不结算视为认可”这一条款后，如果发包人出现不及时结算的情况时，才能够视为其已认可结算文件中的价款，否则，承包人无法适用该条款获得法院的司法支持。故承包人若想适用该条款维权，须提前确定好该条款的前提条件是否具备，而不能盲目适用。当然，承包人也可在建设工程施工合同中与发包人进行此项约定，便能够更好地保障己方的合法权益。

案例53　发包人无法证明工程量的按照承包人的决算书结算

——生辉公司与景致公司建设工程施工合同纠纷案

【基本案情】

再审申请人生辉公司因与被申请人景致公司建设工程施工合同纠纷一案，不服中级人民法院民事判决，申请再审。

生辉公司申请再审，称：(1) 景致大酒店与生辉公司是两个独立法人，其收到“施工图预(决)算书”(以下简称决算书)，并不能代表生辉公司收到决算书。公证处的“公证书”不合法，不能作为证据使用。双方对于收到竣工结算文件后视为认可竣工结算文件并无约定，以决算书作为认定海景施工工程量的依据是错误的。(2) 景致公司应当就已施工工程量承担举证责任，但其未能举证证明完成的工程量。该案是建设工程施工合同纠纷，不属于适用举证责任倒置原则的情形。依据《中华人民共和国民事诉讼法》第二百条第(二)项、第(六)项的规定，特申请再审。

法院经审理认为该案双方争议的焦点是景致公司施工工程量的确认。(1) 2006年8月4日生辉公司将景致公司赶出工地之前，没有对其公司已完成的工程量进行签证，景致公司撤离工地后根据自己完成的工程量制作了决算书。当时将该决算书使用公证送达，能够证明去送达过，虽然生辉公司对决算书的送达单位和送达方式提出异议，但是生辉公司承认收到了决算书。景致公司撤离工地后，生辉公司另找其他单位进行施工，并对景致公司已完部分工程进行了返工，由于景致公司完成施工的部分现场已不存在，双方对于景致公司完成的工程量意见不一致，法院无法委托鉴定部门对工程造价进行司法鉴定。该案关键是双方以什么依据进行结算，现在决算书成为双方唯一能够结算的证据。导致这种情况的根本原因是生辉公司将景致公司赶离施工现场，赶出之前生辉公司没有对景致公司已完成的工程量进行签证，赶出时其也未对施工的工程量进行确认，责任在生辉公司，其应当对没有签证、没有确认工程量承担责任。生辉公司在整个工程施工与决算中占主导地位，2007 年收到决算书后，应在合理的期限内主动与景致公司决算，其在 2009 年该案起诉前长达两年的时间内不与景致公司决算，生辉公司对此亦应承担责任。因此，原审在对生辉公司有证据证明决算书未计算已付款的部分予以扣除，对生辉公司未有充分证据对决算书其他部分加以否定的情况下，对决算书予以认定，并无不当。原审并非依据景致公司送达结算文件后视为生辉公司认可竣工结算文件而作出的认定，其该理由不能成立。(2) 原审是基于生辉公司无正当理由将景致公司赶离施工现场，没有签证，没确认工程量，海景公司根据自己完成的工作量作出决算书，生辉公司有异议，此时才让其举证，原审对举证责任的分配，亦无不当。

裁判结果：驳回生辉公司的再审申请。

【律师点评】

对于工程量的确认应当按照签证等文件予以认定，如果有其他证据能够证明承包人所完成工程量的，也应当予以认可。在诉讼中，原告、被告均应当对自己的主张承担举证责任，无法举证的承担举证不能的不利后果，其主张的事实不能得到法庭的认可。该案中，申请人既没有能够证明实际工程量的证据，同时又不认可对方提供的决算文件，其主张自然无法得到法院支持。

案例 54　发包人在欠付工程价款范围内向实际施工人承担付款责任

——赵四与土星建设集团有限公司、

太阳房地产开发有限公司建设工程合同纠纷案

【基本案情】

土星建设集团有限公司系玫瑰园项目高层组团建安工程一标段的承建单位，太阳房地产开发有限公司系上述工程的建设单位(业主)。在双方签订的施工合同中对电气管线、给排水管道等工程的质保期约定为两年，保修金为工程结算造价的 5%，保修期满 2 年后 15 日内返还工程保修金的 60%，满 5 年后 15 日内返还工程保修金的 30%，满 8 年后 15 日内返还剩余工程保修金。玫瑰园项目高层组团建安工程一标段工程经审定造价为 248 441 192元。

2015 年 7 月 8 日，赵四与土星建设集团有限公司签订"项目部与水电班施工合同"一份。合同约定由赵四实际施工太阳房地产开发有限公司设集团有限公司承包范围内的水电工程，并对双方的权利和义务作出了约定。合同签订后，赵四按约进行了施工。该工程于 2016 年 5 月 30 日竣工验收。2018 年 2 月 5 日，经赵四与土星建设集团有限公司结算，土星建设集团有限公司尚欠赵四的工程价款为 9 562 980 元。后赵四诉至法院，要求土星建设集团有限公司立即支付原告尚欠工程价款 9 562 980 元，要求太阳房地产开发有限公司在欠付土星建设集团有限公司工程价款范围内对土星建设集团有限公司应支付给赵四的工程价款 9 562 980元。

截至开庭之日，太阳房地产开发有限公司尚欠土星建设集团有限公司到期工程价款7 220 000元未支付，质保金12 422 060元因质保期未满尚未返还土星建设集团有限公司。

法院经审理认为：土星建设集团有限公司作为玫瑰园项目高层组团建安工程一标段工程的承包方，将其承建的工程分包给赵四实际施工，并通过结算确认尚欠原告工程价款9 562 980元。根据《最高人民法院关于审理建设工程施工合同纠纷案件适用法律问题的解释》第十六条第一款："当事人对建设工程的计价标准或者计价方法有约定的，按照约定结算工程价款"的规定，被告土星建设集团有限公司应及时支付。根据《最高人民法院关于审理建设工程施工合同纠纷案件适用法律问题的解释》第二十六条"实际施工人以转包人、违法分包人为被告起诉的，人民法院应当依法受理。实际施工人以发包人为被告主张权利的，人民法院可以追加转包人或者违法分包人为本案当事人。发包人只在欠付工程价款范围内对实际施工人承担责任"的规定，被告太阳房地产公司作为发包人应在欠付土星建设集团有限公司的工程价款范围内对赵四承担付款责任。

裁判结果：被告土星建设集团有限公司向原告赵四支付工程价款9 562 980元。被告太阳房地产开发有限公司对上述工程价款在其欠付被告土星建设集团有限公司工程价款范围内向原告赵四承担给付责任。

【律师点评】

分包是指从事工程总承包的单位将所承包的建设工程的一部分依法发包给具有相应资质的承包单位的行为。《中华人民共和国建筑法》第二十九条规定："建筑工程总承包单位可以将承包工程中的部分工程发包给具有相应资质条件的分包单位；但是，除总承包合同中约定的分包外，必须经建设单位认可。……禁止总承包单位将工程分包给不具备相应资质条件的单位。"

该案中，土星建设集团有限公司作为总承包人，将部分工程分包给赵四实际施工，而赵四为自然人，并不具备承揽该项目的资质。实际上，土星建设集团有限公司的行为属于违法分包，其所签订的"项目部与水电班施工合同"属于无效合同，但由于赵四作为实际施工人，已完全履行了合同义务，并且通过了竣工验收，故土星建设集团有限公司应向其支付工程价款。而太阳房地产开发有限公司作为项目的发包人，根据《最高人民法院关于审理建设工程施工合同纠纷案件适用法律问题的解释》第二十六条的规定，应在欠付工程价款范围内对实际施工人承担支付工程价款的责任。

案例55　建设工程施工合同无效仍需支付工程价款

——吴某、梁某和田某与张某等建设工程施工合同纠纷案

【基本案情】

2014年2月18日，被告张某、李某、向某合伙租赁经营新时代大酒店，与原告吴某、梁某、田某签订了"新时代大酒店翻新项目合同"。合同约定：以1 000 000元的总价款以包工包料的形式对该酒店楼房三至七楼58套房间和喷头、墙纸、地毯、室内灯、水、电、电脑桌改装、床头软包、电视上墙架、纸巾盒、大厅背景和大厅门头、倒修院墙、窗帘的翻新事宜。该合同第十条约定："结账时必须由吴某、梁某、田某叁人到场"。第十一条约定："整体完工后，甲

方付乙方 40%的总工程价款”。原告吴某、梁某、田某按照合同装修完成以后，在宾馆开业前，被告张某、李某、向某向吴某、梁某、田某支付了 400 000 元的装修款。所欠工程价款，几原告多次催收，几被告未能付款。原告吴某、梁某、田某以张某、李某、向某尚欠其 600 000 元的工程价款为由，向法院起诉，请求维护其合法权益。

另查明，新时代大酒店于 2017 年 7 月 11 日注册，在 2014 年酒店装修期间尚未取得营业执照，2014 年 5 月，该酒店装修完工后，张某、李某、向某合伙从事新时代大酒店的经营。

法院经审理认为：根据《中华人民共和国建筑法》第十三条“从事建筑活动的建筑施工企业、勘察单位、设计单位和工程监理单位，按照其拥有的注册资本、专业技术人员、技术装备和已完成的建筑工程业绩等资质条件，划分为不同的资质等级，经资质审查合格，取得相应等级的资质证书后，方可在其资质等级许可的范围内从事建筑活动”的规定，被告张某、李某、向某将酒店翻新工程承包给了没有建筑装饰工程施工资质的原告吴某、梁某、田某，原告、被告之间形成了建筑施工合同关系。因酒店翻新工程属于建筑装饰装修工程，其施工业务应由取得建筑装饰装修专业资质的人方能进行。故被告在该案中存在选任过失，应承担相应的法律责任。但因该翻修工程已经完工且交付被告已经使用多年，还是应当按照“翻新项目合同”支付相应工程价款。根据《最高人民法院关于审理建设工程施工合同纠纷案件适用法律问题的解释》第二条“建设工程施工合同无效，但建设工程经竣工验收合格，承包人请求参照合同约定支付工程价款的，应予支持”、第十三条“建设工程未经竣工验收，发包人擅自使用后，又以使用部分质量不符合约定为由主张权利的，不予支持；但是承包人应当在建设工程的合理使用寿命内对地基基础工程和主体结构质量承担民事责任”的规定，结合“翻新项目合同”第十条、第十一条的约定，被告已经于 2014 年该工程完工时向原告支付了 400 000元，其付款行为理应视为其对于新时代大酒店已经整体完工的认可。既然新时代大酒店已经整体完工并且已经作酒店开业使用多年，那么当时的股东田某、李某、向某就有义务支付剩余所欠的 600 000 元工程价款。根据“翻新项目合同”第十条“结账时必须由梁某、田某、吴某叁人到场”的约定，有原告三人到场的领条总额只有 400 000 元，原告、被告都当庭对此表示认可。三原告不认可的剩余条据，被告没有举证证明是依照合同约定给原告三人支付的部分工程价款，被告应当承担证据不力的法律后果。

裁判结果：被告于该判决生效后 10 日内支付原告工程价款 600 000 元，并按照本金 600 000元、年利率 6%支付自 2017 年 3 月 8 日起至付清之日止资金占用的利息。

【律师点评】

建筑行业是一个专业性强，且存在一定风险的行业，我国法律对建筑业的从业资质有明确规定。《中华人民共和国合同法》《中华人民共和国建筑法》《中华人民共和国招标投标法》等都明确规定，生产经营单位必须具备相应资质，并且在其资质范围内从事生产经营活动。作出如此规定的目的，一方面是使得建设工程活动专业化，能够在一定程度上保障建设工程能够按照合法合规的要求建设完成，正常顺利地投入使用；另一方面是能够减少建设过程中不安全、不稳定因素。因而，不论对于发包人，还是承包人而言，都应当按照法律规定的资质要求从事建设活动。

如若生产经营单位未能按照法律规定的资质从事建设活动，后果是其所签订的合同将因违法而无效。由于建设工程合同有其特殊性，作为合同标的的工程项目来说，无法像其他合同（比如普通的买卖合同、借款合同、租赁合同）一样，适用于无效合同的恢复原状的法律后果，因此，对于此种情况，双方仍可以参照合同约定进行结算，但需要承担相应的法律责任。

对于承包人和发包人来说，需要注意的是，违反法律规定的资质要求订立合同，进行建设活动存在很大风险，一方面即使合同最终按照约定结算，由于其行为违法，也将承担不利的法律责任；另一方面，在施工合同履行过程中双方极易产生矛盾和纠纷，先前的违法行为将导致矛盾激化或无法协调，影响工程建设进度，最终影响双方建设目的的实现。因此，承包人、发包人应尊重且遵循法律规定，在法律许可范围内从事生产经营活动，进而保障自己的合法权益。

案例 56　设计变更所增加工程量的价款结算办法

——甲镇政府与乙水利工程公司建设工程施工合同纠纷案

【基本案情】

再审申请人甲镇政府因与被申请人乙水利工程公司建设工程施工合同纠纷一案，不服中级人民法院民事判决，向法院申请再审。

甲镇政府申请再审，称：(1) 再审申请人提交某水利勘测设计院出具的“工作面裂缝处理防汛应急处理措施说明”(以下简称“说明”)更正说明，作为新证据，证明涉案工程变更设计是在双方签订施工合同之前即 2009 年 5 月，而非施工合同履行过程中，因此，涉案工程在履行过程中不存在原审认定的工程变更设计的事实。(2) 对增加的工程量应当按照合同约定的计价标准进行计算，但原审依据鉴定报告计算增加工程量，证据不足，适用法律错误。请求撤销原审判决。

被申请人乙水利工程公司提交意见称：(1) 被申请人提交某水利勘测设计院于 2013 年 11 月 11 日出具的“说明”更正说明，更正如下：“我院 2013 年 8 月 12 日出具的‘说明’更正说明不严谨，声明作废，以此为准。”因此，该案所涉工程变更应属设计变更，原审法院认定并无错误。(2) 因双方签订的合同中并未对增加工程量的计价及结算方式作出约定，且该案双方未能就计价标准达成一致，原审对增加的工程量价款委托鉴定机构进行鉴定，并作为结算依据，适用法律正确，依法应予驳回再审申请人的申请请求。

法院经审理认为：(一) 从原审查明事实看，双方对施工过程中增加的工程量均无异议，但该工程量增加是否因设计变更引起的，双方争议较大。在二审审理中，某水利勘测设计院出具“说明”，可以证实涉案增加工程量是根据该设计院编制的“塌陷治理工程变更设计”进行的施工，因此，原审认定增加工程量是因设计变更导致的工程量增加是正确的。甲镇政府提交的某水利勘测设计院的“说明”更正说明、“塌陷治理工程施工图设计等有关情况说明”，并不足以否定某水利勘测设计院出具的“说明”中关于工程存在设计变更的事实，同时乙水利工程公司也提交了该设计院于 2013 年 11 月 11 日出具的“说明”更正说明，对甲镇政府提交的上述更正说明进行了作废。因此，甲镇政府提交的上述证据不符合《最高人民法院关于适用〈中华人民共和国民事诉讼法〉审判监督程序若干问题的解释》(法释〔2008〕14 号)第十条关于新证据的规定，且该证据的证明效力不足以推翻原判决，不能认定为新证据。(二) 根据《最高人民法院关于审理建设工程施工合同案件适用法律问题的解释》第十六条“因设计变更导致建设工程的工程量或者质量标准发生变化，当事人对该部分工程价款不能协商一致的,可以参照签订建设工程施工合同时当地建设行政主管部门发布的计价方法或者计价标准结算工程价款”的规定,因涉案工程量的增加是因工程设计变更导致的,双方在施工合同中对该工程量增加没有约定计价及结算方式,且双方当事人未就计价标准协商一致,因此,原审对咨询报告中依据的增加工程量评估标准和工程价款予以认定,并无不当。

裁判结果:驳回甲镇人民政府的再审申请。

【律师点评】

《中华人民共和国合同法》第六十一条规定:合同生效后,当事人就合同内容没有约定或者约定不明确的,可以协议补充;不能达成补充协议的,按照合同有关条款或者交易习惯确定。这是合同约定不明时,解决合同条款空缺的一般原则。

在建设工程施工合同中,承包人应按照合同约定进行施工。在履行过程中,如果发包人进行设计变更增加工程量,应就增加部分如何结算与承包人进行协商达成一致。如果未进行约定的,则应当按照《最高人民法院关于审理建设工程施工合同案件适用法律问题的解释》第十六条的规定,参照签订建设工程施工合同时当地建设行政主管部门发布的计价方法或者计价标准结算工程价款。

案例 57 欠付工程价款应支付利息

——顺防公司与民安药业公司、康顺医院建设工程施工合同纠纷案

【基本案情】

2013 年 10 月 24 日,民安医院与顺防公司签订“协议书”。其中约定:顺防公司负责施工民安医院门诊放射科机房的防护工程;工期自 2013 年 10 月 25 日至 2013 年 11 月 10 日;包干价为 65 000 元,合同签订后付 20%,首批材料进场后付 30%,剩余款项在工程完工检测合格 3 日内全部支付完毕。2013 年 10 月 29 日,民安医院向顺防公司支付工程价款 32 500 元。

2013 年 11 月 10 日工程完工后,双方又签订“增补协议”。其中约定:因民安医院变更放射科机型,需增补防护标准,合同价为 12 500 元。2014 年 12 月 27 日,案涉工程经该市疾病与预防控制中心检测并出具“检测检验报告”,结论为合格。

另查明:民安医院系民安药业公司与康顺医院于 2012 年 10 月共同投资发起,后因未取得卫生部门批准而未能设立。

此后,民安医院未支付工程余款 45 000 元,顺防公司诉至法院,请求判令民安药业公司、康顺医院:(1) 支付工程价款 45 000 元;(2) 支付工程价款利息(按中国人民银行同期同类贷款利率,从 2013 年 11 月 10 日起至支付完毕为止);(3) 承担该案全部诉讼费用。

法院经审理认为:顺防公司与民安医院签订的“协议书”“增补协议”系双方真实意思表示,且未违反法律法规的禁止性规定,合法有效。合同签订后,顺防公司依约履行了合同义务,民安医院未按合同约定按时足额支付工程价款,其行为构成违约。民安药业公司与顺康医院为民安医院的设立发起人,其以设立中的民安医院的名义与顺防公司签订合同,合同责任应由民安药业公司与康顺医院共同承担。案涉工程于 2014 年 12 月 27 日检测合格,根据合同约定,民安医院应在工程完工检测合格 3 日内即 2014 年 12 月 31 日前支付剩余款项,

其未予支付，顺防公司要求其赔偿利息损失的诉讼请求有法可依，但其计算利息的起点时间不符合双方约定。康顺医院未到庭参加诉讼，视为放弃其抗辩权利，由此引起的诉讼后果由其自行承担。

判决结果：被告民安药业公司、康顺医院向原告顺防公司支付工程价款45 000元；被告民安药业公司、康顺医院向原告顺防公司赔偿利息损失（以45 000元为基数，按中国人民银行同期同类贷款利率标准，从2014年12月31日起至实际清偿之日止）。

【律师点评】

建设工程合同是承包人进行工程建设，发包人支付价款的合同。发包人和承包人作为合同主体，均应当按照合同约定，全面履行合同义务，以期达到双方订立合同的目的。根据《中华人民共和国合同法》第一百零七条"当事人一方不履行合同义务或者履行合同义务不符合约定的，应当承担继续履行、采取补救措施或者赔偿损失等违约责任"的规定，按时支付工程价款是建设工程合同中发包人的主要义务之一，发包人应当按照约定的期限支付工程价款，如若未能按时支付，其行为构成违约，将给承包人造成损失，应承担违约责任。根据《最高人民法院关于审理建设工程施工合同纠纷案件适用法律问题的解释》的规定，当事人对欠付工程价款利息计付标准有约定的，按照约定处理；没有约定的，按照中国人民银行发布的同期同类贷款利率计息；利息从应付工程价款之日计付。因此，法院判决支付欠付工程价款的利息，且按照合同约定的应付之日起算。

案例58 实际施工人起诉发包人获取工程价款的计算标准

——马贵和与金安公司、向荣公司建设工程合同纠纷案

【基本案情】

上诉人马贵和因与上诉人金安公司及被上诉人向荣公司建设工程施工合同纠纷一案，不服一审法院民事判决，向二审法院提起上诉。

二审法院经审理认为：(一) 实际施工人向与其没有合同关系的发包人提起诉讼的，应严格依照法律、司法解释的规定及相关指导意见进行审查，不能随意扩大《最高人民法院关于审理建设工程施工合同纠纷案件适用法律问题的解释》第二十六条第二款的适用范围。该案中，马贵和基于"金波广场经济责任承包合同"提起诉讼，主张向荣公司向其支付工程价款及利息。向荣公司作为案涉工程的转包人，负有与马贵和进行结算的义务。原判决在未查明马贵和与向荣公司之间工程价款结算事实的情形下，径行把金安公司应付向荣公司的工程价款总额作为向荣公司应付马贵和的工程价款总额，把金安公司已付向荣公司的工程价款作为向荣公司已付马贵和的款项一并处理，既未审查向荣公司与马贵和之间的实际履行事实，亦与《最高人民法院关于审理建设工程施工合同纠纷案件适用法律问题的解释》的规定精神相悖。该案重审时应首先查明马贵和与向荣公司之间的法律关系性质、实际履行事实及工程价款结算情况，包括马贵和实际施工工程总造价及向荣公司已付款等情况。

(二) 就涉案工程造价鉴定问题。二审法院认为：一方面，固定价格合同包括固定总价合同与固定单价合同，当事人约定固定单价的并不意味着施工合同必然不是固定总价合同；另一方面，从招标文件"投标须知"第12.5条及"建设工程施工合同"第六条合同价款及支付

第 23.2 条约定看，承包人对发包人在招标时提供的工程量清单有复核的义务，对工程量清单的准确性和完整性没有异议的，项目实施过程中及结算时工程量概不调整。在单价固定且工程量不予调整的情况下，原判决采纳据实鉴定方式认定涉案工程总造价，与招投标文件及合同约定不一致。此外，该案二审中，金安公司提供证据拟证明出具涉案司法鉴定意见的工程造价师文毅、李春花不是某工程造价咨询有限公司的工作人员，违反了《工程造价咨询企业管理办法》相关规定，且在原审对鉴定报告质询过程中，系他人替代鉴定人员出庭接受询问，程序违法。该案应进一步审查鉴定人员资质情况及其是否实际参与了工程造价鉴定过程，并由此考量是否对本案鉴定程序的正当性构成影响。

（三）根据《最高人民法院关于审理建设工程施工合同纠纷案件适用法律问题的解释》第二十六条第二款的规定，发包人只在欠付工程价款范围内对实际施工人承担责任。原判决主文第二项将金安公司连带责任的范围扩大至“工程价款及利息”适用法律不当。

因此，原判决认定基本事实不清，适用法律亦有错误。

裁判结果：发回一审法院重审。

【律师点评】

《最高人民法院关于审理建设工程施工合同纠纷案件适用法律问题的解释》第二十六条第二款规定：“实际施工人以发包人为被告主张权利的，人民法院可以追加转包人或者违法分包人为该案当事人。发包人只在欠付工程价款范围内对实际施工人承担责任。”该条规定突破了合同相对性的原理，允许实际施工人向与其无合同关系的发包人追索工程价款，对实际施工人的权利进行了更大程度的保障。但是在适用该条款时，只能按照其字面含义去进行解释和适用，不能对其作扩大解释和适用。

另外，实际施工人请求发包人支付工程价款的范围仅限于发包人欠付转包人或违法分包人的部分。而发包人欠付的工程价款应以什么为标准，是以总包合同还是转包或违法分包合同为准来判断？笔者认为，实际施工人如果直接起诉发包人的，发包人的付款义务仅限于总包合同中欠付的部分，发包人没有按照转包或违法分包合同付款的义务，因为合同具有相对性。转包合同无论约定的价款是多少，都无法约束发包人。如果实际施工人能够提供证据证明他实际完成的工作量的造价已经超过了发包人总包合同中欠付工程价款数额的话，那不足的部分应该由发包人承担还是转包人承担？笔者认为应当分情况处理，如果发包人接受工程，那么发包人承担；如果转包人没有及时向发包人请示，或发包人存有异议的，那么实际施工人应当举证证明发包人或转包人认可其施工行为，那么，谁认可，谁支付。当然也要看实际施工人的施工是否符合设计要求，是否必须和必要进而进行判断。

案例 59　指导性文件不能作为结算工程价款的依据

——某建筑公司与某开发公司建设工程施工合同纠纷上诉案

【基本案情】

2003 年 3 月 30 日，某建筑公司经招投标中标承建惠民隧洞工程。当日，与某开发公司签订“建设工程施工合同”，该合同对工期、质量标准、造价及付款期限、违约责任等内容作出约定。2006 年 4 月 10 日工程竣工后，某建筑公司完成的工程（含标外工程），经建设、施工、设计、监理单位验收合格。某建筑公司核算，合同内造价为 13 500 000 元，合同外造价为 4 500 000元，合计造价 18 000 000 元。截至 2006 年 3 月 31 日，某开发公司已付工程价款 14 500 000元，尚欠 3 500 000 元。另，监理公司出具的监理复核意见书认定，合同内造价为 13 500 000 元，合同外造价为 3 800 000 元。发包人驻工地代表对该份监理复核意见及所附工程量明细审核后，除小额工程量提出异议外，大部分（标外合同造价变更为 3 500 000 元）予以签认。

因某开发公司拒付工程余款并对合同外工程量不予结算，某建筑公司诉至法院，请求某开发公司立即支付 3 000 000 元工程欠款及法定利息。某开发公司辩称，根据中华人民共和国财政部《财政投资评审管理暂行规定》（财建〔2001〕591 号）的规定，该案工程决算须经该市财政评审中心审核。该市财政评审中心对讼争工程的审核结论为：项目送审金额 18 000 000元，审核结论 1 500 元。审核后合同内及设计变更结算金额为 13 000 000 元，核减 500 000 元；合同外结算金额为 2 000 000 元，核减金额 2 500 000 元。

一审法院经审理认为：根据中华人民共和国财政部《财政投资评审管理暂行规定》第二条的规定，财政性资金投资的建设项目的工程预（决）算须由财政部门委托财政投资评审机构进行。因此，原告要求以自行核算的工程价款或委托中介机构进行造价鉴定的主张不予支持。原告对审核结果不服，应向有关部门申请复议，但不能径行采取提起民事诉讼的方式变更审核结果。原告、被告双方根据《中华人民共和国合同法》的规定，在平等自愿、等价有偿的基础上签订合同与国家对含有财政性资金投入的建设项目工程，要求应由财政部门设立的工程预（决）算审核机构对工程价款进行审核的强制性规定并无冲突，原告作为有资质的建筑公司对此应当明知。因此，原告关于不应以该市财政投资评审中心的审核结论作为工程价款决算依据的诉讼理由不能成立，不予采纳。被告某开发公司应按该市财政局投资评审中心核定结论，支付尚欠的工程价款 500 000 元。据此，一审法院判决：自判决发生法律效力之日起 30 日内，被告某开发公司向原告某建筑公司支付工程价款500 000元及利息。

原告某建筑公司不服一审判决，认为该市财政局投资评审中心作出的评审结论为政府行政机关具体行政行为，不能改变合同约定，不能作为工程结算依据，为此提出上诉。

二审法院经审理认为：施工合同当事人是平等民事主体，其权利和义务关系应根据民事合同约定确定。该案中，某建筑公司是通过公开招投标签订“建设工程施工合同”，应以合同约定作为工程价款结算依据。财政部门的审核行为只对建设单位发生法律效力，对承包人无效。财政部门只是审定建设项目造价应是多少，并无权决定建设单位应向承包人支付工程价款项数额。因此，财政部门审核结论可以但不能无条件地作为认定工程价款数额依据。在民事诉讼中，财政部门审核结论与其他证据一样，法院可以不予采纳并另行确定该案工程造价。该案中，监理单位出具的监理复核意见书认定，合同内工程价款为 13 500 000 元，合同外工程价款为 3 500 000 元。发包人驻工地代表经审核对工程价款额已签认，故监理单位出具的复核意见合法有效，可以作为标外合同工程价款的结算依据，该案不再另行委托其他鉴定机构予以鉴定。

裁判结果：自判决发生法律效力之日起 30 日内，某开发公司向某建筑公司支付工程价款 2 500 000 元及利息（自发包人驻工地代表签认之日起至还款之日止，按照中国人民银行同期同类贷款利率计息）；驳回某建筑公司的其他诉讼请求。

【律师点评】

该案涉及政府指导性文件是否会影响合同效力的问题以及政府财政审计或行政审计结论能否作为结算依据的问题。该问题是司法实务中需要澄清的问题，该案的处理结果对司法实践具有指导意义。

相关政府部门对于基本建设资金的监督管理及行政审计的规定，其目的是强化基本建设支出预算及财务管理，提高基本建设资金的使用效益。类似规定对建设单位和施工单位而言，存在指导性作用，但并未要求建设单位须完全依照财政部门的审核结果进行结算。相关政府部门的规定并不会导致合同内容在效力上出现瑕疵。合同行为在性质上属于意思自治行为，在不违反法律、行政法规的强制性规定，不违反社会公共利益的情况下，可以由双方当事人自主约定合同内容并进行履行。除非合同明确约定以政府财政审计或行政审计结论作为结算依据，否则，建设单位和施工单位应当按照合同约定支付工程价款。

案例 60　拖欠工程价款利息的起算点

——木星建设集团总公司与火星房地产公司建设工程施工合同纠纷案

【基本案情】

2005 年 6 月 28 日，火星房地产公司(以下简称火星地产)与木星建设集团总公司(以下简称木星建总)签订“建设工程施工合同”，火星地产将 A 市供水大厦工程的施工任务发包给木星建总。合同约定了工程内容、工程承包范围、合同工期(2005 年 7 月 8 日开工，2006 年 11 月 30 日竣工)以及合同价款及计算依据等。“建设工程施工合同”专用条款第 26 条“工程价款(进度款)支付条款”约定：“装修、安装工程施工期间发包方按月进度拨付给承包方工程进度款为已完工程量 70%，竣工验收后乙方上报工程结算单，报双方认可的审计部门在 30 个工作日内审计结束，发包方在 30 个工作日内拨付给承包方工程价款至审计后工程总价 95%。”

合同签订后，木星建总进场施工完毕，涉案工程没有进行竣工验收，火星地产于 2010 年底投入使用。

木星建总向一审法院起诉请求：火星地产向木星建总支付工程欠款及其利息(从 2011 年 2 月 20 日至实际给付之日按照银行同期贷款利率的 2 倍计算)；

一审中，争议双方就工程造价达成以下一致意见：按合同约定工程造价(含 3.5%社会保障费)：土建工程 101 049 789 元；安装工程(不含监控系统和车辆管理系统)12 380 189 元；合计 113 429 978 元。2009 年 9 月 21 日，双方确定监控系统按 820 000 元进行结算，车辆管理系统按 200 000 元进行结算，两项合计 1 020 000 元。

2011 年 5 月至 2012 年 1 月，双方就增补项目进行结算，空调机组供电安装工程、机房更改工程等新增项目工程价款为 830 722 元。

经合同双方认定，欠付工程价款为 26 004 559.35 元。

一审法院认为：关于利息问题，《最高人民法院关于审理建设工程施工合同纠纷案件适用法律问题的解释》第十七条规定：“当事人对欠付工程价款利息计付标准有约定的，按照约定处理；没有约定的，按照中国人民银行发布的同期同类贷款利率计息。”第十八条规定：“利息从应付工程价款之日计付。当事人对付款时间没有约定或者约定不明的，下列时间视为应付款时间：(一) 建设工程已实际交付的，为交付之日；……”因此，火星地产应向木星建总支付工程欠款的利息。关于利息起算时间，双方约定工程价款报送双方认可的审计部门进行审计，但最终未就审计部门达成一致，应视为付款时间约定不明，故利息起算时间应以工程实际交付之日即2010年底起算为宜。因木星建总起诉主张从2011年2月20日起算，应予支持。

木星建总主张依据双方合同专用条款第35.1条约定，因火星地产存在迟延付款，故应按照拖欠工程价款同期贷款利率二倍支付违约金。木星建总并未提供充分证据证明火星地产存在迟延付款，火星地产对此亦不认可，木星建总该项诉讼请求不能成立，一审法院不予支持。工程欠款利率应按照银行同期同类贷款利率计算。

综上，一审法院依照判决：火星地产于判决生效之日起30日内给付木星建总工程价款26 004 559.35元及其利息(从2011年2月20日起至付清之日止，按中国人民银行同期同类贷款利率计算)。

火星地产不服一审民事判决，提起上诉。其上诉请求：依法撤销一审判决，依法改判火星地产不向木星建总支付判决前的利息(二审庭审中，火星地产明确：火星地产不向木星建总支付一审判决作出之前的利息，即应自2015年12月18日起给付利息)。事实和理由：一审判决认定火星地产自2011年2月20日起支付所欠工程价款利息，事实不清，且适用法律错误。(1) 双方签订的“建设工程施工合同”对给付工程进度款之后的工程价款有明确约定。在该案起诉前，火星地产已经超付了工程进度款。按照合同约定，剩余工程价款的数额需要经过审计才能确定，审计后的30日后才应当给付。但木星建总不同意审计，坚持要求按照其单方制作的“结算书”给付剩余工程价款，并拒绝交付工程竣工验收资料，双方对此发生僵持，直至在该案一审中才由法院委托审计，此时才符合合同约定的剩余工程价款确定和给付条件。此外，由于是在诉讼中进行的审计，剩余工程价款的数额由法院确认，所以剩余工程价款的给付时间应当在一审判决后才开始计算。(2) 在双方对剩余工程价款如何计算、如何给付约定非常明确的情况下，一审法院适用《最高人民法院关于审理建设工程施工合同纠纷案件适用法律问题的解释》第十八条的规定，明显与事实不符。涉案工程没有交付过，只是火星地产为了减少下游合同违约损失而不得已逐步入住，双方从来没有签订过工程交付文件，不可能存在“交付之日”。(3) 一审法院认定2010年底为工程交付日，但空调机组供电安装工程、机房更改工程、弱电安装工程、A区一层新增钢结构工程等工程，均是在2011年5月或2012年1月才陆续开始施工，部分工程至二审时尚未竣工。

该案二审争议焦点为：欠付工程价款应自何时起计付利息。

二审法院认为：双方在涉案“建设工程施工合同”中虽约定工程价款在报双方认可的审计部门在30个工作日内审计结束后的30个工作日内支付95%，但双方未就审计部门的选定达成一致，故该约定的付款时间实际上无法确定，因此，一审判决认定应视为付款时间约定不明，并无不当。

根据《最高人民法院关于审理建设工程施工合同纠纷案件适用法律问题的解释》第十八条“利息从应付工程价款之日计付。当事人对付款时间没有约定或者约定不明的，下列时间视为应付款时间：(一) 建设工程已实际交付的，为交付之日；……”的规定，故认定涉案工程欠付工程价款应以工程实际交付之日起算，于法有据。涉案工程虽然没有经过竣工验收，但于2010年底已经实际交由火星地产占有使用，故以2010年底作为起算欠付工程价款利息的时间符合该案实际。当然，由于木星建总一审起诉主张从2011年2月20日起算，该日期晚于2010年底，当事人有权处分自己的民事权利，故应以2011年2月20日起算欠付工程价款利息。

但由于涉案工程在实际交付使用之后，根据双方协商，木星建总又进行了一些增补项目的施工，并于2011年5月至2012年1月进行了相应的结算，共涉及新增项目工程价款830 722元，对这部分款项也自2011年2月20日起起算利息，与《最高人民法院关于审理建设工程施工合同纠纷案件适用法律问题的解释》第十八条确立的原则相悖。考虑到每个增补项目工程价款金额均相对不太大，木星建总于2011年12月16日编制了"增补项目结算汇总表"，火星地产的法定代表人在四个增补项目上的签字不同，但最晚的签字时间是2012年1月12日，故二审法院酌定于2012年1月13日起计付新增项目工程价款830 722元的利息。对于其余的欠付工程价款25 173 837.35元(26 004 559.35元−830 722元)，则仍应自2011年2月20日起计付利息。

综上所述，火星地产关于欠付工程价款利息起算时间的上诉请求，部分能够成立；一审判决认定事实清楚，适用法律基本正确，但在部分欠付工程价款利息起算时间问题的处理上存在不当，应予纠正。

裁判结果：变更一审民事判决第一项为火星地产于该判决生效之日起30日内给付木星建总工程价款26 004 559.35元及其利息(其中25 173 837.35元自2011年2月20日起至付清之日止，830 722元自2012年1月13日起至付清之日止，按中国人民银行同期同类贷款利率计算)。该判决为终审判决。

【律师点评】

施工合同应对竣工结算工程价款的支付时间作明确约定。从施工单位的角度考虑，如约定结算审定之日为应付款时间的，尚应约定因甲方原因拖延结算的，约定的结算审定期限届满之日为应付款时间。当事人对付款时间没有约定或者约定不明的，应按照《最高人民法院关于审理建设工程施工合同纠纷案件适用法律问题的解释》第十八条的规定确定应付款时间，利息从应付工程价款之日计付。

按《最高人民法院关于审理建设工程施工合同纠纷案件适用法律问题的解释》第十七条规定，当事人对欠付工程价款利息计付标准有约定的，按照约定处理；没有约定的，按照中国人民银行发布的同期同类贷款利率计息。

案例61　针对甲方延迟支付预付款能否主张预付款利息

——土星建设公司与朗讯地产公司建设工程施工合同纠纷案

【基本案情】

2003年12月31日，土星建设公司(以下简称土星建设)与朗讯地产公司(以下简称朗讯地产)签订"合同协议书"。合同约定：朗讯地产将东埠高速公路13标段发包给土星建设施工，合同总价为201 901 950元。土星建设按合同约定进行施工，于2006年3月完成了原计划应于2005年3月完成的施工工程量。

土星建设提起诉讼，请求：(1) 朗讯地产支付尚欠工程价款及利息损失（按同期人民银行贷款利率计算）；(2) 赔偿迟延支付工程预付款利息 201 018.62 元。

一审法院对土星建设要求朗讯地产支付因迟延支付开工预付款所导致的利息损失的诉请，不予支持。

土星建设上诉并答辩，称：按照“协议书”约定，第二笔工程预付款应在 2004 年 2 月 18 日下达开工令时支付，但朗讯地产拖至 2004 年 11 月 28 日才支付，逾期 9 个月零 10 天，朗讯地产应支付 5 047 548 元工程预付款 9 个月的同期贷款利息 201 018.62 元。

朗讯地产针对土星建设的上诉答辩，称：关于延付工程价款的情况，一审法院认定事实清楚，土星建设没有提供证据证明朗讯地产存在拖延支付工程价款的情况，其上诉请求没有依据，故请求驳回土星建设对朗讯地产的上诉请求。

关于朗讯地产是否存在迟延支付工程预付款及应否赔偿土星建设迟延支付的工程预付款利息 201 018.62 元的问题，二审法院分析认定如下：一方面，在该案诉讼过程中，土星建设并未提供证据证明朗讯地产存在迟延支付工程预付款的违约事实，故无法确定迟延支付开工预付款的准确时间和数额，也无法计算迟延付款的利息；另一方面，假使存在朗讯地产违约迟延支付工程预付款的情况，土星建设要求朗讯地产支付迟延支付工程预付款利息的请求也不能获得支持。其主要理由在于：首先，依据合同通用条款第 69.1 款约定，如果朗讯地产存在迟延支付工程价款的情形，土星建设有权终止对该合同项下的承包，并通知业主，抄送监理工程师。但是，从该案施工合同的实际履行情况来看，土星建设并未依据上述约定终止对该合同的承包，也未履行通知业主及抄送监理工程师的义务，这应视为其已经默许朗讯地产迟延支付工程预付款的行为。其次，即使存在朗讯地产迟延支付工程预付款、应根据合同通用条款约定支付土星建设迟延利息的义务，土星建设还应根据合同通用条款第 53 条约定，在该索赔事件首次发生的 21 天之内将其索赔意向书提交监理工程师，并抄送业主；但是，土星建设并未提供证据证明其依据上述约定，向朗讯地产提出针对迟延支付工程预付款的利息索赔请求，故亦根据该条关于“如果承包人提出的索赔要求未能遵守本条中的各项规定，承包人无权得到索赔”的约定，土星建设也无权获得该部分利息的赔偿请求。

综上，一审法院在无法计算迟延付款的利息及土星建设未提供证据证明其在损失发生后及时向朗讯地产提出索赔主张的情况下，驳回土星建设关于朗讯地产支付迟延支付工程预付款利息 201 018.62 元的请求，并无不当；土星建设针对该工程预付款利息的上诉请求，无事实及法律依据，应予驳回。

裁判结果：驳回上诉，维持原判。

【律师点评】

针对建设单位未按照施工合同约定支付工程预付款的违约行为，施工单位有权主张拖延支付预付款的利息。利率有约定的按约定，无约定的按中国人民银行同期银行贷款利率支付。施工单位需要举证证明拖延支付预付款的事实、拖欠预付款额度及拖延期限。施工单位尚需按照合同约定及时向建设单位发出催告及时履行工程预付款支付义务的通知，并按照合同约定的程序要求进行预付款利息的索赔。

案例62　停窝工损失纠纷

——土星建设公司与朗讯公司建设工程施工合同纠纷案

【基本案情】

2003年12月31日，土星建设公司（以下简称土星建设）经过招投标，与朗讯公司签订东埠高速公路路基工程施工“合同协议书”，约定朗讯公司将东埠高速公路13标段发包给土星建设施工，合同总价为201 901 950元，工期22个月等内容。

土星建设提起诉讼，请求：赔偿2004年1月至2005年3月第一次停工期间发生的停窝工损失22 565 873.85元；赔偿2006年11月至2009年4月第二次停工期间停窝工损失32 006 719.12元（房租40 986.67元＋用地费405 096元＋人员机械设备停窝工损失30 970 300元＋石灰款590 336.45元）；赔偿土星建设因工期延长和实际工程总价款减少而引起的管理费增加的损失4 078 795元。

一审诉讼中，土星建设为证明其主张，向一审法院提交了2004年3月至2005年3月期间现场监理人员王波签署的每日停工、窝工人员机械统计表及每月停工人员、机械费用统计表，每日停工、窝工人员机械统计表载明的停窝工原因为资金不到位、取土场问题未解决。一审诉讼期间，一审法院根据土星建设的申请，依法委托明珠公司就土星建设所主张的停窝工损失是否存在及如存在则具体数额为多少进行了鉴定。明珠公司于2012年7月17日出具的“鉴定报告”结论为：根据现有资料，土星建设承建的东埠高速公路13标段工程停窝工损失费为：(1) 2004年3月至2005年3月第一次停工期间停窝工损失费：① 确定部分造价为6 778 661.54元。② 不确定部分造价为6 929 833.87元。(2) 2006年11月至2009年3月第二次停工期间停窝工损失费，根据现有的证据资料不能计算具体金额。

一审法院认为“合同协议书”及“协议书”合法有效。土星建设主张的2004年3月至2005年3月期间的停窝工损失中确定部分6 778 661.54元，予以支持；不确定部分，不予支持。土星建设主张的2006年11月至2009年4月期间的停窝工损失，不予支持。

朗讯公司上诉后辩称：关于停窝工损失，监理王波的签字是无效的，是王波的个人行为，“鉴定报告”依据无效的签字而鉴定的停窝工损失没有任何依据，且土星建设并没有证据证明其实际支出了所主张的停窝工损失款项，这表明其并没有任何损失，进一步其也无权请求对该部分损失予以赔偿，即使有停窝工的行为，也是由于土星建设自身原因造成的。一审法院判决支付第一次停工损失没有依据。

二审法院审理查明的其他事实与一审法院查明的事实相同。另查明，关于索赔程序，合同通用条款第53条约定，如果承包人根据合同条款中任何条款提出任何附加支付的索赔时，应该在该索赔事件首次发生的21天之内将其索赔意向书提交监理工程师，并抄送业主。监理工程师在接到上述索赔意向书时，无须认可是否系业主责任，应先审查这些当时记录，并可指示承包人进一步做好当时记录。如果承包人提出的索赔要求未能遵守本条中的各项规定，则承包人无权得到索赔或只限于索赔由监理工程师按当时记录予以核实的那部分款额。监理工程师在与业主和承包人协商后，确定承包人有权得到的全部或部分的索赔款额。合同专用条款进一步针对合同通用条款第53条增加约定，承包人提出索赔申请的记录包括业主、监理工程师与承包人的谈话记录，工地人工、材料、机械统计报表，施工备忘录、监理记录及驻地监理工程师填写的各种报表。

关于朗讯公司应否赔偿土星建设停窝工损失，如应赔偿，则赔偿的数额是多少的问题，双方存在争议。对于该争议问题，土星建设、朗讯公司的诉辩又包括以下两部分停窝工损失的争议：

(1) 关于2004年3月至2005年3月期间的停窝工损失问题。根据合同通用条款第53条约定，如果承包人根据合同条款中任何条款提出任何附加支付的索赔时，其应该在该索赔事件首次发生的21天之内将其索赔意向书提交监理工程师，并抄送业主；监理工程师在与业主和承包人协商后，确定承包人有权得到的全部或部分索赔款额。对于2004年至2005年第一次停窝工期间的确定部分造价为6 778 661.54元，经查明，是指既有现场监理人员签字确认的每日停窝工情况具体统计表，也有现场监理人员签字确认的每月停窝工情况统计表，这说明对于这部分损失，土星建设已经按照索赔程序提出了索赔，且该索赔已经经过监理签字予以确认，故土星建设的该索赔符合上述合同通用条款第53条的约定，一审法院判决朗讯公司赔偿土星建设此部分确定款项的损失，并无不当，应予维持。

至于朗讯公司上诉主张，在上述索赔材料上签字的王波非其监理人员，无权确定索赔事项的理由，经查明，王波系案涉东埠高速公路13标段2004年5月至2005年3月期间的现场监理人员；而合同通用条款第53.5款明确约定，监理具有确定索赔的权利，因此，在朗讯公司无证据证明上述索赔依据上的监理"王波"的签证系虚假的情况下，一审法院判决朗讯公司赔偿土星建设上述经过监理王波签证认可的可确定部分停窝工损失6 778 661.54元，并无不当。朗讯公司的上诉理由不能成立，二审法院不予采信。

对于2004年至2005年第一次停工期间人员、机械设备停窝工费用不确定部分的造价6 929 833.87元，经查明，该部分诉请款项是指：2004年12月份的统计表中，只有12月1日至6日的明细，没有其他天数的明细；2004年1～6月和2005年1～3月，只有现场监理人员签字确认的每月停窝工情况统计表，没有现场监理人员签字确认的每日停窝工情况统计表。上述事实表明，该不确定部分停窝工损失款项虽然有每月的总统计表，但没有与此总统计表一一对应的每日索赔签证统计表，这同案涉工程针对确定部分停窝工损失的通常做法不符，一审法院未支持土星建设针对该不确定部分停窝工损失的诉请，并无不当。土星建设上诉请求朗讯公司赔偿该部分损失，理据不足，应予驳回。

(2) 关于2006年11月至2009年4月期间的停窝工损失问题。经查，对此部分损失，土星建设亦自认，其并未依据合同约定提出过索赔，因此，在土星建设未依据合同通用条款第53条约定履行索赔程序的情况下，根据该条的进一步约定，土星建设无权获得该部分诉请款项的赔偿，而其在该案中主张由法院酌定朗讯公司赔偿该停窝工损失4 000 000元，无事实及法律依据，应予驳回。

裁判结果：驳回上诉，维持原判。

【律师点评】

因建设单位原因导致的停工，施工单位有权向建设单位主张停窝工损失。在合同履行过程中，施工单位应当及时向监理或建设单位办理有关签证或索赔。经有权人签署的签证或索赔报告应当全面反映索赔事件的真实面貌，否则面临法院不予认可的风险。合同约定"未遵循合同约定的索赔程序导致索赔失权的"，施工单位未按照合同约定的索赔程序主张权利会导致索赔主张得不到法院支持。

案例63 施工单位能否主张停工期间原材料上涨费

——土星建设公司与朗讯公司建设工程施工合同纠纷案

【基本案情】

2003年12月31日土星建设公司(以下简称土星建设)经过招投标,与朗讯公司签订东埠高速公路路基工程施工“合同协议书”。协议约定朗讯公司将东埠高速公路13标段发包给土星建设施工,合同总价为201 901 950元,工期为22个月等内容。

一审诉讼期间,一审法院根据土星建设的申请,依法委托明珠公司就土星建设所主张的停工期间原材料上涨费进行了鉴定,结论为:根据现有资料,土星建设承建的东埠高速公路13标段工程因2004年停工影响原材料及油料价格上涨费用为3 119 237.63元。

一审法院认为“合同协议书”及“协议书”合法有效。对于土星建设停窝工期间原材料及油料价格的上涨费用,朗讯公司与土星建设平均负担,朗讯公司应赔偿土星建设1 559 618.82元。

朗讯公司上诉称:一审判决以“鉴定报告”为依据,判定双方分摊油料上涨的损失,违背事实和公平原则。

土星建设辩称:2004年的停工完全系朗讯公司资金不到位所造成,对于停工影响原材料及油料价格上涨费用,朗讯公司应当负全部责任,一审法院判决双方各担50%不符合事实。

朗讯公司辩称:关于2004年至2005年停工导致的材料价差损失问题,土星建设并未提供证据证明其实际支出了价差部分的费用,且造成工程延期的原因是由于土星建设组织不力造成的,此部分价差损失如果存在,也应该由土星建设承担,而不应由朗讯公司分担。

关于费用的变更,合同通用条款第70.3款约定,如果承包人未能在投标书附录中写明的工期内完成本合同工程,则在该交工日期以后施工的工程,其价格调整计算应采用该交工日期所在年份的价格指数作为当期价格指数。但是,在延长的交工日期到期以后施工的工程,其价格调整计算应采用该延长的交工日期所在年份的价格指数作为当期价格指数。

关于朗讯公司应否赔偿土星建设因2004年3月至2005年3月停工导致的原材料及油料价差损失,如应赔偿,则赔偿的数额是多少的问题,二审法院认为:

该案土星建设请求朗讯公司赔偿2004年3月至2005年3月停工导致的原材料及油料价差损失,系以朗讯公司违反合同约定导致案涉工程停工作为其诉请的基础。对此,如果确实存在如土星建设所主张的朗讯公司违约的全部原因或者部分原因,且土星建设也确实存在由于朗讯公司违约所导致的原材料及油料价差损失,则该请求符合《中华人民共和国合同法》第一百一十三条关于“当事人一方不履行合同义务或者履行合同义务不符合约定,给对方造成损失的,损失赔偿额应当相当于因违约所造成的损失”的规定,故一审法院对土星建设在该案中关于朗讯公司赔偿2004年至2005年3月停工所产生的原材料及油料价差损失的请求进行审理,并无不当。

对于一审法院认定案涉工程没有按时完成施工量系土星建设与朗讯公司共同造成的问题,在该案诉讼过程中,土星建设虽然上诉主张案涉工程停工完全系朗讯公司资金不到位、征地补偿未完成等原因造成,但是,东埠高速公路路基工程总监理工程师办公室文件(东埠总监办〔2004〕011号）载明，各施工单位均存在机械设备不足、不配套问题；东埠高速公路路基工程项目工程监理通知单（编号：2004-56）中载明，第13合同项目部张某某自10月22日至11月14日离开工地没有履行请假手续，处以违约金40 000元，以示惩戒，希13合同项目部严格执行项目管理制度，不得再犯。上述文件和通知单系土星建设自行提供的证据，这说明，即使从土星建设自认的事实来看，也确实存在土星建设施工组织不力、管理不到位的情况，故一审法院认定其对于工程延期具有过错，并无不当；土星建设的上诉理由，理据不足，二审法院不予采信。至于朗讯公司上诉主张案涉工程停工完全系土星建设的原因造成的理由，从该案省政府《253号会议纪要》来看，确实存在朗讯公司资金不足、工程无法继续进行的事实，故一审法院认定朗讯公司对于工程停工负有责任，亦无不当，朗讯公司关于案涉工程停工完全归咎于土星建设的上诉理由与事实不符，二审法院不予采信。至于一审法院所认定的双方过错程度相当及双方均承担2004年3月至2005年3月停工导致的原材料及油料价差损失，系一审法院在对案件事实审查的基础上对该案双方当事人过错程度及双方当事人应承担责任的裁量，朗讯公司与土星建设均无证据证明上述裁量显失公平，故二审法院予以维持。

至于鉴定单位将2005年3月至2006年3月作为原材料及油料价差价格调整期间的问题，鉴于土星建设于2006年3月完成了原计划应于2005年3月完成的施工工程量，故鉴定单位所采纳的价格调整指数符合合同通用条款第70.3款关于"在延长的交工日期到期以后施工的工程，其价格调整计算应采用该延长的交工日期所在年份的价格指数作为当期价格指数"的约定，并无不当。而一审法院在土星建设与朗讯公司均未能提交施工所在地原材料的市场价格信息的情况下，采纳鉴定单位参照合肥地区市场价格信息所计算的价差，也属适当。因此，朗讯公司关于"鉴定报告"所采纳的原材料及油料价差价格调整计算期间及采用的市场价格信息错误的理由，无事实及法律依据，均不予采信。

裁判结果：驳回上诉，维持原判。

【律师点评】

对于因建设单位原因导致的停工期间原材料、人工费的上涨费，施工单位有权利要求建设单位承担。施工单位须制作、保存、积累相关证据，证明停工是建设单位造成的。

案例64　两份无效施工合同如何结算

——金地建设公司与银球地产公司建设工程施工合同纠纷案

【基本案情】

一审法院认定事实：2009年9月28日，金地建设公司（以下简称金地建设）、银球地产公司（以下简称银球地产）、设计单位及监理单位对案涉工程结构和电气施工图纸进行了四方会审。在履行招投标程序之前，金地建设已经完成了案涉工程部分楼栋的定位测量、基础放线、基础垫层等施工内容。2009年12月1日，经履行招投标程序，银球地产向金地建设发出"中标通知书"，银球地产招标文件载明合同价款采用固定总价方式。2009年12月8日，双方当事人签订"备案合同"。合同约定：由金地建设承包银球地产开发的金色和园住宅工程，建筑面积为110 998 m^2，承包范围为施工图纸标识的全部土建、水暖、电气、电梯、消防、通风等工程的施工安装;开工日期为 2009 年 12 月 8 日,竣工日期为 2011 年 12 月 7 日,工期总日历天数 730 天;合同价款为 131 839 227.62 元。在合同第三部分专用条款第 23.2 条,原载明"合同价款采用可调价格合同,合同价款调整方法为:按施工图纸结算,材料价格调整、设计变更洽商现场签证按实调整,执行 2008 年河北省建筑安装工程预算定额及双方协议或约定",后双方将该约定划掉,改为"合同价款采用固定总价方式确定","除设计变更现场签证之外,均包括在合同总价之内","风险范围以外合同价款调整方法为由发包人、承包人及监理单位三方签证按总价下浮 3%进行调整",在上述修改处均加盖有双方公章。该份协议于 2009 年 12 月 30 日在唐山市建设局进行了备案。

2009 年 12 月 28 日,双方当事人签订"补充协议",约定该补充协议是对金色和园建筑工程施工合同的有关补充条款进行的明确,作为主合同附件,与主合同具有同等法律效力。该协议第四条约定,结算方式:本工程执行河北省 2008 年定额及相关文件,建筑安装工程费结算总造价降 3%。2011 年 11 月 30 日,金地建设所承建的工程全部竣工验收合格。

2012 年 8 月底,金地建设向银球地产上报了完整的结算报告,银球地产已签收。双方当事人均认可在施工过程中,银球地产已向金地建设支付工程价款 124 939 155 元。在审理过程中,金地建设向一审法院提交案涉工程造价审计申请,一审法院通过司法技术辅助室依法定程序选定鉴定机构为铜伟工程造价咨询有限责任公司(以下简称铜伟公司)。鉴于双方对于以哪份合同作为审计工程价款的依据存在重大分歧,银球地产主张按备案合同约定的固定总价计价方式结算工程价款,金地建设主张按补充协议约定的可调价计价方式结算工程价款,因此一审法院委托鉴定机构按照双方主张分别以两份合同为依据进行审计。铜伟公司最终审计结果为:按照备案合同即固定总价合同,鉴定工程总造价为 117 323 856.47 元;按照补充协议即可调价合同,鉴定工程总造价为 150 465 810.58 元。该鉴定结论经过双方当事人多次质询、修正,符合法律规定,可以作为认定事实的依据。

一审法院认为:关于银球地产欠付工程价款及利息的数额应如何计算问题。首先,双方当事人先后签订的两份施工合同均无效:双方 2009 年 12 月 8 日签订的"备案合同"虽系经过招投标程序签订,并在建设行政主管部门进行备案,但在履行招投标程序确定金地建设为施工单位之前,金地建设、银球地产、设计单位及监理单位已经对案涉工程结构和电气施工图纸进行了四方会审,且金地建设已完成部分楼栋的定位测量、基础放线、基础垫层等施工内容,即存在未招先定等违反《中华人民共和国招标投标法》禁止性规定的行为,因此该备案合同应认定为无效。而双方 2009 年 12 月 28 日签订的"补充协议"系未通过招投标程序签订,且对备案合同中约定的工程价款进行了实质性变更,属于《最高人民法院关于审理建设工程施工合同纠纷案件适用法律问题的解释》第二十一条所规定的黑合同,依法也应认定为无效。其次,该案中的两份施工合同签署时间仅间隔 20 天,从时间上无法判断实际履行的是哪份合同,双方当事人对于实际履行哪份合同也无明确约定,两份合同内容比如甲方分包、材料认质认价等在合同履行过程中亦均有所体现,且两份合同均为无效合同就意味着法律对两份合同均给予了否定性评价,无效的合同效力等级相同,不涉及哪份合同更优先的问题。因此综合考虑该案情况,可按照《中华人民共和国合同法》第五十八条的规定,由各方当事人按过错程度分担因合同无效所造成的损失。该案中该损失即为两份合同之间的差价 33 141 954.11 元(150 465 810.58 元－117 323 856.47 元)。银球地产作为发包人是依法组织进行招投标的主体,对于未依法招投标应负有主要责任,金地建设作为具有特级资质的专业施工单位，对于招投标法等法律相关规定也应熟知，因此对于未依法招投标导致合同无效也具有过错，综合分析该案情况以按 6∶4 分担损失较为恰当，因此总工程价款数额应认定为 137 209 028.94 元（117 323 856.47 元＋33 141 954.11 元×60％）。按此扣减已付工程价款 124 939 155 元后，尚欠工程价款 12 269 873.94 元。

综上，一审法院判决：银球地产于判决生效之日起 15 日内给付金地建设欠付的工程价款 10 297 320.69 元，并支付相应拖欠工程价款的利息。金地建设上诉至最高人民法院，最高人民法院维持原判。

【律师点评】

《最高人民法院关于审理建设工程施工合同纠纷案件适用法律问题的解释》第二十一条规定："当事人就同一建设工程另行订立的建设工程施工合同与经过备案的中标合同实质性内容不一致的，应当以备案的中标合同作为结算工程价款的依据。"其适用前提应为备案的中标合同合法有效，无效的备案合同并非当然具有比其他无效合同更优先参照适用的效力。

《中华人民共和国合同法》第五十八条规定："合同无效或者被撤销后，因该合同取得的财产，应当予以返还；不能返还或者没有必要返还的，应当折价补偿。有过错的一方应当赔偿对方因此所受到的损失，双方都有过错的，应当各自承担相应的责任。"当事人就同一建设工程订立的数份施工合同均被认定无效，当事人请求参照合同约定结算工程价款的，法院的审判实务中多采取以下处理办法：(一) 参照当事人真实合意并实际履行的合同约定结算工程价款；(二) 无法确定双方当事人真实合意并实际履行合同的，应当结合缔约过错、已完工程质量、利 益平衡等因素分配两份或以上合同间的差价确定工程价款；(三) 依照第二项确定的工程价款与工程实际价款差距较大，按照签约时的市场价格信息确定工程价款。以上第二种处理办法的法律依据为《中华人民共和国合同法》第五十八条。该案正是基于《中华人民共和国合同法》第五十八条作出的判决。

值得注意的是，自 2019 年 2 月 1 日生效的《最高人民法院关于审理建设工程施工合同纠纷案件适用法律问题的解释(二)》第十一条规定："当事人就同一建设工程订立的数份建设工程施工合同均无效，但建设工程质量合格，一方当事人请求参照实际履行的合同结算建设工程价款的，人民法院应予支持。实际履行的合同难以确定，当事人请求参照最后签订的合同结算建设工程价款的，人民法院应予支持。"如根据最新法律规定，该案的结算依据应是最后签订的合同。

案例 65　固定价合同因甲方违约解除后如何结算

——土星建设公司与银河置业有限公司建设工程施工合同纠纷案

【基本案情】

一审法院经审理查明：2011 年 9 月 1 日，银河置业有限公司与土星建设公司签订"建设工程施工合同"。合同约定：由土星建设公司为银河置业有限公司的建设工程施工，工程名称为 A 文化产业创意园商业广场，建筑面积为 36 691.76 m^2，最终以双方审定的图纸设计面积为准；开工日期为 2011 年 5 月 8 日，竣工日期为 2012 年 6 月 30 日，工期 419 天。工程单价1 860元/m^2，单价一次性包死，合同总价款 68 345 700 元。

2011年5月15日，土星建设公司开始施工；2011年6月，北京龙安华诚建筑设计有限公司(以下简称龙安华诚公司)完成设计图纸，同月27日双方当事人及有关单位进行图纸会审；2011年11月23日，土星建设公司、银河置业有限公司、监理单位、设计单位、勘察单位、质检单位在某县银河置业有限公司售房部形成“基础验收会议纪要”，工程基础验收合格。2012年6月13日，土星建设公司、银河置业有限公司与相关单位组织主体验收。

2012年6月19日，土星建设公司发出通知，要求银河置业有限公司于2013年6月23日前支付12 251 400元工程价款，否则将停止施工。2012年6月25日，银河置业有限公司发出通知。通知内容为：土星建设公司不按约履行合同，拖延工程进度，不按图施工，施工力量薄弱，严重违约，导致工程延误给银河置业有限公司造成了巨大经济损失，要求解除合同，要求土星建设公司接到通知的1日内撤场、拆除临舍。之后，双方解除合同，土星建设公司撤场。

2011年8月10日至2012年4月18日，银河置业有限公司陆续支付给土星建设公司工程价款30 957 562元；土星建设公司对上述款项予以认可。

根据土星建设公司的申请，一审法院委托司法鉴定机构对土星建设公司承建的A文化产业创意园广场已完工程造价和土星建设公司应当施工但未施工部分工程项目合同价款进行了鉴定。工程造价鉴定结论有7项：① 依据双方当事人签订的“建设工程施工合同”、设计施工图等相关资料，标的物合同价格＝建筑面积×合同单价＝36 691.76 m^2×1 860元/m^2 ＝68 246 673.60元。② 依据设计施工图纸及《某省建设工程消耗量定额(2004)》等相关资料，标的物施工图预算价格合计为89 098 947.93元。即：合同与预算相比下浮比例为76.6%。③ 依据双方当事人签订的“建设工程施工合同”、设计施工图、《某省建设工程消耗量定额(2004)》等相关资料，标的物已完部分工程预算价格合计为40 652 058.17元。④ 标的物已完工程项目鉴定价格＝40 652 058.17元×76.6%＝31 139 476.56元。⑤ 双方当事人无争议的工程变更、签证项目(廊桥)鉴定价格为83 361.10元。⑥ 增加的加气混凝土墙面抹灰费用50 000元。⑦ 双方当事人有争议，需经人民法院审理确认的工程变更、签证项目鉴定价格为1 451 136.16元。以上已完工程项目鉴定价格合计32 723 973.82元。土星建设公司应当施工但未施工部分工程项目合同价款为21 446 706.70元。

一审法院审理查明：施工合同解除因银河置业有限公司的过错造成，土星建设公司不承担责任。一审法院认为：双方当事人对工程计价有明确约定，虽然案涉工程为未完工程，并且合同已经解除，但合同的解除，并不影响合同中约定的工程价款的结算条款。《最高人民法院关于审理建设工程施工合同纠纷案件适用法律问题的解释》第十条第一款规定：“建设工程施工合同解除后，已经完成的建设工程质量合格的，发包人应当按照约定支付相应的工程价款……”。第二十二条规定：“当事人约定按照固定价结算工程价款，一方当事人请求对建设工程造价进行鉴定的，不予支持。”土星建设公司关于合同约定的工程量因银河置业有限公司解除合同的行为发生了变更，该案的工程价款计价方式不再适用合同中关于固定单价的约定，应当按照定额进行结算的主张旨在突破合同对双方当事人的拘束，打破双方之间的利益平衡。在合同解除后，由于案涉工程为未完工程，无法直接以固定价计算工程价款，鉴定机构将合同价与预算价相比，计算出土星建设公司按合同约定已完成的工程价款，符合双方合同的约定，也符合上述司法解释的规定，有事实和法律依据。无证据证明鉴定机构在鉴定过程中存在程序违法的情形，并且，双方当事人对鉴定意见书的内容未提出实质性异议。因此，土星建设公司的主张缺乏事实和法律依据，不予支持。鉴定意见书应作为定案依据。

综上，经一审法院审判委员会讨论，作出判决：土星建设公司于本判决生效后30日内向银河置业有限公司返还超付的工程价款835 491.69元。

二审法院认可一审法院关于合同解除系银河置业有限公司单方面原因造成的认定。双方当事人二审争议焦点是：案涉合同工程价款如何确定。

第一，就该案应当采取的计价方法而言。二审法院认为，首先，根据双方签订的"建设工程施工合同"约定，合同价款采用按约定建筑面积量价合一计取固定总价，即以一次性包死的承包单价1 860元/m^2乘以建筑面积作为固定合同价，合同约定总价款约68 345 700元。作为承包人的土星建设公司，其实现合同目的、获取利益的前提是完成全部工程。因此，该案的计价方式，贯彻了工程地下部分、结构施工和安装装修三个阶段，即三个形象进度的综合平衡的报价原则。

其次，我国当前建筑市场行业普遍存在着地下部分和结构施工薄利或者亏本的现实，这是由于钢筋、水泥、混凝土等主要建筑材料价格相对较高且大多包死，施工风险和难度较高，承包人需配以技术、安全措施费用才能保质保量完成等所致；而安装、装修施工是在结构工程已完工之后进行，风险和成本相对较低，因此，安装、装修工程大多可以获取相对较高的利润。该案中，土星建设公司将包括地下部分、结构施工和安装装修在内的土建＋安装工程全部承揽，其一次性包死的承包单价是针对整个工程作出的。如果土星建设公司单独承包土建工程，其报价一般要高于整体报价中所包含的土建报价。作为发包方的银河置业有限公司单方违约解除了合同，如果仍以合同约定的1 860元/m^2作为已完工程价款的计价单价，则对土星建设公司明显不公平。

再次，合同解除时，土星建设公司施工面积已经达到了双方审定的图纸设计的结构工程面积，但整个工程的安装、装修工程尚未施工，土星建设公司无法完成与施工面积相对应的全部工程量。此时，如果仍以合同约定的总价款约68 345 700元确定该案工程价款，则对银河置业有限公司明显不公平，这也印证了双方当事人约定的工程价款计价方法已无法适用。

最后，根据该案的实际，确定案涉工程价款，只能通过工程造价鉴定部门进行鉴定的方式进行。通过鉴定方式确定工程价款，司法实践中大致有三种方法：

一是以合同约定总价与全部工程预算总价的比值作为下浮比例，再以该比例乘以已完工程预算价格进行计价；

二是已完施工工期与全部应完施工工期的比值作为计价系数，再以该系数乘以合同约定总价进行计价；

三是依据政府部门发布的定额进行计价。

第二，就鉴定意见书能否作为定案依据而言。二审法院认为，首先，一审法院根据土星建设公司的申请，委托了规划研究院咨询部就案涉工程土星建设公司已施工和未施工部分的工程价款进行了鉴定，鉴定机构分别就相应的鉴定内容出具了鉴定意见书。在委托鉴定程序上并不存在违法环节。

最后，尽管鉴定意见属于证据，是具备资格的鉴定人对民事案件中出现的专门性问题，运用专业知识作出的鉴别和判断，但是，鉴定意见只是诸多证据中的一种，其结果并不当然成为人民法院定案的唯一依据。在认定案件事实上，尤其涉及法律适用时，尚需要结合案件的其他证据加以综合审查判断。

第三，就已完工工程价款如何确定而言。二审法院认为，首先，前述第一种方法的应用，是在当事人缔约时，依据定额预算价下浮了一定比例形成的合同约定价，只要计算出合同约定价与定额预算价的下浮比例，据此就能计算出已完工程的合同约定价。鉴定意见书即采用了该种方法，一审判决也是采纳了该鉴定意见。遵循这一思路，该案已完工程的价款应为：68 246 673.60 元（鉴定的合同总价款）÷89 098 947.93 元（鉴定的全部工程预算价）×40 652 058.17 元（鉴定的已完工工程预算价）＝31 139 476.56 元。然而，无论是鉴定意见书还是一审判决，采用这一方法计价存在着明显不合理之处：一是现无证据证明鉴定的全部工程预算价 89 098 947.93 元是当事人缔约时依据的预算价，何况合同总价款 68 246 673.60元也是通过鉴定得出的，并非当事人缔约时约定的合同总价款。二是用鉴定出的两个价款进行比对得出的下浮比例，与当事人的意思表示没有任何关联，如此计算出来的价款当然不可能是合同约定的价格。三是如采用这一方法，银河置业有限公司应支付的全部工程价款大致为：31 139 476.56 元＋13 500 000 元（被银河置业有限公司分包出去的屋面工程价款）＋ 14 600 000 元（剩余工程的工程价款）＝ 59 239 476.56 元。由此，银河置业有限公司应支付的全部工程价款将明显低于合同约定的总价 68 345 700 元，两者相差 910 余万元。显然，如采用此种计算方法，将会导致银河置业有限公司虽然违反约定解除合同，却能额外获取 910 余万元利益的现象。这种做法无疑会助长因违约获得不当利益的社会效应，因而该方法在该案中不应被适用。四是虽然一审判决试图以这一种计算方法还原合同约定价，但却忽略了当事人双方的利益平衡以及司法判决的价值取向。至银河置业有限公司解除合同时，土星建设公司承包的土建工程已全部完工，银河置业有限公司解除合同的行为破坏了双方的交易背景，此时如再还原合同约定的土建工程价款，既脱离实际情况，违背交易习惯，又会产生对守约一方明显不公平的后果。

其次，如果采用第二种方法计算该案工程的工程价款，该案已完工程价款应为：408 天（2011 年 5 月 15 日至 2012 年 6 月 25 日）÷506 天（2011 年 5 月 15 日至 2012 年 10 月 1 日）×68 246 673.60 元（鉴定的合同总价款）＝55 028 938.40 元。采用这一方法，与建设工程中发包人与承包人多以单位时间内完成工程量考核进度的交易习惯相符。银河置业有限公司应支付的全部工程价款为：55 028 938.40 元＋13 500 000 元（被银河置业有限公司分包出去的屋面工裎价款）＋ 14 600 000 元（剩余工程的工程价款）＝ 83 128 938.40 元。银河置业有限公司应支付的全部工程价款明显高于合同约定的总价 68 345 700 元，两者相差 14 783 238.40元，此时虽然符合银河置业有限公司中途解除合同必然导致增加交易成本的实际情况，但该计算结果明显高于已完工工程相对应的定额预算价 40 652 058.17 元，对银河置业有限公司明显不公，因而也不应采用。

再次，如采用第三种方法即依据政府部门发布的定额计算已完工工程价款，则已完工工程价款应是 40 652 058.17 元。银河置业有限公司应支付的全部工程价款为：40 652 058.17元＋13 500 000 元（被银河置业有限公司分包出去的屋面工程价款）＋14 600 000元（剩余工程的工程价款）＝68 752 058.17 元，比合同约定的总价 68 345 700 元仅高出 400 000 余元。此种处理方法既不明显低于合同约定总价，也不过分高于合同约定总价，与当事人预期的价款较为接近，因而比上述两种计算结果更趋合理。另外，政府部门发布的定额属于政府指导价，依据政府部门发布的定额计算已完工程价款亦符合《中华人民共和国合同法》第六十二条第(二)项“价款或者报酬不明确的，按照订立合同时履行地的市场价格履行；依法应当执行政府定价或者政府指导价的，按照规定履行”以及《中华人民共和国民法通则》第八十八条第(四)项“价格约定不明确，按照国家规定的价格履行；没有国家规定价格的，参照市场价格或者同类物品的价格或者同类劳务的报酬标准履行”等相关规定，审理此类案件，除应当综合考虑案件实际履行情况外，还特别应当注重双方当事人的过错和司法判决的价值取向等因素，以此确定已完工程的价款。一审判决没有分清哪一方违约，仅仅依据合同与预算相比下浮的76.6%确定该案工程价款，然而，该比例既非定额规定的比例，也不是当事人约定的比例，一审判决以此种方法确定工程价款不当，应予纠正；土星建设公司提出的以政府部门发布的预算定额价结算该案已完工工程价款的上诉理由成立，应予支持。二审法院据此作出判决。

【律师点评】

对于约定了以固定价结算工程价款的建设工程施工合同，因一方或双方的过错致使合同解除的，在确定已完工程价款时，司法实践主要方法有：(1) 以合同约定的总价与全部工程预算总价的比值作为下浮比例，再以该比例乘以已完工程预算价格的方式计算工程价款(2) 依据政府部门发布的定额计算工程价款。(3) 其他，如合同约定固定价乘以实际施工天数占合同约定工期的比例。具体采用何种方法，应当综合考虑案件实际履行情况，并特别注重双方当事人的过错和司法判决的价值取向等因素来确定。

在该案中，因甲方违约致合同解除的，除了考虑因甲方过错，故不能从解除合同行为中获得利益外，尚应考虑因甲方违约而应当给予施工单位一定的赔偿，如未完工程中的利润应部分赔偿给施工单位。

第十章 建设工程工期纠纷案例分析

案例 66 工程量增加引起工期延长时承包人有工期顺延抗辩权

——陶明公司与成方公司建设工程施工合同纠纷案

【基本案情】

再审申请人陶明公司因与被申请人成方公司建设工程施工合同纠纷一案,不服中级人民法院民事判决,向法院申请再审。

陶明公司申请再审,称:该案符合《中华人民共和国民事诉讼法》第二百条第(六)项的规定,应当裁定再审。主要理由:双方合同约定 2011 年 9 月 10 日竣工,直到 2012 年 1 月 14 日双方签订解除协议时尚未竣工,工期拖延是不争的事实,对此成方公司应按合同约定的总价款的每日万分之三承担工期违约责任。二审法院认为工程量增加导致延长工期符合惯例,忽视了关于工期延长的合同约定,即成方公司应于变更、增加工程量情况发生后 14 天内,就延误工期以书面形式向陶明公司工程师提出报告,经确认后工期相应顺延。关于工程师,合同释义是"履行合同的代表",即陶明公司工地负责人,成方公司申请工程进度款时能找到陶明公司负责人,申请延长工期自然也能找到,其述称找不到是借口。该案成方公司在施工中没有提出过顺延工期和停工的请求,并且在解除协议中也自认"管理混乱、主管人员长期不到位、人员屡屡上访、无力按合同组织施工",二审法院判令陶明公司承担举证不能的法律后果,属举证责任分配不当。

法院经审理认为:首先,该案陶明公司未按合同约定支付工程进度款,且双方未就延期付款达成协议,故根据双方签订的"建设工程施工合同"通用条款第 26.4 条关于"发包人不按合同约定支付工程价款(进度款),双方又未达成延期付款协议,导致施工无法进行,承包人可停止施工,由发包人承担违约责任"的约定,成方公司享有履行抗辩权,即停止施工的权利。其次,该案工程量存在变更和增加情形,工程量的变更和增加必然对工期产生影响,二审法院认为工程量增加导致工期延长符合生活常识和建筑行业惯例,并无不妥。关于工期顺延是否必然经过陶明公司工程师确认程序的问题,陶明公司工程师的确认程序是双方协商确定延长具体工期期限的程序,但并不影响该案工程量存在变更和增加事实的存在。根据《中华人民共和国合同法》的相关规定,成方公司依据该事实仍然享有工期顺延的抗辩权。再次,双方于 2012 年 1 月 14 日所签订的"协议书"实质为解除合同协议书,该协议书的内容仅体现了双方解除建设工程施工合同的原因,而不能反映出成方公司自认其存在工期逾期的违约行为。故二审法院改判驳回陶明公司关于要求成方公司支付工期逾期违约金的诉讼请求,并无不当。

裁判结果:驳回陶明公司的再审申请。

【律师点评】

因工程量增加而导致的工期延长是工程建设过程中自然产生的客观事实，而工期延长的性质是工期顺延还是工期延误，则需要根据工期延长的原因进行界定，如果发包人引起的延长属于工期顺延，承包人引起的则属于工期延误。工期延误的，承包人就需要承担因此而造成的损失，承担违约责任。但是，在对工期是顺延还是延误的性质进行界定前，承包人享有因工程量增加的客观事实享有工期顺延的抗辩权，这是无异的，这是承包人的权利，而最终的性质由法院根据双方提交的证据来认定。

案例 67　工期的延长并不一定导致违约责任的产生

——百纳公司与源禧公司工期违约金纠纷案

【基本案情】

2008 年 7 月 13 日，原告百纳公司(作为乙方)与被告源禧公司(作为甲方)签订了一份“东宝 220 kV 线路新建工程合同”。合同约定：由甲方将其宝兴东风水电站至宝兴 220 kV 输电线路安装工程(线路长度 7.431 kM，铁塔 12 基)交乙方施工；工期从 2008 年 7 月 20 日至 2008 年 9 月 5 日；承包包干总价为人民币 3 000 000 元，施工中因设计修改引起的工程量及费用变化，应按照国家现行工程造价管理办法和预算定额及费用标准计算，经监理和甲方核实后给予调整；合同还约定了工程内容包括工地运输、土石方工程、基础工程、杆塔工程、架线工程等以及未能按合同规定履行时违约方应赔偿守约方由此造成的实际损失。同月 29 日，原告、被告双方签订一份“东风至宝兴 220 kV 线路新建工程补充协议”。协议约定：综合考虑施工中的各种因素，甲方同意在原总承包价的基础上增加人民币 300 000 元，施工工期延长至 2008 年 10 月 30 日竣工，若在工期内提前完工，甲方不予奖励，若超出工期，每延滞一天，罚款人民币 5 000 元，原合同其他内容不变等内容。2008 年 8 月 1 日，原告百纳公司开始进行施工，施工中由于征地、减少施工难度等方面原因致使该工程设计发生变更(其中包括设计增加了一座塔基)。2009 年 5 月 10 日，原告百纳公司出具一份“工程竣工报告”(东宝 220 kV 线路新建工程)，被告源禧公司未签章认可；同年 6 月 10 日，原告百纳公司制作了一份“送电线路设备移交清册”，被告源禧公司同样未签章。2009 年 7 月，被告源禧公司将该输电线路投入运行。在该工程施工过程中，被告源禧公司分 6 次向原告百纳公司支付工程价款共计 240 万元。2013 年 10 月，原告百纳公司向被告源禧公司发出“关于催告结算以及支付工程价款的通知”，要求被告结算并支付工程价款；同时随通知附上该工程结算书，其上载明该工程结算金额为人民币 3 875 933 元(合同价款 3 000 000 元＋补充协议价款300 000元＋设计变更增量价款 575 933 元)。2013 年 11 月 7 日，源禧公司向百纳公司发出“关于‘催告结算以及支付工程价款通知’的回函”，告知百纳公司派人将有关结算资料备齐择日进行结算。2014 年 5 月 6 日，百纳公司向源禧公司出具一份授权委托书，委托林吉方(项目经理)、徐秀君(市场经营部副经理)作为其公司代理人，进行“东风至宝兴 220 kV 线路新建工程”竣工结算及其他相关事宜，法律后果由其公司承担。原告、被告双方在磋商工程价款过程中，徐秀君于 2014 年 9 月 25 日通过 QQ 聊天软件向源禧公司邓某某发送了一份该工程的结算书(电子邮件)，载明该工程结算费用为 3 531 617 元(合同价款 3 000 000

元＋补充协议价款 300 000 元＋新增 N11 设计变更增量价款 144 219 元＋N12 设计变更增量价款 39 856 元＋N13 设计变更增量价款47 542元）。2014 年 9 月，源禧公司单方制作了一份“东风至宝兴 220 kV 线路新建工程”竣工结算书。结算书载明：该工程竣工结算造价为2 359 236元（合同价 3 300 000 元＋增加工程量造价 215 693 元－减少工程量造价 153 357元－工期延长罚款 590 000 元－工程价款 413 100 元）。由于双方在结算中发生严重分歧，原告遂诉至法院。

另法院在审理过程中向双方当事人释明可以就工程价款价款、窝工、停工等损失提请司法鉴定，原告、被告双方均未提出申请。

法院经审理认为，原告百纳公司与被告源禧公司签订的“东宝 220 kV 线路新建工程合同”及补充协议，系双方真实意思表示，未违反法律的禁止性规定，属于有效合同，对双方均具有法律约束力。百纳公司按照前述合同及相应的变更设计施工，后该施工工程由源禧公司于 2009 年 7 月投入使用，虽然百纳公司未提供充足的证据证明该建设工程经过竣工验收，但是依据《最高人民法院关于审理建设工程施工合同纠纷案件适用法律问题的解释》第十三条、第十四条的相关规定，该工程应视为竣工验收合格。因此，百纳公司有权依据双方签订的合同主张工程价款；其中合同及补充协议包干价款为 3 300 000 元，原告、被告双方对此均无异议，法院直接予以确认；对于增加工程量原告在结算过程中主张不一，诉讼中也不对此申请鉴定，故对其此项主张金额不予认可，可依照被告认可的增量造价 215 693 元予以确定；对于被告主张的减少工程量造价 153 357 元以及原告未完成工程价款 413 100 元，因无充分的证据证明，且被告也未提请相关的鉴定，对此法院不予确认；综合前述分析评判，被告尚应支付原告的工程价款为 1 115 693 元[工程总价款 3 515 693 元（包干价款3 300 000 元＋工程增量价款 215 693 元）－已付款 2 400 000 元]；对于原告主张的相应工程欠款利息，因双方对工程是否完工、应付价款金额分歧严重，且结算一直在持续，故不予支持。对于原告主张的停工、窝工等损失及违约金 100 万元问题，因就原告、被告提供的相关证据而言尚不足以判断工期延长系设计变更原因抑或原告、被告责任造成，故对此诉求不予支持。

裁判结果：由被告于本判决发生法律效力之日起 15 日内支付原告工程欠款 1 115 693元。

【律师点评】

建设工程合同因标的的特殊性，存在着履行周期长，履行过程中变数多等不确定因素，从而导致很多情况下合同无法按照约定的内容、期限履行完毕，当合同无法按照约定履行完成时，就存在着一方当事人受损的可能性。如果合同一方存在过错，致使另一方受损，过错方需承担赔偿责任。如果双方都无过错，则不存在责任的问题。该案中，工期的延长是客观存在的事实，但承包人和发包人均无法证明工期延长是谁的过错，所以，即使工期与合同约定不符，发包人也无法要求承包人承担工期违约的责任；反之，承包人无法举证延期是发包人的原因造成的，也无法要求发包人承担赔偿责任。

案例68　实际竣工日期与约定不符的确定原则

——宏大公司与星亮公司建设工程合同纠纷案

【基本案情】

2011年8月5日，原告宏大公司(承包人、乙方)与被告星亮公司(发包人、甲方)签订“建设工程施工合同”一份。双方约定:工程名称为年产17万t新型建材项目;工程内容为厂区内3号、5号、6号厂房及办公楼建筑安装工程、钢结构工程;承包范围为新建厂区内的相关建筑安装工程;工程分二期，第一期工程为3号、5号、6号厂房及办公楼建筑安装和钢结构工程，建筑面积为20 349.25 m^2，余下项目为第二期工程;开工日期为2011年8月5日(暂定，以双方确定的开工令为准)，竣工日期为2012年8月4日，合同工期总日历天数365日历天。合同价款18 000 000元(最终以审计结算为准)。双方同时约定，工程进度款的支付方式:主体工程结顶(完成建筑体量的)50%支付合同价的25%，全部主体结顶支付合同的25%，工程全部竣工验收合格后7天内，支付合同总价的35%，余10%在甲方收到乙方的决算书后80天内予以支付，余款5%作为保留金，待一年保修期到后15天内一次付清。发包人超过约定的支付时间不支付工程价款(进度款)，承包人可向发包人发出要求付款的通知;发包人收到承包人通知后仍不能按时付款的，发包人应承担相应的一切经济损失，并按日赔付万分之五的利率计算的利息。竣工验收:中间交工工程的范围和竣工时间为土建工程经五方主体竣工验收合格之日。合同同时对双方的权利和义务、违约责任等进行了约定。

合同签订后，原告依约履行合同义务，于2011年9月28日开工。2012年11月23日经建设单位、施工单位、监理单位、设计单位、勘察单位五方主体验收，验收意见为:被告星亮公司3号、5号、6号厂房及办公楼工程已全部完成施工图纸及联系单规定的工作量，综合各分部质量观感评定该工程为合格等级。

原告宏大公司诉称:原告实际施工开工日为2011年9月28日，完工日为2012年8月20日，原告决算工程价款为20 314 027元。但被告仅仅支付了9 500 000元，对剩余工程价款被告既不支付亦不回复。故原告提起诉讼，请求法院判令被告立即支付原告剩余工程价款10 814 027元，并支付自2012年8月20日起未付工程价款每日万分之五的利息;确认原告对上述工程价款及利息依法享有优先受偿权。在案件审理过程中，原告明确诉讼请求为要求被告立即支付原告剩余工程价款9 413 553元，并支付自2012年8月20日起未付工程价款每日万分之五的利息。对利息部分，后原告明确仅要求被告支付自2014年1月1日起以剩余工程价款9 413 553元为该金按约定利率每日万分之五计算的利息损失。

该案在审理过程中，原告申请对被告星亮公司3号、5号、6号厂房及办公楼的工程造价进行司法鉴定，法院依法委托浙江宇康工程管理咨询有限公司进行司法鉴定，浙江宇康工程管理咨询有限公司于2013年4月10日作出宇审价字决〔2013〕第204号审价报告，认定被告星亮公司3号、5号、6号厂房及办公楼工程的工程造价为18 913 553元。被告已陆续支付原告工程价款9 500 000元。

法院经审理认为:原告宏大公司与被告星亮公司签订的“建设工程施工合同”系双方当事人真实意思表示，合法有效，双方均应依约全面履行自己的合同义务。根据合同约定，主体工程结顶(完成建筑体量的)50%支付合同价的25%,全部主体结顶支付合同的25%,工程全部竣工验收合格后7天内,支付合同总价的35%,余10%在被告收到原告的决算书后80天内予以支付,余款5%作为保留金,待一年保修期到后15天内一次付清。故原告按约完成相应的工程量,被告应按约履行支付工程价款的义务。该案被告星亮公司新建厂区厂房3号、5号、6号及办公楼工程于2012年11月23日经建设单位、施工单位、监理单位、设计单位、勘察单位五方主体验收,均为合格工程;被告认为工程的完工仅是部分工程的完工,消防、避雷工程至今还没有完工,但被告不能举证证明;根据合同约定,被告应在工程全部竣工验收合格后7天内支付合同总价的35%,即至合同总价的85%,但至2013年2月4日原告向法院递交起诉状之日,被告仅支付工程价款9 500 000元,即至合同总价的52.78%。对该案所涉工程的决算,原告认为2012年10月已交给被告决算书,并作了合理说明,被告仅简单地否认收到了原告的决算书,因工程的决算书也仅是确定工程的最终价款,现该案所涉工程的造价经司法鉴定,已确定了最终的工程价款,被告虽对此有异议,但未能举证证明,也未积极配合进行补充审价,故被告应对此承担不利的法律后果。就该案所涉工程的保修期,原告认为应从2012年8月20日起算一年,被告认为应从工程竣工验收合格后一年内计算,现该案所涉工程未竣工验收,但被告至今也未提出工程质量保修的异议,且被告也不能就此举证证明,该案所涉工程于2012年11月23日经五方主体验收合格,故自2012年11月23日之日起至今一年的保修期已过,根据合同约定,被告应在2013年11月23日之日起15天内一次性付清余款。综上,因被告未按约履行支付工程价款的义务,其对此应承担相应的违约责任。现原告要求被告支付工程价款余款9 413 553元(18 913 553元−9 500 000元)的诉讼请求,理由正当,法院予以支持。对原告要求被告支付自2014年1月1日起剩余工程价款9 413 553元按每日万分之五计算的利息,法院认为,根据合同约定"发包人超过约定的支付时间不支付工程价款(进度款),承包人可向发包人发出要求付款的通知;发包人收到承包人通知后仍不能按时付款的,发包人应承担相应的一切经济损失,并按日赔付万分之五的利率计算的利息",现原告仅要求被告支付自2014年1月1日起以剩余工程价款9 413 553元为本金按约定利率每日万分之五计算的利息损失,系其对权利的自由处分,不违反法律规定,亦予以支持。

对原告起诉要求确认原告对上述剩余工程价款9 413 553元及利息依据《中华人民共和国合同法》第二百八十六条的规定依法享有优先受偿权。根据法律规定,建设工程承包人行使优先权的期限为六个月,自建设工程竣工之日或者建设工程合同约定的竣工之日起计算。当事人对建设工程实际竣工日期有争议的,如果建设工程经竣工验收合格的,以竣工验收合格之日为竣工日期。原告认为该案所涉工程竣工日期为2012年8月20日,被告不予认可,原告也未能举证证明。该案所涉工程于2012年11月23日经五方主体验收合格,原告自2012年11月23日起6个月享有优先权,原告于2013年2月4日向法院递交起诉状,2013年5月3日该案正式立案受理,均未超过法律规定的享有优先权的期限,故原告对该案所涉工程享有优先受偿权。至于原告享有优先受偿权的范围,根据法律规定,建筑工程价款包括承包人为建设工程应当支付的工作人员报酬、材料款等实际支出的费用,不包括承包人因发包人违约所造成的损失,原告所主张的利息损失不属于优先受偿的范围。故对原告要求在工程价款9 413 553元范围内对涉案工程享有优先受偿权,予以支持,其余部分,不予支持。

裁判结果:被告星亮公司应支付原告宏大公司工程价款计人民币9 413 553元,并支付以工程价款 9 413 553 元为本金自 2014 年 1 月 1 日起至该判决确定履行之日止按每日万分之五计算的利息，限被告于该判决生效之日起 30 日内付清，利随本清；原告宏大公司在工程价款9 413 553元范围内对被告星亮公司的 3 号、5 号、6 号厂房及办公楼折价或者拍卖的价款享有优先受偿权。

【律师点评】

在建设工程合同中，承包人和发包人将开工日期和竣工日期进行明确的约定，并按照约定的期限开工和竣工，竣工和开工之间的期限即为工期。但由于工程建设过程中往往会出现一些特殊情况，而导致实际竣工日期和约定的竣工日期不一致。如果承包人和发包人无法就竣工日期达成一致，按照《最高人民法院关于审理建设工程施工合同纠纷案件适用法律问题的解释》第十四条规定来确定竣工日期，即建设工程经竣工验收合格的，以竣工验收合格之日为竣工日期；承包人已经提交竣工验收报告，发包人拖延验收的，以承包人提交验收报告之日为竣工日期；建设工程未经竣工验收，发包人擅自使用的，以转移占有建设工程之日为竣工日期。

确定竣工日期对于工程结算非常重要，关系到承包人是否有工期违约行为，关系到发包人何时支付工程欠款利息，关系到工程价款应何时结算，等等。因此，当就竣工日期产生分歧时，需双方沟通确认，无法确认的，按照相关法律规定最终确认。

案例 69　未按期竣工的原因才是判定工期是否延误的依据

——建华公司与博井公司建设工程施工合同纠纷案

【基本案情】

原告建华公司（承包人）与被告博井公司（发包人）于 2011 年 10 月 6 日签订了“建设工程施工合同”。合同约定：由建华公司承建博井公司开发的西道都会 1 号、4 号楼。资金来源为自筹。承包范围为设计施工图、设计变更和技术核定单等全部内容（不含给水、电气安装、绿化及附属工程，不含保温、塑钢门窗）。开工日期按批准的开工报告日期为准，合同工期为 210 天，合同价款暂定 7 100 000 元（按实计算）。通用条款第 26 条第 4 款约定：“发包人不按合同约定支付工程价款（进度款），双方又未达成延期付款协议，导致施工无法进行，承包人可停止施工，由发包人承担违约责任。”第 32 条竣工验收约定：“32.1 承包人提供竣工图的约定：竣工验收后 15 天内提供完整的竣工图和相应档案资料肆套。”合同通用条款第 33 条竣工结算。第 33.1 款约定：“工程竣工验收报告经发包人认可后 28 天内，承包人向发包人递交竣工结算报告及完整的结算资料，双方按照协议书约定的合同价款及专用条款约定的合同价款调整内容，进行工程竣工结算。”第 33.2 款约定：“发包人收到承包人递交的竣工结算报告及结算资料后 28 天内进行核实，给予确认或者提出修改意见。发包人确认竣工结算报告后通知经办银行向承包人支付工程竣工结算价款。承包人收到竣工结算价款后 14 天内将竣工工程交付给发包人。”第 33.3 款约定：“发包人收到竣工结算报告及结算资料后 28 天内无正当理由不支付工程竣工结算价款，从第 29 天起按承包人同期向银行贷款利率支付拖欠工程价款的利息，并承担违约责任。”在双方签订的合同专用条款第 23.2(2)条“采用可调价合同，合同价款调整方法：按照竣工图及相关技术资料按实计算工程量，套用某省计价定额配套文件，以相应工程类别，三级Ⅱ档计取工程费用，未计价材料和放开材料按同期造价信息或市场价格和甲乙双方签字认可的价格计取。”第 23.3 条约定：“双方约定合同价款其他调整因素：承包人经甲方和监理单位认可的设计变更、技术核定单以及施工阶段的经济技术签证资料。”第 25 条约定：“承包人向工程师提交已完工程量报告的时间为每月 25 号前提交本月工程进度报表。”第 26 条约定：“承包人垫资到 2 栋楼（承包范围内的全部工作内容）监理单位、建设单位、施工单位三方分户验收合格后 7 天内支付已完成工程量 90%的工程价款（参照甲乙双方审定的该工程预算造价）。承包范围工程竣工验收合格、总决算经审定后一个月内扣除 3%保修金后付清全部工程尾款。”第 47 条补充条款约定：“1. 承包人签订本合同后7 天内交纳 1 500 000 元履约和工程质量保证金给发包人。2. 承包人所缴纳的 1 500 000 元保证金退还方式：主体完工一半后 3 天内退还 750 000 元，主体全部完工后退还最后 750 000 元……5. 外墙保温和塑钢窗等由甲方直接发包，承包人通知保温和塑钢窗承包商进场之日起 3 天内，若该两项分包商未进场施工，则承包人有权自行组织施工。外墙保温施工工期不超过 18 天，塑钢窗框安装时间不超过 10 天……7. 进场时间：承包人支付完履约和工程质量保证金之日起 60 天内，若非承包人原因不能进场施工，发包人按江阳区信用联社同期贷款利息的 2 倍支付承包人履约和工程质量保证金的利息。8. 竣工结算：发包人收到承包人完整工程结算资料之日起 60 天内审核完毕，因发包人原因未能在 60 天内审核，则该工程结算视为发包人已认可。”

合同签订后，原告建华公司于 2011 年 10 月 14 日向被告博井公司交纳了保证金 1 500 000元。该工程于 2012 年 7 月 3 日取得建筑工程施工许可证，该许可证上载明建设规模面积 12 007.65 m^2。工程开工报告上载明 1 号、4 号楼的开工日期为 2012 年 7 月 3 日。2013 年 7 月 15 日，原告、被告双方以及监理单位共同在 1 号、4 号楼进行住宅工程质量分户验收。2014 年 2 月 26 日原告、被告及监理单位经办人员对西道都会 1 号、4 号楼进行复查分户验收，并建议对存在的问题进行整改。2014 年 2 月 28 日，原告向监理单位申请整改复查报审，监理单位于 3 月 3 日出具“经查，已进行整改，基本符合要求”的意见。2014 年 4 月 25 日，相关单位对 1 号、4 号楼进行了综合竣工验收（实际竣工的工程量为 12 980.72 m^2）。

原告进场施工后，被告已陆续向原告支付工程价款 9 000 000 元（其中：2013 年 5 月 21 日支付 2 000 000 元、2013 年 7 月 4 日支付 2 000 000 元、2013 年 7 月 22 日支付 2 000 000 元、2013 年 9 月 25 日支付 1 000 000 元、2013 年 10 月 11 日支付 1 000 000 元、2014 年 1 月 24 日支付 1 000 000 元）。另外，在施工过程中，被告于 2012 年 11 月 30 日向原告退还保证金 750 000 元；于 2012 年 12 月 20 日向原告退还余下的保证金 750 000 元。

原告于 2013 年 7 月 11 日向被告交付西道都会 1 号、4 号楼工程的电竣工图、建筑竣工图、结构竣工图、水竣工图各一套。原告于 2014 年 3 月 28 日向被告送交了“西道都会 1 号、4 号楼工程结算书”一套，载明原告承建的 1 号、4 号楼工程造价为 15 129 477 元，单位造价为 1 165.53 元/m^2。

2014 年 5 月 21 日，被告函告原告到被告方核对结算、补交结算资料 2 套并提供完整的档案资料 4 套。2014 年 6 月 13 日，被告向原告出具的“关于补齐竣工结算资料的催交函”载明：原告承建被告开发的西道都会小区 1 号、4 号楼工程，该工程已经竣工验收，原告向被告提交竣工资料后，经初步核实，该资料严重不齐，被告已多次要求补齐相关资料并向原告发函催交，但原告均未答复导致无法办理结算，现被告再次发函要求原告在收到本函后 7 日内补齐如下资料:(1) 施工企业规费计取标准;(2) 建设项目安全文明施工评价得分及措施费率核定表;(3) 开、竣工报告;(4) 竣工验收记录;(5) 承包人编制的结算书电子盘;(6) 经审定的施工组织设计、施工方案或专项施工方案;(7) 原始地貌标高抄录记录;(8) 材料、设备认质核价单;(9) 隐蔽工程验收记录;(10) 结算资料报送承诺书;(11) 移交资料签收表;(12) 设计变更单、技术核定单;(13) 现场签证单。

诉讼中,由于双方当事人对涉案1号、4号楼的造价结算分歧很大,不能达成一致意见,被告于2014年9月18日向法院申请进行司法鉴定,法院依法委托建业工程咨询有限公司对涉案工程造价进行鉴定,2015年7月20日,2016年3月16日、5月18日,建业工程咨询有限公司分别出具了“司法签订书”“司法鉴定”和“关于西道都会1号、4号楼鉴定的情况说明”。其鉴定结论为:“1. 西道都会1号、4号非争议部分安全文明施工费取基本费率之前的金额为11 661 473元,如果安全文明施工费取基本费率之后的金额为11 895 920元。2. 西道都会1号、4号争议部分安全文明施工费取基本费率之前的金额为343 066元,如果安全文明施工费取基本费率之后的金额为345 005元。对该争议部分(安全文明施工费按基本费率的金额)具体为:(1) 1号楼植钢筋、螺杆的金额为55 430.10元;(2) 1号楼油漆涂料工程满刮成品泥子耐水型部分的金额为25 246.41元;(3) 1号楼楼梯间墙面、天棚仿瓷涂料满刮成品泥子金额为9 137.99元;(4) 1号和4号楼避雷网安装、沿混凝土块敷设的金额为2 420.98元和3 352.04元;(5) 4号楼油漆涂料工程满刮成品泥子耐水型部分的金额为36 513.21元;(6) 4号楼楼梯间墙面、天棚仿瓷涂料满刮成品泥子金额为14 455.14元;(7) 商品混凝土运输费为43 051.05元;(8) 检测费用为56 580元;(9) 土石方比例,1号楼为21 894.6元、4号楼为8 128.5元。争议部分水钻每盘580元共计21 000元;非争议部分建筑工程干混砂浆为2 534.26 m^3,金额为51 969.96元。”

庭审中还查明以下事实:

(1) 保温施工单位于2012年12月20日进场施工后,直至2013年4月20日完工,但在此期间,原告也一直对其1号、4号楼主体砖砌体、屋面找平、防水层等工程施工项目进行施工作业至2013年2月6日止,2月7日至25日放假。2013年3月10日开始对1号、4号楼的外墙面砖施工。

(2) 2012年7月21日～23日、8月31日～9月2日、9月11日～13日期间,泸州地区遭遇强降雨天气。被告对原告申请延长工期,批准延长工期共计21天。

(3) 该市公安局和城乡环境卫生管理局于2012年11月19日发布关于道路路面改造工程施工期间实施临时交通管制的通告,通告的管制时间:2012年11月23日0时至2012年12月21日0时。管制路段:该道路一段、二段、三段。

法院经审理认为:(一) 关于原告承建的西道都会1号、4号楼的工程造价以及工程余款和利息计算问题。原告根据合同专用条款第47条补充条款第8款约定:“竣工结算:发包人收到承包人完整工程结算资料之日起60天内审核完毕,因发包人原因未能在60天内审核,则该工程结算视为发包人已认可。”据此,原告于2014年3月28日向被告送达了“西道都会1号、4号楼工程结算书”,被告未在上述专用条款约定的“发包人收到承包人完整工程结算资料之日起60天内审核完毕”,因此,要求被告支付按原告自行结算并编制的“西道都会1号、4号楼工程结算书”载明原告承建的1号、4号楼工程造价为15 129 477元。但被告认为虽未在原告限期内答复,但原告提交结算书时工程并未竣工验收,且原告所提交的工程结算资料并不完整。被告也曾于2014年5月21日、2014年6月13日两次函告原告到被告方核对结算、补交涉及结算的10余项资料，同时要求原告提供完整的档案资料。因此，原告的主张不能满足合同专用条款第47条第8款约定的“完整工程结算资料”这个条件，不认可其提交结算书结算的工程造价为15 129 477元，同意按有鉴定依据的鉴定结论支付工程价款。对此，经法院审查认为，虽然双方对工程价款的竣工结算有合同专用条款约定，但该专用条款的约定是“发包人收到承包人完整工程结算资料”。而该案中，原告于2014年3月28日仅向被告提交了“工程结算书”，未向被告提交施工企业规费取费标准、竣工验收记录、隐蔽工程验收记录等合同约定的“完整工程结算资料”。因此，原告要求被告按其结算书载明的工程价款15 129 477元本金计算欠付工程价款6 129 477元，无事实依据，法院不予认可。

另外关于对鉴定结论的金额认定。由于该工程未按规定进行安全文明评分，被告不认可安全文明施工费，但是该工程实际也经竣工验收合格，故也应按基本的安全文明评分计算安全文明施工费来认定其工程价款。故法院认定其非争议部分工程按安全文明施工费取基本费率的鉴定金额为11 895 920元。对于争议部分1至9项及水钻费和干混砂浆工程价款，经法院组织双方当事人质证并根据鉴定人员的说明，该部分工程虽没有完整的资料或依据，但原告方实际上已经进行了施工的第3至8项及水钻费和干混砂浆工程价款共计238 480.37元，法院依法予以确认。据此，其1号、4号楼工程的价款鉴定金额为12 134 400元。由于被告已支付工程价款9 000 000元，尚欠3 134 400元。

（二）保温施工单位工期拖延是否造成原告的停工损失的问题。原告认为，保温施工单位从2012年12月24日起至2013年4月21日止共计施工118天，而合同约定的施工工期为18天，延误原告工期100天，要求被告赔偿因保温施工延误工期所造成的塔吊租赁费、司机工资、外墙脚手架租赁费、管理人员工资、资金利息等经济损失共计90万元。对此被告认为，造成保温施工单位无法按期进场的原因是原告施工不规范，同时，保温施工过程中，双方交叉施工，并未造成原告停工。因此，原告要求赔偿停工损失无事实依据。对此，法院认为，虽然保温施工单位实际施工工期超过了合同约定的工期，但从双方提交的报告、工程形象进度表等证据来看，在此期间，原告大部分时间仍然在进行施工作业，仅在2013年2月7日至3月9日处于真实的停工状态。因停工给原告造成的实际损失应予赔偿，根据庭审查明的事实，塔吊租赁费、外墙脚手架租赁费应为实际产生的费用损失，因此，被告因其保温施工延误导致实际损失予以酌情认定，其中塔吊租赁费为9600元(300元/天×32天)、外墙脚手架租赁费为10 368元(32 400元×32天/100天)，合计为19 968元。其余损失因原告未提供证据证明，也无事实依据，法院依法不予支持。

（三）关于工期是否延误，原告是否应当赔偿被告相关损失问题。被告认为，原告承建的西道都会1号、4号楼合同约定的工期为210天，开工报告的日期为2012年7月3日，竣工验收时间为2014年4月25日，为此，原告的工期延误时间长达近15个月，为此反诉要求原告赔偿其相关损失共计2 636 341.2元。原告则认为在扣除相关合理期限后其没有延误工期，相反，我方是提前完成，因此，被告要求其赔偿因延误工期造成的损失不能成立。法院认为，双方在合同中约定的工程价款约7 100 000元，工期为210天，该工程实际开工日期为2012年7月3日，工程综合竣工验收时间为2014年4月25日，但原告所承建的工程范围实际分户验收的时间为2013年7月15日，至此为止，其承包范围内的工程已全部完工。因此，其工期的计算应从2012年7月3日起至承包范围内的工程已完工后的分户验收时间

2013年7月15日止。此工期从表面上看，已超过合同约定的工期210天，但原告在实际施工过程中，由于出现了大量的设计变更、工程量增加、工程建设规模从最初设计的12 007.6 m^2增加到12 980.72 m^2，工程价款从原来合同约定约7 100 000元增加到了12 000 000余元，且由于在实际施工过程中因保温工程的施工延迟致停工、施工期间遇特大暴雨、施工路段交通临时管制等非因原告的原因，原告承建工程的工期都应当相应顺延，被告仅以原告违反合同约定的工期要求原告赔偿损失，且被告对其损失所举的证据，原告也不认可，故对被告主张的因原告延误工期应赔偿其损失的反诉请求，因其举证不能，法院依法不予支持。

【律师点评】

施工单位超过合同约定的合同期限竣工是否构成工期延误，不仅要看期限本身，还应根据工程的实际情况进行判断，比如是否发生设计变更、工程量是否增加、增加多少、是否存在不可抗力因素、是否是发包人的原因造成的等等。根据“谁主张谁举证”的举证原则，建设单位应当对工期延误承担举证责任，如果建设单位举证不能，则无法认定工期的延误。

案例70　无法认定工期延长天数的原因时如何承担责任

——川晴公司与函军公司建设工程合同纠纷案

【基本案情】

2008年9月20日，川晴公司为发包人，函军公司为承包人，双方签订“建设工程施工合同”。合同主要约定：川晴公司将元顺世纪住宅小区发包给函军公司建设施工，建筑面积75 000 m^2，工程范围为A、B、C、D栋施工图纸所含的内容，实行总承包(不含电梯、门、窗的制作安装，防水、消防、弱电、智能安防终端设备采购安装工程)；开工日期2008年9月21日，竣工日期2009年9月20日；合同价款暂定80 000 000元人民币，采用可调价格，执行《某省2003版建设工程造价依据》及相关调价文件计算，工程量按实结算，工程总价按甲、乙双方审定的金额下浮5%作为本工程最终结算总价；工程进度款支付，施工完成至合同额25%进度后一个月内，甲方按工程进度完成量的75%一次性支付工程进度款；在审定结算后一个月内，甲方按审定工程结算总额的90%支付工程价款，除留工程结算总价3%的保修金外，其余尾款在工程结算审定后一年内支付完毕，逾期不按以上时间支付，按同期银行贷款利率支付违约金；发包人未按约定提供图纸及开工条件工期相应顺延，发包人未按约定日期支付工程预付款、进度款，致使施工不能正常进行工期相应顺延，设计变更和工程量增加工期相应顺延，承包人在发生工期顺延情况后14天内，以书面形式提出报告，发包人在收到报告后14天内确认，逾期视为同意顺延工期；因承包人原因不能按约定竣工日期或发包人同意顺延工期竣工，承包人承担违约责任；发包人不按约定支付工程价款(进度款)，双方又未达成延期付款协议，导致施工无法进行，承包人可以停止施工，由发包人承担违约责任；发包人收到竣工结算报告及结算资料后28天内无正当理由不支付工程竣工结算价款，从第29天起按承包人同期向银行贷款利率支付拖欠工程价款的利息，并承担违约责任；因承包人原因造成工期延误，不能按时交房造成的赔付和一切法律责任，由承包人全部承担，由于发包人造成的其他原因(如图纸未按时到位等)引起的工期拖延顺延，承包人不承担因工期顺延造成的损失；承包人因素造成总工期延误，不能按时竣工验收，愿一次性认罚人民币

200 000 元外，每延误一天还加罚 20 000 元，累计计算；等等。签订合同后，函军公司于 2008 年 9 月 21 日开工，在基础施工阶段，因受到施工用电、设计图纸、工程变更、桩承试验、地勘等因素的影响，双方于 2009 年 1 月 15 日协商一致同意工期顺延 45 天，竣工时间确定为 2009 年 11 月 6 日。在施工过程中，D 幢因上部有高压线需等到改线完备后才能够继续施工，从 2008 年 10 月 5 日至 2009 年 4 月 26 日 D 幢处于停工状态 204 天。在 D 幢停工期间，A、B、C 三幢房屋仍在继续施工。在施工期间，存在川晴公司多次修改图纸及工程进度款拨付不到位的情况。工程于 2010 年 7 月 30 日竣工验收并于当日交付使用。在履行合同过程中，川晴公司合计向函军公司支付工程价款人民币 59 000 000 元，除此以外，还为函军公司垫付水泥款等费用 123 443.45 元。诉讼过程中，函军公司于 2012 年 11 月 5 日提出申请，请求对其完成的元顺世纪住宅小区工程总价进行司法鉴定结算。经一审法院委托后，光大司法鉴定中心于 2013 年 6 月 14 日作出“光大司法鉴定中心司法鉴定意见书”，确认工程最终结算总价为人民币80 680 028.70元；施工方延误工期 103 天，一次性罚款 200 000 元，加罚每天 20 000 元，工期延误违约金合计为人民币 2 260 000 元；建设方应付给施工方逾期支付工程价款利息合计人民币 1 616 551.04 元。一审法院以鉴定意见为依据，判决被告支付原告工程余款及利息合计人民币 23 173 136.29 元；原告向被告支付工期延误违约金计人民币 2 260 000 元。判决宣判后，川晴公司不服向高级人民法院提起上诉。高级人民法院裁定发回一审法院重审。在重审中，一审法院委托光大司法鉴定中心对该案工程造价补充鉴定，工程造价为83 911 498元，按双方约定的工程总价下浮 5%即为本工程结算总价，因此，结算总价下浮 5%为 79 715 923.10 元，减去已付工程价款 59 000 000 元和川晴公司为函军公司垫付水泥款 123 443.45 元，川晴公司尚欠函军公司工程价款 20 592 479.65 元。

法院经审理认为：一、关于原告、被告双方于 2008 年 9 月 20 日签订的“建设工程施工合同”的效力问题。该合同系双方真实意思表示，其内容不违反法律禁止性规定，也不损害国家利益、社会公共利益和他人利益，形式要件合法，因此“建设工程施工合同”合法有效。

二、（本诉部分）川晴公司实际应付函军公司多少工程价款的问题。函军公司依据其报送的工程结算，工程结算总价 93 036 000 元，扣除已支付工程价款 59 000 000 元，按工程总价下浮 5%即 4 651 800 元，保修金 2 791 080 元，现尚欠工程价款 26 593 120 元。而川晴公司则认为依据其收集的结算资料对工程造价的审定结果为 79 044 000 元，审减金额为 13 992 000元，扣除应下浮的 5%（3 952 200 元）及质保金 3%（2 371 320 元）、工期延误违约金5 560 000元（268 天×20 000 元＋200 000 元）、已支付的工程价款 59 000 000 元，再扣除答辩人代购水泥款、代付图纸费、代付垃圾清运费等费用 128 900 元，答辩人还应付工程价款为8 031 580元，而不应是 26 593 120 元。法院认为：根据光大司法鉴定中心对该案工程造价补充鉴定，工程造价为 83 911 498 元，按双方约定的工程总价下浮 5%即为本工程结算总价，因此，结算总价下浮 5%即为 79 715 923.10 元，减去已付工程价款 59 000 000 元和川晴公司为函军公司垫付水泥款 123 443.45 元，减去 3%的保修金 2 391 477.69 元，川晴公司应付函军公司工程价款 18 201 001.96 元。

三、（反诉部分）川晴公司要求函军公司因延误工期应支付延误工期 268 天的违约金人民币 5 560 000 元的诉讼请求应否支持。川晴公司认为，函军公司延误工期 268 天，按照双方约定一次性罚款 200 000 元，每天加罚 20 000 元，应支付违约金 5 560 000 元。函军公司则认为，由于 D 幢高压线搬迁，延误工期 204 天，边施工边修改图纸影响工期 80 天，工程进度款拨付不到位影响工期 207 天，因施工用电、地勘等原因被答辩人同意工期顺延 45 天，上述因素共影响工期 536 天，请求驳回被答辩人的反诉请求。法院认为，双方约定，开工日期 2008 年 9 月 21 日，竣工日期 2009 年 9 月 20 日，实际竣工日期为 2010 年 7 月 30 日，共计延误工期 313 天。在施工过程中，因受到施工用电、设计图纸、工程变更、桩承试验、地勘等因素的影响，双方同意顺延工期 45 天，实际延误工期 268 天，按照合同约定一次性罚款 200 000元，每天加罚 20 000 元，共计违约金 5 560 000 元。从双方提交的证据看，函军公司在施工过程中，存在施工滞后情况，并且监理公司向原告方发出通知，要求原告整顿，加快进度的情形，但没有函军公司具体延误工期多少天的记录。而川晴公司存在 D 幢由于高压线拆迁，停工 204 天，施工图纸未按时提交，边施工边修改图纸的情况，工程进度款未按时如数拨付到位的情况，对川晴公司存在的上述问题，也会影响工程进度，D 幢房屋停工 204 天，虽然 D 幢房屋停工，A、B、C 幢仍在施工，但整个工期只有 365 天，对整个工程的统一进程会产生一定影响。对如何来具体分清因川晴公司的上述因素会实际影响多少天工期，无法具体分清，综合该案的情况分析，对造成工期延误 268 天的原因，双方均有责任，川晴公司、函军公司应各承担 50%责任，违约金减半为人民币 2 780 000 元。因此函军公司应当向川晴公司支付延误工期的违约金 2 780 000 元。

裁判结果：一、由川晴公司于该判决生效后 10 日内，向函军公司给付工程余款人民币 18 201 001.96 元（不含 3%的保修金），以及延期支付工程进度款和拖延支付工程余款的利息合计人民币 3 694 509.37 元，两项合计人民币 21 895 511.33 元；二、由函军公司于该判决生效后 10 日内，向川晴公司支付工期延误违约金人民币2 780 000元。

【律师点评】

建设工程工期延长的原因可能是多方面的，比如设计变更、承包人施工进度缓慢、工程量增加、气候因素等不可抗力等。在一个项目中，如果工期的延长是由多方原因造成的，应明确区分确认何种原因导致工期延长几天，进而判定谁应对工期延长承担责任。该案中，工期延长既有承包人的原因，同时又有发包人的原因，且原因复杂，无法明确认定，此时，按照公平的原则，双方各承担百分之五十的责任。

案例 71　延期竣工是否影响承包人的优先受偿权

——晨玉公司与北达公司建设工程合同纠纷案

【基本案情】

2013 年 10 月 21 日，被告晨玉公司作为发包人与原告北达公司签订“建设工程施工合同”一份，约定原告作为承包人承建被告泰华城项目，工程内容为土建工程、安装工程、室外整体工程、装饰工程，合同工期总日历天数 700 天，开工日期暂定 2013 年 10 月 25 日（具体以发包人书面通知为准），合同价款暂定 45 000 万元。在合同的“通用条款”中，第 26.4 条约定“发包人不按合同约定支付工程价款（进度款），双方又未达成延期付款协议，导致施工无法进行，承包人可停止施工，由发包人承担违约责任”；第 44.2 条约定“发生本通用条款第 26.4款情况，停止施工超过 56 天，发包人仍不支付工程价款（进度款），承包人有权解除合同”。在合同的“专用条款”第 47 条“补充条款”第五项“工程结算造价的确定”第 6 点约定

“本项目下浮费率为11.5%”作为工程的最终结算总价;第七项“工程进度款的支付”第1点约定“第一次工程价款支付为:项目正负零完成,一次性支付60%(按发包人核定的实际完成工作量计取),在所有单体结构封顶后支付正负零以下部分工程价款至70%”,第2点约定“有关桩基及基坑围护工程付款:……结构封顶后一个月内付至发包人审核工程量的85%”,第7点约定“……如发包人月工程进度款支付延迟在3个月内时,承包人将按正常计划组织施工,不提出停工及工期延误的索赔要求,但发包人对延期支付的工程价款支付2倍同期银行贷款利息”;第八项“履约保证金”第1点约定“承包人在本合同签订盖章前自愿向发包人提交20 000 000元现金的履约保证金”,第2点约定“履约保证金不计息,其退还时间和方式:±0.00完成时发包人退还15 000 000元……主体中间验收全部完成,在承包人向发包人另行提交5 000 000元履约银行保函的当日发包人退还5 000 000元……”。合同签订后,原告在监理单位同意下于2013年12月25日进场施工。

2015年7月16日,双方签订“补充协议(一)”一份,约定:(1) 竣工时间调整:电影院在2016年6月30日具备竣工验收条件,其他工程在2016年10月30日具备竣工验收条件。在该协议签订时承包人根据此要求合理安排,工程进度计划及资金需求计划交发包人审核共同确定,作为本协议补充条款。(2) 工程费用调整:……该项目下浮费率调整为7.5%(……此费率调整只在最终项目结算时调整)。(3) 关于施工±0.00节点奖励和工期处罚:考虑到项目实施时实际情况,发包人愿意仍按原合同给予承包人180万元的±0.00节点奖励……(4) 进度款支付:双方约定在2015年7月30日前核对并确认整个项目结构款顶(含二次结构)的工程量,以确定至本协议签订时工程价款支付情况;如有应付未付工程价款,此款项在2015年8、9、10、11月四个月内平均分批支付给承包人;若发包人不能按时拨付进度款,发包人按银行同期贷款基准利率3倍的财务费用付给承包人。其后原告继续按约施工,于2015年6~9月期间完成案涉工程的主体工程并通过验收。

2016年3月22日,被告法定代表人钟某向原告出具“承诺书”一份,承诺“对本公司委托北达公司融资转让的应收工程价款债权,北达公司仍享有优先受偿权,不因工程价款债权转让丧失对该部分应收工程价款债权的优先受偿的权利”“因长期拖欠工程价款等原因导致北达公司无法按原定施工进度计划进行正常施工,本公司确认北达公司不承担至2016年春节的工期延误责任”。

2016年10月28日,双方签订“备忘协议”一份。内容为:“乙方(原告)承接甲方(被告)开发的泰华城项目施工,双方于2013年10月21日签订的‘建设工程施工合同’,约定总工期为700天,开工日期暂定2013年10月25日(具体以发包人书面通知为准),竣工日期为2015年9月23日。鉴于甲方延迟办理施工许可证及未及时支付乙方工程价款等原因,双方协商后又于2015年7月16日达成一致,同意将总工期调整到970天,即竣工日期调整为2016年10月30日。其后由于甲方资金短缺,最终于2016年6月份被迫停工,现经双方再次协商后对工期等相关问题约定如下:(1) 甲方认可乙方现场进度无异议,由于甲方资金短缺,造成工程停工,甲方同意一切工期顺延。甲方再次确认,乙方不因停工和工期顺延而丧失工程法定优先权。(2) 在复工时双方另行协商竣工日期。”

2017年1月22日,原告向被告邮寄“合同解除函”一份,载明“由于贵司严重拖欠及逾期支付工程价款、拖欠融资款及费用、配合不到位、贵司资金链断裂等行为,造成所涉工程被迫停工至今……已构成根本性违约”“请贵司收到函件后,立即与我司办理解除合同相关手续及结清已完成工程全部价款及各项损失等”。

2015 年 8 月 8 日，兴和事务所受被告委托，出具了“关于对泰华城工程参考预算价咨询报告”，载明案涉工程“地下室深基坑围护工程及降水工程、桩基工程 45 000 000 元，地下室主体结构、墙体结构及二次结构 109 858 000 元，地上主体结构、墙体结构及二次结构 105 008 000元，合计 259 866 000 元”，对于案涉工程后续的幕墙工程、安装工程、土建工程的工程量，兴和事务所出具“工程形象进度审核单”，载明对于审核已完工程量的幕墙工程为 11 303 743.59元，安装工程为 24 560 631.45 元，土建工程为 33 028 540.08 元，合计 68 892 915.12元。

截至 2015 年 7 月，被告共计向原告支付款项合计 48 462 482.86 元，后被告分别于 2015 年 8 月、9 月、10 月、11 月、12 月分别支付了 5 500 000 元、3 889 000 元、1 500 000 元、1 500 000元、200 000 元，至 2015 年 12 月支付工地水电费 468 559.15 元，以上合计 61 520 042.01元。

2013 年 10 月 18 日、11 月 13 日，原告依约向被告交纳保证金合计 20 000 000 元。后被告于 2015 年 1 月 29 日退还保证金 15 000 000 元、2015 年 5 月 27 日退还保证金 1 000 000 元、2015 年 6 月 10 日退还保证金 200 000 元、2015 年 6 月 16 日退还保证金 400 000 元、2015 年 6 月 19 日退还保证金 400 000 元，以上合计 17 000 000 元。

原告认为施工过程中，由于被告自身原因，屡屡违反约定，拖延支付巨额工程进度款。为保障工程顺利进行，无奈之下，原告代为融资等。然而被告却仍继续违约，仍然拖欠巨额工程价款、拖延支付融资款及费用等，造成原告资金严重困难，工程无法继续施工而被迫停工，并给原告造成巨额的经济损失，被告工程现场早已人去楼空。向法院提出诉讼请求：(1) 解除双方签订的“建设工程施工合同”；(2) 被告立即支付原告工程价款 273 817 300 元及利息；(3) 原告对其承建的“泰华城工程”项目享有优先受偿权；(4) 被告支付进度款利息 7 047 800元等。

法院经审理认为：(一) 原告、被告双方签订的“建设工程施工合同”“补充协议(一)”“备忘协议”均系当事人真实意思表示，内容不违反法律、行政法规的禁止性规定，合同内容合法有效，双方均应当依照上述协议履行。由于在“备忘协议”中被告明确承认由于其“资金短缺，造成工程停工”，至原告起诉时停工已超过约定期限，被告仍未按约足额给付工程价款，已构成根本违约。原告起诉要求解除与被告之间签订的“建设工程施工合同”符合双方约定及法律规定，予以支持。

(二) 兴和事务所依被告委托出具了“关于对泰华城工程参考预算价咨询报告”以及“工程形象进度审核单”，原告对此并无异议，予以确认。

(三)《中华人民共和国合同法》第二百八十六条规定：“发包人未按照约定支付价款的，承包人可以催告发包人在合理期限内支付价款。发包人逾期不支付的，除按照建设工程的性质不宜折价、拍卖的以外，承包人可以与发包人协议将该工程折价，也可以申请人民法院将该工程依法拍卖。建设工程的价款就该工程折价或者拍卖的价款优先受偿。”《最高人民法院关于建设工程价款优先受偿权问题的批复》第四条规定：“建设工程承包人行使优先权的期限为六个月，自建设工程竣工之日或者建设工程合同约定的竣工之日起计算。”对于承包人的优先受偿权判断应当结合《中华人民共和国合同法》第二百八十六条规定和《最高人民法院关于建设工程价款优先受偿权问题的批复》第四条的规定处理，一般从建设工程竣工之日或者建设工程合同约定的竣工之日起计算。非因承包人的原因,建设工程未能在约定期间内竣工,承包人依据《中华人民共和国合同法》第二百八十六条规定享有的优先受偿权不受影响。该案中,合同由于发包人未能按期足额给付工程价款,已构成违约,导致建设工程施工合同解除,且合同解除时已超出合同及备忘协议约定的竣工日期,按照相关规定,原告行使建设工程价款优先受偿权的期限未超过,故原告有权就其已完工程的工程价款主张优先受偿权。关于建设工程价款优先受偿权的行使范围,《最高人民法院关于建设工程价款优先受偿权问题的批复》第三条规定:"建筑工程价款包括承包人为建设工程应当支付的工作人员报酬、材料款等实际支出的费用,不包括承包人因发包人违约所造成的损失。"故原告对被告欠付的工程价款就案涉工程项目折价、拍卖所得价款在273 817 260.41元范围内享有优先受偿权。

裁判结果:一、解除北达公司与晨玉公司于2013年10月21日签订的"建设工程施工合同";二、被告于本判决生效之日起30日内支付原告工程价款273 817 260.41元及逾期利息;三、原告对其施工完成的案涉"泰华城"项目折价或拍卖的价款在273 817 260.41元范围内享有优先受偿权。

【律师点评】

《中华人民共和国合同法》规定了承包人享有优先受偿权,相关司法解释规定了该优先受偿权行使的条件,承包人需在竣工之日或者合同约定的竣工之日起6个月内行使。但在合同履行过程中,实际竣工日期或合同约定的竣工日期极有可能会因各种原因发生变化,如果因承包人的原因引起的竣工日期的拖后,则为工期延误,承包人需承担工期延误的违约责任;如果非因承包人的原因造成了竣工日期的拖后,则工期顺延,那么这两种情况下,承包人的优先受偿权是否会受到影响呢?该案在审理时,适用了《最高人民法院关于建设工程价款优先受偿权问题的批复》的规定,针对该案的实际情况而言,承包人并未丧失优先受偿权。

自2019年2月1日起施行的《最高人民法院关于审理建设工程施工合同纠纷案件适用法律问题的解释(二)》第二十二条规定:"承包人行使建设工程价款优先受偿权的期限为六个月,自发包人应当给付建设工程价款之日起算。"根据该条规定,承包人享有优先受偿权的期限的起止时间并不受工期的影响,对优先受偿权适用的规定更加明确具体。

案例72　工期违约金纠纷

——木星建设集团有限公司诉银河房地产开发有限公司建设工程施工合同纠纷案

【基本案情】

2004年10月15日,木星建设集团有限公司(以下简称木星建设)与银河房地产开发有限公司(以下简称银河地产)依法签订"建设工程施工合同",其中约定由木星建设承建银河地产发包的某广场全部土建工程,合同价款30 079 113元,开工日期2004年10月31日,竣工日期2005年4月28日。同日,双方签订补充协议约定:开工日期计划2004年10月2日(以开工令为准),竣工日期2005年3月11日,工期146天(春节前后15天不计算在内)。每推迟一天,木星建设支付违约金100 000元。

木星建设起诉主张工程价款，银河地产辩称：被告已按约定要求支付工程价款，请求驳回原告诉讼请求；并反诉称：双方约定工程竣工日期为2005年4月中旬，实际工程竣工日期为2005年7月26日，逾期91.5天，反诉被告应赔偿延误工期违约金9 150 000元。

木星建设针对银河地产的反诉辩称：根据双方会议纪要，银河地产已承认是地下室等各种因素导致工期延误，明确不追究原合同工期，不奖也不罚。故对反诉请求不予认可。

2005年1月6日，木星建设与银河地产签订会议纪要明确，由于工期延误引发的争议已经双方协商解决，因地下室等各种因素的制约导致工期延误，双方不追究原合同工期，双方同意既不奖也不罚，但银河地产法定代表人强调必须在2005年4月中旬全部竣工验收。

2005年4月20日，木星建设与银河地产签订补充合同，约定银河地产将某广场室外铺装总体工程发包给木星建设施工，最终结算价按江苏省建安2004定额审计下浮12%确认，室外工程工期为2005年4月20日至2005年6月20日。

2005年6月27日，木星建设与银河地产就工程现场签证单确认问题等事项订立会议纪要，双方经协商确认工程于6月底前全部竣工，如不能如期竣工，根据原因由责任方承担责任。

施工期间，银河地产陆续将水电、消防、暖通通风、二次装修、幕墙工程分别分包给第三方施工，均约定由木星建设按分包合同总价2.5%向分包单位收取配合管理费。经确认，木星建设已收取配合管理费323 750元。

一审法院认为：根据双方补充协议，木星建设应于2005年3月11日完工，否则按每天10万元承担违约责任；实际施工期间，因地基工程施工失败，双方约定由木星建设接替原地基工程施工单位实施地下室围护的抢险施工及围护桩加固工作，该项工作并非总包单位合同内容，属于增加工程，必然导致工期延长，故双方就工期协商约定互不追究原合同工期，既不奖也不罚，但银河地产并未放弃工期要求，在承诺不针对原工期奖罚的同时要求木星建设必须于2005年4月中旬竣工。此外，银河地产将室外铺装工程另行发包给木星建设施工，并明确室外铺装工程工期至2005年6月20日止，结合双方于2005年6月27日会议纪要中作出的工程应于6月底前竣工，否则根据原因由责任方承担责任的意思表示，可认为双方因地下室及工程量增加等原因，已协商将竣工时间延长至2005年6月30日。事实上，该案工程于2005年7月20日竣工，木星建设逾期完工20天，木星建设未能举证证明该20天存在可据实顺延工期的情形，故逾期完工20天的责任应由木星建设承担。

因银河地产投资建房的目的之一系对外招租开设大卖场以获取租金收益，木星建设逾期完工必然导致银河地产迟延接收使用房屋并获得租金收益，结合银河地产将所建房屋对外实际出租的状况及规模，一审法院酌定由木星建设赔偿工期延误损失250 000元。木星建设上诉以后，二审法院维持原判。

【律师点评】

完成合同约定的工期是施工单位合同义务，为此施工单位应组织科学合理的施工以完成工期目标，否则应承担工期违约责任。工期违约责任的承担首先依据合同约定的违约金，合同未约定工期违约金的，应依据拖延工期给建设单位造成的损失确定。施工合同履行过程中，合同双方应保存、积累工期变更的证据。

案例73　如何判断施工单位是否工期违约

——土星建设公司与银河置业有限公司建设工程施工合同纠纷案

【基本案情】

一审法院经审理查明：2011 年 9 月 1 日，银河置业有限公司与土星建设公司签订的“建设工程施工合同”约定：由土星建设公司为银河置业有限公司的建设工程施工。工程名称为：A 文化产业创意园商业广场；工程内容为：建筑结构为独立基础、框架结构；建筑面积为 36 745 m^2，最终以双方审定的图纸设计面积为准；开工日期为 2011 年 5 月 8 日，竣工日期为 2012 年 6 月 30 日，工期 419 天。工程单价 1 860 元/m^2，单价一次性包死，合同总价款 68 345 700元。

2011 年 5 月 15 日，土星建设公司开始施工；2011 年 6 月，北京龙安华诚建筑设计有限公司(以下简称龙安华诚公司)完成设计图纸，同月 27 日双方当事人及有关单位进行图纸会审；2011 年 11 月 23 日，土星建设公司、银河置业有限公司、监理单位、设计单位、勘察单位、质检单位在海南州共和县银河置业有限公司售房部形成“基础验收会议纪要”，工程基础验收合格。2012 年 6 月 13 日，土星建设公司、银河置业有限公司与相关单位组织主体验收。

2012 年 6 月 19 日，土星建设公司发出通知，要求银河置业有限公司于 2013 年 6 月 23 日前支付 12 251 400 元工程价款，否则将停止施工。2012 年 6 月 25 日，银河置业有限公司发出通知。通知内容为：土星建设公司不按约履行合同，拖延工程进度，不按图施工，施工力量薄弱，严重违约，导致工程延误，给银河置业有限公司造成了巨大经济损失，要求解除合同，要求土星建设公司接到通知的一日内撤场、拆除临舍。之后，双方解除合同，土星建设公司撤场。

2011 年 8 月 10 日至 2012 年 4 月 18 日，银河置业有限公司陆续支付给土星建设公司工程价款合计 30 957 562 元，土星建设公司对上述款项予以认可。

2012 年 7 月 9 日，土星建设公司向一审法院起诉请求：(1) 判令银河置业有限公司向土星建设公司支付工程价款 22 439 200 元，并支付违约金(工程价款以及违约金以司法鉴定结果为准)；(2) 该案诉讼费用由银河置业有限公司承担。

银河置业有限公司未作书面答辩但反诉称：2011 年 9 月 1 日，银河置业有限公司与土星建设公司签订“建设工程施工合同”，合同约定的总工期为 419 天，其中开工日期为 2011 年 5 月 8 日，竣工日期为 2012 年 6 月 30 日。在合同履行过程中，土星建设公司由于技术力量严重不足，施工管理及施工现场管理混乱，施工人员不足且极不稳定，根本不具备与承建工程相适应的施工能力，造成工期严重延误。请求判令：(1) 土星建设公司退还银河置业有限公司多支付工程价款 1 065 808.18 元；(2) 土星建设公司赔偿银河置业有限公司工期延误造成的损失 4 678 199.40 元；工期延误违约金 425 000 元。

二审法院认为，关于案涉合同履行过程中哪一方存在违约行为的问题。第一，就案涉工程开工日期的确定而言。二审法院认为，首先，土星建设公司与银河置业有限公司签订的“建设工程施工合同”约定的开工日期为 2011 年 5 月 8 日，竣工日期为 2012 年 6 月 30 日；由土星建设公司呈送并经监理单位确认的“开工报告”中载明的计划开工日期为 2011 年 5

月 15 日，竣工日期为 2012 年 10 月 1 日；由银河置业有限公司申报办理的经该县住房和城乡建设局颁发的“建筑工程施工许可证”中载明的开工日期为 2011 年 6 月 20 日，竣工日期为 2012 年 12 月 31 日。上述三份文本中记载的开工与竣工日期均不相同的情形下，应当以监理单位确认的“开工报告”中载明的 2011 年 5 月 15 日作为该案工程开工日期。尽管土星建设公司与银河置业有限公司签订“建设工程施工合同”约定的工期为 2011 年 5 月 8 日，但双方均认可在该时间节点上，土星建设公司并未开始施工。合同约定的开工日期与实际开工日期不一致的，应当以改变了的日期作为开工日期。

其次，土星建设公司在给案涉项目监理机构华铁监理西宁分公司出具的“工程开工报审表”“开工报告”中明确载明，“管理人员及机械设备已到场，施工人员已到位……符合开工条件”；华铁监理西宁分公司经审核作出了同意施工的意见。由此可见，无论是作为施工一方的土星建设公司，还是作为监理单位的华铁监理西宁分公司，均认可开工日期为 2011 年 5 月 15 日。

再次，一审法院委托规划研究院咨询部对已完工程造价部分工程项目价款进行鉴定时，土星建设公司与银河置业有限公司共同确认案涉工程开工时间为 2011 年 5 月 15 日。就建设工程而言，建设单位、施工单位与监理机构共同确认的开工日期当然具有明显优势的证明力和说服力，应当成为认定案件事实的重要依据。

最后，虽然“建筑工程施工许可证”载明的开工日期为 2011 年 6 月 20 日，但是，施工许可证载明的日期并不具备绝对排他的、无可争辩的效力，建筑工程施工许可证是建设主管部门颁发给建设单位的准许其施工的凭证，只是表明了建设工程符合相应的开工条件，建设工程施工许可证并不是确定开工日期的唯一凭证。实践中，建设工程开工日期早于或者晚于施工许可证记载日期的情形大量存在。当施工单位实际开工日期与施工许可证上记载的日期不一致时，同样应当以实际开工日期而不是施工许可证上记载的日期作为确定开工日期的依据。该案中，在土星建设公司、银河置业有限公司及监理机构均确认开工日期为 2011 年 5 月 15 日的情况下，再以施工许可证上载明的日期确定为开工日期，无事实和法律依据。

综上，一审判决认定 2011 年 5 月 15 日为案涉工程开工日期正确；土星建设公司提出的开工日期为 2011 年 6 月 20 日、银河置业有限公司提出的开工日期为 2011 年 5 月 8 日的上诉主张，均与事实不符，不予支持。

第二，就土星建设公司履行合同过程中是否存在违约而言。二审法院认为，首先，在以土星建设公司、银河置业有限公司及监理机构均曾确认的 2011 年 5 月 15 日作为开工日期的前提下，案涉工程的竣工日期同样应当以“开工报告”载明的日期为准。“开工报告”中记载了“计划竣工时间为 2012 年 10 月 1 日”，因此，应当以此作为认定双方约定的竣工日期。银河置业有限公司辩称，竣工日期应当根据双方签订的“建设工程施工合同”约定的 2012 年 6 月 30 日为依据，如果发包人未提供开工条件，未按期办理施工许可证，其后果也仅仅产生工期顺延，并不能改变双方在合同中确定的实际开工和竣工日期，而土星建设公司从未提出过工期顺延。该院认为，当合同约定的开工日期与实际开工日期不一致时，竣工日期一般情况下也要随之发生变更。此外，银河置业有限公司向建设行政主管部门申领的施工许可证上，明确载明土星建设公司为施工单位，合同竣工日期为 2012 年 12 月 31 日，且该日期甚至晚于“开工报告”中载明的竣工日期。由此可见，银河置业有限公司亦认为“建设工程施工合同”约定的竣工日期发生了相应变化。银河置业有限公司的抗辩与事实不符，不予支持。

其次，2012年6月25日，银河置业有限公司解除了合同，此时距"开工报告"确定的竣工日期尚有三个多月才届满；在工程施工期间，双方当事人与有关单位于2011年6月29日才完成图纸会审，施工内容才得以明确具体；施工期间还存在着部分工程的设计变更；银河置业有限公司解除合同时，土星建设公司已经完成了基础和主体工程的施工。由此可见，土星建设公司并不存在工程延误的情形。一审判决认定土星建设公司未延误工期正确，应予维持；银河置业有限公司提出的土星建设公司故意拖延施工造成工期严重延误的上诉理由不当，不予支持。

【律师点评】

该案判决施工单位不承担工期违约责任值得商榷。按建设行业一般规律，装饰装修工期一般占施工项目总工期的50%。按照法院认定的实际工期2011年5月15日至2012年10月1日，计505天；至2012年6月25日，实际解除合同日期（基础、主体已经交验）日历天数：407天。在剩下的98天内根本无法完成剩余工程的施工，剩下项目按原合同约定大约需要施工252天，延期约154天。诚然设计变更将给予施工单位一定工期顺延，但工期顺延天数远小于154天，故施工单位需要承担一定的工期违约责任。

判断工期是否延误，可以以施工组织设计中工程项目进度计划为依据，判断施工单位实际进度拖后进度计划多少天，以此推算总工期延误多少天，扣除施工单位能够工期顺延的天数，即为施工单位应当承担违约责任的工期延误天数。

附录 最新法律法规及规章

附录1 建筑工程施工发包与承包违法行为认定查处管理办法

中华人民共和国住房和城乡建设部，建市规〔2009〕1号，2019年1月3日

第一条 为规范建筑工程施工发包与承包活动中违法行为的认定、查处和管理，保证工程质量和施工安全，有效遏制发包与承包活动中的违法行为，维护建筑市场秩序和建筑工程主要参与方的合法权益，根据《中华人民共和国建筑法》《中华人民共和国招标投标法》《中华人民共和国合同法》《建设工程质量管理条例》《建设工程安全生产管理条例》《中华人民共和国招标投标法实施条例》等法律法规，以及《全国人大法工委关于对建筑施工企业母公司承接工程后交由子公司实施是否属于转包以及行政处罚两年追溯期认定法律适用问题的意见》(法工办发〔2017〕223号)，结合建筑活动实践，制定本办法。

第二条 本办法所称建筑工程，是指房屋建筑和市政基础设施工程及其附属设施和与其配套的线路、管道、设备安装工程。

第三条 住房和城乡建设部对全国建筑工程施工发包与承包违法行为的认定查处工作实施统一监督管理。

县级以上地方人民政府住房和城乡建设主管部门在其职责范围内具体负责本行政区域内建筑工程施工发包与承包违法行为的认定查处工作。

本办法所称的发包与承包违法行为具体是指违法发包、转包、违法分包及挂靠等违法行为。

第四条 建设单位与承包单位应严格依法签订合同，明确双方权利、义务、责任，严禁违法发包、转包、违法分包和挂靠，确保工程质量和施工安全。

第五条 本办法所称违法发包，是指建设单位将工程发包给个人或不具有相应资质的单位、肢解发包、违反法定程序发包及其他违反法律法规规定发包的行为。

第六条 存在下列情形之一的，属于违法发包：

（一）建设单位将工程发包给个人的；

（二）建设单位将工程发包给不具有相应资质的单位的；

（三）依法应当招标未招标或未按照法定招标程序发包的；

（四）建设单位设置不合理的招标投标条件，限制、排斥潜在投标人或者投标人的；

（五）建设单位将一个单位工程的施工分解成若干部分发包给不同的施工总承包或专业承包单位的。

第七条 本办法所称转包，是指承包单位承包工程后，不履行合同约定的责任和义务，

将其承包的全部工程或者将其承包的全部工程肢解后以分包的名义分别转给其他单位或个人施工的行为。

第八条　存在下列情形之一的,应当认定为转包,但有证据证明属于挂靠或者其他违法行为的除外:

(一) 承包单位将其承包的全部工程转给其他单位(包括母公司承接建筑工程后将所承接工程交由具有独立法人资格的子公司施工的情形)或个人施工的;

(二) 承包单位将其承包的全部工程肢解以后,以分包的名义分别转给其他单位或个人施工的;

(三) 施工总承包单位或专业承包单位未派驻项目负责人、技术负责人、质量管理负责人、安全管理负责人等主要管理人员,或派驻的项目负责人、技术负责人、质量管理负责人、安全管理负责人中一人及以上与施工单位没有订立劳动合同且没有建立劳动工资和社会养老保险关系,或派驻的项目负责人未对该工程的施工活动进行组织管理,又不能进行合理解释并提供相应证明的;

(四) 合同约定由承包单位负责采购的主要建筑材料、构配件及工程设备或租赁的施工机械设备,由其他单位或个人采购、租赁,或施工单位不能提供有关采购、租赁合同及发票等证明,又不能进行合理解释并提供相应证明的;

(五) 专业作业承包人承包的范围是承包单位承包的全部工程,专业作业承包人计取的是除上缴给承包单位"管理费"之外的全部工程价款的;

(六) 承包单位通过采取合作、联营、个人承包等形式或名义,直接或变相将其承包的全部工程转给其他单位或个人施工的;

(七) 专业工程的发包单位不是该工程的施工总承包或专业承包单位的,但建设单位依约作为发包单位的除外;

(八) 专业作业的发包单位不是该工程承包单位的;

(九) 施工合同主体之间没有工程款收付关系,或者承包单位收到款项后又将款项转拨给其他单位和个人,又不能进行合理解释并提供材料证明的。

两个以上的单位组成联合体承包工程,在联合体分工协议中约定或者在项目实际实施过程中,联合体一方不进行施工也未对施工活动进行组织管理的,并且向联合体其他方收取管理费或者其他类似费用的,视为联合体一方将承包的工程转包给联合体其他方。

第九条　本办法所称挂靠,是指单位或个人以其他有资质的施工单位的名义承揽工程的行为。

前款所称承揽工程,包括参与投标、订立合同、办理有关施工手续、从事施工等活动。

第十条　存在下列情形之一的,属于挂靠:

(一) 没有资质的单位或个人借用其他施工单位的资质承揽工程的;

(二) 有资质的施工单位相互借用资质承揽工程的,包括资质等级低的借用资质等级高的,资质等级高的借用资质等级低的,相同资质等级相互借用的;

(三) 本办法第八条第一款第(三)至(九)项规定的情形,有证据证明属于挂靠的。

第十一条　本办法所称违法分包,是指承包单位承包工程后违反法律法规规定,把单位工程或分部分项工程分包给其他单位或个人施工的行为。

第十二条　存在下列情形之一的,属于违法分包:

（一）承包单位将其承包的工程分包给个人的；

（二）施工总承包单位或专业承包单位将工程分包给不具备相应资质单位的；

（三）施工总承包单位将施工总承包合同范围内工程主体结构的施工分包给其他单位的，钢结构工程除外；

（四）专业分包单位将其承包的专业工程中非劳务作业部分再分包的；

（五）专业作业承包人将其承包的劳务再分包的；

（六）专业作业承包人除计取劳务作业费用外，还计取主要建筑材料款和大中型施工机械设备、主要周转材料费用的。

第十三条　任何单位和个人发现违法发包、转包、违法分包及挂靠等违法行为的，均可向工程所在地县级以上人民政府住房和城乡建设主管部门进行举报。

接到举报的住房和城乡建设主管部门应当依法受理、调查、认定和处理，除无法告知举报人的情况外，应当及时将查处结果告知举报人。

第十四条　县级以上地方人民政府住房和城乡建设主管部门如接到人民法院、检察机关、仲裁机构、审计机关、纪检监察等部门转交或移送的涉及本行政区域内建筑工程发包与承包违法行为的建议或相关案件的线索或证据，应当依法受理、调查、认定和处理，并把处理结果及时反馈给转交或移送机构。

第十五条　县级以上人民政府住房和城乡建设主管部门对本行政区域内发现的违法发包、转包、违法分包及挂靠等违法行为，应当依法进行调查，按照本办法进行认定，并依法予以行政处罚。

（一）对建设单位存在本办法第五条规定的违法发包情形的处罚：

1. 依据本办法第六条（一）、（二）项规定认定的，依据《中华人民共和国建筑法》第六十五条、《建设工程质量管理条例》第五十四条规定进行处罚；

2. 依据本办法第六条（三）项规定认定的，依据《中华人民共和国招标投标法》第四十九条、《中华人民共和国招标投标法实施条例》第六十四条规定进行处罚；

3. 依据本办法第六条（四）项规定认定的，依据《中华人民共和国招标投标法》第五十一条、《中华人民共和国招标投标法实施条例》第六十三条规定进行处罚。

4. 依据本办法第六条（五）项规定认定的，依据《中华人民共和国建筑法》第六十五条、《建设工程质量管理条例》第五十五条规定进行处罚。

5. 建设单位违法发包，拒不整改或者整改后仍达不到要求的，视为没有依法确定施工企业，将其违法行为记入诚信档案，实行联合惩戒。对全部或部分使用国有资金的项目，同时将建设单位违法发包的行为告知其上级主管部门及纪检监察部门，并建议对建设单位直接负责的主管人员和其他直接责任人员给予相应的行政处分。

（二）对认定有转包、违法分包违法行为的施工单位，依据《中华人民共和国建筑法》第六十七条、《建设工程质量管理条例》第六十二条规定进行处罚。

（三）对认定有挂靠行为的施工单位或个人，依据《中华人民共和国招标投标法》第五十四条、《中华人民共和国建筑法》第六十五条和《建设工程质量管理条例》第六十条规定进行处罚。

（四）对认定有转让、出借资质证书或者以其他方式允许他人以本单位的名义承揽工程的施工单位，依据《中华人民共和国建筑法》第六十六条、《建设工程质量管理条例》第六十一条规定进行处罚。

（五）对建设单位、施工单位给予单位罚款处罚的，依据《建设工程质量管理条例》第七十三条、《中华人民共和国招标投标法》第四十九条、《中华人民共和国招标投标法实施条例》第六十四条规定，对单位直接负责的主管人员和其他直接责任人员进行处罚。

（六）对认定有转包、违法分包、挂靠、转让出借资质证书或者以其他方式允许他人以本单位的名义承揽工程等违法行为的施工单位，可依法限制其参加工程投标活动、承揽新的工程项目，并对其企业资质是否满足资质标准条件进行核查，对达不到资质标准要求的限期整改，整改后仍达不到要求的，资质审批机关撤回其资质证书。

对2年内发生2次及以上转包、违法分包、挂靠、转让出借资质证书或者以其他方式允许他人以本单位的名义承揽工程的施工单位，应当依法按照情节严重情形给予处罚。

（七）因违法发包、转包、违法分包、挂靠等违法行为导致发生质量安全事故的，应当依法按照情节严重情形给予处罚。

第十六条　对于违法发包、转包、违法分包、挂靠等违法行为的行政处罚追溯期限，应当按照法工办发〔2017〕223号文件的规定，从存在违法发包、转包、违法分包、挂靠的建筑工程竣工验收之日起计算；合同工程量未全部完成而解除或终止履行合同的，自合同解除或终止之日起计算。

第十七条　县级以上人民政府住房和城乡建设主管部门应将查处的违法发包、转包、违法分包、挂靠等违法行为和处罚结果记入相关单位或个人信用档案，同时向社会公示，并逐级上报至住房和城乡建设部，在全国建筑市场监管公共服务平台公示。

第十八条　房屋建筑和市政基础设施工程以外的专业工程可参照本办法执行。省级人民政府住房和城乡建设主管部门可结合本地实际，依据本办法制定相应实施细则。

第十九条　本办法中施工总承包单位、专业承包单位均指直接承接建设单位发包的工程的单位；专业分包单位是指承接施工总承包或专业承包企业分包专业工程的单位；承包单位包括施工总承包单位、专业承包单位和专业分包单位。

第二十条　本办法由住房和城乡建设部负责解释。

第二十一条　本办法自2019年1月1日起施行。2014年10月1日起施行的《建筑工程施工转包违法分包等违法行为认定查处管理办法（试行）》（建市〔2014〕118号）同时废止。

附录2　必须招标的工程项目规定

中华人民共和国国家发展和改革委员会令第16号，2018年3月27日

第一条　为了确定必须招标的工程项目，规范招标投标活动，提高工作效率、降低企业成本、预防腐败，根据《中华人民共和国招标投标法》第三条的规定，制定本规定。

第二条　全部或者部分使用国有资金投资或者国家融资的项目包括：（一）使用预算资金200万元人民币以上，并且该资金占投资额10%以上的项目；（二）使用国有企业事业单位资金，并且该资金占控股或者主导地位的项目。

第三条　使用国际组织或者外国政府贷款、援助资金的项目包括：（一）使用世界银行、

亚洲开发银行等国际组织贷款、援助资金的项目；(二) 使用外国政府及其机构贷款、援助资金的项目。

第四条　不属于本规定第二条、第三条规定情形的大型基础设施、公用事业等关系社会公共利益、公众安全的项目，必须招标的具体范围由国务院发展改革部门会同国务院有关部门按照确有必要、严格限定的原则制订，报国务院批准。

第五条　本规定第二条至第四条规定范围内的项目，其勘察、设计、施工、监理以及与工程建设有关的重要设备、材料等的采购达到下列标准之一的，必须招标：(一) 施工单项合同估算价在 400 万元人民币以上；(二) 重要设备、材料等货物的采购，单项合同估算价在 200 万元人民币以上；(三) 勘察、设计、监理等服务的采购，单项合同估算价在 100 万元人民币以上。同一项目中可以合并进行的勘察、设计、施工、监理以及与工程建设有关的重要设备、材料等的采购，合同估算价合计达到前款规定标准的，必须招标。

第六条　本规定自 2018 年 6 月 1 日起施行。

附录 3　必须招标的基础设施和公用事业项目范围规定

中华人民共和国国家发展和改革委员会，发改法规〔2018〕843 号，2018 年 6 月 6 日

第一条　为明确必须招标的大型基础设施和公用事业项目范围，根据《中华人民共和国招标投标法》和《必须招标的工程项目规定》，制定本规定。

第二条　不属于《必须招标的工程项目规定》第二条、第三条规定情形的大型基础设施、公用事业等关系社会公共利益、公众安全的项目，必须招标的具体范围包括：

(一) 煤炭、石油、天然气、电力、新能源等能源基础设施项目；

(二) 铁路、公路、管道、水运，以及公共航空和 A1 级通用机场等交通运输基础设施项目；

(三) 电信枢纽、通信信息网络等通信基础设施项目；

(四) 防洪、灌溉、排涝、引(供)水等水利基础设施项目；

(五) 城市轨道交通等城建项目。

第三条　本规定自 2018 年 6 月 6 日起施行。

附录 4　最高人民法院关于审理建设工程施工合同纠纷案件适用法律问题的解释(二)

最高人民法院审判委员会，法释〔2018〕20 号，2018 年 10 月 29 日

为正确审理建设工程施工合同纠纷案件，依法保护当事人合法权益，维护建筑市场秩序，促进建筑市场健康发展，根据《中华人民共和国民法总则》《中华人民共和国合同法》《中华人民共和国建筑法》《中华人民共和国招标投标法》《中华人民共和国民事诉讼法》等法律规定，结合审判实践，制定本解释。

第一条　招标人和中标人另行签订的建设工程施工合同约定的工程范围、建设工期、工

程质量、工程价款等实质性内容，与中标合同不一致，一方当事人请求按照中标合同确定权利义务的，人民法院应予支持。

招标人和中标人在中标合同之外就明显高于市场价格购买承建房产、无偿建设住房配套设施、让利、向建设单位捐赠财物等另行签订合同，变相降低工程价款，一方当事人以该合同背离中标合同实质性内容为由请求确认无效的，人民法院应予支持。

第二条　当事人以发包人未取得建设工程规划许可证等规划审批手续为由，请求确认建设工程施工合同无效的，人民法院应予支持，但发包人在起诉前取得建设工程规划许可证等规划审批手续的除外。

发包人能够办理审批手续而未办理，并以未办理审批手续为由请求确认建设工程施工合同无效的，人民法院不予支持。

第三条　建设工程施工合同无效，一方当事人请求对方赔偿损失的，应当就对方过错、损失大小、过错与损失之间的因果关系承担举证责任。

损失大小无法确定，一方当事人请求参照合同约定的质量标准、建设工期、工程价款支付时间等内容确定损失大小的，人民法院可以结合双方过错程度、过错与损失之间的因果关系等因素作出裁判。

第四条　缺乏资质的单位或者个人借用有资质的建筑施工企业名义签订建设工程施工合同，发包人请求出借方与借用方对建设工程质量不合格等因出借资质造成的损失承担连带赔偿责任的，人民法院应予支持。

第五条　当事人对建设工程开工日期有争议的，人民法院应当分别按照以下情形予以认定：

（一）开工日期为发包人或者监理人发出的开工通知载明的开工日期；开工通知发出后，尚不具备开工条件的，以开工条件具备的时间为开工日期；因承包人原因导致开工时间推迟的，以开工通知载明的时间为开工日期。

（二）承包人经发包人同意已经实际进场施工的，以实际进场施工时间为开工日期。

（三）发包人或者监理人未发出开工通知，亦无相关证据证明实际开工日期的，应当综合考虑开工报告、合同、施工许可证、竣工验收报告或者竣工验收备案表等载明的时间，并结合是否具备开工条件的事实，认定开工日期。

第六条　当事人约定顺延工期应当经发包人或者监理人签证等方式确认，承包人虽未取得工期顺延的确认，但能够证明在合同约定的期限内向发包人或者监理人申请过工期顺延且顺延事由符合合同约定，承包人以此为由主张工期顺延的，人民法院应予支持。

当事人约定承包人未在约定期限内提出工期顺延申请视为工期不顺延的，按照约定处理，但发包人在约定期限后同意工期顺延或者承包人提出合理抗辩的除外。

第七条　发包人在承包人提起的建设工程施工合同纠纷案件中，以建设工程质量不符合合同约定或者法律规定为由，就承包人支付违约金或者赔偿修理、返工、改建的合理费用等损失提出反诉的，人民法院可以合并审理。

第八条　有下列情形之一，承包人请求发包人返还工程质量保证金的，人民法院应予支持：

（一）当事人约定的工程质量保证金返还期限届满。

（二）当事人未约定工程质量保证金返还期限的，自建设工程通过竣工验收之日起满二年。

（三）因发包人原因建设工程未按约定期限进行竣工验收的，自承包人提交工程竣工验收报告九十日后起当事人约定的工程质量保证金返还期限届满；当事人未约定工程质量保证金返还期限的，自承包人提交工程竣工验收报告九十日后起满二年。

发包人返还工程质量保证金后，不影响承包人根据合同约定或者法律规定履行工程保修义务。

第九条　发包人将依法不属于必须招标的建设工程进行招标后，与承包人另行订立的建设工程施工合同背离中标合同的实质性内容，当事人请求以中标合同作为结算建设工程价款依据的，人民法院应予支持，但发包人与承包人因客观情况发生了在招标投标时难以预见的变化而另行订立建设工程施工合同的除外。

第十条　当事人签订的建设工程施工合同与招标文件、投标文件、中标通知书载明的工程范围、建设工期、工程质量、工程价款不一致，一方当事人请求将招标文件、投标文件、中标通知书作为结算工程价款的依据的，人民法院应予支持。

第十一条　当事人就同一建设工程订立的数份建设工程施工合同均无效，但建设工程质量合格，一方当事人请求参照实际履行的合同结算建设工程价款的，人民法院应予支持。

实际履行的合同难以确定，当事人请求参照最后签订的合同结算建设工程价款的，人民法院应予支持。

第十二条　当事人在诉讼前已经对建设工程价款结算达成协议，诉讼中一方当事人申请对工程造价进行鉴定的，人民法院不予准许。

第十三条　当事人在诉讼前共同委托有关机构、人员对建设工程造价出具咨询意见，诉讼中一方当事人不认可该咨询意见申请鉴定的，人民法院应予准许，但双方当事人明确表示受该咨询意见约束的除外。

第十四条　当事人对工程造价、质量、修复费用等专门性问题有争议，人民法院认为需要鉴定的，应当向负有举证责任的当事人释明。当事人经释明未申请鉴定，虽申请鉴定但未支付鉴定费用或者拒不提供相关材料的，应当承担举证不能的法律后果。

一审诉讼中负有举证责任的当事人未申请鉴定，虽申请鉴定但未支付鉴定费用或者拒不提供相关材料，二审诉讼中申请鉴定，人民法院认为确有必要的，应当依照民事诉讼法第一百七十条第一款第三项的规定处理。

第十五条　人民法院准许当事人的鉴定申请后，应当根据当事人申请及查明案件事实的需要，确定委托鉴定的事项、范围、鉴定期限等，并组织双方当事人对争议的鉴定材料进行质证。

第十六条　人民法院应当组织当事人对鉴定意见进行质证。鉴定人将当事人有争议且未经质证的材料作为鉴定依据的，人民法院应当组织当事人就该部分材料进行质证。经质证认为不能作为鉴定依据的，根据该材料作出的鉴定意见不得作为认定案件事实的依据。

第十七条　与发包人订立建设工程施工合同的承包人，根据合同法第二百八十六条规定请求其承建工程的价款就工程折价或者拍卖的价款优先受偿的，人民法院应予支持。

第十八条　装饰装修工程的承包人，请求装饰装修工程价款就该装饰装修工程折价或者拍卖的价款优先受偿的，人民法院应予支持，但装饰装修工程的发包人不是该建筑物的所有权人的除外。

第十九条　建设工程质量合格，承包人请求其承建工程的价款就工程折价或者拍卖的价款优先受偿的，人民法院应予支持。

第二十条　未竣工的建设工程质量合格，承包人请求其承建工程的价款就其承建工程部分折价或者拍卖的价款优先受偿的，人民法院应予支持。

第二十一条　承包人建设工程价款优先受偿的范围依照国务院有关行政主管部门关于建设工程价款范围的规定确定。

承包人就逾期支付建设工程价款的利息、违约金、损害赔偿金等主张优先受偿的，人民法院不予支持。

第二十二条　承包人行使建设工程价款优先受偿权的期限为六个月，自发包人应当给付建设工程价款之日起算。

第二十三条　发包人与承包人约定放弃或者限制建设工程价款优先受偿权，损害建筑工人利益，发包人根据该约定主张承包人不享有建设工程价款优先受偿权的，人民法院不予支持。

第二十四条　实际施工人以发包人为被告主张权利的，人民法院应当追加转包人或者违法分包人为本案第三人，在查明发包人欠付转包人或者违法分包人建设工程价款的数额后，判决发包人在欠付建设工程价款范围内对实际施工人承担责任。

第二十五条　实际施工人根据合同法第七十三条规定，以转包人或者违法分包人怠于向发包人行使到期债权，对其造成损害为由，提起代位权诉讼的，人民法院应予支持。

第二十六条　本解释自 2019 年 2 月 1 日起施行。

本解释施行后尚未审结的一审、二审案件，适用本解释。

本解释施行前已经终审、施行后当事人申请再审或者按照审判监督程序决定再审的案件，不适用本解释。最高人民法院以前发布的司法解释与本解释不一致的，不再适用。